《中国职业技术教育》创刊 30年丛书

30 年 30 校

编写组

中国教育出版传媒集团
高等教育出版社·北京

内容提要

本书是《中国职业技术教育》创刊30年丛书之一。30年来，所有职教人共同见证了中国社会的发展奇迹，共同经历了中国教育的改革创新，共同参与了中国职业教育的转型升级。30年中，以30校为代表的职业院校锐意改革，敢试敢闯，生动诠释了教育强国路上职业教育积极作为，大有可为。

卅载栉风沐雨，今朝锦绣荣华。在中国职业教育高质量发展的快车道上，广大职业院校不断破冰、超越、引领、创造，跑出了属于自己的加速度。

图书在版编目（CIP）数据

《中国职业技术教育》创刊30年丛书．30年30校 /《〈中国职业技术教育〉创刊30年丛书·30年30校》编写组编．--北京：高等教育出版社，2023.12

ISBN 978-7-04-061286-8

Ⅰ．①中… Ⅱ．①中… Ⅲ．①职业教育-中国-文集 Ⅳ．①G719.2-53

中国国家版本馆CIP数据核字（2023）第203764号

《中国职业技术教育》创刊30年丛书·30年30校

《ZHONGGUO ZHIYE JISHU JIAOYU》CHUANGKAN 30 NIAN CONGSHU · 30 NIAN 30 XIAO

策划编辑 贾瑞武　责任编辑 李 刚　封面设计 易斯翔　版式设计 童 丹

责任绘图 易斯翔　责任校对 吕红颖　责任印制 赵义民

出版发行 高等教育出版社
社　　址 北京市西城区德外大街4号
邮政编码 100120
印　　刷 北京中科印刷有限公司
开　　本 787mm×1092mm 1/16
印　　张 21.25
字　　数 410千字
购书热线 010-58581118
咨询电话 400-810-0598

网　　址 http://www.hep.edu.cn
http://www.hep.com.cn
网上订购 http://www.hepmall.com.cn
http://www.hepmall.com
http://www.hepmall.cn
版　　次 2023年12月第1版
印　　次 2023年12月第1次印刷
定　　价 58.00元

物 料 号 61286-00

序 言

自1993年创刊以来，《中国职业技术教育》已届而立之年，我们特决定出版“《中国职业技术教育》创刊30年丛书”。

职业教育是基础性事业，其发展离不开理论指导、榜样引领、事件推动、支柱支撑和伙伴协同。故此，本丛书撷取1993—2022年这段历史，分别从“文、人、事、校、业”五个角度，力图较为全面地展示30年来中国职业教育发展之路。

“30年30文”：理论是实践的先导。中国职业教育的伟大实践与成就，离不开扎根中国实际的学术研究和理论基础。30年来，中国职业教育学术界在借鉴、总结、开拓、创新中，为实践发展路径提供了前瞻性理论探寻，对实践中的迷茫与争论进行了拨云见日的澄清，为打造职业教育“中国方案”、形成中国职业教育发展模式提供了理论支撑。回顾历史，我们从《中国职业技术教育》刊发的21400余篇文章中撷取各年度富有代表性、创造力、影响力的文章30篇，并邀约专家学者进行总结、阐释、解读，梳理展现30年来中国职业教育学术发展脉络与理论成就。

“30年30人”：综合国力的竞争归根结底是人才的竞争、劳动者素质的竞争。高素质技术技能人才是支撑中国制造、中国创造的“主力军”，也是实现高水平科技自立自强、破解创新发展难题的“生力军”；职业教育是培育造就高素质技术技能人才的主阵地，是孕育能工巧匠、大国工匠的重要母体。弘扬大国工匠与良匠之师的先进事迹，对营造劳动光荣、技能宝贵、创造伟大的时代风尚，树立心有大我、至诚报国，言为士则、行为世范，启智润心、因材施教，勤学笃行、求是创新，乐教爱生、甘于奉献，胸怀天下、以文化人的教育家精神，具有重要意义。因此，我们在众多大国工匠、能工巧匠、优秀教师中精选30位先进人物，介绍他们的事迹，供各界人士了解。

“30年30事”：重要时间节点和标志性事件既是推动我们事业发展的坐标点，也是铭记事业成就的里程碑。30年来，党和国家对职业教育高度重视、寄予厚望，一系列重要政策、会议、指示，指引了职业教育的发展方向；30年来，职业教育战线奋勇向前、改革探索，在不同时期、不同发展阶段取得了一系列辉煌成就。为系统展现30年来中国职业教育的成长历程、关键环节、重要成就，我们特遴选30件影响职业教育发展的重要事件，并进行阐释解读。

“30年30校”：职业院校是职业教育的主力军，是职业教育服务经济社会发展、满足人民群众需求的核心力量。从1994年确立“三改一补”发展高等职业教育，到2019年正式批准确立首批职业本科院校，广大职业院校共同构建了以中职为基础、高职为主体、职业本科为牵引的现代职业教育体系。30年来，它们以提升服务经济产业能力发展为主旨，努力开拓办学体制机制新路径；30年来，它们以满足人民群众高质量教育需求为要责，不懈探索教育教学新模式；30年来，它们以服务社会多样化教育需求为使命，为社会广开求学之门。为展现职业院校30年来筚路蓝缕、改革探索的艰辛历程，我们从全国1万多所职业院校中遴选30所院校作为代表，进行典型呈现。

“30年30业”：产业是职业教育服务的核心，也是其发展的重要支撑。30年来，职业教育不断探索服务产业发展路径、模式，以产定教，教随产出，四链融合，专业与产业发展日渐同频共振。以先进制造业、现代服务业和战略性新兴产业为代表的新产业和新业态，代表着产业发展的方向，也最为集中地体现了职业教育紧盯产业发展、教随产出的发展重心。为此，我们选择30种与职业教育发展紧密相关的新业态，充分展现职业教育与产业相互支撑、相互促进的良好生态。

历史是最好的教科书，是我们开创事业、进行斗争、实现复兴的重要基础。铭记历史，才能面向未来。1993—2022年，是中国职业教育浓墨重彩的30年。这30年，中国职业教育在拉开社会主义市场经济的帷幕下起步，迄今已建成大规模的职业教育体系，为中国成为世界第二大经济体提供了源源不断的技能人才；这30年，职业教育面向人人、服务人人，一线新增从业人员70%以上来自职业院校，职业院校70%以上学生来自农村，两个“70%”为学生的发展、社会的共同富裕奠定了坚实基础；这30年，中国职业教育从“引进来”到“走出去”，为世界提供了“中国智慧”“中国方案”，充分展现了中国道路的优势与自信。

“大江流日夜，慷慨歌未央。”回顾30年历史之河，众多中国职业教育的研究者、探索者、建设者或以异乎寻常的敏锐思想、超前视角探究职业教育发展前沿，扫清理论、思想障碍；或以无与伦比的勇气，勇往直前，开拓创新，开辟职业教育实践新路；或甘于奉献，勤勤恳恳夯实职业教育发展根基。他们的思想、探索、奉献值得我们回顾、铭记。

《中国职业技术教育》诞生成长于这30年。作为时代见证者、历史记录者、学术思想库，我们有责任刻录下这30年的发展历程，以及为此做出不可磨灭贡献的人物、院校和单位，进而为未来发展奠定更加坚实的基石。这是我们出版本丛书，绘制30年职教发展全幅画卷的初衷。

面向未来，党的二十大的胜利召开对职业教育做出新部署、提出新要求，中国职业教育进入新的发展阶段，前途广阔，一片光明。面向世界，中国职业教育发展模式被越来越多的国家学习引进，逐步走向世界前列。我们坚信在下一个30年，中国职业教育将赢得更加辉煌的未来！

本丛书由教育部职业教育发展中心主任彭斌柏策划指导，副主任曾天山统筹组织，产教合作处处长唐以志具体推进。在编撰过程中得到全国电子商务职业教育教学指导委员会、深圳职业技术大学等单位和院校，李梦卿、陈衍等专家学者的鼎力支持。高等教育出版社编辑在时间紧、任务重的情况下，尽心竭力，夙夜不懈，保证了丛书的高质量出版。在此，向所有参与丛书编撰的单位、院校、专家、学者和同仁表示衷心的感谢。

需要说明的是，由于篇幅所限，许多重要的文章、人物、事件、院校、产业未能列入其中，引以为憾，期待日后再加以增补。

编写组

2023年9月

目 录

花开不言自成蹊——做新时代中国职业教育的耕耘者

北京市商业学校

一、办学定位——培土·谋篇布局定方向

北京市商业学校是国家公立中等职业学校，隶属于北京市国资委大型国企——北京祥龙资产经营有限责任公司（简称祥龙公司）。在企业合并重组历经变迁中，学校始终初心不改，赤诚依旧，坚定不移以“服务师生、服务企业、服务北京、服务社会”为办学宗旨，以办好人民满意的职业教育为己任，立足首都四个中心功能定位和四个服务水平提升，围绕高质量发展主题，紧扣首都经济社会发展需求，发挥国企办学特色优势形成了多元化办学、多层次培养、多样化发展的办学格局。

二、发展历程——春播·追寻职业教育的“诗和远方”

“忘不了，商校，年年梨花放；重返了，商校，梨花又开放……永生永世，我不能忘。”学子们的和声颂唱，悠扬隽永，歌声中的依恋和这满眼的梨花、梨树、梨园深深地镌刻在每位商校人的记忆深处，也深深地融入商校的文化基因图谱中。

北京市商业学校初创在一片百年梨园中（如图1所示），犹如园中的一粒种，植根沃壤，梨园默默守护着师生的成长，见证着商校从无到有、从弱到强，从名不见经传到国家职业教育改革发展示范学校的生长历程。

(a) 梨园(学生拍摄作品)

(b) 梨园(学生手绘作品)

图1

（一）破土萌芽（1964—1979年）

1964年，在新中国商业发展起步之时，北京市商业学校应运而生，最初为北京市第一商业局创办的半工半读商业学校。

（二）生发成长（1979年至今）

1979年，在改革开放的浩荡春风中百业待兴，经北京市政府批准，商业学校成为首批恢复办学的中专学校。2001年，根据北京市政府要求，商业学校、商业技术学校合并组建新的北京市商业学校。2011年，随着国有企业改革重组的步伐，学校划归北京市国资委旗下大型国企——北京祥龙资产经营有限责任公司管理。2013年，为整合优化教育资源，更好地服务企业，经主管单位决定，将中共北京市物资总公司党校（简称物资党校）并入商业学校，并与北京一商集团有限责任公司干部学校（简称一商干校）合并成立祥龙公司党（干）校。2021年4月，经中共北京市委机构编制委员会批准，同意一商干校、物资党校并入北京市商业学校，组建北京市商业学校（北京祥龙资产经营有限责任公司党校），学校办学资源高度整合，实现一体化管理和集团化办学。

（三）跨越发展（1992—2013—2019年）

学校创立之初，办学条件异常艰苦，基础薄弱，资源匮乏，师资短缺，但是商校人硬是凭着拧成一股绳的拼劲和勇于革新突破的闯劲，锚定办好学校的目标，不懈奋斗，砥砺前行，抢抓机遇，迈出了一步一个脚印、一步一次跃升的时代步伐。十年树木，百年树人，梨树见证着北京市商业学校的发展奇迹，也在年轮中记载下了北京市商业学校的历史变迁：

1992年，学校通过北京市办学水平评估，从默默无闻到初露锋芒。进入21世纪，经多方筹措，学校启动了大规模基础建设，从根本上改变了校园规划布局、办学规模和办学面貌，奠定了学校壮大发展的坚实基础。从这一时期开始，学校逐步从北京市办学合格校到市重点校、现代化标志校，再到国家重点校，实现了大踏步跨越式发展。

2013年，学校从全国10 000余所中职学校中脱颖而出，成为国家首批中职改革发展示范校，经过艰苦卓绝的建设，顺利通过验收，进入全国中职学校第一方阵。这一时期，学校牵头成立北京现代服务业职教集团和北京祥龙（企业）大学，持续深化校企合作，打造校企命运共同体，实施全方位系统性改革创新，办学活力得以激发，内涵建设显著提升，多元办学格局逐渐成形，行业示范效应逐渐显现。

2019年，学校作为唯一的中职学校成功入选12家北京市特色高水平职业院校建设单位。经过3年建设，学校实现了从全国示范校到特色高水平学校的跨越，成为引领全国职业教育战线企业特色办学的一面旗帜。

回望学校发展历程，迈出的每一步都与国家建设、首都发展、企业改革紧密相连，都与学校全体师生员工的奋发图强、开拓创新、积极作为息息相关。“与祖国同呼吸共奋进、与时代同脉搏共前行、与企业同发展共命运、筑梦想同追求共超越”已成为学校永恒的发展旋律！

三、办学特色——夏耕·不误天时不负春

一群人，一件事，一辈子，代代商校人选种育苗、浇水施肥、嫁接修枝、疏花间果，在职业教育这片“梨园”中深耕细作。时代是出卷人，学校是答卷人，家长、企业和社会是阅卷人。多年来，北京市商业学校始终做到“6个坚持”办学，怀着虔诚、敬畏的“赶考”之心认真做答每一张时代考卷，努力回应人民群众对美好教育的期盼，扎实落实党和国家对职业教育高质量发展的要求，为助力首都现代服务业和企业转型升级，促进经济社会发展，构建国际一流和谐宜居之都提供有力支撑。

（一）坚持社会主义办学方向和立德树人根本任务，为党育人，为国育才

学校坚持以习近平新时代中国特色社会主义思想为指导，全面贯彻落实党的教育方针，贯彻落实党委领导下的校长负责制，坚持党对学校工作的全面领导，不断提高党组织在学校事业发展进程中把方向、管大局、做决策、抓班子、带队伍、保落实的能力和定力。积极承担管党治党和办学治校主体责任，在北京中职学校中成立第一所青年马克思主义者学校，将支部建在一线系部，落实“一岗双责”，选优配强党支部书记，建强基层党组织，将党的建设融入办学治校和人才培养全过程，领航学校事业发展行稳致远。

学校突出党建引领，坚守为党育人、为国育才初心，五育并举，坚持大德育、大思政理念，坚定德育作为学校核心竞争力的重要定位，创新实践立体德育、学生综合职业素养成长模式、学生职业素养护照、党建引领“双循环”互促共育大思政格局，实现思政教育1.0到4.0的迭代升级。创新“五一体、五协同”“三全育人”新机制，“三维五互”现代学徒制人才培养新模式，素养护照数字化评价新体系，“育训结合，四维四化”劳动教育新样态。建设晨读时光、劳动教育“十个一”、职业素养护照等北京市优秀德育品牌，入选全国和北京市“三全育人”典型学校，相关实践研究成果获全国教学成果一等奖、二等奖、北京市教学成果特等奖等5个奖项。

（二）坚持三大发展战略，构建“三多”办学格局，提升人才培养质量

学校积极适应首都城市功能定位，契合京津冀区域经济社会协同发展、北京高精尖产业升级和人民群众对高层次职业教育的需求，以及国资国企改革及祥龙公司战略发展新需求，优化布局，育训并举，稳步实施“多元业务品牌示范、内涵建

设提质培优、融合创新升级发展”三大战略，着力构建“多元化办学、多层次培养、多样化发展”办学格局，提升人才培养质量，培养新时代高素质技术技能人才和未来大国工匠。一是构建了集职业教育全日制学历教育、成人高等学历教育、党员干部教育、技术技能培训、社会培训服务于一体的“多元办学格局”。二是构建了中职、“3+2”中高衔接、5年专科人才、“3+2+2”中高本贯通、成人专本硕学历教育和干部员工初中高级人才培训协调发展的“多层次人才培养体系”。三是探索专业群柔性人才培养机制和企业订单化、个性化培训方案，拓展选修课程，实施泛在化、线上线下混合式教学，推广基于“学分银行”的1+X证书制度和职业素养护照，服务学生学员人人成长、人人出彩的“多样化发展”。

（三）坚持深化产教融合、校企合作，构建“祥龙教育”校企命运共同体

学校始终坚持国企办校不动摇，在祥龙公司党委统一领导下，学校办学治校工作一体纳入祥龙公司战略规划和年度工作计划，与企业生产经营工作同规划、同部署、同落实、同考核。发挥国企办学管理、人力、资源“三统一’，规划、制度、文化“三融合”，校企、产教、研训“三协同”基因优势，深入探索资源整合共融、专业建设共商、人才培养共育、师资人力共用、教育培训共通、智库成果共享、社会责任共担运行机制，构建了“祥龙教育”校企命运共同体。双方组建校企双主体的北京现代服务业职教集团，成立集企业培训与教育功能于一体的北京祥龙（企业）大学（如图2所示），打造在建企业的北京祥龙博瑞汽车工程师学院，推出以全国劳模、北京大工匠魏俊强、秦英瑞命名的大师工作室，共建祥龙博瑞汽车产教园区、新能源汽车体验中心、魏工养车中心、汽车主题餐厅等生产性实训基地，真正实现校企一体共治共生共赢。

图2

（四）坚持在发展中谋新路、开新局、创新绩，在守正创新中走好高质量发展之路

如何保持果树的优良特性不退化，作为一直在“梨园”辛勤耕耘的园丁，商校人比谁都清楚。一直以来，北京市商业学校勇做弄潮儿，主动拥抱变革、拥抱创新，紧跟国家和行业发展的大潮迎头而上，一次又一次在纷繁复杂的大势中准确识变、积极应变、主动求变，将北京市商业学校这片“梨园”打理得更加欣欣向荣。学校始终着眼大局和前沿，坚持抢抓机遇、改革创新，探索实践中高衔接、中高本贯通培养、专科人才培养等长学制人才培养示范项目，实现专业升级和办学层次内部高移。主动契合首都产业发展，动态调整“双核、四高、五特”的现代服务业专业矩阵，实现学校专业建设发展与区域经济产业结构紧密契合、与职业岗位紧密对接。学校成功申报北京市特色高水平职业院校、4个骨干专业（群）、5个工程师学院和技术技能大师工作室建设单位，以项目建设为抓手提质培优实现学校高质量发展。紧跟产业革命和新技术应用大趋势，紧紧抓住教育数字化战略行动的发展战略机遇，构建“1+3+N”Smart数字商校体系，以数字化转型驱动教育治理、教育理念、教育模式、教育形态等革新，服务办学治校中心工作，提升办学能级。

（五）坚持涵养文化育人新生态，打造师生健康成长的精神家园

学校始终坚持“以文化人、文化育人、育文化人”，创新融入新时代内涵、优秀传统文化和企业文化，涵养了以育人为核心的具有时代特征、职教特色、首都特点、商校特质的文化育人新生态，形成了“艰苦奋斗、守正创新、追求卓越、和谐共生”的学校精神，“服务师生、服务祥龙、服务北京、服务社会”的办学宗旨以及“成人、成才、成功”的校训，确立了“培养德能兼备现代职业人”的育人目标和“用欣赏的眼光看学生优点，用发展的眼光看学生不足”的学生观，孕育形成了“求真务实、热情友善、彼此支持、成就彼此”的校风、“爱生爱校爱职教，用心用力用真情”的教风以及“崇尚劳动、手脑并用、学思结合、知行合一”的学风。学校夯实制度文化，升级环境文化，厚植文化基因，打造文化特质，开设“梨花颂”“我心中的商校精神”等系列文化讲堂，讲好新时代新征程上的奋斗故事，让学校艰苦奋斗的本色、忠诚担当的品格、敬业奉献的作风、爱生爱校爱职教的真情成为激励青年学习成长的人生底色。文化成为学校高质量发展的引领力、生产力、凝聚力，成为学校可持续发展不竭的动力源泉。学校成为师生快乐学习、健康成长、幸福生活的精神家园。

（六）坚持实施人才强校战略，凝聚推动学校可持续发展的关键力量

学校加强干部队伍建设。按照学校事业发展需要选优配强班子队伍，培育专家型、创新型、学习型、服务型的“四型”领导。外引内培，加强中层干部选育管用，培养政治品质过硬，既懂教书育人又懂企业经营、既懂职业教育又懂产业发展的“四懂”干部。建好干部“蓄水池”——青年人才库，引“清泉活水”，实施“青蓝工程”，大胆培养使用年轻干部。打造了一支把责任扛在肩上、把师生需要放在心上并且忠诚干净担当的干部队伍，能够抢抓机遇，下先手棋，啃硬骨头，谋改革、谋发展、谋福祉，是学校改革创新发展的领导者、组织者和推动者。

学校遵循教师成长发展规律，深化新时代职业教育师资专业化能力水平建设，明确职业教育教师“三师”定位，精准化阐释教师队伍培养之“魂”，构建“六力三段五向”培养路径，结构化设计教师队伍培养之“树”，实施分类分层的教师管理机制，网格化激励教师队伍发展之“势”，构建开放多元的教师培养体系，协同化营造教师队伍培养之“态”，创新形成职业教育“树形”教师队伍生态化培养模式。打造了一支由全国模范教师、五一劳动奖章获得者为领军人物的双高双强教师队伍，他们敢为人先，育人不倦，是学校改革创新发展的实践者和生力军。

四、办学成效及社会影响——秋收·处处花开，时时向阳

“忽如一夜春风来，千树万树梨花开”“庭前八月梨枣熟，一日上树能千回”，从初春到仲秋，从梨花满园到硕果压枝，代代商校人的不懈奋斗和深耕细作终于迎来了收获。经过多年创新实践，北京市商业学校跑出了日新月异的“商校加速度”，也形成了独具特色的“商校味道”，在教育教学、人才培养、科学研究、产教融合、社会服务等方面持续发力，处处花开，时时向阳，取得了一系列标志性成果，其中有不少是在全国中职学校独创甚至在中高职院校独创的成果，如同学校文化标志中的6朵金色梨花，丰硕璀璨，星光闪耀。

（一）服务学生高质量发展，培育高素质技术技能人才

学校践行立德树人根本任务，创新“五一体、五协同”三全育人新机制，创新“三维五互”现代学徒制人才培养新模式，创新素养护照数字化评价新体系，创新“育训结合，四维四化”劳动教育新样态，培养出一大批理想信念坚定、德能兼备的优秀学生，成就出彩人生。近10年来，学校有17人获国家荣誉表彰和奖学金，1 924人次获“文明风采”等主题教育活动国家级奖项，1 114人次获省级荣誉表彰和奖学金，1 743人次获省级以上竞赛奖项。学校获评全国中等职业学校德育工作先

进集体、全国职业院校校园文化建设“一校一品”文化品牌示范基地、教育部“三全育人”典型案例，培育了1个教育部文化素质教指委“一校一品”校园文化品牌和3个北京市“一校一品”德育品牌。在全国首创职业素养护照，创新学生评价体系，系统设计学生职业素养数字化整体解决方案，实现学生评价的数字化、可视化，提升新时代职业教育现代化、数字化水平和精准服务能力，已在北京市16所职业院校推广实施4年，建成北京市职业素养数据云平台，累计产生60余万人次使用量和约1 000万条数据记录，经验辐射示范全国20多个省市1 000余所学校，学生素养学分最高分、平均分、获得荣誉数量均位列北京市中职学校第一。

（二）服务教工高质量发展，造就立德树人的“大先生”

学校营造了个人成长、团队建设与学校事业发展同向同行、同频共振的良好生态。确立了“教学+”教师复合式、特长型发展理念，建构了“树形”教师队伍生态化培养模式，实施了“培管结合”的教师队伍引导激励机制，完善了“开放多元”的教师培养体系，形成了新时代职业教育教师队伍建设新范式。学校“双师型”教师占比90.44%，构建个性化培育体系，培育了一批“教学+研究”“教学+培训”“教学+服务”特色化教师团队。75人获评全国模范教师、“黄炎培职业教育奖”杰出教师、北京市劳动模范、职教名师、首都五一劳动奖章等荣誉表彰。学校拥有1个国家级、4个省级、5个校级创新团队，2个市级大师工作室，1个市级“紫禁杯”优秀班主任工作室，入选教育部首批课程思政教学研究示范中心、“双师型”教师队伍建设典型案例。学校是全国和北京市职业院校师资培训基地、北京市校企合作“双师型”教师培养培训基地，承担着5个国培、4个市培项目，累计为北京市50多所职业院校培训教师3 000余人次。受国家教育行政学院、清华大学继续教育学院委托，学校为内蒙古、黔、琼、赣等10余省、自治区定制培训校长和教师2 000余人次。

（三）推进学校高质量发展，跑出“提质培优”“特高”加速度

学校是唯一入选全国职业院校教学管理、学生管理双50强和教育部“课程思政教学研究示范中心”的中职学校，是北京市唯一入选教育部网络学习空间应用优秀学校的中职学校，是全国职教改革创新实验基地、全国德育实践创新基地和职教教科研协同创新基地。学校主持和参与会计、电商、市场营销等国家教学标准、职业标准、行业标准、课程标准等标准研制工作93项，获国家首届教材建设奖3项、国家教学成果5项、北京市教学成果奖22项、全国教学能力大赛一等奖18项、北京市教学能力大赛一等奖43项，建成以“国家教学成果一等奖”“国家教材一等奖”等为代表的1 000余项国家级、省级和校本特色标志性成果，遥遥领先全国同类院

校。学校牵头全国职业院校课程思政集体备课，教师主讲全国职业院校同上一堂思政课，带动百所院校近8 000名教师共学共研，作为唯一中职学校代表在教育部劳动教育座谈会、德育工作会等重要会议活动做主旨发言或经验分享，成为全国职业院校改革发展的一面先锋旗帜、中等职业教育示范引领的“北京品牌”和“示范窗口”。

在建党100周年之际，学校承办了中国职业技术教育学会党建工作委员会年会，如图3所示。

图3

（四）服务祥龙高质量发展，助力国资国企改革提能级

学校始终把服务祥龙、服务国企主责主业发展放在首位，深化校企命运共同体建设，对接祥龙国企改革和战略发展需求，创新服务模式，持续开展人才培养、党员干部教育、技术技能培训、标准开发、智库咨询等特色服务。学校开设对接祥龙主营业务板块的专业，累计为祥龙系统输送了近2 000名高素质技术技能人才，其中的佼佼者已在祥龙系统或其他国企担任总经理、财务总监、团委书记等重要职位，成为企业发展的中坚力量。建成覆盖祥龙主营业务板块、关键岗位、分层分类的培训体系，“十三五”以来累计开展党员干部教育培训20 000人次，职工技术技能专题培训40 000人次，协助祥龙公司及兄弟单位高质量完成“十三五”“十四五”发展规划、产教融合型企业建设三年规划、企业升级发展报告等20多项应用性科研任务。助力祥龙公司入选首批国家级产教融合型企业、首批北京市产教融合型企业以及职业院校教师企业实践基地，并获评教育部1+X证书培训评价组织单位。

（五）高质量服务国家战略，真抓实干用心用情见实效

1. 服务精准扶贫和乡村振兴战略。学校持续开展滇、冀、新疆、甘、青、宁、内蒙古、赣8个省（和自治区）职业院校的精准扶贫和帮扶工作，参与国家乡村振兴重点帮扶县教育人才“组团式”帮扶工作，探索了对象精准、项目精准、效果精准的“造血式”扶贫方式，形成了政府主导、集团组织、学校实施、企业参与的“教育+产业+文化”北京职业教育精准扶贫模式。10年来，学校累计投入扶贫资金1 861.1万元、“以奖代补”扶贫基金55万元，在当地设立6所分校，共建8个紧缺专业，累计在京培养学生2 122人，培训当地师资828人次，开展产业培训5 000余人次，因帮扶效果良好，为当地脱贫攻坚做出了显著贡献，被评为“北京市事业单位脱贫攻坚专项奖励记大功集体”。

2. 服务“一带一路”倡议。学校与全国电子商务行指委、祥龙公司共建“一带一路”电商谷总部基地，培训境外人员380人；借助“丝路工坊”“中文+职业技能”等平台项目，加强与泰国、巴基斯坦、马来西亚等“一带一路”沿线国家职业院校的合作交流；输出4个国际化课程标准、1门国际认证课程，建设17个本土化课程资源、22个国际化课程标准，参加6个国际化教学模式改革重点项目；获丝路工匠国际技能大赛特等奖、中泰创新创业国际邀请赛一等奖等14个奖项。

3. 服务“京津冀协同发展”战略。学校与祥龙公司组建北京市唯一一家企校双主体的北京现代服务职教集团，现有90家成员，涵盖7省16市的职业院校、企业、行业协会、科研机构。集团入选全国首批“示范性职业教育集团”培育单位，并牵头成立电商、财经、交通、儿童教育、眼视光5个专业京津冀产教联盟，搭建多维立体产教融合组织和发展服务平台，举办京津冀专业技能大赛、教师说课比赛、教师培训，指导河北等地职业院校建设生产性实训基地、专业和课程资源，有力推动京津冀职业教育一体化发展。

（六）服务职业教育高质量发展，彰显学校责任贡献与担当

学校作为中国职教学会党建工作委员会、德育工作委员会和数字商务委员会执行主任单位以及德育工作委员会常务副主任单位，11个全国行业职业教育教学指导委员会、教育部职业院校教学（教育）指导委员会主任单位，积极承担社会责任，发挥示范引领作用。学校积极参与《中华人民共和国职业教育法》《中等职业学校德育大纲》《教育部办公厅关于加强和改进新时代中等职业院校德育工作的意见》《全国大中小学教材建设规划（2019—2022年）》等近10项国家级重要政策文件起草或修订工作，参与联合国儿童基金会青少年可持续发展能力2个项目和5个案例库建设。学校作为秘书处所在单位连续19年协助组织全国中职“文明风采”活

动，连续14年承担财政部全国会计职称考试命题、题库建设和人社部全国职业资格标准制定工作。学校主持开展38项国家及北京市重大战略行动和改革创新项目，推进10项成果化申请专利。受北京市财政局、人社局、交通委等政府部门委托，学校组织开展全市中、高级专业技术人员选拔与评审，交通与运输企业安全生产标准化考评等工作。学校积极服务学习型社会建设，组织开展社区教育，中、小学生职业体验，以及转业或退役军人、新型职业农民等技能提升培训，年培训6万人天以上，其中7个特色培训项目获评“北京市终身学习品牌”。

五、未来展望——冬藏·开启充满光荣和梦想的远征

2024年，学校即将迎来建校60周年。站在向着第二个百年奋斗目标前进的新起点，学校将继续以习近平新时代中国特色社会主义思想为指导，贯彻落实党的二十大精神，紧密围绕学校《“十四五”规划和2035年远景目标纲要》，总结成果成绩，提炼模式经验，厚积涵养，蓄力待发，向着“两步走”战略目标稳步前行。“十四五”期间，学校面向现代服务业，对标世界一流标准，以培养数字经济时代德能兼备的高素质技术技能人才为目标，以服务美好生活，服务产业升级，推动现代服务业与先进制造业深度融合为重点，以数字化转型为契机，以专业集群建设为抓手，以技术服务与研发为引领，以国企办学体制机制优化为驱动，全面提升学校办学能级，全面推进学校升级发展，打造国企主体办学特色、先进文化融合、产教发展互动、技术研发引领、教育培训共生、师生人才卓越、环境体验智能的“祥龙教育”范式，建成质量、文化、贡献、影响力一流的国家级“双优”学校，成为引领北京、示范全国、国际一流的特色高水平领军学校，培养具有家国情怀、工匠精神、国际视野、创新精神的高素质技术技能人才，为首都经济社会发展提供更加有力的人才资源支撑。

追求卓越，惟有奋斗！和谐共生，惟有携手！踏上以中国式现代化全面推进中华民族伟大复兴的新征程，北京市商业学校将凝心聚力抓改革，同心携手谋发展，站在服务“强国建设”和“中华民族复兴”的新高度，开启充满光荣和梦想的远征，去拥抱时代之变，服务中国之进，响应学生之呼，创造职教之美，做中国职业教育的常青树，相约共建“百年职教名校”，再出发！

执笔人：邢连欣　黄凤文　陈又瑜　陈　晶

打造首都城市发展的工匠摇篮

北京工业职业技术学院

立足区域、服务地方经济是职业院校的使命担当。作为北京职业教育的排头兵，北京工业职业技术学院自建校之日起，就深深扎根京华沃土，立足服务首都经济和行业产业发展需求，培养高素质技术技能人才和能工巧匠。

学校在各个历史发展阶段都是全国职教改革的先行者。学校是全国首批举办高职教育试点院校，2007年入选“国家示范性高等职业院校”，2019年入选北京市特色高水平职业院校建设单位，国家“双高”建设单位B档。在2022年教育部、财政部“双高计划”中期绩效评价工作中获评“优”等级。在中国职业教育的发展中书写着“前途广阔、大有可为”的新时代篇章。

一、办学定位

围绕首都城市战略定位，主动服务国家和北京重大发展战略，面向首都城市建设、运行、管理、服务领域，坚持“高端化、精品化、信息化、国际化”，深化产教融合，推进城教融合，完善育训融合，培养复合型国际化高素质技术技能人才，提升服务社会的贡献力和职业教育的国际影响力。

2022年，经过反复研究论证，学校第二次党代会报告中明确建设中国特色世界一流的高等职业学校而努力奋斗的目标。报告综合分析各方面形势和学校的发展条件，做出从现在到2035年分两步走的战略安排。到2027年，国家“双高”、北京市“特高”建设成果进一步巩固，高水平通过验收并顺利进入下一轮建设计划。到2035年，主要办学指标和综合办学实力达到国际先进水平，努力建成中国特色、世界一流的高水平技能型大学。

二、发展历程：从应运而生到顺势而为，为首都高质量发展赋能

时代的车轮滚滚向前。北京工业职业技术学院历经岁月驰骋，现在已经走过栉风沐雨的67年，学校虽几度更名，却始终与时代同呼吸、与民族共命运，砥砺前行、上下求索，谱写了职业教育匠心出彩、技能报国的壮美华章。

（一）应运而生：为新中国煤炭工业提供人才支撑（1956—1999年）

北京煤炭资源丰富，煤质优良，曾为全国十大煤炭生产基地之一，全国五大无烟煤生产、出口基地之一。第一个五年计划期间，京西矿务局改建原有矿井，新建、扩建矿井，修建了与生产相配套的输电线路和运煤铁路，推广应用先进技术，对煤矿实行科学管理，煤炭生产能力迅速增加，开始向机械化生产迈进。1956年，为适应新中国煤炭工业建设起步时期对采煤和地质类人才的需求，北京工业职业技术学院前身“北京煤田地质学校”应运而生（图1）。当时学校隶属于煤炭部，围绕煤炭行业需求，开设矿山测量、煤田地质专业，培养矿山建设、生产所需的技术人才。

图1

（二）顺势而为：服务北京工业发展（1999—2017年）

随着北京产业结构调整，北京市煤矿逐步整顿关闭，学校发展面临着新的时代命题。面对北京走新型工业化道路对高技能人才的紧迫需求，学校构建起服务于北

京现代制造、城市建设和电子信息等行业与领域的特色专业和优势专业群，为北京社会经济的发展培养了一大批高技能人才。1994年开办高等职业教育，开设建筑工程技术专业、工程造价、建筑装饰工程技术等专业，培养城市建设一线所需的工程测量、建筑施工领域技术及管理人才。1999年正式改制为职业技术学院，校名由“北京煤炭工业学校”改为“北京工业职业技术学院”。2000年学校隶属关系由煤炭部主管调整为北京市主管，学校开始转型服务制造业，开设机电一体化专业、电气自动化、工程测量技术、建筑工程技术、建筑装饰工程技术、工程造价等专业，面向北京城市建设培养具有工程测量、建筑施工、工程造价领域技术应用与管理能力的高素质技能型专门人才。2007年学校成为“十一五”期间国家重点支持建设的百所重点高职院校之一。2010年，学校通过“国家示范性高等职业院校”项目验收。

（三）追求卓越：服务首都城市发展（2014年至今）

进入新时期，学校的建设成绩和发展进步是全方位的，特别是2019年入围中国特色高水平高职学校建设单位（图2），成为国家集中力量重点建设的前30强高职院校，这是学校发展史上的里程碑，标志着学校发展进入了继往开来、奋发有为的新阶段。同时，新时代对高职教育高质量发展提出了新目标、新任务和新要求。落实首都城市战略定位，大力加强“四个中心”功能建设，提高“四个服务”水平；巩固完善高精尖产业格局，擦亮“北京智造”品牌，促进先进制造业和现代服务业融合发展；高标准推进“两区”建设，打造全球数字经济标杆城市和国家消费中心城市；“中国制造强国建设”“一带一路”建设、京津冀协同发展、军民融合发展和技能强国建设等重大战略的实施都为学校发展提供了难得的舞台。

图2

三、办学特色：融入和服务新时代首都发展，全面提升学校事业发展质量

党的十八大以来，党和国家高度重视职业教育发展，新修订的职教法明确“职业教育与普通教育是两种不同教育类型，具有同等重要地位”，我国职业教育进入了高质量发展的新阶段。北京工业职业技术学院以融入和服务新时代首都发展为目标，全面提升学校事业发展质量。紧跟首都产业发展和行业需求，立德树人，善技创新，用工匠精神引领“三全育人”；创新人才培养模式，打造人才培养高地；搭建技术技能平台，彰显社会服务能力；开放融合共享标准，打响中国职教品牌，积极探索职业教育发展新模式，融入和服务新时代首都发展，全面提升学校事业发展质量。

（一）立德树人，善技创新，工匠精神引领“三全育人”

落实“三全育人”教育理念，形成育人合力。制定印发《“三全育人”综合改革的实施方案》，构建党委全面领导、部门协调负责、教职工自觉育人、各环节全面贯通的育人环境，形成以“五个”育人体系、“十个”方面为基础的全员、全过程、全方位育人新格局。

“课程思政”与“思政课程”同向同行。成立马克思主义学院，发挥思政课在立德树人工作中的主渠道、主阵地作用，成立习近平新时代中国特色社会主义思想教研中心，统筹推进思政课程改革创新和课程思政体系建设，形成协同效应。制定《构建“匠心文化”，弘扬“匠心价值”，培养“德技并修”高素质技术技能人才实施方案》，全力推进工匠精神与思政教育有机融合。注重素养教育，提升育人实效。创建“职业基本素养养成教育体系”，并获国家级教学成果奖，在全国推广。加强学生社团建设，抓好劳动教育必修课，落实“第二课堂成绩单”制度。开展“工匠进校园”等系列精品文化活动，完善就业创业体系，激发学生的职业理想。以赛促学，以赛促教，锤炼“技”能。建立校级、市级、国家级“三级”学生技能竞赛机制，以赛促学，学训结合，培养工匠精神。学生参加全国职业院校技能大赛累计获得一等奖43项、二等奖45项、三等奖45项，总成绩在全国高职院校中位居前三名。连续七届获“全国大学生机器人大赛ROBOTAC”赛事一等奖。

打造“大体育观”，健“体”育心。学校作为中国大体协副主席单位和职业学校体育工作主席单位，引领全国高职院校体育教学改革。连续9届获得首都高校体育竞赛“朝阳杯”，是北京市高职院校中唯一连续15年获得首都高校体育工作评估优秀的院校，成为全国高职院校体育工作“一校一品”示范基地。

（二）创新人才培养模式，打造人才培养高地

服务首都城市发展，打造智能化高水平专业群。学校围绕首都城市战略定位，针对建设国际一流和谐宜居之都的要求，实施“五聚焦五打造”计划，形成了服务首都智慧城市发展的5个专业群，其中国家级高水平专业群2个，北京市级高水平专业群5个。机电、测量2个专业连续三年在全国高职院校排名第一。

创新人才培养模式，打造特色培养方案。瞄准首都城市建设运行和高精尖产业发展需求，打造特色鲜明的“双主体四经历”人才培养模式，创建智能贯通的结构化课程体系和“软、硬、高”的实践能力训练体系。形成了以“突出一条主线、构建两个体系、强化三个逻辑、彰显四个素养、落实‘五育并举’”为主要特色的现代职业教育人才培养方案。

强化校企协同育人，打造校企命运共同体。入选全国示范性职教集团；开展国家现代学徒制试点；建设7个工程师学院，4个技术技能大师工作室。

加强创新创业教育，就业质量保持领先。坚持“五个融入”，抓创新创业教育，建成学校大学生创业孵化中心并被确定为“北京地区高校大学生创业园高职分园”。学生在各类创新创业大赛中共获得省部级以上奖项82项，图3所示为北京工业职业学院创业园荣誉墙。学校连续十年就业率稳居北京市同类院校前列，2次获得北京市就业工作先进集体，在2022年全国高职院校毕业生薪酬指数排行榜位列第9。毕业生在企业形成了良好口碑，涌现出首都劳动奖章获得者等优秀毕业生。

图3

（三）搭建技术技能平台，彰显社会服务能力

创新引领，构建四类18个技术技能创新服务中心。建成北京市重点实验室2

个、北京市级技术研究所1个。开展中小企业转型升级服务项目215项，技术服务年均到款1 000万元以上。成为国家自然基金依托单位，获得省部级科技进步奖12项，处于全国高职院校领先地位。

担当使命，主动服务国家重大战略。主动服务“一带一路”、京津冀协同发展、雄安新区建设、军民融合、脱贫攻坚等重大国家战略，服务智慧乡村建设；脱贫攻坚工作荣获北京市教委嘉奖；持续实施“强军育才”接力工程，为石景山区“全国双拥模范城”八连冠做出了突出贡献。

聚焦特色，服务区域经济社会发展。服务首都城市运行和中小企业发展，入驻北京市中小企业公共服务平台，成为北京首家高职院校规模化服务中小企业的支撑单位。服务北京市对口支援工作，成为首批“全国高校与湖北高校毕业生就业创业工作‘一帮一’行动”中的唯一一所北京市属高校。学校是承担北京市教育扶贫协作与支援合作项目最多的高职院校。服务首都重大活动，完成冬奥会等各类志愿服务和保障工作。

（四）构建首善标准师资，持续优化双师结构

强化“四种能力”培养，打造“三师型”教师（教师、工程师、培训师）。教师发展指数位列全国高职院校前十。机电团队入选首批国家级职业教育教师教学创新团队。9名教师入选国家行（教）指委委员，数量位居全国高职院校前列。1名老师入选第六届北京市人民教师奖提名奖（高职院校唯一）。入选教育部“测绘地理信息类”“自动化类”“道路运输类”国家级职业教育“双师型”教师培训基地名单。教师教学能力大赛成绩全国领先。在全国职业院校教师教学能力大赛中累计获一等奖30项、二等奖7项、三等奖4项，一等奖数和获奖总数均位于全国高职院校榜首。深化“三教”改革，凸显教学改革成效。编写“三位一体式”活页教材69本；入选“十三五”职业教育国家规划教材8本；获全国教材建设奖二等奖1项；开展1+X证书试点32项；入选全国示范性虚拟仿真实训基地；获国家级教学成果奖一等奖1项、二等奖4项。作为全国12个《职业教育专业目录》研制组中2个研制组的组长、副组长单位牵头组织4个大类中高本专业目录修（制）订相关工作；完成44个国家专业教学标准的研制。

（五）开放融合共享标准，打响中国职教品牌

依托教育部首批职业教育“走出去”试点单位和北京市“一带一路”国家人才培养基地，积极开展国际化办学。

建成我国在海外第一所开展学历教育的职业院校——中赞职业技术学院，案例被写入《习近平新时代中国特色社会主义思想学生读本》。独立开发2个专业标准及

37项课程标准，成为赞比亚职业教育国家标准，中国职业教育教学标准首次进入主权国家国民教育体系。图4所示是2019年中国—赞比亚职业技术学院开学典礼暨北京工业职业技术学院赞比亚分院授牌仪式。

图4

建立全国首个职业教育型孔子课堂。开创“工业汉语+职业技能”教育模式，被誉为国际中文教育“北工院模式”。

建立全国高职首家“中文+职业技能”教育实践与研究基地。开发专业英文教材17本，工业汉语教材4本，向赞比亚捐赠自行开发教材50套，助力中国职教“走出去”。学校国际化办学受到广泛认可，2020—2022年连续3年亮相服贸会，成为中国职业教育国际交流与合作的重要窗口。

四、办学成效：在高质量发展中书写职教引领答卷

学校围绕首都城市战略定位，主动服务国家和北京重大发展战略，面向首都城市建设、运行、管理、服务领域，取得了一批标志性成果。以党建引领发展，落实立德树人根本任务，培养了大批复合型国际化高素质技术技能人才，服务社会的贡献力和职业教育的国际影响力不断提升，先后荣获全国职业院校教学管理50强、全国职业院校教学资源50强等，在全国职业院校教师教学能力大赛和学生技能大赛“双赛”中取得的成绩享誉全国。主要办学指标和综合办学实力位于国内同类院校前列，是全国最具影响力的高职院校之一。北京工业职业技术学院的每一个发展

历程都扎根首都，打造了首都办高职的新形象、新模式、新典型，谱写了职业教育“前途广阔、大有可为”的新时代篇章。

（一）树立“高端化、数字化、国际化”的城教融合新标杆

学校紧紧围绕首都“四个中心”的功能定位，面向城市运行与发展、高精尖产业发展需求，突出城教融合办学特色。学校打造了服务首都智慧城市发展的五大专业群，形成了面向首都城市建设、运行、管理、服务领域的专业布局，实现了由服务“工业”到“城市”的战略转型。适应北京市建设全球数字经济标杆城市的要求，服务高端产业和产业高端，开设无人机测量技术、虚拟现实应用技术等10个新专业，利用新一代信息技术赋能传统专业升级改造，以数字化为主线全面修订专业人才培养方案，构建智能贯通的结构化课程体系与“软技能、硬技能、高技术”实践能力训练体系，培养学生的数字化职业素养、数字化专业能力、数字化职业能力。推动智慧教育，打造数字化的教学环境，开发数字化的课程资源，提升教师的信息化水平。创新完善了“双主体四经历”人才培养模式，培养了大批复合型国际化高素质技术技能人才。相关成果获全国煤炭行业教学成果奖特等奖，2021年获职业教育北京市教学成果奖特等奖2项、一等奖3项、二等奖4项。建筑类专业数字化改造模式广受肯定，作为典型案例在全国推广。

（二）形成“共建、共管、共用、共享”的校企合作新模式

学校追踪首都产业发展和行业需求，深化产教融合，大力开展与华为、京东等行业领先企业深层次的校企合作。校企双方以共同投入为纽带，形成“共建、共管、共用、共享”模式，建设华为信息与网络技术工程师学院、京东智能设备工程师学院、大疆无人机工程师学院等7个产教融合特色工程师学院，其中北京市级工程师学院6个，建设北京玉雕传承人郭卫军大师工作室、刘先林院士智能测绘工作室等技术技能大师工作室，实现校企在人才培养、技术创新、社会服务、文化传承等方面的深度融合、互利共赢。学校施耐德电气城市能效管理应用工程师学院入选工信部第三批中法合作示范项目及教育部法国施耐德电气绿色低碳产教融合项目，成果在国际服贸会上展示，被新闻界广泛报道，案例入选教育部2021年产教融合校企合作典型案例。图5所示是中法能效管理应用人才培养和研究中心暨施耐德电气城市能效管理应用工程师学院在北京工业职业技术学院揭牌。

图5

（三）创建“首善标准、行业有影响、国际能交流”的教学团队

学校以师德建设为引领，聚焦提升教师的育德能力、教学能力、科研能力、培训能力和国际交流能力，通过制定团队整体规划，建立团队遴选、考核标准等办法，构建了国家级、北京市级、校级三级教学团队建设体系，形成了可复制、可推广的教学团队建设模式。建有国家级职业教育教师教学创新团队、全国课程思政教学团队3支，北京市课程思政教学团队3支，北京市专业教学创新团队4支，校级专业教学创新团队14支。机电一体化技术团队在2021年作为首批国家级职业教育教师教学创新团队的唯一代表，出席了教育部首场新闻发布会，现场分享了团队建设经验，有效示范引领了全国职业院校教学团队建设。

（四）打造“分类管理、服务导向”的技术技能创新服务平台

遵循统筹规划、分类管理、逐步推进的原则，学校与北京市安科院共建北京市电气安全技术研究所，与高校共建计算智能与智能系统、城市空间信息工程2个北京市重点实验室等18个科技创新服务中心，制定平台管理办法，明确服务领域和方向，实现校企联合开展科技创新与技术服务。近年来，服务中小企业技术创新，获省部级科技进步奖9项。服务国家战略开展技术服务10余项，智慧测绘团队与湘西自治州合作开展智慧乡村建设，助力乡村振兴（图6所示是在十八洞村用无人机进行摄影测量。）；无人机摄影测量团队利用无人机+BIM技术，服务雄安新区再生水厂工程；开展京津冀协同发展示范区湿地保护区数据采集及区域模型构建，为保护区的精准化管理提供技术支持；开展北京冬奥会延庆赛区生态恢复指定区域基础遥

感底图无人机数据采集工作，为北京冬奥会高山滑雪场环境保护做出贡献。

图6

（五）开创“四方联动、标准引领、语技融合”的国际化办学新路径

开展“政企行校”四方联动，创造性实施探索“政府引路，企业探路，行业铺路，学校创路”职业教育“走出去”四路工程，建成我国首个开展海外学历教育办学机构——中赞职业技术学院、全国首个职业教育型孔子课堂，成为职业院校协同企业“走出去”的先驱。组成“中赞联合”开发团队，将中国职业教育理念本地化，形成具有“国际理念、中国元素、海外特色”的人才培养方案及专业标准，纳入赞比亚国民教育体系，填补赞比亚相关专业职业教育国家标准空白，解决了职业院校海外办学无标准可依的难题。语技融合，注重语言能力和技能提升，培养“中文+职业技能”复合型人才，开展线上线下培训等，解决“走出去”企业“会中文、懂技术”复合型人才紧缺的难题。学校国际化办学受到社会各方广泛认可，荣获2019亚太职业院校影响力50强、2020中国职业院校世界竞争力50强，成为中国职业教育国际交流与合作的重要窗口之一。

五、社会影响

学校以党建引领五育融合，城教融合样板成效显现，服务智慧城市的工科办学特色鲜明，办学成效显著。学校实施“固本强基”工程，打造党建特色品牌，获批全国党建工作样板支部、北京高校先进基层党组织。发挥头雁效应，获评北京市优秀共产党员、北京市高校优秀共产党员、北京市劳模。全力构建“大思政”工作格局。全面开展课程思政建设，强化“三全育人”，荣获教育部高校思想政治工作精品项目，获评北京职业院校“三全育人”典型学校和典型案例。荣获首届全国高校思政课教学展示活动二等奖、北京高校思政课教学基本功比赛二等奖；获批北京高校党建和思想政治工作特色项目及培育项目各1项。

高质量党建引领高质量发展，学校人才培养质量不断提升。入选2022年高职院校学生发展指数100所优秀院校。毕业生在企业形成了良好口碑，并涌现出首都劳动奖章获得者等优秀毕业生，第三届“北京大工匠”28人名单中有我校教师和毕业生共3名。学校就业率稳居北京市同类院校前列，2022年全国高职院校毕业薪酬指数排行榜位列第9。社会高度认可，生源质量稳步提升，2022年13个外省份招录中有12个省份实际招生录取超过当地本科线。

职业教育前途广阔、大有可为。北京工业职业技术学院将以“内涵发展”“特色发展”“融合发展”“创新发展”为原则，以中国特色高水平高职学校建设为契机，围绕首都城市建设、运行、管理、服务领域，面向改革开放新要求，对接世界水准，构建纵向贯通教育体系，突破横向融通瓶颈，打通改革发展堵点，推进学校治理能力现代化，创新人才培养模式，打造技术技能创新服务平台，提升国际化办学水平。秉承职教人的情怀和坚守，勇于担当、开拓进取，建设中国特色世界一流的高等职业学校而努力奋斗。

展望未来，北京工业职业技术学院将以习近平新时代中国特色社会主义思想为指导，全面贯彻党的二十大精神，努力把习近平总书记对职业教育“大有可为”的殷切期盼转化为“大有作为”的生动实践，全力打造首都高职的新形象、新模式、新典型，全面提升办学质量和层次水平，培养更多高素质技术技能人才、能工巧匠和大国工匠，深度融入和服务新时代首都发展，打造全国高职院校城教融合样板，建设“北京离不开、全国有影响、国际走出去”的高职院校。

执笔人：王　琦　唐正清　贾民政

扎根京华大地办高职　服务新时代首都发展

北京电子科技职业学院

北京电子科技职业学院是北京市属的公办独立设置高职院校，是国家“双高计划”高水平学校（A档前十），是首都职业教育的“排头兵”。学校办学历史可追溯至1958年，1999年曾用名为北京轻工职业技术学院，2004年与北京邮电工业学校合并更为现名，2007年北京市仪器仪表工业学校、北京二轻工业学校、北京市机械工业学校、北京市汽车工业学校并入北京电子科技职业学院。学校全面落实北京市委对学校提出的“当标杆、做示范、走在前、做表率”要求，围绕“首善标准、中国特色、世界一流高水平技能型大学”的愿景目标，努力扎根京华大地办高职，服务新时代首都高质量发展。

一、办学定位与发展历程

（一）办学定位

学校地处北京经济技术开发区（以下简称经开区或开发区），根据《北京城市总体规划（2016年—2035年）》，到2035年，经开区规划总面积将从目前的50.8平方千米扩大到225平方千米，到2035年建设成为世界一流的产城融合、宜业宜居的产业综合新城。学校作为经开区内唯一一所高校，经开区产业的快速发展为学校深化产教融合、校企合作提供了条件。

2002年学校入驻经开区建设的职教园，尤其是2015年整体搬迁到经开区办学之后，进一步明确了“立足开发区、服务首都、融入京津冀”的办学定位，全面融入“世界一流产业综合新城”建设，聚焦“三城一区”科技创新平台和高精尖经济结构需要，创新办学体制机制，形成了学校与开发区协同育人、融合发展的新局面，形成了“建在开发区、服务开发区”的办学特色。

2021年，学校以科学谋划“十四五”发展规划为契机，进一步明确了未来发展思路、重点任务和战略举措，制定了“三步走”发展战略，第一步是到2025年完成“双高计划”第一周期建设任务，关键办学指标达到全国领先水平，保持在全国高职院校第一阵营；第二步是到2035年，成为中国职业教育的标杆院校，形成一定的国际影响力，基本建成首善标准、中国特色、世界知名的高水平技能型大学；第三步是到2050年，国际影响力全面提升，办学声誉获得世界公认，全面建成首善标准、中国特色、世界一流的高水平技能型大学。

（二）发展历程

事业的发端往往来自时代的召唤和使命的驱动，学校办学历史可追溯至1958年建立的北京邮电工业学校。20世纪50、60年代，我国刚刚开启社会主义建设，为解决产业发展对技能人才所需，北京邮电工业学校、北京市仪器仪表学校、北京二轻工业学校等中等专业学校应运而生。20世纪70年代末80年代初，为适应国家经济社会建设的新需求，又相继诞生了北京一轻工业学校、北京市汽车工业学校、北京市机械工业学校。这6所行业背景清晰、特色优势突出的中专学校，共同肩负起时代使命，为首都北京建设发展做出了突出贡献，获得了社会高度认可，奠定了北京电子科技职业学院的早期基础。

党的十一届三中全会以后，伴随改革开放大潮，各所学校又有了快速发展。20世纪80年代末90年代初，借助国家大力发展职业教育的东风，在北京市重点支持下，6所中专校先后成为全国、全市重点学校，在行业领域发挥重要支撑作用，在国内形成了良好声誉和重要影响。在此期间，还开始探索建立以职工大学为主的高层次职业教育，学历教育的形式更为丰富。

在20世纪末第三次全国职业教育大会召开之后，为积极响应“发展高等职业教育”的号召，1999年7月，北京一轻工业学校与北京市轻工职工大学合并成立北京轻工职业技术学院，成为北京市首批独立设置的高等职业学院，进入发展高等职业教育的新阶段。2004年，北京轻工职业技术学院与北京邮电工业学校合并，定名为北京电子科技职业学院。其后不久，以优秀的成绩通过了“高职高专院校人才培养工作水平评估”，成为高职教育发展的新里程碑。

2007年3月，经北京市政府批准，北京市仪器仪表工业学校、北京二轻工业学校、北京市机械工业学校、北京市汽车工业学校与北京电子科技职业学院合并，建立新的北京电子科技职业学院，并将亦庄职教园区作为新的校址。北京电子科技职业学院在经开区内办学，产教融合、城教融合，学校发展有了新定位、新动力、新平台。10多年来，学校始终坚持党的领导和社会主义办学方向，适应经济社会发展需求，坚持以服务为宗旨、就业为导向，坚持改革创新、探索规律、开放融合，先后实施了国家示范性高职学院建设、国家职业教育综合改革试验区建设、高端技术技能人才贯通培养改革试验、国家“双高”建设、北京市“特高”建设等一系列重大工程或项目，学校综合实力明显增强，服务贡献能力明显增强，社会影响力明显增强。

二、办学特色：打造经开区内办高职的国家示范样板

学校全面贯彻落实党的教育方针，扎根京华大地办职业教育，主动服务国家战略和首都“四个中心”建设，聚焦北京市“五子联动”新发展格局，充分发挥学校地处经开区并且是经开区内唯一高校的优势，努力打造服务北京高精尖产业发展、融入科技创新新生态的国家品牌。

（一）坚持创新发展，与经开区开展全面战略合作，实现产城教融合新发展

学校坚持落实北京市委市政府“城教融合发展”理念，以亦庄新城建设和学校“双高”建设为契机，与经开区管委会签署了全面战略合作协议。经开区将学校事业发展纳入经开区“十四五”发展规划，先后发布《关于促进校企合作的实施细则》等文件。学校牵头组建包括80余家行业、企业和院校在内的北京现代制造业职业教育集团，成立由政府、学校、行业、企业等各方代表组成的理事会，学校党委书记担任理事长，如图1所示。健全政校行企四方合作和产城教融合发展机制，建设工程师学院、技能大师工作室、中试基地等人才培养和创新服务平台，构筑“政产学研用”一体的协同育人创新环境。2011年建立“戴姆勒（中国）汽车学院”，创建“杨才胜技能大师工作室”“钟连盛工艺美术大师工作室”；2012年先后建立“数控设备安装调试及维修培训中心”“绿色能源应用研究室”“生物制药技术中心”等14个校企合作联合体；2018年建立“李宁魔术艺术学院”和“北京奔驰赵郁大师工作室”；2019年建立北京经开区“化药制剂和蛋白药物研发中试基地”“复杂和异形件智能制造研发中试基地”；2020年建立“北京奔驰汽车制造工程师学院”“奇

安信工程师学院”，北京现代制造业职业教育集团入选教育部第一批示范性职业教育集团（联盟）培育单位；2022年建立“久其产业学院”“百度智能网联汽车学院”和北京经开区“集成电路设计与测试中试基地”。学校探索形成“产教融合机制化、人才培养精准化、社会服务多样化”的办学模式，培养了一大批高新技术产业急需紧缺的高素质技术技能人才，荣获2018年国家职业教育教学成果一等奖。学校的技术技能创新服务平台取得的成就如图2所示。

图1

图2

（二）坚持开放发展，聚焦经开区主导产业优化专业布局，实现专业建设水平新提升

学校深入贯彻落实党的二十大、全国教育大会和全国职教大会精神，按照职教二十条规划的改革方向，以立德育人为根本任务，创新“依托开发区办高职、依

托产业办专业”发展新模式。依据经开区产业发展动态调整专业，精准对接经开区“4+2+1”现代产业体系，逐一建立专业与产业供求关系专业谱系图，不断优化专业布局，主动淘汰老旧专业、适应产业发展申办新专业，招生专业由44个优化为36个。创新专业群建设新模式，整体打造七大专业群，建立“牵头专业+协同专业（或方向）+群外教学模块”的专业组合模型，根据学生特点和发展方向设计不同的职业培养路径，构建“专业基本技能、专业综合技能、专业生产技能和专业创新技能”四层级实训体系，充分发挥专业群的集聚效应和服务功能。经过多年建设，学校专业服务产业发展的能力显著提升，形成深度融入北京市高精尖产业发展的“五条线”：汽车制造与装配技术专业群服务高端汽车和新能源汽车产业线、药品生物技术专业群服务生物医药和大健康产业线、机电专业群服务机器人和智能制造产业线、电信专业群服务新一代信息技术产业线、航空维修专业群服务首都航空产业线。其中，汽车制造与装配技术、药品生物技术2个专业群入选国家“双高”专业群，所有专业群进入省部级以上专业群行列。

（三）坚持协调发展，将立德树人融入人才培养全过程，实现育人质量新提高

学校坚持立德树人根本任务，培育和践行社会主义核心价值观，将德、智、体、美、劳五育有机融入人才培养方案，把职业道德、工程意识和精湛技能的养成贯穿教学全程。构建以校企双元育人为主线的“SCI”系统化人才培养体系，根据学生特点和发展方向设计不同的职业培养路径，满足学生个性化成长需求。基于职业能力目标的课程结构如图3所示，“四级递进”实践教学体系如图4所示。将职业技能等级证书融入课程体系，培养具有较高技能水平和就业能力的书证融通型（S型）技术技能人才；依托工程师学院和技能大师工作室等新型产教融合载体，培养一专多能的专业复合型（C型）技术技能人才；依托企业现代学徒制教育中心，基于实际生产任务或研发项目，图5所示为相关订单班，培养适应创新型新业态的创新实践型（I型）技术技能人才。深入探索初次职业教育、继续职业教育以及高端技术技能人才贯通培养，中高职衔接，军士生职业教育等多元化人才培养模式，2012年参加北京市首批“3+2”中高职教育衔接办学改革试点工作，2014年成为北京市首个定向培养士官的高职院校，2018年学校被教育部认定为“国防教育特色校”，2019年入选首届全国学校国防教育典型案例30强，是全国唯一入选高职院校。截至目前，累计有10万余名毕业生走上服务首都“三城一区”建设和经开区高端产业的岗位，学生技能大赛成绩位居全国前列，毕业生就业率达到98%以上，企业用人单位对学校毕业生的总体满意度超过96%，毕业生家长对学校的满意度超过97%，毕业生受到社会和用人单位的普遍好评，就业质量名列北京市职业院校前茅并多次获得教育部和北京市表彰。

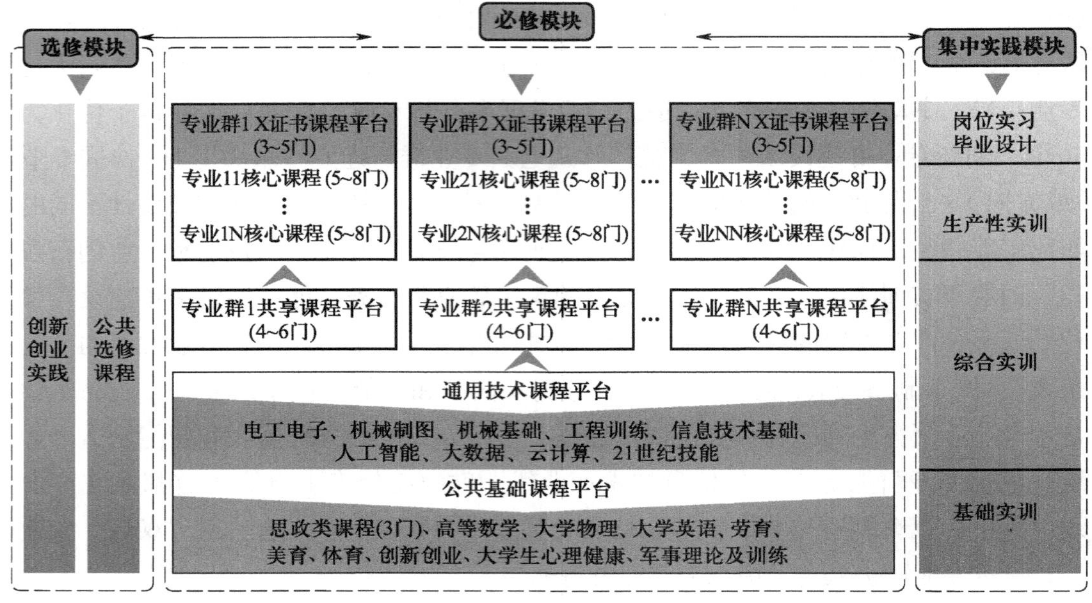

图3

（四）坚持共享发展，大力开展职业教育培训和服务，助推北京市学习型城市建设

学校坚持“开放融合、服务社会”，学历教育与培训并举并重，努力打造技术技能人才育训平台，大力开展职业教育培训和服务，着力提升学校服务首都学习型城市建设的能力和水平。先后建设国家级创新团队培训基地（生物化工方向）、全国职业院校校长培训北京基地（如图6所示）、北京市职业院校“双师型”教师培养培训基地、北京市专业技术人员继续教育基地、首都职工教育培训示范点、北京市高精尖产业技能提升培训基地、北京市安全生产教育基地、北京市中学生开放性科学实践课教育基地等16个多层次、多功能育训平台，针对政府、企业、社区、中小学等各类人员培训需求，开发优质继续教育网络课程40余门，年培训规模达到2万余人次，成人高等学历教育在校生规模1 500余人达到。开发高端培训项目和特色培训项目27个。为企业提供定制化培训服务，服务北京奔驰、京东方、中芯国际、京东、SMC、招商物流、泰德制药等1 500余家企业，累计培训6万余人次。学校与经开区合作共建公共图书馆，助力经开区公共文化体系和学习型新城建设。经开区每年投入经费200多万元支持我校图书馆建设，图书馆面向经开区民众全年开放，免费办理读者卡4万张左右，年均社会人员入馆量达到20万人次以上。拓展建设7家企业分馆和社区分馆，学校田径场、篮球场等体育场馆在非教学时间段以免费形式向社区居民开放，学校连续5年被经开区授予“亦庄文体活动基地”称号。2020

特征
功能
教学载体
培训目标
基本技能
专业教室
先进性与传统性相结合、台套数充足，满足人人训练需要
单项或组合训练，包括验证、虚拟仿真、实际演练、编程模拟等
传统教学项目或教师开发教学项目
完成简单的工作任务，独立解决完成任务过程中遇到的问题
综合技能
综合实训室
技术先进、项目齐全、集成度高，涵盖新知识、新技术、新工艺的关键环节
综合训练、探究论证、技能竞赛、培训鉴定等
由企业真实产品、服务项目和技能大赛项目转化而来的教学项目
完成综合工作任务，设计实现任务的方法与路径，完成模拟产品的开发
生产技能
生产性实训基地
紧跟先进技术应用前沿，贴近生产实际，设备、技术、管理、环境按照企业需要配置
企业典型产品生产、技能竞赛、研究创新、培训鉴定、科研服务
由企业典型产品、服务项目等转型而来的教学项目
完成典型产品生产，具备创新意识，能够发现生产中的不足
创新实践能力
创新实践基地
面向高精尖和新技术研发需求，配置先进仪器设备和开发环境
进行创造性设计，方案模型化、实物化、产品化，锻炼工程实践能力，提高创新能力
大学科研训练项目、企业技术研发项目、大学生创新创业比赛项目
完成产品的开发及设计、技术创新与改造

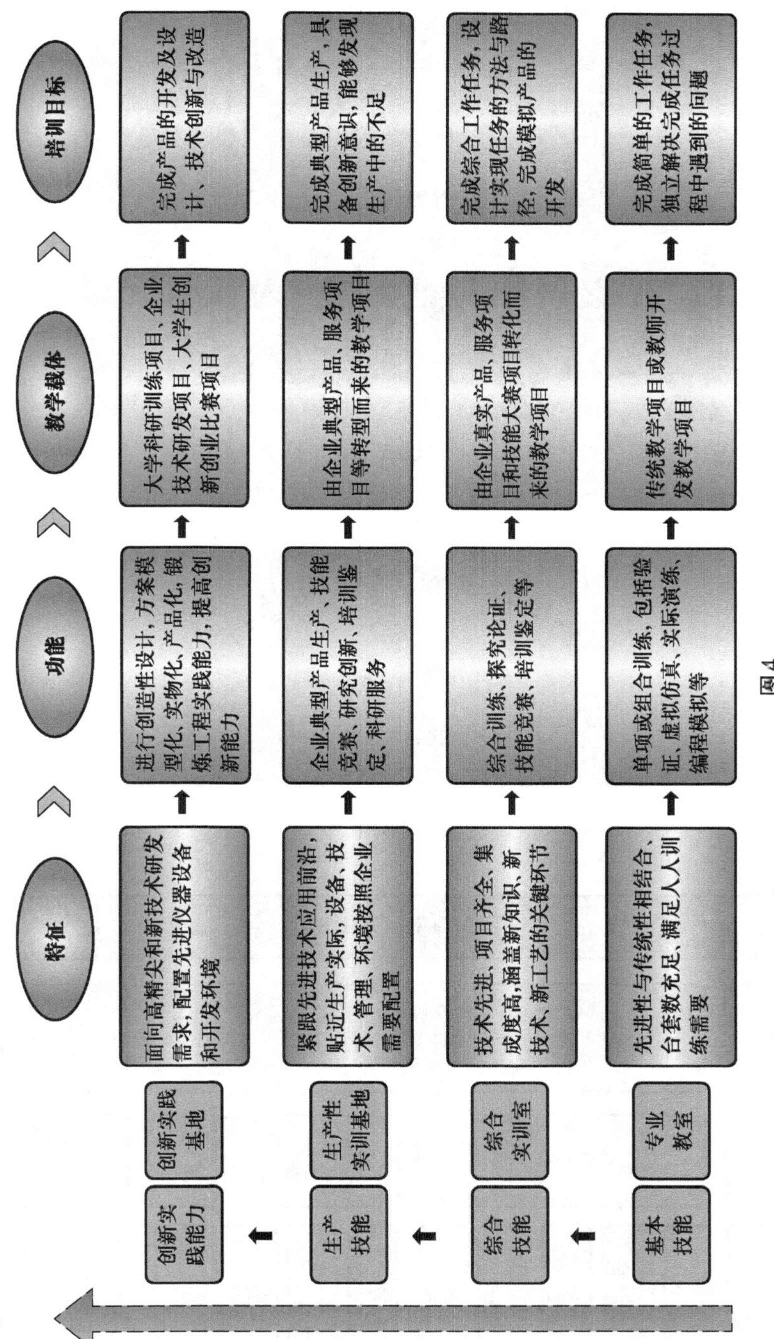

图4

年，学校获得授权北京市学分银行经开区分中心，面向人人、服务社会发展及终身教育的一体培训体系逐步完善（如图7所示），学校服务终身学习能力进一步增强。

图5

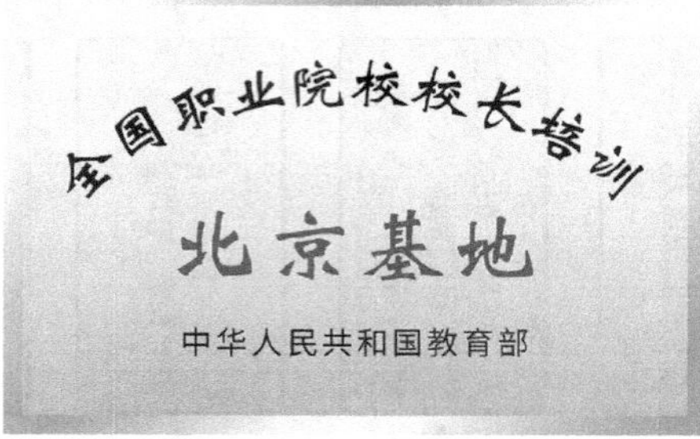

图6

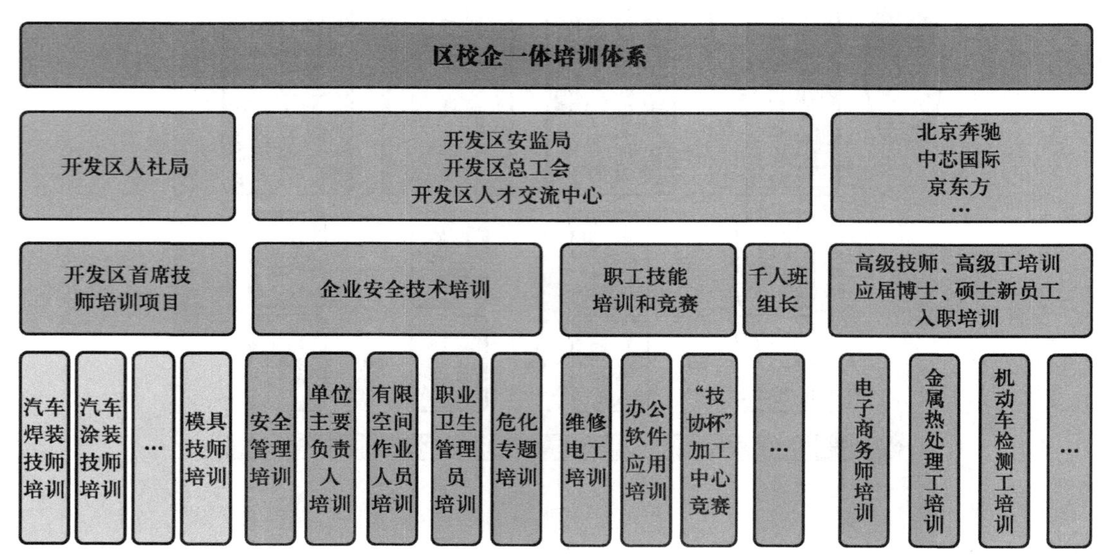

图7

三、办学成效与社会影响

（一）综合办学实力位居全国前列

学校坚持职业教育的类型定位，坚持为北京市经济社会发展服务、为学生终身可持续发展服务，以能力提升为牵引，不断深化教育教学改革。学校2004年首批通过教育部“高职高专院校人才培养工作水平评估”，2005年获评全国职业教育先进单位；2007年获教育部批准成为北京市首批“国家示范性高等职业院校建设计划”项目建设单位；2010年获批成为教育部国家教育体制改革试点建设项目——“开展地方政府促进高等职业教育发展综合改革试点”建设单位；2015年成为北京市首批“2+3+2”高端技术技能人才贯通培养项目试点院校；2015年成为全国首批现代学徒制试点院校；2018年入选北京市特色高水平职业院校建设计划；2019年入选国家“双高计划”高水平学校建设单位（10所A档院校之一）；2018年、2019年连续被教育部评为全国职业院校实习管理50强、教学管理50强、学生管理50强（成为同时荣膺三项50强的7所全国高职学校之一）；2021年荣获北京市党的建设和思想政治工作先进普通高等学校提名奖；2022年获批教育部思想政治工作创新发展中心（如图8所示）；获批教育部“全国党建工作标杆院系”（1个）“全国党建工作样板支部”（2个）“全国党建工作双带头人党支部书记工作室”（1个），数量居北京高职院校之首。

图8

（二）教育教学特色鲜明成果丰富

学校拥有全国优秀教师5人，北京市优秀教师24人，北京高校学术创新人才1人、青年拔尖人才4人，新世纪百千万人才工程北京市级人选1人，北京市社科理论人才百人工程人选1人，北京市教学名师16人、职教名师7人、高创名师1人。学校拥有国家级职业教育教师教学创新团队1个、北京市教学创新团队12个、北京高校继续教育高水平教学团队1个。学校9名教师入选全国行业职业教育教学指导委员会委员。近5年来，学校教师获得国家职业教育教学成果一等奖1项，北京市教学成果奖23项，获奖总数名列全市高职院校第一；获评教育部课程思政示范课程2门、课程思政教学名师14人、国家专业教学资源库2个、国家级精品在线开放课程3门、“十三五”职业教育国家规划教材7本、教材成果奖1项；获批全国教育科学“十四五”规划重大招标课题1项，全国自然科学、人文社科课题项目3项。

“十三五”期间，在全国1 400余所高职院校中，学校教师在全国教师教学能力比赛中获奖总数位居全国第一，学生在全国职业院校技能大赛中获奖总数位居全国第三。在北京高校青年教师教学基本功比赛中，学校连续6届获得一等奖，是北京市唯一获得一等奖的高职院校。在“十四五”的前两年中，学校教师获得全国职业院校教学能力比赛一等奖3项、二等奖3项、三等奖2项；学生在全国职业院校技能大赛中获得一等奖4项、二等奖8项、三等奖7项，获奖总数名列全国前茅。学校连续多年获得“北京市高校毕业生就业工作先进单位”，被评为“北京地区高校示范性创业中心”，跻身全国高职院校创新创业示范校50强。

（三）“三全育人”“五育并举”成效显著

学校党委研究制定“三全育人”实施方案，坚持德智体美劳“五育并举”，学校、企业、家庭“三元”联动，课程、科研、实践、文化、网络、心理、管理、服务、资助、组织“十方”协同，统筹构建“12345”学生思想政治教育工作体系，引导学生“德技并修、知行合一”，培养新时代高素质劳动者和技术技能人才。教育实效性和学生获得感明显增强，学生荣获北京高校中华经典诵读吟唱比赛一等奖和最佳风采奖，获得全国职业院校“挑战杯”等比赛一等奖14项，连续3年蝉联全国大学生机器人大赛一等奖，多名学生获得“中国大学生自强之星”“首都校园励志人物”。2018年以来，连续选派学生高质量完成全国人大议案组服务工作。2019年600多名师生圆满完成中华人民共和国成立70周年“致敬”方阵服务保障工作，以“零差错”的表现高质量完成任务，得到中央督导组和国庆第六指挥部的表扬。2022年，学校服务北京冬奥会的21名冬奥志愿者、10名制冰师助理、2名技术官员和2名冬奥村工作人员圆满完成北京冬奥会和冬残奥会服务保障任务，用电科之蓝装点冬奥之蓝，用职业使命点亮国之大者。

学生思想政治教育工作有效提高学校影响力和知名度，助推办学水平进入全国同类院校前列。学校入选全国职业院校学生管理50强，被评为教育部国防教育特色校、首都高校平安校园示范校、首都文明校园、首都学生资助工作典型经验单位、北京地区高校示范性创业中心、高职院校思想政治工作创新示范案例。学生思想政治工作荣获北京市教育教学成果二等奖和首都高校心理素质教育特色工作奖。高质量完成北京高校思想政治工作重点课题“高职学生思想行为特点及其教育模式研究”等项目，在《思想教育研究》《北京教育（德育）》等高水平刊物上发表论文20余篇。学校成为中国职业技术教育学会副会长单位、全国高职院校心理工作委员会副主任委员单位、全国职业院校“中华传统美德职教行”发起单位和北京地区牵头单位，在全国职业院校传统美德教育研讨会、全国高职高专思政课联盟工作会、全国高职院校心理健康教育学术年会上多次做经验介绍。中央电视台、新华网、中国教育报、中国青年报、学习强国等多次报道学校思想政治教育工作典型经验。

2023年是北京电子科技职业学院建校65周年，是学校发展历史的新起点，学校将在建设“首善标准、中国特色、世界一流高水平技能型大学”的新征程中，坚定不移地坚持社会主义办学方向，把立德树人根本任务放在首位，全面贯彻党的教育方针，全面推进科学发展、创新发展、开放发展、协调发展，奋力开启新时代高等职业教育改革发展的新实践、新试验，努力办好让党放心、人民满意、企业欢迎、广大师生有认同感、获得感、幸福感的一流高水平技能型大学，努力创造出无愧于历史、无愧于时代、无愧于使命的更大业绩，为实现“两个一百年”奋斗目标和中华民族伟大复兴的中国梦做出新的更大贡献！

执笔人：吴升刚　韩　伟　黄冠利

引领改革　支撑发展　奋力打造职业教育的“天职”品牌

天津职业大学

天津职业大学坚持以习近平新时代中国特色社会主义思想为指导，主动适应经济社会发展需要，坚持职业教育类型定位，主动服务国家战略，更好服务天津“一基地三区”功能定位和“1+3+4”现代工业产业以及现代服务业体系，努力办好国内领先、人民满意的高等职业教育，为建设现代化经济体系和提升国家竞争力提供优质人才资源支撑。

一、办学定位

学校坚持中国共产党的领导，坚持面向市场、服务发展、促进就业的办学方向，全面贯彻党的教育方针，坚定职业教育定位、属性和特色，坚持立德树人、德技并修，坚持产教融合、校企合作，坚持面向市场、促进就业，坚持面向实践、强化能力，坚持面向人人、因材施教，立足天津、辐射区域、服务全国，对接国家和区域支柱产业、新兴产业与现代服务业，面向高端产业和产业高端，遵循专业群组群逻辑，优化以工为主、工管结合的多学科协同发展的专业布局，培养大批具有良好沟通能力、解决复杂问题能力、创新能力和国际视野的发展型、复合型、创新型高素质技术技能人才，打造一大批面向生产、建设、管理、服务一线的现场工程师，使学校成为全国技术技能人才培养高地、中小微企业创新发展的助推器、服务国家战略的标杆、国际化办学的旗帜，打造中国特色、世界水平的高等职业学校。

二、发展历程

（一）办学历史悠久

天津职业大学始建于1978年，前身为南开大学第二分校、天津大学化工分校，1982年改建为天津职业大学，是全国最早举办职业教育的高校之一，2006年被评为全国首批28所国家示范性高等职业院校建设单位，中国特色高水平高职学校A档建设单位。学校坚持“服务为本，应用为根，质量立身，卓尔不群”的办学理念，秉承“育德育能，力实力新”的校训（图1），承四十余载积淀，立足天津、面向全国，持续示范引领职教改革创新，致力成为全国职教高地上的标志性高峰。学校目前为“一校两区”办学格局，分北辰校区和海河园校区，下设10个学院和3个教学部，现有10个专业群，59个专业，在校生16 000余人。

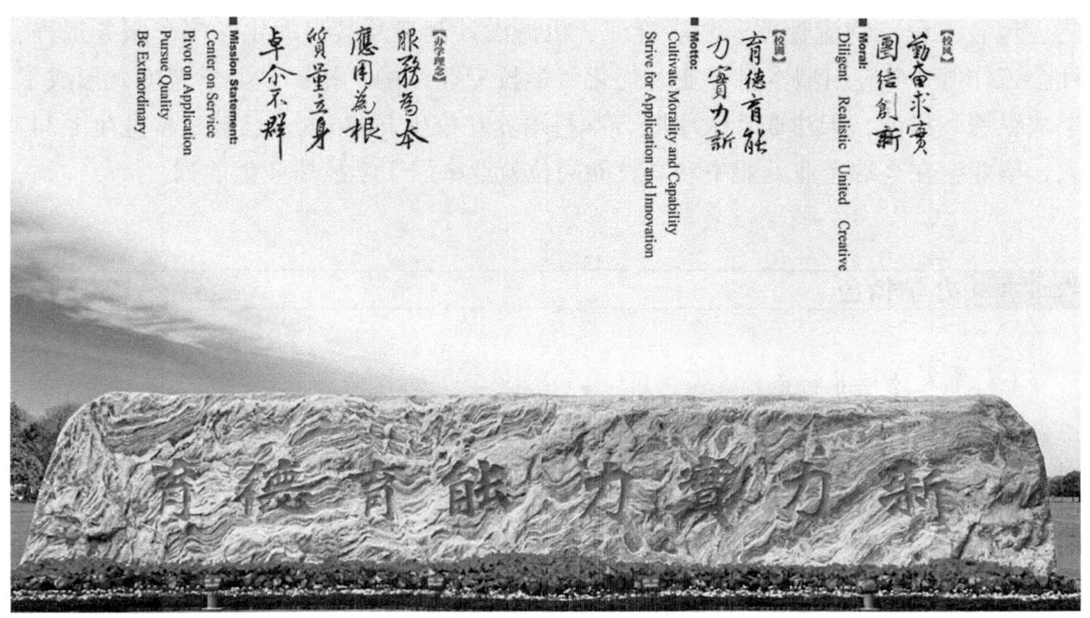

图1

（二）办学理念先进

学校坚持面向市场、服务发展、促进就业的办学方向，坚定职业教育定位、属性和特色，培养国家和区域经济社会发展需要的高素质技术技能人才，建立了以章程为核心的现代大学制度，内部组织机构健全，质量保证体系完善，行业企业深度参与。学校创新了治理制度分层级、治理结构聚多元、人事改革重贡献、校园文化显“工匠”的学校治理体系：一是重构制度体系。以章程为核心，建立了凸显职业教育特点的四层级管理制度体系。二是优化治理结构。推动行业企业深度参与，优化“党委领导、校长负责、教授治学、民主管理”的治理结构。三是创新激励机制。深化人事制度改革，推进管理重心下移，激发教师干事创业的动力。四是彰显职教文化，荣获第七届“黄炎培职业教育奖”优秀学校奖，铸就了“德能实新育工匠，兴职精进铸品牌”的“天职”品牌。

（三）办学经验丰富

学校从普通本科到高等职业教育再到联合培养应用本科，天津职业大学40余年的辉煌历程与本科教育始终有着不解之缘，在现代职业教育体系的探索与实践方面积累了丰富经验，学校领导班子成员与天津大学、天津理工大学、天津工业大学、天津科技大学等高校有着频繁的互调和流动，在本科办学方面也具备独特优势。自2012年起，学校与天津科技大学、天津商业大学、天津职业技术师范大学、天津理工大学开展联合培养本科层次应用型技术人才试点工作，联合开设化学工程与工艺、包装工程、物流管理、酒店管理、机械设计制造及其自动化、汽车服务工程、社会工作等7个应用型本科专业，优化了学校专业结构，拓展了办学宽度，形成了层次纵深。目前，天津职业大学联合本科培养在校生1 076人，已输送毕业生1 347人，毕业生在高端企业就业率和高技能岗位就业率居于学校毕业生前列。

三、办学特色

（一）人才培养特色

学校强调人才培养的不可替代性，即教育类型的不可替代性——职业性，服务面向的不可替代性——区域性，人才培养规格的不可替代性——卓越性，形成了鲜明的人才培养特色，2009年学校被确立为“滨海新区技能型紧缺人才培养基地”（图2）。校企合作共同制定专业人才培养方案，课程内容对接职业标准，教学过程对接生产过程，教学标准和教学内容纳入新技术、新工艺、新规范，实践性教学课时占总课时的50%，顶岗实习时间不少于6个月。建设国家级现代学徒制试点专业4个，企业新型学徒制专业1个，入选教育部首批1+X证书制度试点学校。学校入选教育部全国职业院校“实习管理50强”“教学管理50强”，近两届获得国家级教学成果一等奖1项、二等奖6项，获得天津市教学成果特等奖3项。承办全国职业院校技能大赛6项，学生获奖66项，其中一等奖9项；获得中国“互联网+”大学生创新创业大赛金奖3项、银奖3项、铜奖5项。学生团队秉持精益求精的工匠精神（图3），在首届世界职业院校技能大赛中荣获金奖，团队事迹登上中央电视台“新闻联播”节目。

图2

图3

学校系统推进人才培养改革“五大行动”。一是创新人才培养模式。健全“岗课赛证”综合育人机制，构建“重德强技、校企协同、书证融通、多径育匠”专业群人才培养模式总体框架，创新“四方联动、五链耦合”育人机制，基于学分制改革，实现“1+X”与“X+1”旋转门互通。二是构建四阶递进课程体系。聚焦卓越化培养、多样化成才，基于专业群重构通识课、平台课、专业课和卓越课“四阶递进”课程体系。三是开展“三教”改革攻坚。构建渗进化思政融入、项目化教学设计、活页化教材支撑、结构化团队实施、数字化资源赋能、智慧化环境助力、小组化合作学习、多元化评价激励的“八化”协同的教学实施体系。四是提升学生素养。实施“思想启航”“文化护航”“精品领航”“数字助航”“社团续航”五项工程，获批全国国防教育特色学校。五是坚持标准统领。依据国家专业教学标准、融入职业技能等级标准，开发44个校本专业教学标准，升级专业课程标准。主持或参与11项国家（行业）专业教学标准、课程标准编制。

学校高度重视教学资源的建设和利用，不断夯实办学基础。牵头建设眼视光技术、酒店管理、包装技术与设计3个国家级专业教学资源库。以智慧职教慕课学院、中国大学生慕课平台为依托，建设国家精品资源共享课程13门，开通SPOC课程1 214门，实施“教学做”一体课程400门。坚持模块化课程与活页式教材改革一体化推进，以活页式教材促进项目化教学改革，开发建设50门模块化课程及资源、20种活页教材。教师主编50余种教材入选“十二五”“十三五”职业教育国家规划教材。获评全国高等职业学校校长联席会议“教学资源50强”“服务贡献50强”“高职院校教师发展指数100所优秀院校”“高职院校学生发展指数100所优秀学校”“高职院校资源建设60所优势学校”。获评国家级课程思政教学研究中心1个、国家级课程思政示范课2门。

（二）产教融合特色

学校以技术技能积累为纽带，面向区域重点行业与支柱产业，与地方政府、产业园区、行业企业深度合作，推动产学研紧密结合、协同发展。建立实质性运行的职业教育集团8个、产业学院8个、混合所有制二级学院3个、校内企业培训中心4个。拟开展本科教育的10个专业均有合作稳定的规模以上企业。

学校坚持合作平台的实体化、合作机制的市场化、合作伙伴的高端化，以“三化”彰显学校的产教融合特色。一是合作平台的实体化。以合作发展为基础，以资本为纽带，以产业学院、混合所有制二级学院、职教集团为路径，搭建实体化校企合作平台，通过资本融合、资源融合、人员融合、文化融合等深化产教融合，打造校企命运共同体。二是合作机制的市场化。积极助力与学校合作紧密、有教育情怀的行业龙头企业进入国家产教融合型企业目录；强化对企业的技术研发与员工培训，为企业解决生产技术难题、优先推荐优秀毕业生、提供员工终身学习支持；强化校企的文化融合，充分利用学校的渠道宣传企业。三是合作伙伴的高端化。在已有林肯等品牌的基础上，继续加强与500强企业、行业头部企业的合作，确保每个专业群至少有一个深度合作的高端伙伴，2017年12月，林肯中国天津技术培训中心落成典礼。2021年，学校与爱尔视光产业学院战略合作签字仪式（图4）。学校助力1家企业入选国家级、35家企业入选市级产教融合型试点企业，7个项目获批教育部供需对接就业育人项目，2个案例入选教育部2021年产教融合校企合作典型案例。

图4

学校发挥办学优势和品牌辐射作用，在服务重大国家战略、服务区域经济建设与产业转型等方面成效显著。

1. 提升科研服务能力

面向天津市“1+3+4”现代工业产业体系，以企业技术需求为导向，建设7个高水平应用技术研发中心，服务中小微企业的技术攻关、产品开发、工艺优化，在绿色化工、智能网联汽车、新一代信息技术、智能制造、新材料加工、智能包装等技术领域取得突破，形成一批标志性创新成果。例如，“天津市包装生产线技术工程中心”以连续式吸塑包装生产线、铝锭码垛生产线、全工况静电纺丝机等为重要攻关项目，进行新项目开发、新工艺改进和科技成果转化；“国产化信息系统研发测试中心”建成“飞腾－麒麟”体系及曙光体系软件适配中心，为企业提供国产化信息系统的软件适配技术服务；“增材制造技术推广中心”以光固化成形、金属烧结成形技术为特色，覆盖非金属材料与金属材料的增材制造技术升级，促进研发转向产业化应用；“智能网联汽车应用协同创新中心”开发“驾驶场景数据库”“车辆算法库”，完成智能网联汽车多源感知数据融合决策、非结构化数据无线网络传输、自适应神经网络学习算法等领域技术攻关。近五年累计立项厅级及以上科研项目125项，专利授权862项（其中发明专利授权93项）。服务企业的技术研发和产品升级，为180余家中小微企业解决生产一线技术或工艺实际问题，形成技术技能特色优势，近5年横向技术服务与培训年均到账经费1 422.46万元。

2. 服务重大国家战略

服务京津冀协同发展，牵头组建京津冀双高计划建设联盟、津雄职教发展联盟等区域性合作组织；设立天津职业大学威县分校，实现跨省“五年一贯制”培养；建设“天津职业大学雄安新区培训基地”“雄县培训中心”，为雄安新区制定职业教育高质量发展五年规划。服务脱贫攻坚与乡村振兴，为新疆和田地区编制职业教育园区建设规划，组团帮扶和田职业技术学院，系统援建13个专业；承担教育部定点帮扶云南省红河州职业教育，帮扶案例入选全国教育扶贫典型案例；结对甘肃武威职业学院，共建“天津职业大学（西部）职业教育师资培训基地”。被党中央、国务院授予“全国脱贫攻坚先进集体”称号。

3. 提升社会服务能力

落实学历教育与培训并举的法定职责，近5年年均非学历培训75 659人次，是全日制在校生数的4.5倍。承接职业院校师资等各类社会培训10万余人次，各级各类鉴定3万余人次，培训到账资金3 000余万元。打造6个“区校终身学习联合体”，开展社会培训423 087人日。获评全国优秀成人继续教育院校（培训机构）。2022年8月，首届世界职业技术教育发展大会在天津举办，学校积极服务本次大会，并出色承办了世界职业院校技能大赛增材制造技术赛项。

（三）师资队伍特色

学校以“四有”为标准，以业绩贡献为导向，建机制、定标准、搭平台、重培训，大力提升教师的教学能力和职业能力，打造一支数量充足、专兼结合、结构合理的高水平双师队伍。目前专任教师697人，硕士以上学位专任教师占专任教师比例85%，副高级职称以上专任教师占专任教师比例37.3%，正高级职称专任教师78人，来自行业企业一线兼任教师占专任教师比例39.2%，来自行业企业一线兼任教师承担教学任务占专业课总课时比例20.31%，具有三年以上企业工作经历或近五年累计不低于6个月到企业或生产服务经历的“双师型”教师占专任教师比例53.2%。

学校高度重视师资队伍建设。一是重师德铸师魂，创新开展“五个一”师德专题教育，全面加强教师思政和师德师风建设。二是建机制定标准，完善“固定岗+流动岗”师资配置机制，改革职称评定和全员聘任制度，破“五唯”、探索教师“四度”评价模式，出台“双师型”教师认定办法及标准。三是搭平台抓培训，成立教师发展中心，建立健全教师四级培训体系，聚焦教师教学能力和职业实践能力，大力开展培训。获批教育部全国高校黄大年式教师团队2个（天津职业大学眼视光学院黄大年式教师团队如图5所示），国家级教师教学创新团队2个，国家级优秀教学团队2个，全国优秀教师1人，全国师德标兵1人，全国模范教师1人，全国“黄炎培职业教育奖”优秀学校奖2次，杰出校长奖2人，杰出教师奖6人，国家级技能大师1人，轻工行业“大国工匠”1人，国家技能人才培育突出贡献个人1人，全国技术能手14人，全国行业教学名师、大师、先进个人12人。学校入选全国行业职业教育教学指导委员会、职业院校教学（教育）指导委员会17人，覆盖13个行指委和2个教指委，其中担任副主任委员单位2个，眼视光行指委秘书处设于本校。

图5

四、办学成效

（一）贡献“天职”模式，引领职业教育改革

1. 坚持立德树人，聚焦同向同行，树立课程思政新标杆

党建统领，建强课程思政教学研究中心，创新专业教师与思政教师“1+1”课程思政建设模式。加强课程思政研究，典型示范与全员推动结合，推进专业、课程、课堂系统化设计与三级联动。以坚定学生理想信念为根本，以‘五爱”为主线，以践行劳模精神、劳动精神和工匠精神为核心价值理念，构建‘一专业一目标、一课程一主线、一课堂一主题”三级课程思政目标体系。以“精、妙、趣、效”为标准，从国家、行业、企业、专业、学生五个维度挖掘思政元素，按“典型案例、模范人物、典型活动、经典语句”四大资源类型，构建“课程思政主题+课程模块N元素”的课程思政内容体系；创设“名言点睛、典例化合、情境创设、专

题嵌入”四种主要融入路径，全面推进课程思政进人才培养方案、进课程标准、进教材内容、进课堂教学。入选国家课程思政教学研究示范中心，天津市职业教育课程思政教学研究中心落户学校。

2. 坚持德技并修，聚焦卓越培养，打造专业群课程体系新样本

基于“四阶递进”课程体系框架，锚定“树德、增智、强体、益美、育劳”，开齐开足思政课及各类公共基础课，限选与任选相结合配齐配足“公民素养套餐”，组建通识课；基于组群逻辑，分析提炼、优化组合各专业共性知识点和技能点，重构平台课；按照“源于岗位能力需求、嵌入技能等级标准、融入技能大赛内容、匹配课程思政元素”建构路径，校企共同开发模块化专业课程；瞄准前沿技术、先进工艺、高端服务等开发高阶课程，遴选高级职业技能等级证书、高级职业资格证书、高水准技能大赛、高水平技术研发、高质量创业项目等，构建“高阶课程+”项目库，组建卓越课程群，学生可通过选修“高阶课程+”项目置换等量学分完成学业，实施多径赋能，促进多样化成才。

（二）贡献“天职”力量，服务重大国家战略

1. 强化担当，主动服务国家战略

设分校，培养本土化技术技能人才。在教育部支持下，首次探索跨省“五年一贯制”人才培养，在河北省威县建立“天津职业大学威县分校”，为当地培养离不开、留得住、用得上的高素质技术技能人才。创联盟，推进职业教育协同发展。牵头组建京津冀双高计划建设联盟和津雄职教发展联盟，建立协同机制和交流平台，推进京津冀职业教育协同发展。建基地，共享优质职业教育资源。在甘肃省武威市建设“天津职业大学（西部）职业教育师资培训基地”，精准对接中西部职业教育培训需求，共享“天职”优质职业教育资源。

2. 主动作为，服务区域经济社会发展

以教促产，服务天津市北辰区国家级产城融合示范区建设。依托天津市高端装备和智能制造人才创新创业联盟，实施“订单式”人才培养，共建产教融合实训基地。服务企业转型升级，为140余家中小微企业开展科技服务和技术攻关。以教兴城，服务“滨城”技能型社会建设。与滨海新区共建技术技能人才联盟，打造瑞普生物、360网络安全和国家动漫园3个产业学院，为生物医药、网络安全和文化产业培养高素质技术技能人才。

（三）贡献“天职”方案，支撑技能社会建设

1. 政策引领，服务现代职教体系构建

参与制定《天津市职业教育改革与发展“十四五”规划》《天津市本科层次职

业教育发展规划》《和田职教园区规划方案》《雄安新区职业教育强基提质培优引领行动计划（2021—2025年）》等系列规划，为区域职业教育高质量发展建良言、献良策、出实招；参与教育部职成司委托重庆市教科院开展的高职本科专业设置研究，为教育部《本科层次职业教育专业设置管理办法（试行）》的出台以及后续工作做出了积极贡献。

2. 制度引领，服务技能型社会建设

受天津市人社局委托，主持开展政府购买职业技能培训服务绩效评价，为政府完善相关制度体系和标准体系提供了重要依据。受天津市教委委托，主持开展职业院校混合所有制办学研究，为天津市出台相关制度文件奠定了坚实基础；参与天津市发改委“天津市产教融合型试点城市建设实施方案”研制，提出的建议纳入《天津市产教融合型试点城市建设实施方案（征求意见稿）》中。

3. 标准引领，服务经济社会高质量发展

主持或参与了11项国家专业教学标准编制，牵头开展职业院校眼视光技术专业目录修（制）订工作，增设了眼视光专业类别，眼视光技术专业进入本科层次职业教育试点专业目录。大力推进1+X证书试点，积极联合培训评价组织开发10个国家职业技能等级标准。联合天津市教科院制定《鲁班工坊运营项目认定标准（试行）》，被教育部采纳并应用于全国首批鲁班工坊运营项目遴选和认定工作。

五、社会影响

（一）学生家长认可度高

学校坚持以学生发展为中心，不断提高教育教学质量和服务水平，在校生“体验感”不断增强，在校生对学校的总体满意度96%。学校坚持面向未来职场的教育理念，不断提高毕业生的职场竞争力，2018—2021届毕业生对母校的总体满意度97%。着力构建“三全育人”新格局，大力推进学校、社会、家庭育人一体化，不断提升学校美誉度，家长对学校的整体满意度99%。2019—2021年，在山东、河北、广东等8个省份的高考招生录取中单科类录取最低分连续两年超当地本科控制线。

（二）行业企业认可度高

创新产教融合、校企合作模式，大力提升毕业生的岗位适应能力、沟通协作能力、独立工作能力、组织管理能力和创新能力，强化敬业精神与职业道德培养，大力提升用人单位满意度。服务产业升级和企业技术创新，为百余家中小微企业解决生产实际难题。2019—2021年，用人单位每年为学校毕业生提供的岗位数与毕业生数的比值均超过5∶1，学校接受捐赠、准捐赠设备总值达6 283万元，洲际酒店集团等多家企业在学校设立奖学金，近百名学生受益。通过第三方机构调查，96%的用人单位对毕业生表示“非常满意”，99%的用人单位表示未来愿意继续招聘毕业生，84%的用人单位对毕业生有过管理职位晋升。图6所示是学校学生在海尔公司举行毕业典礼。

图6

（三）业内影响力强

1. 业内组织影响力

近三年，学校入选全国行业职业教育教学指导委员会、职业院校教学（教育）指导委员会17人，覆盖13个行指委和2个教指委，其中担任副主任委员单位2个，眼视光行指委秘书处设于该校。同类院校学访交流38家300余人次。牵头成立京津冀“双高计划”建设联盟、津雄职业教育发展联盟、京津冀眼视光专业职业教育联盟、双高建设院校学报联盟等多个区域性协作组织，助力京津冀职业教育高质量协同发展。

2. 职教研究影响力

打造天津职业大学职业教育高质量发展研究中心，坚持“研究先行、智库引领”发展理念，创新四机制、服务三发展，近三年完成全国教育规划教育部重点课题2项，引领职业教育高质量发展；完成区域性职教规划或绩效评价报告5个，支撑区域现代职教体系构建和技能型社会建设；与中华职教社共同主办“中华职业教育50人论坛”，突出学术性、跨界性、前瞻性、导向性，构建“理论前瞻、国际比对、决策支撑、历史检验”的全链条，打造成国内权威、国际有影响的知名智库品牌。

（四）国际影响力强

为共建共享鲁班工坊建设经验和成果，共同打造中国职业教育“走出去”的国家品牌，学校于2020年12月牵头成立鲁班工坊建设联盟，联盟成立对于规范鲁班工坊建设、提高鲁班工坊质量、扩大鲁班工坊影响力具有重要作用和重大意义。

1. 搭建平台，集聚资源

制定完成《鲁班工坊建设规程》，搭建鲁班工坊理论研究、项目建设和宣传推广平台，积极争取国家部委政策和资金支持。

2. 标准引领，打造品牌

建立集项目培育、建设运营、质量评估为一体的鲁班工坊建设质量保障体系；成立联盟专家库，为鲁班工坊理论研究和建设实践提供智力支持；联合研究机构制定《鲁班工坊运营项目认定标准（试行）》，应用于全国鲁班工坊项目认定工作。引领全国职业院校以“天津实践”为参考开展多元化办学，助力中国企业“走出去”，有力提升中国职业教育国际影响力（图7）。

图7

执笔人：古光甫

中国化工企业高技能人才培养的旗舰

天津渤海职业技术学院

天津濒临渤海、紧邻北京，在中国近、现代工商业发展史上，曾经是中国第二大商业城市和北方最大的金融商贸中心。天津职业教育随着近代工商业的兴起而产生，在百年发展历程中，紧密结合区域发展，培育出一批批优秀的产业大军。尤其是在新中国成立后，天津紧密结合党中央对职业教育发展的整体部署，职业教育发展日新月异。其中，天津渤海职业技术学院是天津职业教育最具代表性、特色最鲜明的职业院校之一。

一、办学定位

天津渤海职业技术学院是一所随着天津化工行业发展应运而生的高职院校，其职教办学历史可追溯到1958年建立的天津海洋化工学院（后更名天津市化学工业学校），2001年转制为高职院校。学校始终坚持“立足化工、面向社会、服务经济”的办学宗旨，“市场运作，突出特色，开放办学，校企结合”的办学理念，“教育至上，质量至上，服务至上”的教育理念，坚定践行习近平总书记提出的“两山”理念，紧紧围绕立德树人根本任务，以培养现代绿色化工技术技能人才为己任，为天津乃至全国化工行业的发展培养了大批优秀技能人才，成为化工企业高素质技术技能人才培养的旗舰学校。

二、发展历程：抢抓机遇，赢得发展先机

1993年，随着社会主义市场经济的发展，天津发挥自身港口优势，由传统的制造业向现代服务业、物流业、会展业等特色产业转型。为适应新兴产业发展，天津市多所成人高校开始招收高中毕业生，举办“高中后职业技术教育”。1999年，国务院号召“调整教育体系结构，大力发展高等职业教育”。在此背景下，《中共天津市委关于深化教育改革全面推进素质教育的若干意见》提出，通过“多种渠道、多种模式、多种机制”将中等专科学校、职业学校、技工学校、成人高校或采用强强结合，或通过优势互补，组建高等职业院校，展开大规模“高标准职业教育体系”建设。天津渤海职业技术学院瞄准形势，抢占发展先机，成为天津市第一批高职院校，实现办学层次提升。

（一）把握发展机遇，实现中职教育华丽转身（1998—2001年）

1998年，根据天津市教育改革调整总体部署和要求，为加快化工行业教育结构调整的步伐，天津渤海化工集团（以下简称渤化集团）党委决定，天津市化学工业学校和天津市职工化工学院合署办公，按照“一套班子、两块牌子、合署办公、统一管理、集合优势、共同发展”的方针整合教育资源，共同申办高职院校。经过三年不懈努力，2001年1月，经天津市政府批准，天津渤海职业技术学院成为天津市首批高职院校，全日制在校生规模暂定3 000人。同年4月，天津市人大常务委员会、天津市教委、渤化集团相关领导出席揭牌仪式。

（二）明确发展战略，实现高职教育良好开局（2002—2005年）

2003—2004年，渤化集团下属的天津市仪电自动化学校、渤化集团公司党校先后融合并入学院，教育教学资源不断丰富。2003年，天津渤海职业技术学院党委明确了要走“规模、质量、品牌”协调发展之路的战略思想。2004年被天津市工业四委命名为化工高技能人才培训基地，成为天津市工业系统重点建设的两个培训基地之一，同时被天津市教委和市劳动局确定为职业资格鉴定五所院校之一。2004年12月，特聘时任中国科学院院士、南开大学教授申泮文为名誉院长，聘请时任全国政协常委、天津市政协副主席、中国民建天津市委员会主委、正高级工程师周绍熹等9名化工专家为顾问，定期入校指导化工专业建设。12月底，首家

通过天津市教委关于高职高专人才培养工作水平评估，育人质量得到充分肯定，并借此总结提炼了“团结、勤奋、求实、创新”的校训精神，即：齐心协力、共渡难关的团结奋斗精神；不懈努力、扎实工作的勤奋敬业精神；不事声张、埋头苦干的真抓实干精神；勇于追求、积极探索的开拓创新精神。2005年高职招生达3 585名，在天津市高职院校中排名第一，创历史发展之最，登上了以规模求发展的第一个台阶，并被天津市政府评为天津市职业教育先进单位，标志着办学水平提升到了新阶段。

（三）建设一流实训基地，坚持走内涵发展之路（2006—2010年）

在“十一五”期间，天津渤海职业技术学院充分认识到化工作为天津六大支柱产业之一的重要地位与作用，提出坚定扛起化工职业教育大旗，把握天津被列为国家职业教育改革试验区的大好机遇，努力争创国家级高职示范校。在此期间，以建设国内一流化工高技能人才培养基地为目标，以解放思想、创新理念为先导，以国家和天津市教育重点建设项目为载体，以教育部高职高专人才培养工作水平评估指标体系为标准，以实施“三尖工程”为核心，以服务集团、服务化工为根本，围绕“争创示范学院，建设一流基地，打造渤海品牌”的工作主题，以“校园典雅、特色鲜明、质量一流、效益显著”的高职示范校作为奋斗目标。

2006年5月，建成2 000平方米的全国同类院校一流、天津市高职院校规模最大的石化和化工仪表实训中心、信息中心（图1）。天津市教委、天津市国资委相关领导出席揭牌仪式。实训中心投入使用后，每年为渤化集团二级企业、天津大学、天津理工学院及全国职业院校技术师资培训班等提供各类培训达20 000多人次。

图1

作为天津乃至全国独具深厚化工职业教育底蕴的高职院校，学校在2005年全国首届石油与化工职业院校学生技能大赛中，荣获团体一等奖及水净化专业、精细化工专业个人四项全能一等奖，得到了中国化工教育协会的高度认可。2006年成功取得全国化工职业院校学生技能大赛承办权，成为天津市首家承办此类赛事的高职院校。2007年10月，学校成功承办了“渤化杯”全国石油与化工职业院校学生化学检验工技能大赛（图2），并荣获高职组一等奖，为天津职业院校承办全国性学生技能大赛发挥了示范作用，《天津日报》《中国化工报》等多家媒体对此进行报道，技能大赛社会影响力位居全国前列，标志着天津渤海职业技术学院登上了以质量求发展的第二个台阶。

图2

（四）坚持行业办学特色，围绕内涵发展构建化工职教体系（2011—2015年）

“十二五”期间，天津渤海职业技术学院提出了建设特色鲜明、优势突出的全国示范性职教集团的发展目标，明确要实现这一奋斗目标，必须统一思想、凝聚共识，牢牢把握国家、职业教育、行业和学校发展大势，进一步增强认同感。学校坚持行业办学优势、办学特色，推动产学研结合，努力提升人才培养质量，实施“五大工程”，打造“五大文化”，实现了“校园绿色生态、服务辐射明显、专业产业融合、师资团队一流、校企合作发展”的目标。在渤化集团党委的大力支持下，天津市化学公司翔宇学校、天津市橡胶公司工贸学校先后划归学校管理。2014年9月，学校与天津理工大学共建联合培养本科班获批招生，同年牵头成立了渤海化工职业教育集团，涵盖中职、高职、本科教育于一体，走出了一条具有行业特色的集团化办学创新之路。

2014年9月，天津市教委组织11所高职院校与泰国11所职业院校签订校际国际合作协议，学校与泰国大城技术学院成为合作伙伴，实现了中外合作办学新突破。

“十二五”期间，学校倡导成立了石油和化工行业职业教育京津冀合作联盟，达成了“天津共识”，在全市率先开展了百万技能人才福利培训计划，完成央财支持实训基地建设项目2个，市财支持项目8个；荣获省部级教学成果奖5项，科研成果奖3项，国家级、省部级科研立项58项，申请获批技术专利17项，成为教育部全国石化职教教学指导委员会副秘书长单位，中国化工教育协会副会长单位，荣获中国石油和化工行业高技能人才培养突出贡献单位、天津市“黄炎培职业教育奖”优秀学校奖等荣誉；被命名为全国职业教育教师企业实践单位、中国石油和化工行业职业教育与培训全国示范性实训基地、中国企业培训示范基地、中国退役军人就业创业服务促进会职业技能培训基地。

（五）里程碑式发展，跻身全国高职院校第一方阵（2016—2020年）

“十三五”期间，“一带一路”倡议和教育部“双高计划”建设为职业教育带来前所未有的发展机遇。学校牢牢把握和坚持“五大发展理念”，将其贯穿于改革发展全过程，在实施人才强校、文化兴校、特色立校、依法治校、开放办校五大战略中创新办学理念，提出“建成优势突出、特色鲜明的全国骨干职教集团”发展目标，以创建品牌为抓手，深化改革创新，抢抓机遇、系统谋划，在社会效益、经济效益、办学规模和发展成效等方面一年一个新台阶，取得了一系列重大标志。2016年，学校在泰国建成中国境外首个“鲁班工坊”（图3），该项目的规则制度、运作模式逐渐被国家认同，成为我国职业教育国际交流的品牌项目，并在全国推广，这是继我国境外推出“孔子学院”以来，中国职业教育走向世界的又一靓丽名片。学校于2017年被确定为天津市“世界先进水平高职院校”，2018年主持申报的教学成果荣获国家级一等奖（图4），2019年被教育部确定为“中国特色高水平高职学校和专业建设计划建设单位（专业群C档）”，连续两次荣获“全国最具国际影响力50强学校”和2019亚太职业院校影响力50强，2020年入选教育部首批示范性职业教育集团（联盟）培育单位。

图3

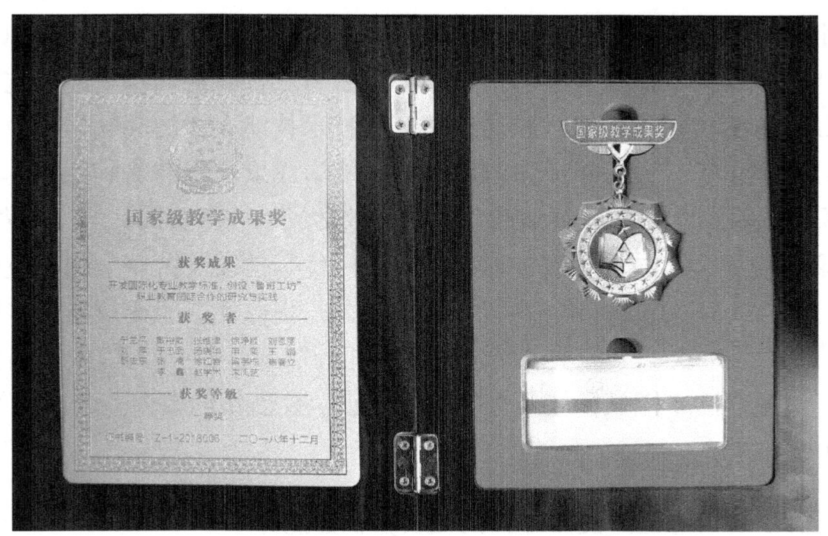

图4

随着社会影响力的不断扩大，天津渤海职业技术学院先后与境外60所职业院校和科研机构签订合作协议，选派教师出访德国、泰国、韩国等国家84人次，先后与美国、泰国、英国、波兰等国家相关院校组织互访交流，累计641人次。与“一带一路”沿线中资驻外企业合作，助力中国企业走出去。留学生人数累计达167人，为东盟国家职业院校开展短期培训近千人，国别来源数增长到47个。

在此期间，天津渤海职业技术学院实现了化工职业教育办学历史上里程碑式发展，登上了以品牌求发展的第三个台阶，跻身全国高职院校的第一方阵。

三、办学特色：培养化工高技能人才的旗舰

依托行业办学优势，突出化工职业教育特色。紧紧围绕产教融合、校企合作、

服务经济开展了大量创新性工作，致力于形成协同创新和协同育人“双协同”路径。通过深度对接产业链，发挥产学研优势，构建了现代职业教育集团化办学体系，培养了大批高素质技术技能人才。

（一）整合校内教育资源，提升技能人才培养软实力

通过撤系建院，调整管理机构，最大化发挥教育资源在育人中的作用。学校现有七个二级学院和三个教学部，在校生达12 000余人，有校企联合本科专业2个、高职专业46个，毕业生平均就业率历年来在天津市高校名列前茅。学校建有中央财政支持特色专业2个、国际化专业4个、国家级和市级教改示范专业各1个。有骨干专业5个、生产性实训基地4个、“双师型”教师培养培训基地1个，协同创新中心（物联网创新研发中心）入选《高等职业教育创新发展行动计划（2015—2018）》项目，通过国家级认证。2021年获评天津市职业教育创优赋能高水平高职院校和专业群建设项目。诸多奖项展现了学校培育高素质技术技能人才的底气与实力，荣获国家级教学成果奖1项，2022年天津市职业教育教学成果奖特等奖1项，一等奖3项，二等奖2项，荣获第六届中国石油和化工教育教学成果一等奖1项，二等奖2项。在首届世界职业院校学生技能大赛中取得“两金一优”佳绩，荣获全国职业院校技能大赛团体一等奖12次、二等奖6次、三等奖9次；获得各类职业技能竞赛团体一等奖24次、二等奖54次、三等奖47次；获得中国“互联网+”大学生创新创业大赛铜奖1次；获得“挑战杯—彩虹人生”全国职业学校创新创效创业大赛二等奖2次、三等奖4次。

（二）打造实训基地建设品牌，强化服务社会能力

通过科学调整实训基地布局，完成10个生产实训中心、6个实训车间和65个专业实验实训室建设，形成辐射化工、能源、环保、生物医药、机电、信息、经济、管理等领域的现代化实训基地（图5所示是多种危化品生产工艺操作实训装置，图6所示是绿色生态化工虚拟仿真实训基地），是首批全国石油与化工行业职业教育与培训示范性实训基地、中国化学品安全协会培训基地、天津市危化品应急救援培训基地、滨海新区技能型紧缺人才培养基地。与行业企业共建校外实训基地156个，其中3个实训基地为中央财政支持的职业教育实训基地建设项目。2022年，完成教育部批准的职业教育示范性虚拟仿真实训基地培育项目，该实训基地集教育教学、实训培训、科研科普、竞赛展示等功能于一体，有效解决了化工实训教学中存在的“三高三难”问题，有力服务新时代复合型技能人才培养、双师型教师队伍建设、企业员工和各类人员就业培训，服务区域经济转型升级，服务行业企业技术创新。

图5

图6

（三）全方位深化校企融合，发挥职教集团作用

不断强化渤化职教集团建设，目前成员单位达200余家。与维斯塔斯风力技术（中国）有限公司等世界500强、中国500强企业，与天津渤化永利化二股份有限公司等行业领先企业，与玲珑国际轮胎（泰国）有限公司等驻外中资企业开展校企合作，建立订单培养班，打通学生就业“直通车”。与天津长芦汉沽盐场有限责任公司共建彩虹产业学院，获批天津市首批产教融合试点项目，获得专项建设资金520万元。在2023年渤海化工职教集团理事会上，与天津渤化化工发展有限公司等本市和外埠7家企业签订校企合作协议，深入推进产教融合共同体向纵深发展。

（四）强化化工文化教育，提升职业认同感

以“工匠文化”塑造学生坚定的文化自信，持续开展“渤化工匠进校园”活动，聘请多位企业技能大师和劳模为学生进行思政教育。先后把“中国民族化学工业之父”范旭东的“四大信条”和“红三角”百年化工文化，以及天津长芦千年盐

业文化引入校园，建设百年化工文化育人基地，设立范旭东雕像，以独特的化工文化软实力浸润师生，培养师生对化工产业的认同感、归属感，师生对“工匠精神”的认同感得到有效提升。建设校史馆、建立校友会，厚植师生的爱校情怀，激励师生为学院化工职业教育改革发展贡献力量。学院被评为“天津最美校园”，中国石油和化学工业企业（院校）文化建设示范单位，中国化学工业党建思想政治工作先进单位。

（五）突出育人特色，培育化工领域能工巧匠

自建院以来，学校培养了大批优秀毕业生，很多都成为企业技术能手。2008届应用化学系工业分析与检验专业毕业生吕双双（图7），毕业后到企业一线从事分析检验工作，现已任天津长芦汉沽盐场有限责任公司卤水综合利用二厂质检站站长。她主动破解难题，为企业提出“金点子”22项，优等品率由建厂初期的0提高到99%，荣获2014年天津市化工行业职业技能大赛分析工比赛第一名，2017年天津市国资委系统职工职业技能竞赛“化学检验工”赛项个人成绩第一名。担任2020年、2021年天津市职业院校技能大赛裁判，2022年全国职业院校技能大赛裁判。被授予全国“五一”巾帼标兵、全国石油与化工行业优秀技能人才、天津市三八红旗手、天津市技术能手、滨海新区技能大师等多项荣誉。她的事迹被新华社等主流媒体以《检验站里的“铿锵玫瑰”》《“把关”蓝精灵吕双双：从职校走出来的人才》为题广泛进行宣传报道。优秀毕业生还有荣获首届职业技能大赛优胜奖、全国技术能手称号，现就职世界500强企业万华化学集团的梁高康等，这些能工巧匠有力证明了化工职教的办学实力与育人质量。

图7

四、办学成效：牢记初心使命，践行职业教育责任担当

学校是国家级优质专科高等职业院校，天津市“五一劳动奖状”先进单位，天津市文明学校，首批天津市高职示范校。先后入选全国首批示范性职业教育集团（联盟）培育单位、全国生态文明教育特色学校和天津职教创优赋能建设首批立项单位，体现了服务企业、服务社会发展所具有的强大实力。

（一）构建“4+1+X”大思政课程体系，课程育人成绩突出

2021年学校课程思政研究中心入选天津市高职院校课程思政教学研究示范中心培育项目，《传承百年化工文化，逐梦职教强国之路》入选“百年辉煌”思政品牌课程视频和课程案例。4门课程荣获天津市课程思政示范课程，1门课程荣获全国轻工行指委课程思政示范课程，1门课程获评天津市大中小学“党史专题课程思政精品课”。荣获全国高等院校化工类专业教师课程思政能力大赛一等奖1个。荣获第二届天津市高职高专院校思想政治理论课教学“比武”一等奖、三等奖各1个。荣获全国职业院校化工类专业优秀课程思政案例三等奖2个。

（二）坚持“五育并举”，践行教育使命

坚持立德树人，构建“三全育人”思想政治工作体系。2021年获批天津市“三全育人”典型案例2个，2022年获评天津市职业院校“三全育人”典型学校。近两年荣获天津市大中小学“故事思政”微课大赛特等奖1个、一等奖2个、三等奖1个。坚持以智启人，构建富有特色的“育人”体系。2022年，8名学生分别荣获天津市优秀学生、优秀学生干部称号，2个班级获评市级优秀班集体；1名学生获评天津市大学生自强自立年度人物暨海河自强奖学金；4名学生荣获天津市创新创业奖学金。坚持以体育人，构建服务师生身心健康的体育工作体系，荣获2022年天津市大学生田径运动会高职组团体总分第一名，冰壶赛项高职组男子团体第一名、混双第一名、女子团体第二名，足球赛项高职男子组第二名等佳绩。坚持以美化人，构建具有特色的美育工作体系，获批天津市高校中华优秀传统文化艺术传承基地。坚持以劳塑人，构建体现时代特征的劳动教育体系，获评天津市中小学生劳动教育实践基地，聘请张秀霞等5位全国劳模为客座教授，开展“劳动育人 青春花开”系列劳动实践活动。

（三）坚持服务社会，展现职业教育发展成果

2021年以来，天津渤海职业技术学院政治理论宣讲团和“绿色地球梦”生态文明志愿者服务队在天津市各个社区街道、村镇、中小学、武警部队和各大企业，开

展党的十九大、十九届六中全会精神、二十大精神和习近平新时代中国特色社会主义思想专题宣讲，每年受众达2 000多人次，得到社会广泛好评。2023年5月与天津市宁河区共建学生职业体验教育基地，并在职教活动周开展“寻根千年盐业　体验百味之王　探访七彩盐田”的“盐文化”之旅，100多名中专生通过职业体验、动手实践、听取讲座、参观盐文化博物馆及七彩盐田等，感受“盐文化”的博大精深。活动周期间，接待3 000多名学生到校进行实践活动（图8所示是天津市光明小学学生入校体验迷宫机器人项目），得到了中国新闻网等多家媒体报道，提升了职业教育社会影响力。

图8

（四）深化科技特派员机制，服务京津冀企业创新创效

服务京津冀协同发展战略，精准对接京津冀中小微企业，选派教师科技特派员深入企业，挖掘企业需求，建立合作项目。近五年来，先后有27名教师参与企业技术创新工作，与企业签订校企合作横向课题20余项，为企业创造价值上百万元。其中，教师入驻廊坊华美节能科技集团有限公司，签订《橡塑发泡过程中废料的净化处理研究》合作项目，完成相关产品小试工作，完成发明型专利《橡胶发泡材料副产品废油膏的处理方法》等。教师入驻天津市煜翌食品有限公司，解决技术保健红糖产业化生产过程中企业产品标准、产品储存或出售时容易吸湿受潮等“瓶颈”难题16项，开发并转化《保健红糖》等科技成果数4项；共同设计开发适合保健红糖加工的挤压机、搅拌机、压片机等专用加工设备；为企业在岗员工培训食品检验员、食品加工技术员共计30余人，为企业创收200多万元。

五、社会影响：始终屹立中国化工职业教育潮头

今年恰逢天津渤海职业技术学院建校65周年，65年办学历程，是天津职业教育改革发展65年的缩影。从天津职业教育最初的“半工半读”模式，到后来工学结合、校企合作办学模式，再到如今“职普融通、产教融合、科教融汇”，天津渤海职业技术学院充分利用身处国家职业教育改革示范区的有利优势，构建了中、高、本职教体系，并借助鲁班工坊走出国门，这是天津职业教育不断深化内涵发展、大胆创新的65年，也是天津渤海职业技术学院高举化工职业教育旗帜，奋发图强、大有作为的65年。

（一）提升国际影响力，成为天津职业教育国际化领跑者

天津渤海职业技术学院与泰国大城技术学院共建的中国境外首个鲁班工坊，建筑面积2 000平方米。自揭牌以来，进行泰国本土学历教育培养1 227人，技能培训交流师生1.2万余人次，招收学历教育留学生300多人，就业率达100%。有4个国际专业通过泰国职业技术委员会（VEC）的认证，2名留学生获得泰国国家劳动技能大赛工业自动化专业赛项金牌奖，1名留学生荣获“职业教育宝石王杯”大赛金奖。天津渤海职业技术学院被天津市教委确定为首批外国留学生实习实践基地，作为教育部首批智能制造领域中外人文交流人才培养基地，获企业价值55万元设备捐赠，多次荣获泰国“诗琳通公主”纪念奖章。2021年，泰国鲁班工坊以优异成绩通过建设情况评估，2022年被授予全国首批鲁班工坊运营项目。2023年5月，在世界智能大会上，天津渤海职业技术学院与泰国那空沙旺皇家大学签订联合培养技术技能人才协议，双方就联合培养本科、硕士技能人才开展合作，打通学生学历上升通道，构建技能人才成长“立交桥”。

（二）提升专业人才培养能力，服务绿色石化产业发展

2023年，天津渤海职业技术学院认真落实天津市“十项行动”计划，立足京津冀协同发展，紧密对接天津市“1+3+4”产业体系，以服务渤化集团公司和区域高质量发展为重点，围绕提升办学硬件条件、强化师资队伍建设、提高人才培养水平、提升国际化水平、提升产教融合水平、加强文化建设六大任务，实施四项保证措施。重点发挥引领辐射作用，提升“双高计划”建设专业群育人效果，持续深化产教融合，为天津市石化产业发展培养更多复合型高素质技术技能人才，确保在全国同类专业群领头羊位置。包括：紧密对接产业链、企业链、岗位群的现代化工专业人才一站式培养基地；面向校内外开展化工总控工等职业资格培训与鉴定；发挥特色专业优势，建设“应急安全智慧学习工场”，培养亟需的应急管理人才；开展

应急知识科普宣教，增强社会公众灾害自救与互救能力；聚焦物联网等智能化技术与化工安全相关领域融合，共建渤海智联化工安全产业学院。

道虽迩，不行不至；事虽小，不为不成。65年来，天津渤海职业技术学院在天津职教发展史中用实干、担当和创新奋力书写了华丽篇章，用丰硕成果证明了职业教育前景广阔、大有作为。

65年的发展历程始终与天津这座现代化大都市的繁荣发展同频共振，与天津职业教育改革试验区和创新示范区的发展同心同向。天津渤海职业技术学院既是天津职业教育改革试验区的先行者，也是天津职教改革发展的受益者，是天津这座工业历史积淀深厚的城市成就了天津渤海职业技术学院。

“十四五”期间，天津渤海职业技术学院将深入学习贯彻党的二十大精神，继续发挥化工职业教育示范引领作用和职业教育国际化领军作用，在世界职业教育舞台上打造具有中国特色的职业教育国际化品牌，服务“一带一路”沿线国家，为构建人类命运共同体发挥更加突出的作用。

执笔人：魏炳举　王　蕾　包守趁

守正创新"邢台模式"结硕果
踔厉奋发"军风育人"谱新篇

河北科技工程职业技术大学

河北科技工程职业技术大学（Hebei Vocational University of Technology and Engineering），简称"河北科工大"，隶属于河北省人民政府，是一所以工科为主的全日制本科高校，是新时期国家设立的职教本科试点学校。学校坐落在河北省级历史文化名城、国家园林城市、京津冀城市群节点城市、冀中南先进制造业基地和物流枢纽——河北省邢台市，这里是五朝古都，也是元代科学家郭守敬的故乡，文化底蕴深厚，环境优美，交通便利，资讯发达。

目前，学校占地1 600余亩，建筑面积47.6万平方米，教学仪器设备总值2.6亿元，藏书128万册，建有大型图书馆、体育馆、标准运动场、千兆校园网；全日制在校生近20 000名，其中全日制本科在校生2 400余名，喀麦隆、泰国、俄罗斯等国留学生百余名；师资力量雄厚，教职工1 200余名，其中，专任教师1 000余名，专任教师中高级职称教师330余名，其中正高级职称近100名，各级教学名师45名，在各级教学指导委员会任职的教师20余名，专任教师中具有硕士或博士学位的占比达85%；专任教师中"双师型"教师占比达85%以上；聘任企业骨干、行业人才兼职教师220余名。全国优秀教师1名，全国师德先进个人1名，河北省各类教学名师22名，省级优秀专家、省"三三三人才"12名，教师各类比赛获国家级奖项75项。建有国家级专业教学团队1个、国家级职业教育教师教学创新团队2个、省级职业教育教师教学创新团队4个。

一、办学定位

办学类型定位：职业技术教育

办学层次定位：本科层次为主，专科层次为辅

学科专业定位：以工为主，工、经、管、艺协调发展。对接区域产业转型升级需求，重点打造智能制造、新一代信息技术、新能源汽车等学科专业群，联动发展服饰产业、绿色建筑、数字传媒、智能财会和现代商务等学科专业群。

人才培养定位：培养德智体美劳全面发展，掌握扎实的理论基础和技术基础知识，具备过硬的专业技能，能够解决复杂问题的高素质创新型技术技能人才。

服务面向定位：立足邢台、服务河北、辐射京津，面向军地高端装备制造业及生产性服务业，助推区域经济高质量发展。

二、发展历程

1979年8月28日，学院的前身（邢台农业机械学校）在华北农业机械化学院搬离后的校址上正式成立。

1982年5月，由第一机械工业部、农业机械部、国家仪器仪表工业总局和国家机械设备成套总局合并成立机械工业部，学校由机械工业部领导；11月，经机械工业部批准，学校更名为机械工业部邢台机械工业学校。

经机械工业部和中国人民解放军总后勤部协商，1983年5月1日起，学校改由总后勤部领导管理，正式更名为中国人民解放军军需工业学校（图1）。

图1

1991年1月，经国家教委和中国人民解放军总后勤部联合批准，以军需工业学校为依托，建立邢台高等职业技术学校，成为全国第一所承担高职教育试点任务的军地联办、军民共建高校。

1994年7月，经中国人民解放军总后勤部批准，提升办学层次，校名变更为中国人民解放军军需工业高等专科学校。

1997年3月，经国家教委批准，邢台高等职业技术学校更名为邢台职业技术学院，成为国家第一所正式以“职业技术学院”命名挂牌的院校；5月，经中国人民解放军总后勤部批准，中国人民解放军军需工业高等专科学校更名为中国人民解放军军需工业学院。

2002年7月，学院从中国人民解放军总后勤部整体移交河北省，成为河北省直属管理高校。2009年11月，学院通过教育部、财政部验收，成为国家首批、河北省首所国家示范性高职学校。2016年成为全国第一批“国家优质高等职业院校”立项建设单位、教育部首批学徒制建设单位。2019年获批成为国家首批优质校，入选国家“中国特色高水平高职学校和专业建设计划”（“双高计划”）建设序列。

2021年1月，教育部批准以邢台职业技术学院为办学主体，与华北电力大学科技学院合并，转设成立河北科技工程职业技术大学，揭牌仪式如图2所示。

图2

三、办学特色

（一）三十年高职探索引领职教改革

1. 创建高职教育“邢台模式”，为高职教育发展探索提供“邢台方案”

1991年，学校被国家教委确定为高职教育改革试点，在全国最早开始高职教育探索。提出的“培养生产、建设、管理、服务一线的高等技术应用性人才”目标定位被写入教育部相关文件，探索的“突出能力培养、理论以必需够用为度、理论实践1∶1、实践课边讲边练”等做法成为高职教育的普遍经验，被誉为职业教育“邢台模式”，对我国职业技术教育从“知识本位”走向“能力本位”，最终成为一种教育类型起到积极推动作用。30年来，学校坚持不懈地进行职业教育办学规律探索，始终走在高职教育改革最前沿，不断创新“邢台模式”内涵，为我国高等职业教育理论构建做出了应有的贡献。

2. 深耕产教融合，彰显职教特色

探索股份制混合所有制多主体办学体制，创新产教融合体制机制，携手行业领先企业建设5个产业学院，联合河北旭阳焦化有限公司共建现代学徒制学院。搭建高水平产教融合平台，牵头成立的河北省汽车职教集团获批国家首批示范性职教集团，成立全国军民融合职业教育产学研协同发展联盟，构建“一园三区”产教融合综合体，支撑军地产业发展。打造产学研共生态，学校设站进区，企业研发进校，形成“一县一站”科技服务新模式，依托先进热工技术研发中心等13个省级创新中心，聚焦产业核心技术开展重大攻关项目60余项，为企业实现经济效益超亿元。

（二）二十年军队办学铸就鲜明特色

1. 军地联合办学，打造军地预备役

河北科技工程职业技术大学1983—2002年隶属于中国人民解放军总后勤部，1991年军地联办高职，成为全军第一所与地方联合办学的高等院校，开启了军地融合的职教办学之路（图3），先后为际华3502、解放军6410等军队企业培养了2万多名专业技术人才和管理人才，形成了“军人作风+职业素养”的人才培养特色和军民融合传统。2008年开创高职院校批量输送技术士官先例，共建士官基地。积极打造“军地预备役”，在抗击“非典”、汶川地震、新式军服生产、新冠疫情防控等国家、军队、企业急需时刻“拉得出、顶得上、打得赢”，为我国国防保障事业做出了积极贡献。

图3

2. 秉承军队办学传统，服务国家军民融合战略

对接军民融合产业，开设军工设备维修、特种车改装等军民融合特色专业方向，打造军地贯通人才培养特色；校企共建军民两用微器件研发技术中心等多个科研平台，承接火箭军军服生产任务和载人航天高端课题，获批成为“河北省军民融合产学研用示范基地”，打造军民两用技术服务高地；牵头成立军民融合职业教育产学研用协同发展联盟（图4），建设邢台市首家退役军人培训基地，打造军地协同发展共同体。

图4

3. 坚持党建引领，创新军风育人模式

发扬军队院校管理传统，成为河北省党建工作示范高校，探索出党建引领、军风塑行、文化铸魂的“三三三”学生教育管理模式。2001年探索了学生自我管理的带班员制度，培养了一大批政治素质过硬、组织管理能力突出的学生干部，在“嫦娥一号”“神舟七号”等10项国家大型任务中屡获国家嘉奖的刘四方等，就是从带班员中走出来的代表。

四、办学成效

（一）深入贯彻党的教育方针，落实立德树人的根本任务

河北科技工程职业技术大学深入贯彻党的教育方针，坚定社会主义办学方向，落实立德树人根本任务，促进学生全面可持续发展。在办学过程中，学校始终传承

弘扬军队办学作风，遵循“德能并蓄，敏行担当”的校训，坚持“雷厉风行，团结奉献，实干创新，追求卓越”的学校精神，在各个领域保持着良好的发展态势。1991年承担国家教委高职教育试点任务，2000年成为国家第一批示范性职业技术学院重点建设单位，2006年成为全国首批28所“国家示范性高等职业院校建设计划”立项建设院校之一，2009年以优秀成绩通过验收，成为全国第一批、河北省第一所国家示范性高等职业院校，2010年荣膺“全国高校毕业生就业典型经验50强”荣誉称号，2016年成为全国第一批“国家优质高等职业院校”立项建设单位、教育部首批学徒制建设单位，2017年入选“全国深化创新创业教育改革示范高校”，2018年入选“全国高校创新创业典型经验50强”，2019年入选全国高职院校“教学管理50强”“教学资源50强”“服务贡献50强”“育人成效50强”，2021—2022年连续两年蝉联《中国职业教育质量年度报告》“高职院校教师发展指数优秀院校”“高职院校资源建设优势学校”“高职院校学生发展指数优秀院校”“高职院校服务贡献典型学校”四大榜单，获评“产教融合”“创新创业”双100强，获批成为首批国家优质校，入选国家“中国特色高水平高职学校和专业建设计划”（简称“双高计划”）序列。在2021年全国高职院校综合竞争力排行榜中名列第23位；在高职发展智库“2022中国高等职业院校改革活力指数排行榜”中位列第22位；在金平果2022、2023年职业本科院校综合竞争力排名中学校位列全国第2位。

（二）坚持“技术立校，军风育人”，创造高职教育“邢台模式”

河北科技工程职业技术大学始终站在教育教学改革第一方阵，坚持“技术立校，军风育人”的办学理念，创造了高等职业教育的“邢台模式”，形成了“军人作风+职业素养”的人才培养特色。学校开设汽车工程技术、机械设计制造及自动化、电气工程及自动化、服装工程技术等16个本科专业，开设建筑工程技术、计算机网络技术、会计、环境工程等40余个高职专业。其中，国家级专业10个，中国特色高水平A档专业群1个、省级高水平专业群7个。主持1个、参与8个国家级专业教学资源库，获评国家精品课程15门、国家级精品资源共享课12门，国家精品在线开放课程1门、职业教育国家在线精品课程8门，国家规划教材42种；获评国家级课程思政示范课程1门、国家级课程思政教学名师和团队1个。学校拥有国家级生产性实训基地3个、省级高水平实训基地6个，国家示范性职业教育集团（联盟）培育单位1个。完成教育部高等职业教育研究课题7项、省部级科研项目347项，获高等教育国家级教学成果二等奖3项、省部级教学成果奖21项。

（三）坚持“校企合作、工学结合”，深度开展产教融合

河北科技工程职业技术大学坚持“校企合作、工学结合”的人才培养模式，与

知名企业集团、军队保障性企业及科研事业单位建立了长期合作关系。校企合作共同开发人才培养方案，共同建设设备先进、软硬配套，融教学、实训、职业技能鉴定和技术研发于一体的校内实训中心11个，建有实验实训室272个，总面积超过14.9万平方米，建设校外实践基地557个。获批河北省军民融合产学研用示范基地，拥有河北省阀门智能制造装备工程研究中心、河北省中小型非标装备技术创新中心、河北省服装个性化定制技术创新中心等省级平台14个；邢台市物联网应用技术创新中心、邢台市先进生产性服务业协同创新中心等市级研发平台9个。获批立项纵向科研项目1 077项，横向技术服务项目967项，授权专利1 732件，其中发明专利91件，获科研奖励305项，完成科技成果转化项目215项，累计到账科研经费1亿元，成为区域科技服务高地。创新“分流培养、分类成才”育人模式，实施“企业研发进校，学校设站进区”举措，搭建了师生协作“守敬创新工作室”，杰出技术技能人才培养成效显著，毕业生以过硬的业务素质和职业能力受到用人单位欢迎，平均就业率保持在98%以上。

（四）注重吸纳国外先进教育理念和先进教育标准，打通“引进来”和“走出去”国际交流合作双通道

河北科技工程职业技术大学先后与澳大利亚、日本、英国、美国、德国、泰国、南非等国家开展校际合作。2015年起，学校与德国施马卡尔登应用技术大学联合先后开设机械制造与自动化、机电一体化、汽车电子技术、电气自动化4个专业的学历教育合作办学项目，在施马卡尔登应用技术大学成立了河北省首家大学生海外实习基地和海外师资培训基地，在中德职业教育合作中持续发挥带头引领作用。学校不断探索“中文+职业技能”人才培养模式，招收喀麦隆、泰国、俄罗斯留学生百余名，培养会中文、懂技术、晓文化的国际人才。与泰国合作成立海外“守敬工坊”之中泰语言与技术中心和中泰汽车产业学院，探索校企合作新模式，携手企业成立泰国人才培养基地，不断推进海外办学，成为河北省首家在国内为“一带一路”沿线国家开展职业教育师资培训的高职院校。中德合作办学项目入选河北省高水平职业教育中外合作办学案例，中泰语言与技术中心入选“中国—东盟高职院校特色合作项目”首批筹建合作院校，学校学生荣获世界职教院校联盟（WFCP）2023年世界大会“卓越学生成就奖”金奖，是7所中国获奖院校之一、河北省唯一获奖单位。

（五）积极搭建平台，服务职业教育发展

河北科技工程职业技术大学整合多方资源，积极搭建平台，以特色优势服务职教、以优质资源贡献职教。学校牵头成立了军民融合职业教育产学研协同发展联

盟、河北省高等职业教育教学工作联盟、河北省服装职教集团、河北省汽车职教集团和河北省高职高专院校思想政治理论课建设联盟，联合邢台市委党校共建马克思主义学院。

五、社会影响

（一）加强对外宣传，扩大办学影响力

河北科技工程职业技术大学与河北广播电视台合作，高质量完成全国职业院校技能大赛（汽车技术赛项）新闻宣传工作（图5），《人民日报》客户端、央视频、学习强国、中国教育电视台、河北卫视、河北少儿科教频道、河北广播电视台视频号、冀时客户端等数十家媒体平台对大赛实况进行了全面报道。2022年新华社客户端、《人民日报》《光明日报》《经济日报》、央视频、人民网、学习强国、《中国教育报》、中国教育新闻网等国家级媒体对学校的报道50余篇，在《河北日报》、河北广播电视台等省级媒体报道180余篇。

图5

（二）加强科技服务，助力区域经济发展

河北科技工程职业技术大学落实支持区域制造业产业链发展政策，建立"一系一链""一系一龙头""一师一企"等服务模式，围绕链主及上下游企业开展校企合作。依托学校11个科技服务工作站，提升服务区县产业发展贡献度；依托科技特

派员工作室，开展科技特派员科技服务专项培训，实现带动式科研服务。进一步落实人才强校和服务地方战略，实现“共生共荣”技术合作生态，建立校企技术创新专家流通机制，不断提升学校教育教学、科研工作水平和服务社会能力。聘请企事业单位知名专家担任学校客座教授，召开河北科技工程职业技术大学客座教授暨区域制造业产业链专题研讨会，针对区域产业链和京津冀区域协同创新发展、人才培养机制、成果孵化转化、产业链转型升级等内容深度研讨；遴选学校教师为校级企业服务专家，打造学校创新技术服务样本，塑造学校科研创新服务品牌。河北科技工程职业技术大学发起成立“邢台市科技创新战略研究会”，加强调查区域创新环境，承担有关部门委托的研究工作，组织学术交流活动，提出咨政方案和建议，提升学校区域服务贡献度。面向区域内制造业重点产业链企业，开展科技成果转化研讨会、科技成果直通车、知识产权专题培训、制造业标准规范专题讲座、冀中南地区创新方法深度应用培训班等系列成果对接活动，增强企业科技创新能力。设立区域科技服务工作站，提升服务质量、树立服务品牌，加强区域制造业产业链链主企业聚集地合作。学校引导组织科技特派员及三区科技人才，深入县域产业企业及乡村，开展技术推广、技术服务、技术培训等科技帮扶，为贫困县推广新技术百余项，培训技术骨干及农民万余人次，鼎力支持乡村振兴战略。

执笔人：马晨阳　魏　伟

扎根职业教育百二十年　打造石油人才培养高地

河北石油职业技术大学

承德地处河北省东北部，位于环渤海、京津冀区域，具有“一市连五省”的独特区位优势。作为首批国家历史文化名城，承德正以其独有的区位优势、资源优势、生态优势、文化优势，点燃熊熊燃烧的创新火炬，奋力开启建设高质量发展的“生态强市、魅力承德”新征程，打造中国式现代化承德场景新名片。

历经一个多世纪的沧桑洗礼，河北石油职业技术大学始终保持职业教育本色，牢牢扎根石油工业，以“道艺兼修，敬业乐群”为校训，秉持“工艺非学不兴，学非工艺不显”的办学理念和“工学并举”的办学传统，以培养面向企业、面向基层的基础知识扎实、实践能力强、综合素质高、具有创新精神的高素质技术技能人才为办学宗旨，立足承德，融入京津冀，服务全国，积极探索中国高等职业教育的“河石大模式”。

一、发展历程——与中国近现代职业教育同向而行

（一）百廿底蕴，源起天津，肇建北洋，实业救国（1903—1949年）

河北石油职业技术大学始于1903年创办于天津的“北洋工艺学堂”，是我国

兴办最早的高等工业职业院校之一，亦是一所与民族命运息息相关、紧紧相连的学校。

鸦片战争以后，中国内外交困，国步艰难，实施实业教育以强国富民，成为近代中国救亡图存的历史选择。1901年，成立北洋工艺学堂，图1所示为请求附设北洋工艺学堂的奏折。1903年正式开学。

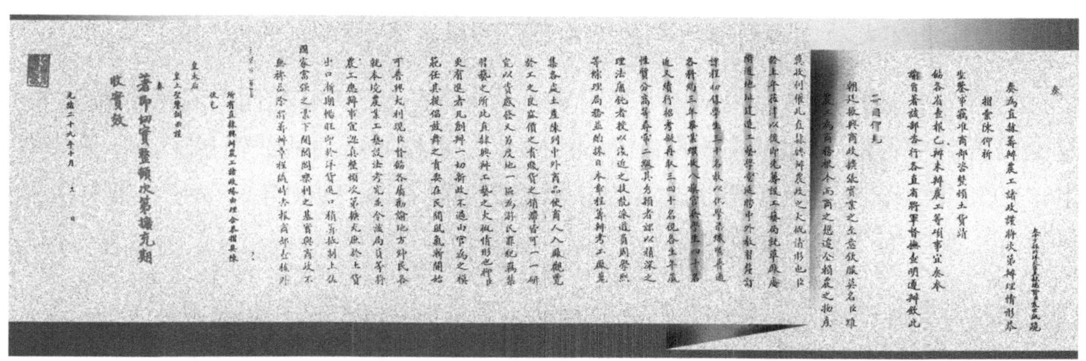

图1

首任总办周学熙提出“工艺非学不兴，学非工艺不显”的办学理念，明确学堂“以教育培植工艺上之人才，注重讲授理法，继以实验，卒业后能任教习、工师之职，以发明工业为宗旨”，主张工艺人才的培养方法——“学理与实习两方面尤须相资并进”“既领会理化之精微，又经历其实验”。他将直隶工艺总局附设实习工厂确定为学堂附属实习工厂，为我国最早、规模最大的高等学堂附设实习工厂。图2所示为学生在实习工厂进行实习操作。“工学并举”的教育思想是学校办学之初就明确的理念，也是我国职业教育的早期雏形。

图2

1929年，学校升为本科院校，校名为“河北省立工业学院”。首任院长魏元光，矢志教育救国，坚持探寻“中国式”工业教育道路，主张“工业职业教育之教学方法，要使学生能手脑并用，不仅应授以基本理论，同时并须令其有实用技术，故为师者，于应有之学识外，并当有实际经验之技术，与夫以作为学之习惯，以身作则之精神”。

学校早期的职业教育办学思想，虽然形成于百余年前学校举办之初，但是在百年后的今天，仍然具有现实意义。

（二）胸怀大局，面向石油，全校北迁，扎根紫塞（1949—1987年）

1951年，学校改名为“天津大学附属石油工业学校”，开始面向石油工业服务，是全国署名“石油”两字最早的高校；1952年，学校向石油战线输送了第一批毕业生；1958年，学校迁至承德，改名为“承德石油学校”；1960年，学校再次开办本科教育，改名为“河北石油学院”。

（三）岁月峥嵘，薪火相传，兢兢业业，服务社会（1988—2021年）

1988年，学校复办专科；1992年，正式定名为“承德石油高等专科学校”，主要任务是为石油工业生产一线培养应用型专门人才；1997年，被遴选为示范性普通高等工程专科学校重点建设学校；2000年，划归河北省管理；2005年，通过教育部高职高专院校人才培养工作水平评估并获得优秀；2007年，被确定为国家示范性高职院校重点建设单位；2010年，获评国家示范性高职院校优秀建设单位；2019年，被确定为国家优质专科高等职业院校、中国特色高水平高职学校和专业建设计划高水平专业群建设单位。

（四）百廿新篇，踔厉奋发，与时俱进，再创辉煌（2021年至今）

2021年1月，经教育部批复，学校转设为“河北石油职业技术大学”，跻身全国首批公办职业本科院校行列。

学校高举习近平新时代中国特色社会主义思想伟大旗帜，坚持为党育人、为国育才，专业体系更加完善，标志性成果持续涌现，办学水平不断提升，综合实力显著增强，社会影响持续扩大，发展前景更加广阔。

二、办学特色：工学并举，产教融合，崇尚实践，强化应用

（一）坚持并不断发展“工学并举”的人才培养模式

学校始终秉承“工学并举”的办学传统，紧密结合石油石化行业和河北省主导产业需求，不断探索凝练契合国家战略、行业区域发展、职业教育改革的办学理念

和培养模式，在各办学阶段凝练具有不同特点的“三循环”“一主线、两体系、三循环、多方向”“工学结合，校企双向介入”“产业发展导向的‘三进三延伸’”等人才培养模式，探索出“工学并举”的“河石大模式”，长期位列国家高等职业教育改革发展第一方阵。

1.“三循环”人才培养模式

1989年，学校从改革教学模式、教学计划入手，试行“三循环”人才培养模式，即将学生在校三年期间划分为三个阶段：基本技能实践与基本理论教学阶段、专业技术实践与专业理论教学阶段、助理工程师的综合练习与企业里的见习实践阶段。在这三个阶段里，经过三次大型集中性实践教学，形成三次侧重点不同的实践到理论的循环，培养学生的实践能力。

这种人才培养模式突出了实践教学的地位，有利于培养学生的技术素质和劳动观念。“三循环教学模式试点”成果获1993年河北省普通高校优秀教学成果奖一等奖。

2.“一主线、两体系、三循环、多方向”人才培养模式

1993—1995年，学校内燃机制造与维修等3个专业成为国家教委专科教改试点专业。经过几年的摸索，形成了“一主线、两体系、三循环、多方向”的人才培养模式，一主线即以基本素质和专业技术应用能力培养为主线；两体系即建设实践教学和理论教学体系；三循环即三年内三次大型集中性实践教学安排，包括基本技能训练、专业技能训练和生产实习、毕业设计，以及与之相对应的理论（基础理论和专业概论、宽专业核心课、专业方向课）教学三个阶段；多方向即在原来各专业主干课的基础上，增设机电结合和技术经济等理论教学和较强基础技能训练，针对毕业生择业的第一岗位开设不同的专业化方向。

这种人才培养模式实施后，学生的素质要求与知识能力结构具有明显的专科特色和时代特色，取得了较好的成果。

3.“工学结合，校企双向介入”人才培养模式

学校于1997年被列入国家重点建设的示范性普通高等工程专科学校，将人才培养目标确定为“培养能够适应社会主义现代化建设需要、德智体诸方面都得到发展的、获得工艺类型工程师初步训练的高等工程技术应用型人才”。学生毕业后主要去工业、工程一线，从事制造、施工、运行、维修、测试等方面的技术和管理工作。学校通过与合作企业的双向介入，把学生在校的理论学习、基本训练与在企业实际工作的历练有机结合起来，为学生提供一种既能顺利完成学业，又能掌握一定专业工作技能、积累一定工作经验和社会阅历的教育模式。

以此为基础，“石油高等职业技术教育的研究和实践”成果获2000年中国石油天然气集团公司教学成果奖一等奖。

4.“产业发展导向的‘三进三延伸’”人才培养模式

2016年以来，学校实施“三进三延伸”人才培养模式，如图3所示。在注重岗位技能培养的技能训练层次，实施“技能大师进课堂，实训基地建设延伸到生产一线”，形成以用导学的技能训练体系，提升学生岗位胜任能力。在注重创新能力培养的项目创新层次，实施“科技平台进专业，创新创业教育延伸到区域创新”，形成以创带学的创新教育体系，培养学生应用创新能力。在注重工程素养培育的研究实践层次，实施“政行企进学校，工程素养培育延伸到产业服务”，形成以研促学的多元育人体系，提高学生职业发展能力。

“产业发展导向的‘三进三延伸’高等职业院校人才培养模式构建与实施”成果先后获2021年河北省第十届职业教育教学成果奖特等奖，2022年国家级教学成果奖二等奖。

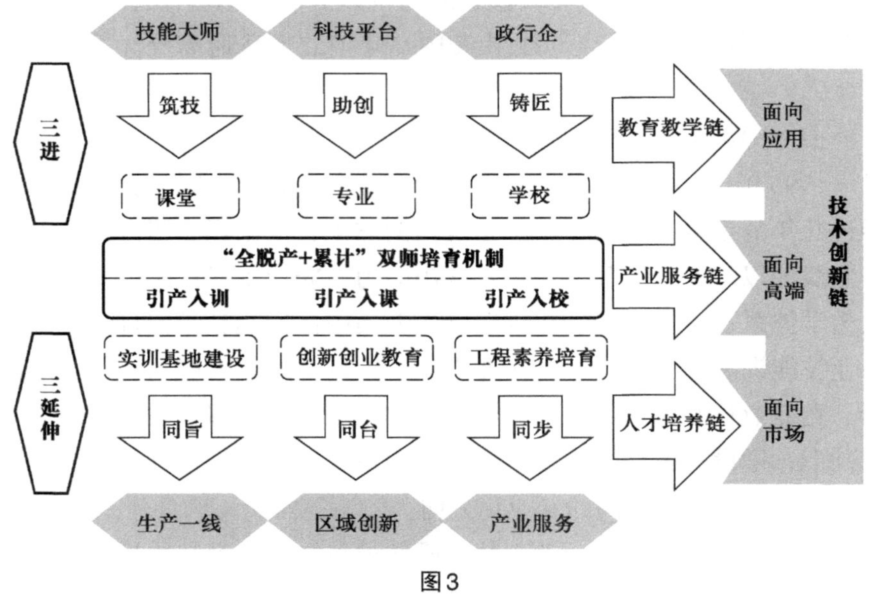

图3

（二）支撑并引领石油石化行业高质量发展

1. 重点打造“两轴五链”石油石化专业群

2019年，学校石油工程技术专业群入选中国特色高水平专业群建设计划。以“双高”建设为契机，学校聚焦高端产业和产业高端，优化升级面向石油石化产业链的专业，整合提升面向现代智能制造领域的专业，开发建设面向现代服务新业态的专业，形成了服务石油石化全产业链、优势突出的“两轴五链”专业群，如图4所示，即以石油工程技术国家级高水平专业群和石油化工技术省级高水平专业群为两轴，以工业仪器仪表专业群、新一代信息技术专业群、现代商务专业群、绿色建筑专业群、智能制造专业群为五链。“两轴五链”专业群协同发展，搭建了“技术开发+智力支撑+社会培训”的一体化服务体系。

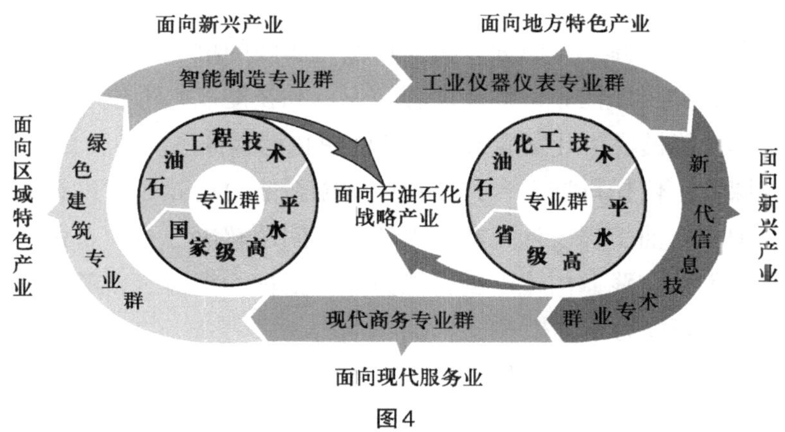

图4

2. 着力构建石油石化行业产教融合共同体

早在1952年，学校就为刚刚起步的新中国石油工业输送了第一批毕业生。后虽几经变迁，学校办学仍始终紧盯石油石化行业需求，服务石油石化行业70余年，校名中的“石油”二字始终未变，为石油石化行业培养了数以万计的生产建设人才。近年来，学校积极面向高素质技术技能人才培养，打造石油石化行业产教融合共同体，引导专业群定位从产业中低端岗位群向高端岗位群上移，探索并完善产业定制型现场工程师培养方式，对学生的岗位技能、创新能力和生产现场复杂问题解决能力进行逐级递进培养。学校牵头成立了河北省石油石化职教集团，与中石油、中石化、中海油等大型企业建立了长期合作关系，设立专项奖学金，建立了高素质技术技能人才培训基地。校企共建实验室如图5所示。

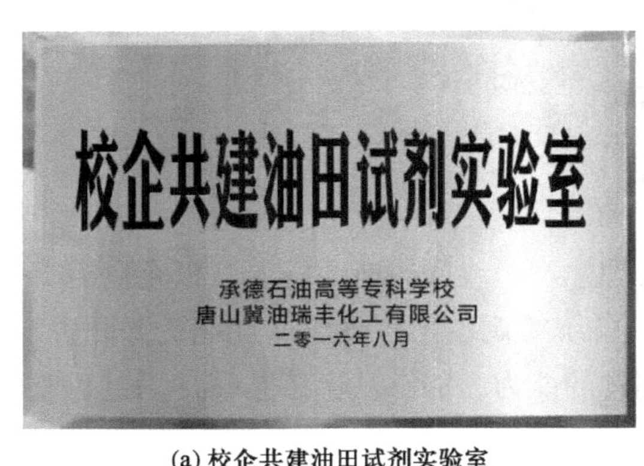

(a) 校企共建油田试剂实验室

(b) 校企共建环保钻井液实验室

图5

3. 加快构筑能源与化工领域人才高地

学校坚持以工程素养培育为核心，依托石油石化行业，重点培养能够生产中高端产品、提供中高端服务、从事成果转化的现场工程师，实现人才培养与社会需求全面对接。

夯实第一课堂：掌握工作原理，实现理论与实践的融会贯通。精准对接石油石化岗位群，凝练典型工作任务，提取课程知识点和技能点，形成与专业相关的基础知识模块和基本技能模块，开发能力递进的模块化课程体系。

优化第二课堂：依托科技平台，强化应用创新能力培养。通过石油矿场经典案例课上分析、中国石油工程设计大赛等大赛指定问题解决、石油石化企业实际问题攻关三个层次的创新实践，构建以创新能力评价指标为指引、以解决现场技术问题为落脚点的应用创新能力培养模式。

拓展第三课堂：深化校企合作，注重工程实践能力培养。将企业真实生产任务和技术难题引入课堂，学生在教师指导下全程参与技术攻关过程，形成“企业出题、师生解题、典型成果进课堂”的新模式，企业生产任务进课堂如图6所示。

图6

完善第四课堂：立足工程现场，重视处理生产一线问题能力培养。以企业需求为重点，构建多元协同的育人平台，培养具备统筹调度工程现场、优化资源配置、判断整合与分析决策、处理生产一线复杂问题的能力，能够从事工艺设计、过程监控、复杂操作和现场管理工作的现场工程师。

（三）重点打造高水平“双师型”教师队伍

学校将“双师型”教师队伍建设摆在优先发展的重要位置，持续推进“双师型”教师队伍高质量建设。在中国高等教育学会发布的“全国高职院校教师教学发展指数”中，连续多年位列河北省首位，最高排名全国第17名。

1. 优化“双师型”教师结构——高学历与高技能人才并重

为落实《本科层次职业教育专业设置管理办法（试行）》中“具有博士研究生学位专任教师比例不低于15%”的要求，学校克服所在城市经济欠发达、对高层次人才的吸引力不足的不利因素，加大人才引进力度，具有博士研究生学历的教师数量已达83人。建设了1个国家级技能大师工作室、7个省级技能大师工作室，组织认定了95名校级技能大师，形成了“国家级—省级—校级”技能大师的完整梯队，实现在办专业技能大师全覆盖。

2. 搭建校企共育“双师型”教师桥梁——政行校企共建科研平台

通过政行校企共建的27个“国家级—省级—市级”科技创新平台体系，基于在“双师型”教师资培养过程中积累的企业服务经验，学校成立了河北省工业诊所，教师团队承担企业入户调研工作，着力解决企业转型升级过程中“向哪转”“怎么转”“不会转怎么办”等问题。教师实质性融入企业，产教融合能力得到显著提升。

3. 在石油石化行业知名企业建立高质量“双师型”教师培养基地

学校始终牢记为国家能源行业培育高素质技术技能人才的使命，复办专科初期就明确要求新入职教师从入校开始都要到指定的油田企业下厂锻炼1年，融入企业技术团队并与企业相关技术人员开展长期合作，便于教师及时了解产业发展动态和技术前沿，实现教学内容与企业生产的无缝对接。学校在燕山石化、华北油田、辽河油田、冀东油田等石油石化行业知名企业均建立了高质量长期稳定的教师培养基地，既保证“双师型”教师培养的高质量，又实现“双师型”教师培养工作的可持续发展。

4. 建立“双师型”教师培养机制——全脱产+累计

1988年，学校出台文件明确提出“新分配到校任教的大学毕业生、研究生，原则上先安排一年的实践锻炼”，早于1996年《中华人民共和国职业教育法》出台相关表述。2011年，学校进一步明确“双师型”教师队伍建设目标，提出“全脱产+累计”的教师企业实践锻炼新机制，如图7所示，要求教师每次必须以全脱产形式（不承担任何校内工作）参加连续不间断的企业实践锻炼半年以上，未参加全脱产形式企业实践锻炼的教师“每年累计一个月参加企业实践锻炼”，与2019年《国家职业教育改革实施方案》（职教20条）提出的相关政策相比先行了8年。“全脱产+累计”机制为人才培养提供了高质量“双师型”教师队伍保障，更推动了人才培养从“慢半拍”到“快一步”。

5. 构建“双师型”教师激励体系——协议年薪制

为鼓励教师在教学、科研、竞赛、社会服务等任一领域“冒尖”，学校出台了《协议年薪制实施方案》，教师不必面面俱到，专攻一项也能获得满意的薪酬收入。“协议年薪制”的实施让教师服务企业的热情空前高涨。

“全脱产＋累计”“双师型”教师培养机制

国发文件

校发文件

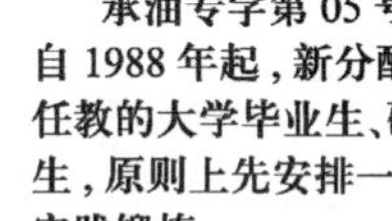

1988 年 3 月
《关于落实青年教师参加实践锻炼有关问题的通知》
承油专字第 05 号
自 1988 年起，新分配到校任教的大学毕业生、研究生，原则上先安排一年的实践锻炼

1991 年 1 月
《承德石油高等技术专科学校“八五”计划》
承油专字第 12 号
鼓励青年教师深入科研和生产一线，积极创造条件使他们有 3~5 年的实践锻炼时间

1996 年 5 月
《中华人民共和国职业教育法》
企业、事业组织应当接纳职业学校和职业培训机构的学生和教师实习

1998 年 2 月
《关于印发〈面向二十一世纪深化职业教育教学改革的原则意见〉的通知》
教职 [1998] 1 号
要采取教师到企事业单位进行见习和锻炼等措施，使文化课教师了解专业知识，使专业课教师掌握专业技能，提高广大教师特别是中青年教师的实践能力

2003 年 5 月
《关于新时期加强师资队伍建设的意见》
承油专劳人字第 17 号
经过 3~5 年实践锻炼，培养一批具有较强实践能力的专业教师

2005 年 10 月
《国务院关于大力发展职业教育的决定》
国发 [2005] 35 号
建立职业教育教师到企业实践制度，专业教师每两年必须有两个月到企业或生产服务一线实践

2011 年 5 月
《专任教师企业实践锻炼管理办法（试行）》
承油专劳人 [2011] 2 号
从 2011 年开始，要求教师“每次必须以全脱产形式（不承担教学任务）到企业实践半年及以上”

2011 年 12 月
《教育部关于进一步完善职业教育教师培养培训制度的意见》
教职成 [2011]16 号
完善教师定期到企业实践制度。职业院校专业教师每两年必须累计有两个月到企业或生产服务一线实践

2014 年 5 月
《国务院关于加快发展现代职业教育的决定》
国发 [2014] 19 号
建设“双师型”教师队伍。“落实教师企业实践制度”

2014 年 6 月
《现代职业教育体系建设规划 (2014—2020 年)》
完善“双师型”教师培养培训体系。专业教师每两年专业实践的时间累计不少于两个月

2019 年 1 月
《国务院关于发印国家职业教育改革实施方案的通知》
国发 [2019] 4 号
职业院校、应用型本科高校教师每年至少 1 个月在企业或实训基地实训，落实教师 5 年一周期的全员轮训制度

2021 年 6 月
《河北石油职业技术大学专任教师企业实践管理办法》
承油专劳人 [2021] 15 号
对教师企业实践锻炼的实践单位、实践岗位以及必须是全职工作等提出明确要求

图7

三、办学成效与社会影响：扎根石油，辐射全国

（一）“三教”改革成效显著，人才培养质量大幅提升

学校紧盯企业需求，贴近一线服务，突出石油石化行业和河北省主导产业特色实施了特色品牌专业建设工程，有3个教育部高等工程专科示范专业，5个区域和行业特色鲜明国家示范重点建设专业，5个河北省高职高专教改示范专业，5个创新发展行动计划骨干专业，1个中国特色高水平建设专业群，2个河北省特色高水平建设专业群，18个职业教育本科专业。获得国家级教学成果奖二等奖3项，省级教学成果奖23项。

1.“双师型”教师队伍质优量足

坚持“引—育—训”相结合，构建多层次立体化的教师培养体系，走出了一条培养高素质“双师型”教师队伍的新路径，打造“高教型、职业型、教练型”教师团队。现有国家级教师教学（创新）团队4个。在国家“双高计划”专业群——石油工程技术专业教学团队中，具有博士研究生学历的教师占比超过50%，具有高级职称的教师占比为51.2%，具有企业工作经历的教师占比为89.74%，“双师型”教师达到100%。

2. 教材建设国内领先

学校从岗位职业能力分析入手，按校企合作开发“八共同”思路，实施优质课程建设工程。建成“钻井施工操作”等22门国家级精品课程、资源共享课程、在线开放课程，52门省级精品课程。主持“应用化工技术”等2个国家职业教育专业教学资源库建设，有10门课程参与了6个国家级专业资源库建设。获首届全国教材建设奖全国优秀教材一等奖2项、二等奖2项。

3. 项目式教学法获得广泛认可

学校推动教育链、人才链、产业链、创新链“四链融合”，实施以项目式教学法为导向的校企“双元”育人和校企“双课堂”分层分类培养新途径。与中石油、中石化、中海油、大唐公司、福田戴姆勒汽车公司、万华化学集团公司等企业建立了长期合作关系，建有12个校内实验实训基地群、60个校内实训中心、280个实验实训室，与企业合作建立了392个稳定的校外实践基地、2个国家级生产性实训基地、2个国家级“双师型”教师培养培训基地。实施“一核心、两体系、三合作、四化式”教学管理模式，形成了完整有效的教学运行机制。建立了“五纵五横”的内部教学质量保证体系，人才培养质量受到社会和行业企业的广泛认可。

学生获国家级奖项150余项，含中国国际“互联网+”大学生创新创业大赛金奖、全国职业院校学生技能大赛一等奖等重要奖项，如图8所示，30余名学生获得

省级以上技术能手称号。毕业生就业率达到98.48%、专业对口率达到87.75%，在全国高职高专院校竞争力排行榜位列前列。孙玲玲、靳朝红等一批优秀毕业生荣膺“全国劳动模范”“全国五一巾帼标兵”。

获奖证书
Certificate of Award

你们的作品《醒山环保——工业废水零排放专家》，在第七届中国国际“互联网+”大学生创新创业大赛中荣获金奖

指导老师：

特发此证，以资鼓励。

获奖证书

河北石油职业技术大学代表队

在2022年全国职业院校技能大赛（高职组）化工生产技术赛项比赛中荣获团体一等奖。

学校名称：河北石油职业技术大学

选手姓名：李典、马康富、王勃康

指导教师：许晗、吴敖楠

全国职业院校技能大赛组织委员会

二〇二二年五月

编号:202204755

图8

（二）产教融合、校企合作效果突出，为区域经济社会发展提供有力支撑

学校坚持以政府引导为支点、行业聚合为节点、企业需求为重点，构建多元协同的育人平台。依托国家级众创空间——和合众创空间，以及11个省级、15个市级科技创新平台，积极对接高端产业和产业高端，实现专业课程、技能实训与创新赛事、创业实践的深度融合。教师服务企业500家以上，与其中30余家开展了人才培养合作；与华为技术有限公司等业内知名企业共建5个产业学院，与380余家企业完成由顶岗实习、订单培养到现代学徒制的深度合作，校企联合组建工程实验班，将工程素养培育前移到学校。以企业真实技术难题为教学内容，学生在教师指导下全程参与技术攻关过程，提升学生解决现场复杂工程问题的能力，补齐高素质技术技能人才职业发展的“研究”短板。师生与企业技术人员共同攻克210余项技术难题，包括10余项“卡脖子”技术难题，如图9所示。其中，具有自主知识产权的飞机红外/雷达综合隐身特性快速数值评估系统打破了国外对高效、高精度通用红外隐身性能计算模型等关键技术的封锁和垄断。

河北省工业诊所通过开展“工业诊断”活动，促进承德市仪器仪表产业、高端装备制造业、节能环保等行业工业企业转型升级和提质增效，搭建“产学研用”融合发展平台，促进京津冀先进科技成果在承德市乃至周边地区的落地转化。与承德市政府及区域内企业建立了沟通机制，协助政府编制了《承德市高端装备制造业发

展规划》等15项规划及决策性报告，为地区产业转型升级提供支撑。

序号	“卡脖子”技术难题	产生或预期效益
1	常规加重剂无法酸化、铁矿粉冲蚀严重，储层保护效果欠佳	钻井用超微四氧化三锰生产工艺，该产品成本是国外同规格产品成本的50%，该工艺将在顺北油田推广应用，年经济效益超亿元
2	国外对高效/高精度通用红外隐身性能计算模型等关键技术的封锁和垄断	打破了国外软件在这一领域的垄断。形成一套完全具有自主知识产权的飞机红外/雷达综合隐身特性快速数值评估系统，试用单位超过20家，保守估计年收入近1 000万
3	石油勘探开发可视化系统均靠进口，成本高	石油勘探开发可视化系统实现了100%的国产化与自主知识产权，成本由原来的2 000万~4 000万降低到200万以内
4	含油污泥处理的二次污染，高成本、高耗能	实现了4 000余m^3废水的高效经济无害化处理，对井下作业和集输过程产生的含油污泥进行资源化再利用，节约调剖成本12%以上
5	高温、强电磁、高粉尘浓度复杂环境下天车定位问题	在山东信发华信铝业有限公司铸造车间进行试用，相关设备市场总值10亿元以上
6	电池膜材料高成本、高耗能	降低工艺设备投资成本80%，实现了膜材料国产化。自主研发的“钒电池储能系统”已在滦平县钒电池储能示范项目中应用，项目投资4 000万元
7	反应釜焊缝裂纹带压补焊，需要停工，造成损失的问题	减少停工时间，减少损失1 000万元以上

图9

政校共建双创平台，鼓励学生积极参与区域产业创新。近6年筹措资金2 000余万元，针对承德特色产业开展创新引导，孵化学生创新项目185个，孵化科技型中小企业56家。在专业课程中融入技术创新与产品研发，培养学生技术创新思维，建成专创融合课程165门。近6年共带动15 000余名学生参与5 000余项应用创新项目研发，其中260个项目获省级以上奖项。学生接触创新、学习创新、实践创新，实现“创意—延伸—孵化—扶持”的四级递进，如图10所示，形成应用创新能力培养闭环。

创意

第七届中国国际“互联网+”大学生创新创业大赛金奖

延伸

260个项目获省级以上奖项

孵化

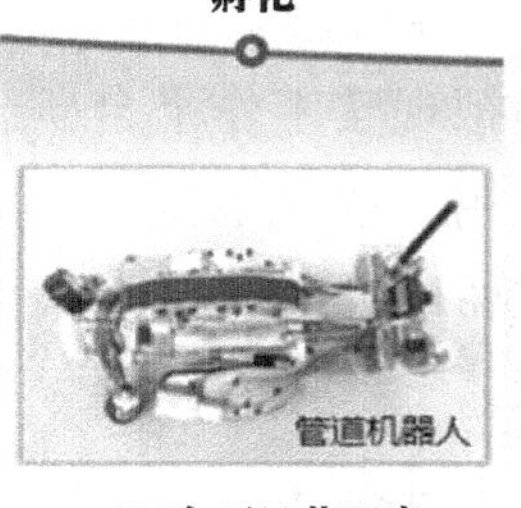

185个项目获国家级众创空间孵化

扶持

132个项目获专项财政资金扶持

图10

（三）服务石油石化发展能力突出，彰显立校本色

1. 培养适应石油石化行业转型升级的高质量人才

主动访企拓岗，如图11所示，近年来为中石油、中石化、中海油等300余家石油石化行业企业年输送1 500余名学生，占当年毕业生总数的35%以上。以大庆油田和辽河油田为例，学校校友在职人数分别达到1 500余人和1 000余人，其中超20%的校友成为科级以上管理骨干，一大批毕业生已成长为企业技术骨干和优秀基层管理者，为石油石化行业转型升级做出了巨大贡献，用人单位满意度达到99.34%。毕业生就业率连续多年居河北省同类院校前列，2013年被教育部授予“全国毕业生就业典型经验高校”。

图11

2. 为石油石化企业转型升级提供高端服务

学校被人社部和中国石油天然气集团公司等认定为国家技能紧缺人才培养培训基地、海外人才培训基地、石油高技能人才培训基地、基层安全管理人员培训基地，为多家石油石化企业开展职业技能提升、石油工业CAE技术等多项培训，年培训量超5 000人天；解决生产难题和科研堵点，与石油石化企业年签署技术服务项目50余项，年到校经费1 000余万元；积极开展《钻井液处理剂企业标准》《钻井液高效封堵剂（油基）企业标准》等标准制定；主持开发的中石油科技攻关项目“多学科专家协同勘探虚拟现实工作平台研制”，填补了国内在该技术领域的空白，在多个油田企业推广应用，取得了良好的经济和社会效益；HL-FFQH环保钻井液体系应用于华北油田80%以上的井位，创造经济效益超过3亿元。学校教师服务石油石化企业如图12所示。

3. 校企合作实现互利共赢

发挥优质教学资源的辐射带动作用，主持参与7个国家级石油石化专业教学资源库，优质资源年更新率超过20%，平台运行的在线精品课程推广使用超12万人次；向德国安哈尔特应用技术大学输出机械制造技术专业教学标准1个、课程标准

6个；主持石油工程技术职业本科、专科的国家专业教学标准的制定；参与资源环境与安全等3个专业大类，涵盖中职、高职专科以及本科3个层次的25个专业国家教学标准的制定。

图12

（四）国内外影响力不断提升，辐射带动作用突出

2009年至今，学校一直保持"全国文明单位"称号，先后获"全国师德建设先进集体""全国职业教育先进单位""黄炎培职业教育奖"优秀学校奖等重大荣誉。《中国青年报》《中国教育报》、中国教育电视台、"学习强国"等主流媒体宣传报道办学经验和成绩30余次。学校相关领导先后受邀在新华网教育论坛、2022年世界职业教育大会论坛、全国职业教育强师论坛、2023年国际职业教育制度创新学术研讨会上介绍学校办学经验与特色。

学校开启国际化办学历程已逾20年。现开办中德合作办学项目4个，中韩合作办学项目3个，在校学生737人，毕业生累计超过1 200人，赴国外继续深造的学生216人，与德国安哈尔特应用技术大学合办的机械制造与自动化合作项目先后2次被河北省评为示范性中外合作办学项目。积极响应职业教育服务"一带一路"倡议，土库曼斯坦鲁班工坊建设项目被中国教育国际交流协会认定为培育项目。

忆往昔百廿历史，肇始民族危难之时，适逢百废待兴之际，秉承"工艺非学不兴，学非工艺不显"办学理念，赓续"教育与工业相助相长"之意，促使学生"手脑并用，以作为学，造就实用人才"，虽几经易处，然石油精神，初心不改，民族命运，休戚相关，秉承"道艺兼修、敬业乐群"，牢记"为党育人、为国育才"，坚持产教融合，强化实践应用，胸怀大局向石油，无私奉献齐北迁，历经沧桑成东序，扎根紫塞勇向前。

春风浩荡满日新，扬帆奋进正当时。面向未来，学校将进一步深化产教融合、校企合作，服务石油石化行业与区域经济社会发展，探索高素质技术技能人才培养新路径，抢抓机遇提升学校整体办学实力和核心竞争力，探索出一条高质量发展的创新之路，在人才培养、学校治理体系和治理能力、师资水平、服务社会发展、国际影响力等方面形成鲜明特色，成为国内领先、国际知名的职业技术大学。

执笔人：李　硕　杨　博

扎根北疆 深耕职教 打造技术技能人才培养新高地

内蒙古机电职业技术学院

一、明晰定位，聚焦职教育人使命

内蒙古机电职业技术学院位于内蒙古自治区首府呼和浩特市高职园区，校区占地837亩，建筑面积29.17万平方米，办学规模1万人。学院始终坚持社会主义办学方向，贯彻党的教育方针，落实立德树人根本任务，面向内蒙古自治区支柱产业，聚焦国家能源动力和智能制造产业发展，打造与自治区能源和能源装备制造产业集群深度融合的专业集群，形成以能源动力与材料、装备制造类专业为主体，水利土建、电子信息、财经商贸类专业协调协同发展的专业结构体系；深化校企合作协同育人，形成产教融合联合体；坚持学历教育和职业培训并举，助力技能内蒙古，服务自治区支柱产业转型升级；践行育训结合，全面提高人才培养质量，成为服务国家能源动力和智能制造产业发展的高素质技术技能人才培养高地。

二、赓续发展，办学实力持续增强

内蒙古机电职业技术学院前身为1952年创立的内蒙古工业学校和内蒙古水利学校，2003年更名为内蒙古机电职业技术学院。70多年的发展历程，从筹备建校的艰苦起步，到发展成为“中国特色高水平高职学校和专业建设计划”立项建设单位，学院始终秉承“艰苦奋斗、勇于攀登、抢抓机遇、永不言弃”的机电精神，主动融入国家重大发展战略和自治区改革发展大局，在应对挑战中主动作为，在爬坡过坎中砥砺前行，不断深化职业教育服务区域经济社会转型升级的生动实践。

（一）创建与初步发展期（1952—2003年）

1952年扎兰屯工业学校成立，1953年更名为内蒙古工业学校，占地4万多平方米，建筑面积约7 000 m^2。内蒙古水利干部学校同于1952年成立，1956年更名为内蒙古水利学校。面对建校初期的物资匮乏、专业单一、生源不足等问题，两所学校始终紧贴内蒙古自治区产业发展需求，在基础设施建设、教育教学改革、实践教学探索、师资队伍提升等方面开展了积极的探索和尝试，经过五十余载的办学积累，进入稳步发展阶段。

（二）跨越发展期（2003年至今）

21世纪之初，国家大力发展职业教育，为高职教育开启新一轮综合改革和内涵发展提供了难得的战略机遇。学院乘势而上，以改革促建设，以特色谋发展，在支撑区域经济发展、促进就业创业、优化教育结构、传承技术技能等方面做出了卓有成效的贡献，实现了历史性跨越。

1.“升格初期”探索实践

2003年5月，内蒙古工业学校升格为内蒙古机电职业技术学院，2006年内蒙古水利学校整体并入，2008年以“优秀”等次通过了教育部人才培养水平评估。在此期间，学院由升格初期的规模扩张，逐步转为内涵发展，在专业调整优化、教育教学改革、实践教学条件提升等方面先行先试，为改革发展积累了有效经验。

2.“骨干建设期”改革发展

2011年学院启动国家骨干高职院校建设，并于2014年以“优秀”等次通过验收。三年的改革发展，学院重点打造了国家重点专业4个，自治区重点专业3个，实践教学设备总值增长58.2%，在人才培养模式改革、校企合作体制机制创新、师资队伍建设等方面取得了丰硕成果。

3.“优质校发展期”内涵提升

2017年学院启动优质专科高等职业院校建设，开启了新一轮的综合改革和内涵发展，2019年以自治区排名第一的成绩被教育部认定为“国家优质专科高等职业院校”。期间，学院围绕内蒙古自治区绿色循环产业链，重点打造了电力系统自动化技术、机电一体化技术等5个专业，服务区域经济社会发展的能力显著增强。

4.“双高建设期”持续发力

2019年学院成为自治区唯一入选全国56所中国特色高水平高职学校的建设单位，围绕打造技术技能人才培养高地、提升校企合作水平等十项建设任务，不断加强内涵建设，再次迈上了高质量发展的新征程。

学院紧贴自治区产业结构调整升级，形成服务国家战略和区域经济发展的特色专业群8个，其中，国家高水平专业群2个，自治区高水平专业群2个，校级骨干专业群4个，是自治区战略资源和能源产业高素质技术技能人才最重要的培养基地。实施“岗课赛证”人才培养模式改革，实践教学能力显著提升，2018年、2022年连续两届荣获国家级职业教育教学成果二等奖，成功入选全国职业院校实习管理50强。发挥校企合作发展理事会和机电职业教育集团的作用，为校企合作、产教融合搭建平台，开展国家首批职业院校现代学徒制试点工作，入选国家高技能人才培训基地，内蒙古机电职业教育集团成功入选全国第一批示范性职业教育集团（联盟）培育单位。多年来，学院为区域经济发展培养了10余万高素质技术技能人才，毕业生就业率保持在95%以上，成为内蒙古自治区产教融合发展、技术创新服务的新高地和高素质技术技能人才的成长摇篮。

三、厚培特色，蓄力服务发展新动能

（一）服务国家及区域战略布局，构建专业发展新格局

学院始终坚持服务区域战略布局，不断推进专业链与产业链的高度契合。面向自治区作为国家重要能源和战略资源基地的总体布局，学院聚焦装备制造等传统产业提质升级、能源动力和材料等现代能源产业培育壮大、数字光电等新兴能源产业赋能增效，立足专业资源优势进行前瞻性布局，不断调整和完善与产业发展需求相匹配的专业跨界融合和集群化发展格局。学院紧盯产业链条、企业需求、技术前沿，“政校行企”四方联动，构建了集专业动态调整、标准建设、适应性评价为一体的专业发展体系。重点打造电力系统自动化技术和机械制造与自动化2个国家“双高计划”重点建设专业群，热能动力工程技术和水利水电建筑工程技术2个自治区“双高计划”重点建设专业群（图1），形成以能源动力与材料、装备制造类专业为主体，电子信息类专业为支撑，水利土建、电子信息、财经商贸类专业协调协同发展的专业发展新格局。

专业群名称		专业群包含专业	跨院系情况	跨专业大类	区域产业特色
国家专业群	电力系统自动化技术专业群	电力系统自动化技术 电厂热能动力装置 风力发电工程技术 供用电技术 电气自动化技术	电气工程系 能源与动力工程系	能源动力与材料大类 装备制造大类	对接自治区电力产业发展和“发–输–变–配–用”电力产业链
	机械制造与自动化专业群	机械制造与自动化 机电设备维修与管理 机电一体化技术(机械装调与控制技术方向) 软件技术(工业软件方向)	机电工程系 信息工程系	装备制造大类 电子与信息大类	立足国家重要能源和战略基地，服务自治区能源装备制造企业智能化发展
自治区专业群	热能动力工程技术专业群	热能动力工程技术 光伏工程技术 智能焊接技术 环境监测技术 安全技术与管理	能源与动力工程系	能源动力与材料大类 资源环境与安全大类 装备制造大类	立足自治区智慧电力产业和清洁能源输出基地，服务自治区绿色生态建设及战略资源基地升级
	汽车电子技术专业群	汽车电子技术 新能源汽车技术 汽车智能技术 汽车检测与维修技术 汽车技术服务与营销	车辆工程系	装备制造大类 交通运输大类 电子信息大类	围绕汽车中下游产业链，服务自治区汽车行业转型升级
院级专业群	水利水电建筑工程专业群	水利水电建筑工程 水利水电工程技术 工程造价	水利与土木建筑工程系	水利大类 土木建筑大类	对接自治区水利行业发展，服务区域水利现代化和转型升级
	旅游管理专业群	旅游管理 电子商务 酒店管理与数字化运营	经济与管理工程系	旅游大类 财经商贸大类	对接商旅文一体化产业中的商旅服务业，服务内蒙古文旅服务业转型升级
	大数据与会计专业群	大数据与会计 大数据与财务管理 财税大数据应用	经济与管理工程系	财经商贸大类	对接国家数字经济产业，服务“自治区十四五规划”中产业升级发展对智能财经需求变化，引领自治区财经类专业群改革发展
	大数据技术专业群	大数据技术 软件技术 计算机网络技术 云计算技术应用 信息安全技术应用	信息工程系	电子信息	对接自治区大数据、云计算产业，服务地方经济发展

图1

（二）构建产教融合发展体系，促进校企全方位协同

长期以来，学院立足工科专业特色，从办学初期的实习工厂，到“校中厂”、生产性实践基地、特色学院、产业学院等校企合作模式的逐步完善；由摇臂钻床、台钻等产品加工，到工学结合、现代学徒制、工匠班等协同育人方式的不断改革，在校企合作、产教融合发展中形成了协同发展的新路径。图2所示是服务自治区产业集群及校企合作企业分布图。

服务自治区产业集群及校企合作企业分布图
乌兰察布市：
内蒙古光伏、风电产业集群
内蒙古建材及新型材料产业集群
呼和浩特市：
内蒙古光伏产业集群
内蒙古现代化工产业集群
内蒙古机械装备产业集群
内蒙古生物制药产业集群
内蒙古信息制造产业集群
内蒙古乳业产业集群
现代物流产业集群
包头市：
稀土新材料产业集群
内蒙古光伏产业集群
内蒙古机械装备产业集群
内蒙古建材及新型材料产业集群
内蒙古生物制药产业集群
内蒙古信息制造产业集群
内蒙古冶金产业集群
巴彦淖尔盟：
内蒙古机械装备产业集群
内蒙古建材及新型材料产业集群
内蒙古农畜产品加工产业集群
阿拉善盟：
内蒙古生物制药产业集群
内蒙古现代化工产业集群
乌海市：
内蒙古电力产业集群
内蒙古现代化工产业集群
内蒙古建材及新型材料产业集群
内蒙古煤炭产业集群
鄂尔多斯市：
内蒙古电力产业集群
内蒙古化工产业集群
内蒙古机械装备产业集群
内蒙古建材及新型材料产业集群
内蒙古煤炭产业集群
内蒙古生物制药产业集群
呼伦贝尔市：
内蒙古电力产业集群
内蒙古化工产业集群
内蒙古煤炭产业集群
内蒙古冶金产业集群
兴安盟：
内蒙古现代化工产业集群
通辽市：
内蒙古煤炭产业集群
内蒙古建材及新型材料产业集群
内蒙古冶金产业集群
内蒙古电力产业集群
赤峰市：
内蒙古电力产业集群
内蒙古建材及新型材料产业集群
内蒙古生物制药产业集群
锡林郭勒盟：
内蒙古电力产业集群
内蒙古化工产业集群
内蒙古煤炭产业集群
呼伦贝尔市
兴安盟
通辽市
赤峰市
锡林郭勒盟
乌兰察布盟
包头市
巴彦淖尔盟
阿拉善盟
乌海市
鄂尔多斯市
呼和浩特市

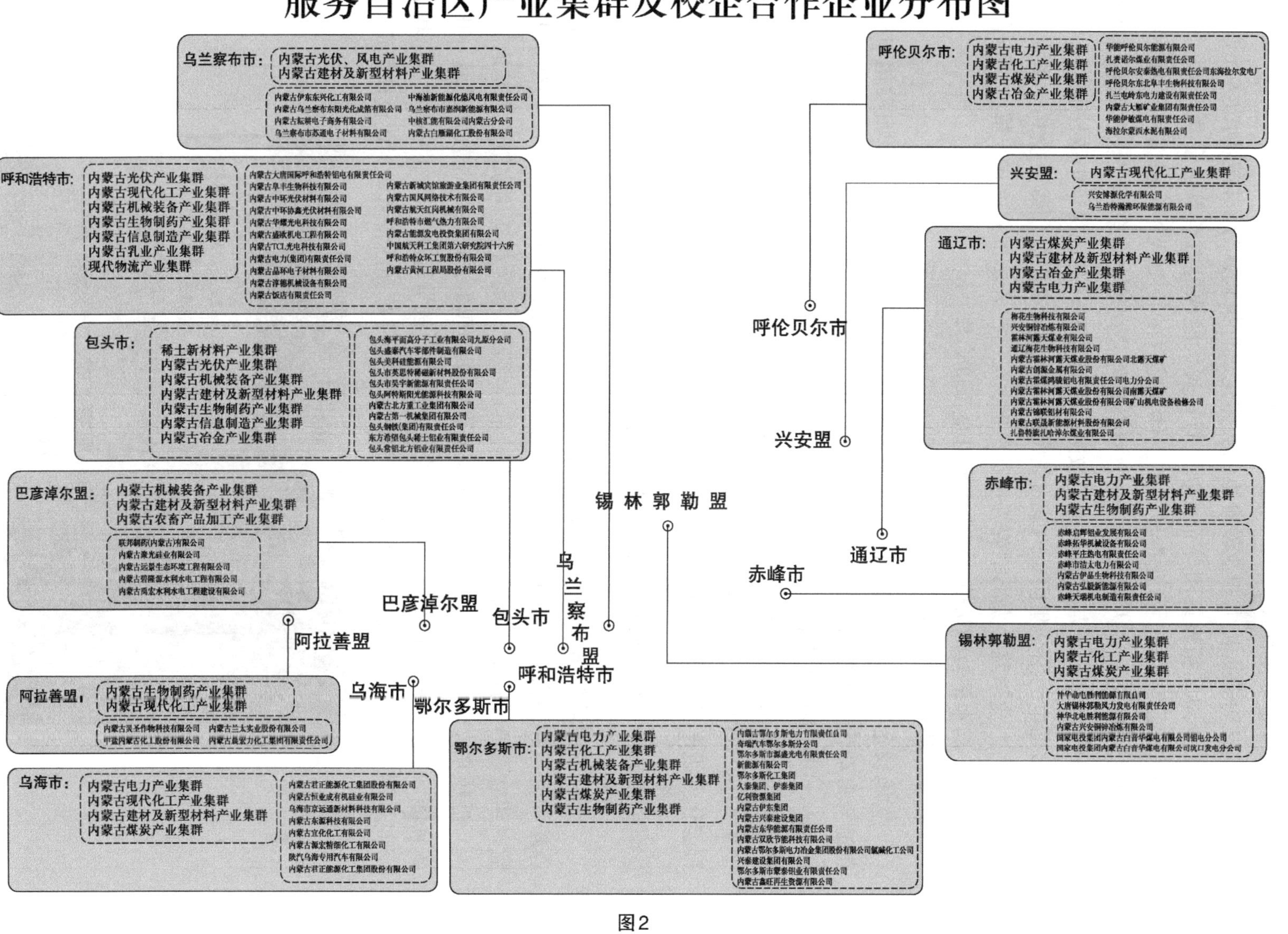

图2

1. 搭建校企合作育人平台，构建融合发展共同体

探索实践内蒙古机电职业教育集团实体化运行模式，与霍林郭勒市人民政府、霍林郭勒工业园区霍煤集团等企业联合打造现代能源电力产教融合共同体，构建“政府推动、校企主导、行业指导、多主体实施”的校企合作生态圈；与内蒙古航天金岗重工有限公司、内蒙古京能电力检修有限公司等企业合作建设智能制造产教融合实践中心和新能源与材料成型产教融合实训中心；与武汉华中数控股份有限公司、鄂尔多斯电力冶金集团、内蒙古黄河工程局股份有限公司等企业共建华数产业学院、电力产业学院、大禹学院等6个产业学院，在人才培养模式改革、校企合作课程开发、高水平教师队伍建设等方面开展深度合作。

2. 深化校企合作育人模式，形成人才培养新高地

实施校企“双主体”协同育人机制，汽车电子技术、焊接技术及自动化和机械制造与自动化专业被列为教育部首批现代学徒制试点专业并通过国家验收；打造中德AHK-DMGMORI和电力系统自动化技术专业“工匠班”，搭建课程、师资和实训基地三位一体的育人平台，实施“校企共育、岗课赛证融通”人才培养模式，导入中德AHK-DMGMORI联合认证项目教学标准，构建认证课程体系，打造电力产业智能化升级样板工厂，不断深化校企合作育人模式改革。

（三）打造国家级培训基地，助力技能型社会建设

充分发挥学院作为全国职业教育校长培训基地、全国重点建设职业教育师资培养培训基地和国家级“双师型”教师培训基地的作用，完善运行机制，组建培训联盟，建立培训师资库，不断丰富拓展企业培训项目，着力打造国家级培训基地。

近年来，学院落实学历教育和职业培训并举的职责，面向职业教育领域，开展教育部、自治区中高职校长、专业教师专业能力、教学管理人员和“双师型”教师培训工作。图3所示是职业院校校长培训培育基地（呼和浩特基地）建设情况汇报。

图3

面向新业态、新职业、新岗位，开展企业职工、农村劳动力转移、进城务工人员等各类技术技能培训20余万人次，形成企业高技能人才和职业院校教师培训模式。

（四）信息技术与教学深度融合，助推教育教学改革

建设全国职业院校数字校园实验校样板院校、国家第一批职业院校数字校园建设试点，对接职业标准和工作过程，适应“互联网+”职业教育发展需求，推动现代信息技术与教育教学深度融合，运用现代信息技术实施教学改革，探索分工协作的教学组织方式。

1. 打造“互联网+”实训基地，以信息技术拓展学习空间

运用5G、大数据、人工智能、虚拟仿真等现代化信息技术手段，建成实训与仿真工厂教学互动系统平台和5个虚拟仿真实训中心，开发多类型、高互动虚拟仿真实训资源，运用信息技术拓展实践领域、丰富教学内容。智慧电力系统虚拟仿真实训基地入选职业教育示范性虚拟仿真实训基地培育项目。

2. 开发“互联网+”教学资源，以信息技术丰富教学形式

主持电力系统自动化技术专业国家级职业教育专业教学资源库1个，参与建设国家级职业教育专业教学资源库3个。组建电力系统自动化技术国家级职业教育专业教学资源库共建共享联盟（图4），形成跨地域“联－帮－促”共建共享模式。建成标准化课程16门，培训课程4门，创新创业课程2门，个性化课程300余门，已全部上线国家职业教育智慧教育平台。专业资源库注册用户已达50 000余人，注册企业396家，注册院校208所。为国家、自治区能源产业高素质技术技能人才培养和企业岗位技术能力提升提供服务。

图4

3. 建设“互联网+”专业课程，以信息技术提升教学质量

以精品在线开放课程建设为抓手，有效推动现代教育信息技术与教学有机结合，促进课堂教学模式改革。优质教学资源的开发利用和线上线下混合式教学模式的推广应用，有效提高学生积极性和学习效果。学院先后被列为自治区“数字校园标杆学校”和5G+智慧教育试点建设单位。

四、彰显成效，形成支撑发展新范式

通过70多年的发展，学校在办学基础设施建设、办学水平、人才培养等方面取得显著成效。

（一）聚焦国家和自治区能源产业，打造高水平专业群

学院打造了电力系统自动化技术和机械制造与自动化2个国家“双高计划”重点建设专业群、2个自治区“双高计划”重点建设专业群和4个校级骨干专业群，建设5个骨干校建设重点专业、5个优质校建设重点专业和2个自治区特色示范专业，形成高水平专业（群）建设新格局。近五年，学院能源装备制造类专业毕业生近万人，为自治区优化升级能源和战略资源基地和现代装备制造产业集群培养高素质技术技能人才，成为自治区能源及装备制造行业高素质技术技能人才培养重要基地，服务能源产业和能源装备制造业能力持续提升。

（二）深化产教融合协同育人，提升校企合作水平

不断完善校企合作运行机制，服务自治区经济和社会发展。内蒙古机电职业教育集团入选全国第一批国家级示范性职业教育集团（联盟）培育单位，学院牵头成立校企合作理事会、内蒙古校企合作促进会、现代能源电力产教融合共同体、智能制造产教融合实践中心、新能源与材料成型产教融合实训中心等产教融合平台，入选教育部首批工业机器人领域职业教育项目合作院校。

1. 校企合作共建6个产业学院

与武汉华中数控股份有限公司共建华数产业学院、与霍林河工业园区企业共建霍林河产业学院等，开展中国特色现代学徒制试点，与企业共建校内外实习实训基地，共建各类校企合作平台10余个，共同培育重点专业群核心专业教学团队，共同研究制定人才培养方案，共同开发专业核心课程教学资源20余门、校企共建教材80余部、培养双师型教学团队，建立各级各类校企合作平台11个，毕业生就业人数和专业对口率持续增长。

2. 校企共同打造“工匠班”

数控技术专业与德国机床制造商德玛吉森精机机床贸易有限公司合作，打造中德AHK-DMG MORI“工匠班”。与国家技术创新示范企业、自治区产教融合型企业内蒙古鄂尔多斯电力冶金集团股份有限公司合作；打造电力系统自动化技术专业“工匠班”。

（三）深化教育教学信息化改革，构建数字化教学智慧校园新生态

1. 校企共建专业群教学资源库

学院主持电力系统自动化技术专业国家级职业教育专业教学资源库，参与国家职业教育机械设计与制造专业、通风技术与安全管理专业、有色冶金技术专业教学资源库建设，持续推进国家级职业教育电力系统自动化技术专业（群）教学资源库建设应用。

2. 构建国家、自治区、学校三级精品在线开放课程建设体系

校企合作建设精品在线开放课程31门，全部上线国家职业教育智慧教育平台，其中，国家级在线精品课程4门，自治区级在线精品课程21门。

3. 建设国家、自治区示范性虚拟仿真实训基地

学院建成智慧电力系统、思政教育教学智慧VR体验室、电子商务、虚拟火电厂等4个校级虚拟仿真实训基地。智慧电力系统虚拟仿真实训基地先后被自治区教育厅和教育部遴选为职业教育示范性虚拟仿真实训基地培育项目。“基于虚拟仿真技术的电力系统自动化技术专业群教学模式效果与评价研究”获批示范性虚拟仿真实训基地国家级专项课题。

4. 加强智慧教育基础设施建设

推进信息化标杆学校和职业院校数字校园建设样板校建设。构建涵盖虚拟仿真示范实训室、专业录播室、多功能智慧教室的新型现代化智慧教室系统，助力优质数字化教学资源的开发、积累与共享，建设和完善集标准化课程、创新课程、虚拟实训、职业技能培训、1+X培育资源包等为一体的资源中心。

（四）坚持人才强校战略，打造高水平师资队伍

完善“三阶段五级”阶梯式教师培养体系，实施“五项名优工程”。学院现有1名全国技术能手，自治区级优秀教学团队15个，突出贡献专家1名，草原英才1名，北疆工匠1名，五一劳动奖章获得者7名，技师高级技师突出贡献奖2名，技术能手11名，思政名师2名，教育、德育先进个人8名，教学名师13名，教坛新秀12名，优秀教师5名。建成自治区技能大师工作室2个，选聘2名国家技能大师工作室领衔人及产业导师。担任全国教学指导委员会委员3人，国家级裁判15人，自治区裁判

29人，参与编制国家专业教学标准11个。承接教育部第二批人工智能助推教师队伍建设行动试点项目，获得全国职业院校教师教学能力大赛奖项5项，自治区奖项27项，获得自治区第四届“黄炎培职业教育奖”3项。入选教育部国家级职业教育“双师型”教师培训基地、国家级职业教育教师教学创新团队立项建设单位、首批全国职业院校“双师型”教师队伍建设典型案例。

（五）打造技术技能创新服务平台，服务区域经济发展，人才培养质量显著提升

建立技术研发创新中心3个，成立“环保设备技术服务”技术研究与技术服务专项研究室7个，为自治区能源行业提供“内蒙古风电场接入系统”“农牧区小型便携式风力发电机的研究”“光伏治沙”等技术支持十余项；为能源装备升级提供“矿用TR50洒水车雾洒系统改造”“锚杆自动化生产线强吸力防脱落机械手系统改造”等技改服务20余项；建立“煤电网铝加”循环经济、废弃物综合利用、生态环保技术技能服务平台。自主研发小型风力发电机，助力内蒙古散居游牧民精准脱贫，解决了牧区“用电难”问题。近五年，累计完成技术服务160余项，产生专利、专业论文、研究报告等成果近两百项，惠及企业50余家，为自治区能源、装备制造、水利行业发展和转型升级蓄力赋能（图5）。

测试现场

一体式风力发电装置

通用简式风力发电装置

噪声源定位

图5

校企共建集成电路相关技术一体化平台，建成集成电路设计、生产、制样等相关配套系统，为企业设计开发“定制化特种电机运动控制器研发”等项目。开展职业教育培训，构建学历教育、职业培训并重的教育体系。依托教育部职业院

校校长培训培育基地、国家“双师型”教师培养培训基地、国家高技能人才培训基地，开展职业院校专业教师、管理人员、项目建设等师资培训近3 500人次。面向智能制造、水利、能源等行业，开展职业与技能培训50 000余人次，为自治区能源产业培训技术工人。面向农牧区开展电工技术技能培训、用电安全培训等近千人次。

学院始终坚持培养专业化高素质技术技能型人才的办学定位，创新人才培养模式，人才培养质量持续提升。近年来，学生共获得国际级职业技能大赛一等奖2项、二等奖2项、三等奖6项，国家级职业技能大赛奖项63项，自治区级职业技能大赛各类奖项100余项，国家级创新创业大赛特等奖1项、一等奖2项、二等奖5项、三等奖10项，自治区级创新创业大赛各类奖项215项。育人成效成果丰硕。

五、示范引领，带动区域职业教育协同发展

（一）引领区域职业教育改革发展，持续增强区域和行业影响力

1. 牵头组织自治区职业教育改革活动，推进职业教育协同发展

组织开发自治区双高双优和提质培优项目建设管理平台，参与自治区双高双优项目管理、项目建设文件起草和组织工作。学院是自治区职业教育大会专家咨询组组长单位、自治区教师教学能力大赛组织单位、自治区技能大赛总裁判长单位。

2. 承接重大职教改革项目，推动自治区职业教育教学改革

承担国家级“双师型”教师培养培训基地、国家级智慧电力系统虚拟仿真实训基地、职业院校校长培训培育基地、首批国家级示范性职教集团等建设任务。主持建设自治区首个国家级专业教学资源库，参与机械设计与制造3个国家级专业教学资源库建设。“‘政行校企’携手助力脱贫攻坚的电力数字化资源体系构建与实践”获得2021年自治区教学成果奖二等奖。

3. 参与制定职业教育高质量发展的标准和政策

参与编制国家专业教学标准18个、实践教学标准6个、省级技能大赛标准17个，参与开发坦桑尼亚国家职业教育标准4个，参与编制5个国家1+X职业技能等级标准。参与编制自治区现代职业教育高质量发展的文件、制度、方案等，牵头组织自治区级项目建设管理工作，为自治区职业教育协同发展贡献力量。

（二）获得政府、同行、媒体一致认可，持续提升社会影响力

学院是第六届全国高职高专校长联席会议主席团成员，教育部职业院校文化

素质教育指导委员会成员单位，先后荣获全国职业教育先进单位、全国高校活力团支部、第四届“黄炎培职业教育奖”优秀学校奖；入选全国机械行业“十三五”思想政治工作50强、2020年全国职业院校产教融合50强。学院办学成果近年来得到社会各界广泛关注与好评（图6），中国教育报、中国教育新闻网、中国教育网络电视台、学习强国、新华网、人民网、内蒙古日报、内蒙古广播电视台等多家媒体聚焦学院取得的成绩，进行专题性报道100余篇，学院的影响力和知名度得到持续提升。经第三方机构评价，学院社会认可度得分均超过94%，人才培养成效社会满意度较高。毕业生就业岗位与专业相关性较强，就业胜任力与竞争力得到企业的广泛认可，合作企业对校企合作的满意度较高，学院治理能力与治理水平不断提升。

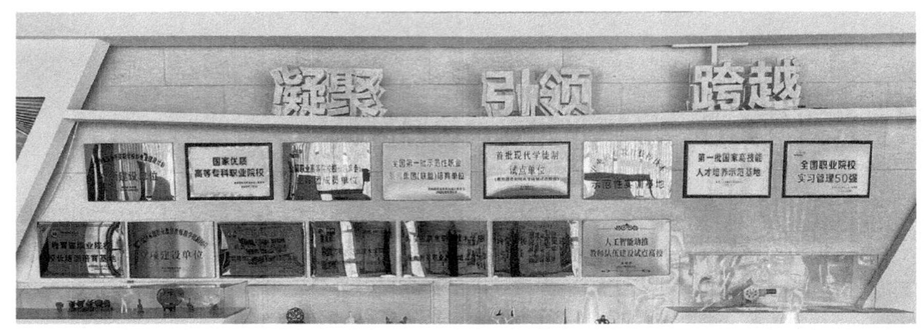

图6

（三）服务“一带一路”倡议，持续提升国际影响力

学院服务“一带一路”倡议，与中国航空技术控股有限公司深度合作，创建“搭建平台、输出标准、创立大赛”的国际合作模式；校企合作建成“中航国际—内蒙古机电非洲职业教育培训中心”；创办“ATC非洲职业技能挑战赛”，并荣获中国外文局主办的第八届中国企业海外形象高峰论坛“2020中国企业海外形象建设优秀案例”奖项，持续提升国际影响力。

1. 成果辐射肯尼亚及“一带一路”沿线国家

以肯尼亚为中心，输出“课赛融通”课程体系，与加蓬、科特迪瓦签订职业教育国际合作协议，辐射带动加纳、赞比亚等周边国家提升职业教育水平。

2. 形成中肯国际合作新范式

联合自治区30所院校组建国际交流联盟，2020年主办首届自治区高职院校国际交流与合作联盟大会；《“一带一路”背景下中肯装备制造类专业国际合作的研究与十年实践》获得2022年职业教育国家级教学成果奖二等奖。

学院将继续立足“双高计划”项目建设，紧扣“十四五”期间高等职业教育发展的新形势、新变化，落实规划、搭建平台、狠抓质量，高标准完成各项改革与发展任务，努力把学院建设成为本科层次职业院校，为职业教育现代化发展贡献智慧和力量。

执笔人：苏　月

深耕幸福职教　培育大国工匠

长春职业技术学校

东望白山撑云际，北卧松花身带雪。长春，这座北方的幸福之城，镌刻着新中国工业的悠久历史，在这历史的滚滚洪流中，长春职业技术学校正迈着坚定而遒劲的步伐，向着“幸福职教，全国名校”的宏伟目标阔步前行。

一、办学定位

长春职业技术学校始建于1961年，隶属于长春市教育局，是一所公办综合类中等职业学校，是长春长吉图职业教育集团理事长单位、国家首批中等职业教育改革发展示范学校、吉林省现代职业教育改革发展示范学校、吉林省特色高水平中职学校建设单位，获得职业教育国家级教学成果奖二等奖1项，荣获吉林省首届“黄炎培职业教育奖”优秀学校奖、长春市“五一劳动奖章”单位等荣誉称号。

学校位于长春市经济技术开发区兴隆大路5999号，占地面积112 000 m^2，建筑面积116 000 m^2，教职工352人，其中正高级讲师8人，省市级专业带头人12人，省市骨干教师47人，科研骨干教师23人，同时聘有李万君、聂永军、李凯军、孙立巍等技能名师。近3年，学生参加各级各类职业技能大赛，获得国家级奖项26人次，省级奖项91人次；教师参加各级各类教学能力大赛，获得国家级奖项20人次（其中班主任能力比赛获得东北三省首金），省级奖项28人次。

学校开设农林牧渔、交通运输、装备制造、电子与信息、财经商贸、旅游6大类18个中职专业，与11所高校36个专业开展中高职贯通培养，紧密对接吉林省“一主六双”产业空间布局和长春市现代汽车制造、轨道客车制造、现代信息服务等相关产业，始终站在吉林省中等职业教育改革发展的前沿阵地、人才培养服务发展的主战场，既是吉林省中等职业教育改革发展的排头兵，又是服务东北亚区域经济发展的生力军。学校实训教学资源雄厚，拥有2个国家级实训中心（汽车实训中心、轨道实训中心），3个省级实训中心（焊接实训中心、机械加工实训中心、会计实训中心），工业机器人、楼宇智能等50余个现代化理实一体实训中心。校园网双500Mbps光纤专线接入，无线网络全覆盖，图书馆馆藏纸质图书7.5万余册，电子图书105.8万册，电子报刊200余种。

学校以“立德树人”为根本，以“幸福职教，全国名校”为目标，以“规格人格，至精至善”为校训，以“自主选择、快乐成长、幸福生活”为理念，突出“引领式”教育，打造“和谐、幸福、平安、美丽”校园，着重塑造德才兼备、技术精湛、阳光乐观、崇尚工匠精神和生活幸福的技术技能人才。

二、发展历程

学校始建于1961年，2005年9月，隶属市农委的长春市农业机械化学校划归市教育局管理。

2007年11月，长春职业技术学院实行高、中职分离办学，将中职办学分离出去，组建长春职业技术学校。同月，长春市编办同意将长春职业技术学院承担的中等职业教育功能和资源剥离，并与长春市农业机械化学校共同组建长春职业技术学校，同时保留长春市农业机械化学校牌子。

2011年7月，长春职业技术学校经市编办同意，加挂长春轨道交通学校牌子，其他不变。

三、办学特色

（一）构建幸福职教体系，打造核心文化理念

1. 构建学生“学己所想”的自主选择平台，帮助学生树立学习信心，奠定幸福人生基础

学校通过学生自主选择教学模式、自主选择非核心课、自主选择设备设施、自主选择兴趣社团，提高学生就读中职学校的积极性和自豪感。通过实施“专业联动，分流培养”的教学模式，使毕业生质量显著提高，提升学生的幸福感。学校学

生参加冰雪体操活动如图1所示。

图1

2. 创造学生“用己所长”的幸福学习环境，提高学生学习和工作幸福感

学校以“立德树人”为根本，将“规矩、人格”教育的培养和训练贯穿教育教学全过程。学校引入行业企业专家、名师作为专兼职教师，让学生真正享受到“幸福职教”独有的优良师资。发挥长春长吉图职业教育集团资源优势，为学生提供顶岗实习和就业机会，体现了“幸福职教”的成就感。

3. 架设学生“做己所望”快乐成长的桥梁，帮助学生朝着人生理想和幸福生活目标迈进

学校创新终身就业机制和教育条件，帮助学生实现终身发展。利用集团化办学优势，拓宽学生就业渠道，建立就业双向引导机制，畅通人才供需渠道，为企业和学生搭建对接平台。

4. 完善教师“事业有途”培养培训体系，搭建通向事业成功的幸福途径

学校实施学历提升工程，鼓励青年教师继续攻读本专业研究生，让青年教师感受到事业幸福。面向骨干教师开展国培、省培、市培和国际培训，在扩大教师视野方面，采取走出去、请进来的委托方式进行。学校举办生涯规划师培训（研修班）如图2所示。

5. 健全教师“晋升有路”相关机制，解决教师在进步、提升和职称晋级上遇到的困难

发挥教学团队与党团组织的关注、鼓励和引导作用。实施职称评聘结合试点，完善教师内部职称晋升补充机制。

图2

6. 创造教师“感受幸福”的条件，提高教师幸福感

改善教师办公环境，活化教师绩效考核，关注教师身心健康，让教师在快乐中安心工作，突出幸福职教文化内涵。

（二）注重内涵建设发展，推动制度文化建设

1. 理顺职责关系、明确部门责任

在制度文化建设中，结合学校实际，合理确定各部门职责分工，建立健全各部门间协调配合机制。在此基础上，协调解决多个部门之间职责交叉或关系不顺问题。按照权责一致，有权必有责的要求，在明确部门权利的同时明确应当承担的责任，推动了教育教学管理公开、绩效考评、行政问责，强化了责任追究意识。

2. 科学设置岗位，双向选择上岗

制度文化建设的主要内容就是根据工作的需要科学合理地设置岗位，制定详细的岗位职责及量化考核标准，学校采取科长竞聘上岗和教师双向选择的办法，把个人理想、工作需要、组织安排有机地结合起来，充分发挥每个人的三观能动性、自觉性和创造性，做到思想到位、认识到位、任务到位、工作到位、责任到位、效果到位。

3. 实行绩效考核，激发工作热情

坚持多劳多得优绩优酬的原则，学校在绩效工资分配上有了很大的变革。通过制度文化建设，把岗位职责、工作量与收入分配挂钩，调动了广大职工的工作积极性，使学校建立灵活自主的内部分配制度，进一步完善重能力、重贡献的分配激励机制，激发了广大教师的工作热情，教师主动钻研业务，主动多承担课程，教育教学质量明显提高。学生管理和行政管理工作得到进一步加强，形成人人乐于工作、

工作抢着干的良好氛围。

4. 完善道德守则，巩固取得成效

全校教师树立正确教育思想，全面履行教师职责，自觉遵守学校规章制度和行为守则，认真完成教育教学任务，积极参与教育教学改革。全校学生树立爱国主义思想，勤劳勇敢、自强不息的精神，遵守学生管理制度和行为守则，养成良好的道德品质和行为习惯，刻苦学习、勇于探索、积极实践，努力掌握现代科学文化知识和专业技能。全校师生共同努力，通过制度引导，将学校文化体系建设落到实处。

（三）营造促学静思氛围，提高环境育人功能

学校在环境文化建设中，努力为学生创造生产性实训条件和环境，实现“用己所长”。以“学生能做的事情不用老师做，老师能做的事情不用社会做”理念为指导，在专业老师的带领下，焊接、汽车钣金、电梯、机械加工和数字媒体技术应用专业学生，自己动手改造了汽车实训中心、机械加工实训中心，建设了机电实训中心、电梯实训中心和学校大门。数控、汽车、数字媒体技术应用等专业部都将学校的建设和专业教学结合起来，建设了“价值观”“规矩”“舞之韵”等多处广场雕塑。生产性实训充分培养和展现同学之间、师生之间和专业之间的团队意识和协作精神，展示学生们学到的技术技能，建立了他们的自信心和成就感，培养了他们的工匠精神和职业自信，使他们感受到学习职业技能的幸福感。学校建设的“吉林省车身整形高技能人才培养基地”如图3所示。

图3

师生还共同建设了汽车、机械、城市轨道等4个专业文化广场，“立德树人”“匠之摇篮”等5个理念文化广场，建设以传统文化、师德师道师风文化、廉洁文化为主要内容的廊宇文化，以专业文化和企业文化为主的实训中心和班级文化；开展系列传统文化进校园活动，书画作品随处可见，建设“文墨书香”校园。学校文化建

设，切实起到文化育人效果，使学生在休闲、方便、文雅的环境中成长，感受到幸福和快乐。

（四）追寻工匠精神本源，促进师生共同成长

学校努力在文化建设总体布局上的“精与雅”下功夫，对学生行为习惯、思想文化、人格修养进行教育引导，从浩瀚中华优秀传统文化中甄选作为学校文化的精神核心，淬炼出“规格人格，至精至善”之校训，将中华优秀传统文化与学校建设相结合，以传统文化精神内涵，构建学校文化特色，让师生在休闲娱乐、举手投足之间受到潜移默化的精神滋养。

四、办学成效

多年来，学校建设累计投入47 427多万元，含国家、省级、市级等各级投入，以及学校自筹、培训收入和社会投入，以市级投入为主（约占87%）。设备投入4 283.76万元，教学设备增加4 000台（件、套）。师资队伍建设方面，省市骨干教师从0分别增加到10人和32人，省市专业带头人从0分别增加到3人和10人，省市级“双师型”教师增加32人，建有王洪军等名师工作室3个，市级教学团队5个。具有硕士研究生学历的教师从4人增加到42人，正高级讲师从1人增加到5人，外聘兼职教师55人，增加20人。新增城市轨道交通车辆运用与检修、数字媒体技术应用、工业机器人等8个社会急需、服务区域优势支柱产业和经济发展的专业。6年来，累计培养各类专业技能型人才8 000余人，为区域经济和职业教育发展做出了突出贡献。

（一）服务行业企业，培养技术技能人才

近年来，在社会生源呈现逐年减少趋势下，学校仍实行笔试、面试相结合的招生办法，每年招生数量占长春市招生总量的十分之一以上。毕业生就业率每年都保持在100%，专业对口率在85%以上，呈现招生就业两旺的态势，成为全省最受欢迎的中职学校之一。

近年来，学校开展企业员工、新型农民、退役士兵技能培训9 584人次，为他们就业、择业、创业打下坚实的基础，为社会承担了责任，为政府分忧解愁，回报社会和政府对职业教育的厚爱。

从2014年起，由学校牵头与省内部分高校、高职和知名企业，在共建、共管、共享的原则下开展紧密合作，创新在吉林省具有代表性的“职业教育产学研联盟”模式，解决了职业院校资金不足、设备落后、重复建设和企业科研力量薄弱等问题

和矛盾，大家共同投资来满足学生掌握现代职业技能的要求和愿望，使学生感受到使用最先进设备学习的幸福感。

（二）精准深入扶贫，精心回报社会

2012年，学校与长春市总工会及一汽等企业联合开展了“会校企”一体化助学活动，签约仪式如图4所示，为982名困难职工和家庭贫困的学生解决了求学难和就业难的问题，为其减免学杂费及给予生活补助，总额达1 000余万元；学校将电梯实训中心、焊接实训中心、汽车钣金实训中心作为精准扶贫基地，为困难家庭和人员开展智力扶贫，使他们自食其力，重拾自信，增强了幸福感，为全面建成小康社会做出职业学校应有的贡献。

图4

（三）明确“学己所想”，实现“用己所长”“做己所望”

实行“专业联动，分流培养”人才培养模式，实现“学己所想”。“专业联动，分流培养”人才培养模式就是以专业群为基础，建立大专业概念。学生入学时只选择专业群不选择具体专业和方向，统一进行入学教育、职业生涯规划、文化基础、专业基础知识和基本技能教育、企业参观等学习。经过一学期或一学年的学习与培训之后，再由学生选择自己感兴趣的具体专业与方向进行学习。“专业联动，分流培养”人才培养模式的实施，不但让学生有效地选择了适合自己的专业，也给予了他们自主选择的机会，让学生有一种被认同感，真正实现自由选择专业、课程和老师，达到了“学己所想”的目的。学校举办“专业联动，分流培养”动员大会如图5所示。

图5

创造生产性实训条件和环境，实现“用己所长”。学生自己动手改造了汽车实训中心、机械加工实训中心，建设了机电实训中心、电梯实训中心、学校大门，以及“价值观”“规矩”“舞之韵”等多处广场雕塑。生产性实训充分培养和展现同学之间、师生之间和专业之间的团队意识和协作精神，展示了学生们学到的技术技能，建立了他们的自信心和成就感，培养了他们的工匠精神和职业自信，使他们感受到学习职业技能的幸福感。

学校以社会主义核心价值观教育为统领，以“立德树人”为根本，以共青团建设为主阵地，以节日主题活动、文体活动、艺术节和学生自建的书法社、音乐社、文学社、礼仪社、摄影社等23个社团活动为载体，充分展示学生们的聪明才智和艺术天赋，实现了“做己所望”的目的。

（四）创新办学模式，架构升学新通道

2012年，在全省“3+2”中高职办学模式都处于低迷的情况下，学校创新了“企业贯通‘3+2’‘校企校’中高职衔接”办学模式，“一石激起千层浪”，带动了全省“3+2”模式的蓬勃发展。

2014年，学校在全省率先提出并实施“中职－本科‘3+4’”衔接办学模式，与长春工业大学、长春师范大学、长春大学在机电技术应用等3个专业开展了合作。3年来，在校生人数达到400余人，2017年顺利实现升学转段，升学率在93.7%以上。

学生通过衔接模式的学习，感受到学校给他们提供了广泛的选择空间。

（五）送培送教促发展，服务民生获赞誉

学校与驻地长春市经济技术开发区兴隆山镇政府联合筹建“兴隆社区大学”，和驻地政府一起推进全民教育进程。学校党员下沉社区活动如图6所示。

图6

（六）牵头“长吉图”，促进校企深度融合

2010年10月，以长春职业技术学校为牵头单位的“长春长吉图职业教育集团”正式成立。经过几年的发展，集团理事单位组成由成立之初的163个，增加到365个，有效促进了校企深度融合和实质性运行，创新的“职业教育产学研联盟”模式，实施现代学徒制教学模式，形成了开门办学的良好局面，辐射带动了乾安职教中心、抚松职教中心的专业建设，实现了区域职业教育的共同发展。

通过国际合作与交流，使学校办学走向国际化，将职业教育融入“一带一路”倡议，提高了学校的国际化程度。

（七）办学成果丰硕，社会认同感增强

全国政协、教育部职业教育与成人教育司、督导组有关领导，以及省市领导都多次莅临学校调研和视察工作。

党的二十大以来，学校进一步深入学习习近平总书记关于职业教育的重要指示精神；贯彻落实新修订的职业教育法和《关于深化现代职业教育体系建设改革的意见》，深化产教融合、提升办学能力，努力为吉林省“一主六双”高质量发展战略和建设长春现代都市圈提供职业教育支撑；学校建设李万君、聂永军、李凯军、孙立巍技能名师工作室，大力宣传劳模精神、劳动精神、工匠精神，弘扬劳动光荣、技能宝贵、创造伟大的时代风尚，为营造职业教育改革发展的良好氛围贡献力量。“技能名师工作室”揭牌仪式如图7所示。

图7

岁月不居，天道酬勤。学校持续提升长春长吉图职业教育集团的规模和质量；2021年、2022年，学校连续两年承办全国职业院校技能大赛“农机维修”赛项，来自全国的28个代表队76组选手参加角逐，学校斩获一等奖，实现了吉林省在该赛项金牌零的突破。近3年，学生参加各级各类职业技能大赛，获得国家级奖项20人次，省级奖项83人次。教师在全国职业院校技能大赛教学能力比赛中累计获二等奖1项、三等奖4项；在中职班主任能力比赛中获一等奖1项、二等奖2项。

2023年，学校站在新起点，再谋新篇章，开创新格局。学校圆满举行2023年吉林省职业院校技能大赛开幕仪式，并顺利承办了5项省级赛项和15项市级赛项。其中“智能财税基本技能”赛项获一等奖，如图8所示。

图8

学校先后接待了多个国家的职业教育代表团十余次、国内多个省（自治区、直辖市）职业教育代表团百余次。学校是吉林省职业院校校长、教师培训实践体验基地，“长春市学生校外实践基地”先行先试单位，基地建成20个体验中心，日接待能力约为300人。

学校改革与发展的成效得到吉林日报、吉林电视台等多家主流媒体的宣传和报道，吸引了更多学生到中职学校学习技能，为区域经济发展提供了强大的技能人才支撑。

（八）师生携手并进，创造幸福未来

获得国家第五届“黄炎培职业教育奖”杰出教师奖1人、国家职业教育先进个人1人；获得吉林省首届“黄炎培职业教育奖”杰出教师奖1人、吉林省职业教育先进个人1人；获得长春市劳动模范、长春市五一劳动奖章、“长春工匠”、长春市“巾帼明星”“师德标兵”等多种荣誉称号。

教师在吉林省政府组织的吉林省教学成果评比中，获得3项二等奖和1项三等奖；在国家、省、市级各专业技能大赛中累计获得特等奖、一等奖、二等奖、三等奖等奖项237人次。学生在国家、省、市级各专业技能大赛中获得奖项388人次。

先进的办学理念和人才培养模式创造了办学成果，激发了师生学习热情，增强了师生的自豪感，在成长与进步中体会幸福，对未来充满自信和希望。

（九）建设“引领式”文化，凝聚专业促合力

1.“历史厚重”的汽车文化广场

由学校焊接、车身修复专业师生共同设计施工，将老式客车、吉普车、解放汽车、摩托车等进行重新修复，高高架起矗立在广场中央，如图9所示。用汽车轮毂做成的休闲桌椅及对汽车底盘、发动机等的分部拆装，使整个广场充满了厚重的汽车文化元素，其中解放汽车车型已经成为汽车文化历史的见证。汽车文化广场是对汽车历史的记录和展示，同时也是汽车文化的延续和传承。学校把汽车文化广场建成了室外汽车文化陈列馆，中国青年报、北青网都曾对此进行了报道。

图9

2. “古今融合”的轨道文化广场

在轨道文化广场，长春第一辆有轨电车经过车身修复专业师生的整体修复，再由焊接专业师生将其架到空中，成为校园一道亮丽风景，来校参观的嘉宾都为它具有的历史意义和轨道文化赞不绝口。学校还把城市地铁、轻轨等零部件进行拆装，每个部件旁边都立有部件功能等相关专业知识介绍。学生在休闲、游乐的时候还能够了解轨道专业文化。

3. “团队协作”建电梯实训中心

电梯实训中心（图10）是焊接技术应用、汽车车身修复、电气运行与控制和数字媒体技术应用4个专业师生7个多月协同奋战的成果。电梯实训中心的落成，是校校联合、校企合作、专业联动、师生共建的最好见证，真正体现了长春职业技术学校“学生能做的事不用老师做，老师能做的事不用社会做”的教学理念。

图10

教育应是尊重人性的教育，应是开启幸福人生的教育，应是满足学生需求的教育，应是人民满意的教育。长春职业技术学校就是要走出一条幸福职教之路，建设一个开放性、国际性、社会性的全国职业教育名校。

弘扬工匠精神重任在肩，打造技能强国正当其时。学校将以此为契机，在教育主管部门的带领下，在社会各界的大力支持下，在全校师生的共同努力下，与兄弟院校协同提升，为长春市职业教育的发展创建良好的社会氛围，推动学校向着“幸福职教，全国名校”的建设目标扬帆起航！

执笔人：崔艳梅

引航浦东职教蓝海　培育现代上进达人

上海第二工业大学附属浦东振华外经职业技术学校

上海第二工业大学附属浦东振华外经职业技术学校（简称：振华职校）是国家级重点中等职业学校、上海市中等职业教育改革发展特色示范学校、上海优质中职培育学校。学校现有五个校区，校园环境优美，设施设备齐全。学校师资队伍结构合理，教师敬业爱生。学校专业设置能适应“引领区”产业结构调整和升级，其中电子商务专业为上海市示范性品牌专业，国际商务专业为上海市品牌专业。学校秉承“德技并重　上进达人”的办学理念，致力于培养“就业有优势，创业有本领，升学有渠道，终身发展有基础”的复合型技术技能人才。学校与上海第二工业大学合作共建，致力于普职融通、产教融合、中高本贯通和中外合作，培养具有未来国际竞争力的高素质技术技能人才。

一、发展历程：上海市浦东新区中等职业教育发展的缩影

振华职校发展30多年，是上海市浦东新区职业教育发展的一个缩影。今天的振华职校，又一次站在历史与现实交汇的门槛上，再立潮头，注重内涵发展，成为浦东新区，乃至上海市职业教育界新一轮教育改革的排头兵。

1989年，为了顺应当时经济社会发展的需求，上海市光辉中学在校内组建了外贸职业班；1991年8月，上海市振华卫生管理技术学校与上海市光辉中学的外贸班

一并迁址至沈家弄路325号（现商城路1088号），组建了上海市第一所专门培养外经类初、中级专业人才的职业技术学校——上海市振华外经职业技术学校；2016年，获批上海市中等职业学校发展特色示范学校；2020年3月9日，更名为上海第二工业大学附属浦东振华外经职业技术学校；2021年，立项为上海市优质中等职业学校。

近年来，学校深化产教融合，持续推进“三教”改革，成果显著，成为引领浦东新区职业教育新一轮发展的旗舰学校。为了优化专业结构，做强优势专业，与京东、华为、张江人工智能岛、浦东融媒体中心等行业头部企业深入合作，共同设计专业发展规划、开发课程与教材、共建实训基地，合作共建新专业、开发新课程等，拓展校企合作内容。学校探索产教融合平台机制，为“三段五阶”人才培养模式实践推广提供支撑，推进平台实体化运作，支持专业长远发展；协同行业协会，整合优质企业资源，引进优秀校企合作项目；以1+X证书培训为重点，全面开展教师培训，实现双师型教师的能力升级；依托上海市职业教育教材建设基地，开发新型活页式教材，提升在线开放课程数量，提升教学资源的信息化水平；通过教学能力大赛、教学设计比赛等多种方式，全面开展教学改革，提高教学质量，增强教育活力；借助全国专业建设联盟和浦东职教集团，持续深化东西部协作，辐射推广办学经验，与兄弟院校共建共享教学资源，实现互惠共赢。

二、办学特色：敢为人先，大力发展财经商贸专业群

（一）专业设置：对标区域，动态调整布局

回顾振华职校的发展历史，国际商务专业曾经引领上海市中等职业教育界达30年，多少振华职校学子成为上海市外贸战线的骨干和生力军。在区政府的统一部署下，根据区域经济发展需求和学校建设需要，现在的振华职校已逐步建设形成了财经商贸、信息技术、旅游服务三大专业群，设有17个专业。

1. 对标区域经济发展，动态调整专业布局

振华人多年来形成的“敢为人先”的胆魄，一次次为学校实现华丽转身赢得新的机遇和挑战。振华职校的国际商务专业是上海市46个首批被命名为市级“拳头产品”的重点专业，国际商务开放实训中心作为三星级开放实训中心，在“追求卓越、服务社会”的过程中践行了一个全国重点中等职业学校的社会责任和使命担当；脱胎于国际商务专业的电子商务专业，更是十年磨一剑，学校的电子商务专业正在发展成为上海乃至全国中等职业学校的旗舰专业。

振华职校主动跟踪、链接上海市浦东新区区域经济结构的调整和社会人才培养需求的变化，着力专业内涵发展，根据市教委对于专业结构布局调整的指导意见，

优化调整学校专业布局，发挥电子商务专业（示范性品牌专业）和国际商务专业（品牌专业）的示范引领作用，做精做强财经商贸类专业群，推动其他专业群建设协同发展。2021年，振华职校成功申报中等职业学校计算机网络专业（人工智能方向），并依托张江人工智能岛企业，共建产教融合育人新平台，不断适应“引领区”产业结构调整，提升学校服务区域经济社会发展的能力。

2. 充分利用优质资源，体系建设日趋完善

学校贴合浦东产业发展需求，坚持新技术引领新专业建设，全面升级学校专业群。以示范性品牌专业和品牌专业为引领，融合各类资源，优化人才培养方案，带动专业建设整体提升。学校继承原有专业优势，强固“财经商贸类”王牌专业群；以人工智能专业为突破，扩大“信息技术类”特色专业群；面向多样化市场需求，发挥“旅游服务类”专业群的服务功能。

目前，振华职校成功申报中高本试点专业6个（电子商务、税收学中本贯通、报关与国际货运、影视制作、跨境电子商务、影视动画中高贯通）。学校以中等职业教育为基础的纵向贯通、横向融通的办学体系雏形已经形成。学校积极兼顾浦东产业需求和学生需求，提出“中职为基、高职为重、多元发展”的中高本协调发展专业建设思路，扎实推进与高校的联合教研活动，持续提升贯通培养质量。

（二）校企合作：共赢互惠，探索多元共建

1. 新格局，打造新型“朋友圈”

振华职校紧密对标行业需求，初步形成了由唐镇电商创新港、欣海报关和南新雅大酒店等企业组成的产教融合格局。振华职校国际商务专业积极参与上海市报关协会活动，及时汲取报关行业新变化，充实专业教学，培训专业教师，共享企业资源。正是借助振华职校电子商务专业在上海浦东的校外实训基地“朋友圈”，学校组织了与新加坡师生联合下企业，完成相关实践课程项目；2019年启动的“商务四级证书”课程项目，则对学校整体发展、提升学生就业能力具有重要意义，也标志着振华职校多年的对外合作办学模式实现了新的突破。

2. 新视野，创新合作新载体

学校按照“理实一体化、教岗一体化”的实训基地建设理念，恪守“合作共赢、互惠发展”的原则，与行业企业共建培训基地，实现资源共享。振华职校与京东集团强强联合、优势互补、机遇共享，创新合作载体，共建京东在长三角区域第一家产教融合实训基地。2021年12月，“振华-京东智能供应链”实训基地建设完成，如图1所示。实训基地包括电子商务直播间、3D智慧物流仿真认知区、智能物流操作区域等，采用“专业+产业”多元化办学模式，校企联合培养智能物流专业领域的管理及技术技能型人才。基地建设期间，振华职校多次与京东集团组织参

观、培训及教研活动，探索如何从学生培养、师资建设、课程教材开发等多个方面推进合作。

图1

（三）人才培养："三段五阶"，构建成长阶梯

学校聚焦数字化、智能化时代电子商务领域高技能人才培养，立足"重实践、强发展"育人理念，从2011年开始，历经6年研究与实践、4年应用与推广，形成了"三段五阶"人才培养模式，如图2所示。《中职电商专业群"三段五阶"人才培养模式的构建与实践》项目荣获2022年上海市优秀教学成果奖二等奖。该模式主要从三个方面开展创新实践，并取得显著成效。

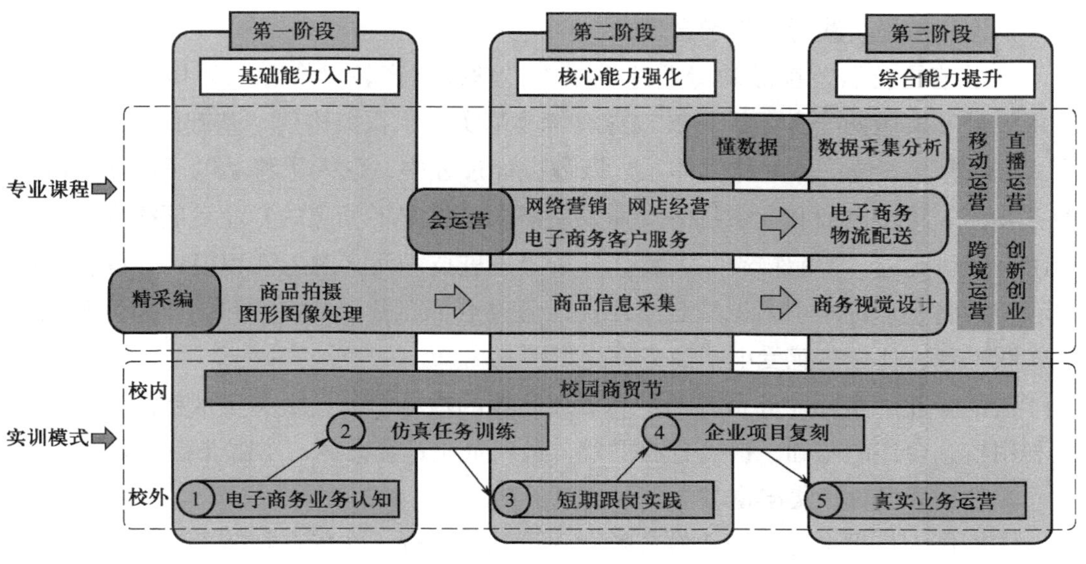

图2

1. 构建“精采编、会运营、懂数据”核心能力结构模型

以“采编”技能培养为切入点，打破目标岗位泛化的僵局，抓牢中等职业教育强技能的核心竞争力。系统阐释了电子商务复合型人才核心能力要素及其逻辑关系，突破“复而不合”人才培养瓶颈，切实推动了电子商务专业人才培养转型。基于该模型，开发了国际水平专业教学标准、上海市专业教学标准和双证融通专业教学文件，被广为借鉴和使用。

2. 重构“基础能力入门、核心能力强化、综合能力提升”三阶段课程体系

以三大能力为主线，按照“单项-多项-综合”进阶提升，职业能力逐步拓展与深化，精准落地复合型人才培养。以四大新业态运营模块为拓展，实现核心能力融会贯通，提升就业适应能力。率先开发以双证融通为核心的校企一体化系列课程、创新创业等校本特色系列课程，弥补了中等职业学校电子商务专业群复合型课程的缺失。

3. 构建“业务-任务-岗位-项目-业务”五阶式实训模式

实训场所校企交替进行，学习过程与工作过程同步，提高了学生岗位适应能力。实训项目有层次，完整流程-单项技能-完整业务，整个过程经历了“化整为零”，再到“化零为整”的视角变换，让学生全面了解典型岗位设置及其协作关系，培育职业全局观。实训环节有序衔接，创新性地提出企业项目复刻，将企业项目教学化，实现仿真训练到真实业务的有效衔接。此项成果实施以来，学生累计获国家级奖项40个、上海市奖项75个。中级职业资格证书获取率达96.8%，96名学生获高级证书，远超同类学校技能水平。专业教学资源被全国30余家院校借鉴使用。

（四）课程教材：产教融合，铸就振华品牌

1. 课程实施，践行产教融合理念

自示范校及示范性品牌专业建设以来，学校以产教融合理念为指导，从课程体系设计和实施两个方面，开展教育教学改革实践，积极构建“基础课程+核心课程+选修课”三位一体的课程体系。课程设计过程中，融入了移动电子商务、电子商务物流、跨境电商和大数据等产业发展需求，设立了相应的专业发展方向，并将ERP、移动支付、智能物流、大数据分析等先进技术元素融入课程模块。课程实施过程中，将企业标准引入课堂教学评价，通过电子商务贸易实战和创业园区孵化两大实践平台，让学生感受电子商务文化氛围。

借助企业的实际业务资源和中高贯通高校的指导，建设报关实训精品课程。有效利用校企合作的基础，链接企业平台，融入企业真实案例，丰富课程建设。

2. 教材开发，汇集丰富教学资源

学校作为首批上海市职业教育教材建设基地学校，在华东师范大学国家教材建设重点研究基地的指导下，继续开发新型活页式教材，《电商图形图像处理》《商品

拍摄与素材处理》《跨境电商操作》3本教材列入上海市规划教材。定期召开专业指导委员会，及时调整教学内容，完善人才培养方案。《电商数据采集与分析》《电子商务物流》《跨境电商实务》《国贸地理》《商品信息采集》《直播运营实务》6门课程已列入上海市中等职业学校在线开放课程2023学年第一学期开放名单。

学校构建专业数字化资源平台，包括丰富专业课程、实训课程案例、精品课程等资源。同时，与步惊云软件公司联合开发国际贸易教学系列软件平台，融合了之前的实训软件和新开发的报关报检实训软件。除此之外，添加了学校教师自己开发的校本电子教材，重新整合了国际商务专业，特别是国际贸易业务流程课程的教学资源。

（五）课堂教学：任务引领，全面深化改革

教育质量的关键是课堂教学质量。教师要通过教学活动将课程转化为学生可以接受的内容，一方面教师的水平影响着课程教学质量，与此同时，教师的水平又能通过课程建设和教学活动得到提升。

1. 以赛促教，互学共竞

振华职校每年定期开展“振鹭杯”青年教师课堂教学能力比赛，助力青年教师“站稳”讲台。学校充分利用区域教育优质资源，聘请市、区教研员走进课堂，全面实施“教师教学能力提升计划”。通过专家随堂听课、点评交流、专题讲座，提升教师钻研教材、组织教学活动等教育教学能力。通过校级公开课研讨，近百人次参加听评课集体教研活动，此项工作从青年教师向全体教师拓展、从集中性向经常性延伸，形成了教师教研活动常态化机制。

学校教师团队积极参加中等职业学校教师教学能力比赛，屡获佳绩。跨境电子商务专业团队作品《宁航蜡染非遗品牌速卖通平台运营》获得上海市专业技能课程组特等奖，荣获全国职业院校技能大赛教学能力比赛二等奖，如图3所示。旅游服务专业团队作品《国内定制旅游产品计调——以沪滇两地为例》获得上海市专业技能课程组一等奖。2023年，思政课程教学团队作品《认识自我　健康成长，立足专业　谋划发展》荣获上海市思政课程组二等奖。

学校教师团队教学能力比赛中整体突破性成绩的获得，源自学校多年来“名师引领、组团式研训、打造核心教学团队”的溢出效应。本次参赛备赛的三支队伍，分别由上海市名师工作室主持人金莉萍、冯国群以及校班主任工作室主持人蒋文娟老师领衔并直接参与，打破专业、校区界限，不同年龄段骨干组队参与，所有教研组成员作为后援团，这种无边界核心教学团队的培养，既是学校名师溢出效应的自然呈现，也为学校一校多区校本研修的后续探索提供了成功范式。

图3

2. 课程思政，有效融合

课堂教学是青年教师专业发展的主阵地，必须在“教法”改革过程中加强学习，积极实践，注重思政和信息技术两大课改热点，贯彻落实“做中教，做中学”的教学指导思想，突出职业教育特色。前期，学校将通过参加市教委组织的思政教学设计大赛，搭建一个课程思政教学设计的交流、分享、学习平台。下一步，学校将通过各学科组和专业科，加强教师共同体互助协同，共享资源平台，共研共进共成长。学校将着力推动教师承担起课程思政的主体责任，做好课程育人教学设计、创新教育教学方式方法，深入挖掘梳理各类课程和教学方式中蕴含的思政元素，丰富课程的德育内涵，发挥各门课程的育人功能，把思想政治教育贯穿中等职业教育人才培养的全过程，增进学生的理解和认同。通过市教研室“匠心匠艺”课堂行动研究《中等职业学校课堂教学深度设计范型的构建与实践》，振华职校探索以德育技、以技修德，提升教师教学能力，打造高质量课堂，该研究被评为优秀项目。

同时，良好的信息技术素养及应用水平，使振华职校教师在信息化时代，能更好地适应“互联网+教学”的模式，能充分运用在线资源创设教学情境、解决教学难点、搭建演练平台、检测教学效果。学校利用信息技术，建设语数外基础学科校本数字资源建设与应用项目，提高教学有效性。

三、办学成效：打造引领区域职业教育高质量发展新标杆

（一）学校建设：德技融合，文化引领

“德技并重·上进达人”是学校的办学理念。“德技并重　上进达人”源自《论

语·宪问》中“君子上达”。“上达”原指君子修养德性、务求通达于仁义，所以在此基础上提出了“上进达人”。“上进”指人要有上进心、天天有进步；“达人”指通达事理、明德辨义、专业精通、出类拔萃。“德”，强调个人修养德性，爱国敬业、诚信友善是基本要求；“技”，包括专业技能与职业素养，“清晰的思维、专精的技能、健康的身心、适当的行为”是其素质要素。“德技并重、上进达人”是“振华人”共同的追求。

学校坚持文化引领，构建“以德育技、以技修德”育人模式，探索课堂教学设计中德融于技的方法和路径。以上海市教育科学研究项目《中等职业学校德技融合育人模式研究与实践》为引领，全面开展校园文化建设、专业建设、课程建设、教学实施、制度改革等，切实提高学校教育质量。最终形成了德技并重精神文化、润物无声物质文化、达人风采活动文化、多元统一制度文化“四位一体”的校园文化体系。整体呈现一片和谐向上的良好氛围。

振华职校将建成怎样的一所中职校？校领导曾解读说：“我理想中的中职校，有先进优越的校园设施，真实创新的学习环境，丰富多彩的课程活动，深度融合的校企合作，开放灵活的升学通道。希望学生通过三年的努力，能够就业有优势、升学有台阶、创业有能力、终身学习有基础，成为一名现代‘达人’，以一技之长成就人生价值、创造美好前程。”

（二）专业发展：产教融合，多点渗透

1. 动态调整，优化专业布局

多年来，学校时刻紧跟行业发展、对标产业变量，准确把握经济社会发展需求，动态优化调整专业。国际商务、电子商务、跨境电商三个专业一脉相承，是学校30年专业发展的见证，也是行业发展的映照。2022年，顺应浦东经济社会发展要求，新增计算机网络技术（人工智能方向）专业。学校与上海第二工业大学合作积极培育复合型应用型智能财税人才，新增税收学中本贯通专业，贯通生源质量明显提升。现有中本贯通专业2个，中高贯通专业4个，贯通专业学生占比21.47%。

2. 多点渗透，融合企业文化

在浦东新区政府和教育局的大力支持下，引领区域职业教育整体发展。与华为、中国商飞、上海波音航空、浦东融媒体中心等企业，全面达成校企合作战略框架协议，共筹专业建设。学校层面，依托浦东新区政府和行业协会，积极开拓校企合作资源，签约合作项目，形成产教融合育人平台；专业层面，通过实训室建设、教师培养、学生实习、教材开发、教学比赛、学生竞赛，形成多样化校企协同育人路径；德育层面，班级文化融入企业文化，增加企业专项社团。产教融合，多点渗

透，今天的振华职校逐步形成了“振华师生进企业、企业专家驻学校”的双向奔赴，实现校企合作共赢，提高育人质量。

（三）师资队伍：砥志研思，迭代成长

振华职校通过不断培养和引进，拥有了一批在教学与科研方面能起带头作用的市级学科带头人、技术带头人和市优秀中青年骨干教师。学校现有专任教师165人，其中专业教师72人，占比43.6%，其中，双师型教师44人，占比61.1%，有正高级教师2人，市名师培育工作室主持人2人，区级学科带头人和骨干教师共14人。同时学校还特聘行业企业兼职教师14人，这些都为学校的进一步发展奠定了坚实基础。

雄厚的师资，多年的积累与沉淀，使得今天的振华职校有了在国内外合作办学中进行广泛交流、深度合作的底气和实力。创新教师培养培训机制，打造“有追求、善学习、能合作”的高素质教师队伍。过去的一年，“现代商贸教师教学创新团队”获评首批上海市中等职业教育市级教师教学创新团队，《跨境电商实务》入选市课程思政示范课程，其教学团队荣获课程思政示范团队。跨境电商、旅游服务和思政课程三个教师团队分获上海市职业教师教学能力大赛特等奖、一等奖和二等奖，跨境电商团队荣获全国教学能力大赛二等奖。2022年，课题研究7项，论文发表和获奖22项，市级以上获奖33人次。董永华校长受邀参加世界职业技术教育发展大会，并在平行论坛“面向未来的职业教育课程改革”上做专题发言。

（四）学生发展：德技并重，上进达人

振华职校紧密结合上海市浦东新区经济发展的多层次需求，主动适应社会经济结构调整、行业技术升级、岗位细分等市场多样化需求，提出“细化专业、贯通培养、国际视野”的专业建设思路，适应学生个性化发展、使学生未来发展“越走越宽”，逐步形成“路路通”专业人才培养路径。围绕学生个性需求与职业生涯规划，创建优质化教育模式和教育环境，使每位学生都有人生出彩的机会，图4为跨境电子商务专业课堂。

长期以来，学校“德技并重　上进达人”的办学理念指引着无数振华学子成长、成才、成功的职场人生路。从振华职校走出了一批德尚艺高的工匠，他们得益于学校的培养，在祖国的建设岗位上一展才华，成就了平凡而绚丽的人生，成为现代“达人”：刘慧，2014级电子商务专业毕业生，上海电信员工，在平凡工作中获得“八星客服代表”的殊荣；丁佳，2011届美容美发专业毕业生，全国职业院校技能大赛金牌获得者，并创立自己的品牌形象，致力于打造完美女性；韩诗影，2006级报关专业学生，曾担任学生会主席，现就职于陆家嘴人才金港，成为金港两

项重点项目的主要负责人，对接区域内上百家金融机构的HR及企业高管；陈哲敏，1996级外贸专业学生，现任上海联合麦通外包客服中心创始人兼CEO。

图4

学校致力于培养学生“清晰的思维、专精的技能、健康的身心、适当的行为”，提升学生综合素养。2022年，学生技能类比赛获奖20项，综合类比赛获奖24项，提升了学生的荣誉感和自豪感。学业水平考试合格率保持95%以上。学生直接就业率为31.4%，升学率63.38%，实现了学生就业有能力、升学有潜力、终身发展有毅力，图5为学生荣获上海市中职学生创新创业大赛金奖第一名。

图5

（五）示范辐射：服务区域，对口帮扶

振华职校在促进重点专业与产业合作的同时，还开展了订单培养、双证融通、1+X证书等试点，并牵头组建了全国电商专业联盟、长三角国商专业联盟，为校企合作搭建了更广阔的平台。

学校以专业建设联盟为平台，进一步加强省际职业教育交流合作。与浙江青田职业技术学校在教育教学、科研创新、人才培养、联合办学等方面深入开展合作交流，推进长三角示范区职业教育协同发展。学校积极落实上海市和浦东新区协作发展政策，作为浦东职业教育集团对接云南省怒江州职教中心和兰坪县中等职业技术学校的牵头单位，通过互派教师交流、送教上门、企业实践，帮扶西部学校共同发展，如图6所示。振华职校多渠道协调优质教育资源，以深入开展校际交流的方式，持续完善帮扶机制、不断深化共建活动，助推对口帮扶学校教育教学质量提升。

图6

学校优质职教资源的辐射溢出效应正持续显现。2023年，学校牵头搭建浦东教育集团第六届中等职业学校学生技能大赛平台，比赛共有来自上海市15所中等职业技术学校的171名学生参加，包括区内11所，中等职业技术学校以及青田职业技术学校、兰坪县中等职业技术学校、怒江州民族中等专业学校、桑植县中等职业技术学校4所外省市中等职业技术学校。大赛有力地推动了服务对口支援与东西协作，深化长三角职业教育一体化战略，推动区域协同发展。学校援滇教师冯国群，作为云南怒江兰坪文旅局特聘团队成员，领衔定制了罗古箐旅游开发方案，正揭开藏在深山古村落的神秘面纱，在不久的将来，有望成为兰坪连接外部世界的经典旅游线路，为怒江振兴乡村经济和文化提供了一份独特的智力支持。图7为第六届浦东职业技能大赛、振华职校大数据中心和赛场连线的实况。

图7

面向未来，振华职校会继续从时代需求着眼，瞄准发展方向，以国之大任为使命，以经济发展为脉络，以区域职教为担当，以优质的职业教育建树国家发展，以高端的办学水平贡献现代工匠。

执笔人：郭雪利

聚力创新　聚焦质量　为中国特色现代职业教育发展贡献“无锡职教方案”

无锡职业技术学院

无锡是吴文化发源地、中华民族工商业发祥地、乡镇企业“苏南模式”发轫地，国家历史文化名城，是太湖浩渺烟波孕育出的一颗璀璨明珠。

无锡职业技术学院沐浴着“尚德务实、和谐奋进”的无锡城市精神，在长期办学实践中，坚持“学生家园、企业伙伴”办学理念、“严谨治学、崇尚实践”的校训精神，秉承“为党育人、为国育才”的初心使命和“质量立校、人才强校、特色名校、开放兴校、文化厚校”的发展战略，以增强服务国家发展战略和区域经济社会发展能力为导向，以深化产教融合、校企合作为主线，全面推进学校治理体系和治理能力现代化，以“无锡职院方案”的成功实践，打造中国特色职业教育高质量发展样板。

一、办学定位：全面建成全国领军、国际知名智能制造特色学校

学校坚持党的全面领导，全面贯彻党的教育方针，落实立德树人根本任务，促进教育公平。坚定职业教育定位、属性和特色，彰显“注重技术学科、突出职业教育类型、强化实践应用”的人才培养特色，坚持产教融合、校企合作人才培养模

式，培养德智体美劳全面发展、服务国家和区域经济社会发展需要的高层次技术技能人才。

学校主动策应制造业走向全球产业中高端的发展需求，聚力创新、聚焦质量，全面深化改革，推进内涵建设，提升办学水平，图1为2019年学校中国特色高水平高职学校建设全面启动。计划到2025年，数控技术、物联网应用技术专业群在智能制造领域内建成全国标杆，学校建成领军全国、国际知名的智能制造特色校，学校成为高端人才“蓄水池”、智能制造“大国工匠”的摇篮，为中国特色职业教育发展模式贡献“无锡职院方案”。力争到2035年，学校和专业群的办学水平、服务能力达到国际先进水平，“无锡职院方案”在国际上产生重要影响。

图1

二、发展历程：自力更生求突破，改革创新促跨越

办学64年来，学校扎根机械行业核心产业，致力于服务装备制造业，秉持无锡精益求精的工商精神，敢为人先干实业，从20世纪80年代初，学校购买第一台数控机床开始，一直引领装备制造业高等职业教育发展，一台数控机床，办成了一个国家重点专业，培养了一支国家级教学团队。64年来，学校敢想敢试，始终与国家发展和民族振兴同向同行，始终与机械行业发展同频共振，伴随着国家装备制造业发展从无到有，从小到大，从弱到强，学校的发展也从开办之初的国家农业机械部农业机械学校，到两次评为国家重点中专校，再到入选首批国家示范校和国家“双高”校（A档），学校每20年发展都能紧跟装备制造业发展步伐，主动转型，如今学校在国家级教学团队、国家级智能制造类实训基地、国家级教学成果一等奖等13

个项目全国第一或全国领先，实现了从机电类专业“单打冠军”到全国智能制造特色校的转型升级，正向着中国特色、世界水平的无锡职业技术大学奋勇前进。

（一）自力更生、不辱使命，为农业机械化贡献职教力量（1959—1979年）

为了贯彻以农业为基础、以工业为主导的国民经济发展总方针，培养机械工程技术人才以适应全国农业机械化形势，1959年农业机械部成立后，决定在我国北、中、南部分别建设三所部属农业机械中等专业学校。农业机械部将南部的校址定在无锡，定名为“无锡农业机械制造学校”，直属农业机械部领导。农业机械部从各大高校选派毕业生来校任教，另一部分师资则来自部队转业干部和复员军人。创业领导者从部队带来了纪律严明、吃苦耐劳的作风，毕业于清华大学、北京大学、华东师范大学、西安交通大学、吉林工业大学、东南大学的教师队伍功底扎实，无锡“经世致用”的教育传统，铸就了无锡职业技术学院艰苦奋斗、严谨务实、锐意进取的创业精神。学校从筹建开始就体现了职业教育注重理论与实践相结合的办学特色，提出以半工半读形式落实教学与生产相结合的教育方针，促进理论与实践相结合，把“生产劳动”列入正式课程，“半工半读”的办学方式，成为职业教育理论与实践相结合的最早启蒙。为解决生产、实训设备不足的问题，学校自制大型龙门刨床等装备，解决了大型农机具加工难题，为新中国农机行业培养了一批批“肯干能干”、农业机械制造基础技术突出、实际操作能力超群、“即使给两个大学生都不换”的技术能手。

（二）敢为人先、与时偕行，积蓄助力改革开放正能量（1979—1999年）

1978年，党的十一届三中全会胜利召开，国家开启以经济建设为中心的历史性变革。1985年，《中共中央关于教育体制改革的决定》提出“逐步建立起一个从初级到高级、行业配套、结构合理又能与普通教育相互沟通的职业技术教育体系。”职业技术教育的发展思路和体系建设的蓝图逐步清晰。但发展过程中如何体现教育的生产性，把教育与经济发展有机联系起来，如何解决改革大潮中，企业对中高级技术技能型人才的迫切需求等问题相继出现，在实践中并没有明确的路子可以走。

无锡职业技术学院发扬艰苦创业、严谨务实的传统，高度重视职业教育实践创新和改革探索，学校深化课程结构、教学内容、教学模式改革，突出实践教学，构建了“一条主线，三个层面”的实践教学体系，创建了国内最早的“理论、实践一体化”教学模式，提出了“双师、双纲、双向”育人模式，有效提高了学生综合能力，培养学生更贴近市场需求。凭借严谨的教学管理和较高的办学水平，在职教界和行业内树立起良好口碑。1988年，学校争取到世界银行贷款购置了当时国内最先进的XK5032数控铣床等设备，极大改善了实训条件，率先培养了一批掌握数控技术的双师型教师。学校教师通过将普通机床改装成四轴数控机床，如图2所示，掌握了先进的制造工艺技术，实现了每名学生具有中专毕业证书和操作证书的“双证书”，学校成为服务苏南乡镇企业数字化转型发展的先行者，两次被评为国家重点中专校。

图2

学校积极探索中等职业教育改革的新举措、新路径，从1985年起，与常州职工师范学院合作试办了职业技术师范专科，1994年，全国教育会议精神提出了要办五年制高职，但“如何办高职”还不明确。学校主动研究高职的内涵、理念、定位，开展课题研究、企业调研，主动向国家教委、省教育厅提出了开办“五年制高职”的思路和方案，获得了高度赞赏和认同，当年获批试办五年制高职，成为全国试办高等职业技术教育的10所中专校之一。学校还被推选为江苏省和全国五年制高职教育协作委员会主任委员和副会长单位。

（三）开拓创新、引领改革，汇聚服务高质量发展动力源（1999年至今）

1999年，《中共中央国务院关于深化教育改革全面推进素质教育的决定》首次明确提出：“要大力发展高等职业教育”。职业教育在社会主义市场经济和社会进步中的战略地位被进一步确立。广大群众普遍渴望子女都能受到高等教育，加上社会对高层次技术人才的需求和企业用人的高需求，发展高等职业教育势在必行。

学校抢抓机遇，厚植高等职业教育先发优势，1999年，成为首批由教育部批准的高等职业技术学院，学校高质量发展驶入快车道。2006年在教育部开展高职高专人才培养工作水平评估中，以“九个一流”的办学成绩获评优秀等级，同年成为首批28所国家示范性高等职业院校立项建设单位，2009年以优异成绩通过验收。2012年学校获评首批高等职业本科教育试点学校，继续担当职业教育改革先行者。2018年入选江苏省卓越高等职业院校建设单位，2019年入选国家“双高”校A档建设院校，2023年在高职高专院校综合竞争力排行榜位列全国第2。

1999年，学校升高等职业院校之后，自主研制产教结合型柔性生产线（FMS），填补了国内空白，自动引导等核心技术反哺教学，学生参加CCTV机器人大赛，与985、211高校选手同台竞技，2007年获全国季军。2012年，学校聚焦智能制造全生命周期关键技术，建成智能制造工程中心，开创一条促进“产学研用”融通的新路径；2016年，学校开始探索构建契合区域产业发展的“技术引领、并跑产业”产教融合集成大平台，入选国家发展和改革委员会“十三五”产教融合发展工程规划项目；2022年“苏锡常都市圈工业物联网公共实训基地”项目入选国家“十四五”教育强国工程。

志行万里者，不中道而辍足。面向新时代，学校将充分发挥技术引领示范作用，深化内涵建设，全面建设领军全国、国际知名的智能制造特色“双高”校，为中国特色现代职业教育体系建设贡献力量。

三、办学特色：构建六个模式，贡献中国特色职业教育的“无锡职院方案”

党的二十大报告强调，“统筹职业教育、高等教育、继续教育协同创新，推进职普融通、产教融合、科教融汇，优化职业教育类型定位。”学校牢牢把握职业教育类型定位的要求，遵循职业教育发展规律和技术技能人才成长规律，主动策应制造业走向全球产业中高端的发展需求，着力打造技术技能人才培养高地和技术技能创新服务平台。在国家“双高”校建设过程中，逐步探索创建了“三集统筹、双标同步”专业集群建设模式、“双主体两融合多通道”人才培养模式、“双师四能”师资队伍建设模式、“技术引领，并跑产业”技术创新和技能积累模式、“引进·创生·输出”国际合作模式、“五全”智慧校园建设模式等，初步形成了中国特色职业教育发展模式的“无锡职院方案”。

（一）助力产业升级，打造“三集统筹、双标同步”专业集群建设模式

聚焦国家战略、地方经济发展转型、产业结构调整需求，加强专业协同和跨界整合，服务智能制造系统和产业链的智能设备、智能工厂、智能使能等关键技术领域，系统构建了数控技术、物联网应用技术等7个专业群组成的智能制造专业集群，实现了专业集群、资源集成和管理集约。完善优质教学资源的转化机制，以主持专

业标准、技术标准研制促进学校专业教学标准优化，引领课程标准开发。整合优化集群公共基础课程组，开发“人工智能”“精益生产”等105门集群技术拓展课程，“数控编程”“工业互联网”等78门集群证书接口课程，与行业企业共同迭代开发学校1 615门课程标准，打通群内课程互选通道，重构“基础通用、平台共享、核心聚焦、方向定岗”的课程体系。近三年，优化集群内9个技术标准、35个专业标准、77个职业培训标准，实现智能制造国家技术标准开发与专业教学标准优化“双标同步”，图3为智能制造国家标准试验验证平台。

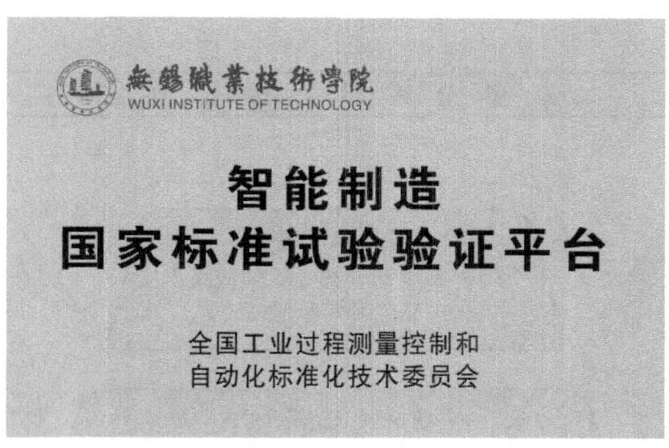

图3

（二）实施“三金”工程，打造“双主体两融合多通道”人才培养模式

面对智能制造时代“个性化、小批量”岗位变迁及多元需求的新变化，针对生源类型差异化、人才需求多样化的新变化，学校创新了“双主体两融合多通道”的人才培养模式，与世界500强企业和国内领军企业共建产业学院，校企双元育人，促进产教联动、供需对接，不断优化双创教育体系，搭建双创平台、深化产创融合，努力培养大批创新创业人才，推进拔尖创新创业人才培养，推进“岗课赛证研”融通育人，稳步推进1+X证书制度试点。全面运行基于个性化教育的“学分银行”管理系统，逐步建立统一的学生学习成果档案，服务全体学生多元成长成才。推进“智造特色”“三教”改革，实施深度学习导向的“金课堂”，建成一批高质量、广应用的智能制造专业群核心“金课程（资源）”，培育以“金种子”教师为核心的高水平、结构化的教师教学创新团队，如图4所示为“双主体两融合多通道”人才培养模式。

全力打造“金种子”教学创新团队。通过完善共引共享共管机制，抓好带头人技能提升，探索分工协作的模块化教学模式。新增2个国家级教师教学创新团队，“数控编程及零件加工”课程获批全国课程思政示范课程，国家级教学团队数量达到6个。全面实施学生主体成果导向的“金课堂”。基于“深度理解”的教法改革实践，形成点上引领、面上推广的教法改革成果。入选国家级精品课程13门，国家精品资源共享课程13门，国家在线精品课程6门；近三年，学生获全国职业院校技能大赛、全国大学生互联网+创新创业大赛等奖项114项，其中特等奖及一等奖28项。系统开发智能制造特色“金资源”。以智慧校园为支撑，实施全课程信息化，建设高质量、广应用的智能制造专业集群核心“金资源”。年均开发智能制造特色资源9 500件，累计优化模块化课程5 130门；申获国家职业教育示范性虚拟仿真实训基地；入选国家规划教材58部，获全国优秀教材特等奖1项，如图5所示，国家级教学成果奖7项。

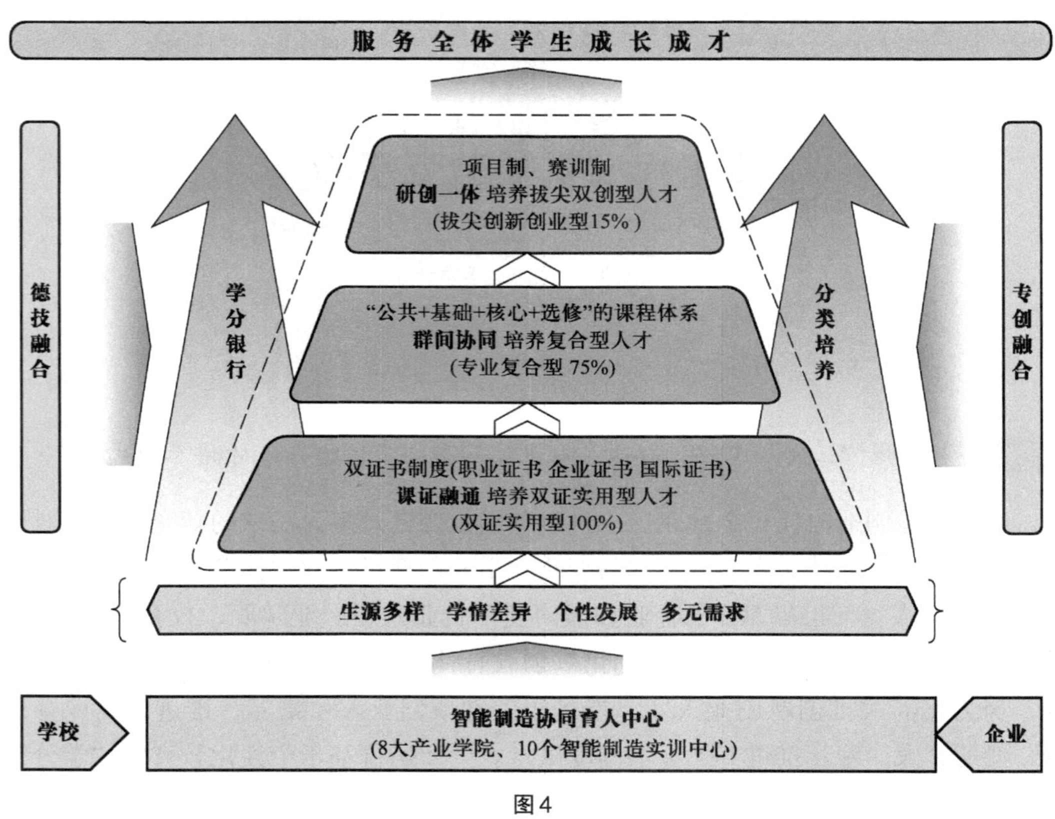

图4

（三）聚焦教师发展，打造“双师四能”师资队伍建设模式

创新人事制度综合改革，建立健全教师服务体系。服务激励与考核约束并重，完善“规划标准、运行管理、约束激励、研究实践”四类教师管理服务制度。构建以教师发展学院建设为主体、以教师培养培训制度体系和立体化培训项目建设为两翼、以信息化平台为支撑的双师四能型教师培养新范式。

图5

坚持培引结合，以培为主，建设双师四能型教师队伍。聚焦教师教育教学、技术研发应用、国际化和资源整合等能力发展，依据新教师、骨干教师、专业带头人、技术技能教师、企业兼职教师等不同类型和不同职业发展阶段的能力需求，实施精准培训，建设“国培、省培、校培、企业培训”为主体的分层分类培养体系。借助信息化平台，形成以师德师风、教育教学、教学研究、科研服务、专业实践为一体的五维度大数据教师画像系统，持续激发教师发展内生动力。目前，学校建成国家级机械设计制造类双师型教师培养培训基地1个，如图6所示，入选2个国家级职业教育教师教学创新团队，智能制造技术领域国家教学名师2人。

图6

（四）坚持技术引领，打造“技术引领、并跑产业”技术技能积累模式

围绕江苏省和无锡市重点发展的物联网、高端装备等产业集群，以服务区域产业转型发展为导向，主动在科学技术应用链上寻找位置，形成服务企业生产与服务“端到端”全智能化升级能力。

适应产业转型升级，打造智能制造产教融合集成平台。主动策应制造业走向全球产业中高端的发展需求，聚力创新、聚焦质量，政行企校协同，打造集“人才培养、生产示范、技术服务、文化融合、国际交流”五位一体的智能制造产教融合集成平台——智能制造工程中心2.0，如图7所示，实现了从平台共建到资源共享再到命运共通。

图7

深化产教融合校企合作，建设中小企业智能化改造和数字化转型服务中心。为进一步加强政行企校的伙伴式关系，学校建立了与产业界深度联动机制，坚持科研服务下沉街道、乡镇级科技园区，打造产学研用协同创新共同体，实现社会服务能力的多维提升。

（五）提升国际化水平，完善“引进·创生·输出”国际合作模式

学校广泛开展国际交流与合作，注重提高合作层次和水平，高水平举办非独立法人中外合作办学机构——爱尔兰学院，服务“一带一路”倡议和国际产能合作，建成5个海外人才培养基地及汉语中心，如图8所示。开发了4个机械行业服务“一带一路”职业技能标准和4个机械行业国际通用职业资格标准，面向“一带一路”国家推广。打造了“留学锡职”精品工程、国家级跨境培训项目，招收了来自57个国家的1 130名留学生，开展了18个专业全日制培养和专项技术培训。

图8

创建了“引进·创生·输出”国际合作国际化教育模式，即引进国际优质教育资源、创生无锡职业技术学院特色智能制造类专业标准及教学资源、服务智能制造企业海外人才培训，推进高等职业教育输出，相关成果获江苏省教学成果奖。学校入选世界职业院校与技术大学联盟（WFCP）2020年度卓越奖“应用研究与创新”类金奖、教育部中德职业教育汽车机电合作项目（SGAVE）示范中心、教育部中国—南非职业教育技术技能人才培养计划等7个国家级项目。

（六）推动数字化升级，打造“五全智慧校园”治理能力提升模式

全面推进“五全智慧校园”建设。运用新一代信息技术，建设“五全”（全业务上网、全数据交互、全方位决策支持、全系统安全、全师生覆盖）智慧校园，获评全国数字校园样板校、教育部第一批职业院校数字校园试点校、江苏省智慧校园示范校等称号。

打造智慧校园助力“三教”改革。搭建基于私有云的数字化学习中心，以两个国家级资源库建设为龙头，带动全课程信息化建设，支持线上线下混合教学，探索基于深度理解的项目化教学改革。探索职业教育领域的元宇宙，不断丰富数字化资源，尤其是虚拟仿真资源，为学生的自主、泛在学习提供数字化资源支持。建成全量数据中心，建设数据分析平台，建构“一网通办”体系，梳理170个流程，集成50多个应用系统，实现教学、学习、管理、生活全覆盖，实现教学质量实时监控和预警，为师生提供全方位的数字画像服务，为管理部门提供决策支持，助推学校治理能力和治理水平不断提升。

四、办学成效：服务国家战略，彰显职教担当

惟改革者进，惟创新者强，惟改革创新者胜。无锡职业技术学院64年砥砺奋

进、勇毅前行，始终秉承机械文化，弘扬机械精神，怀揣对教育的炽热情怀和对技术技能型人才培养的不懈坚守，艰苦创业，奋发进取。始终与国家发展和民族振兴同向同行，始终坚持党的领导，坚持社会主义办学方向，紧紧围绕立德树人这一根本任务，凝心聚力，攻坚克难，开拓创新，学校的办学实力和核心竞争力显著增强，人才培养质量不断提升，科学研究成果日趋丰硕，社会服务贡献度持续提高，文化传承创新扎实推进，国际交流合作逐步拓展。

（一）增强适应性，引领职业教育改革发展

学校坚持研究先行、实干创新的传统，率先探索了现代职业教育体系，建立了“4+0”“0+2”“3+2”“3+3”等现代职业教育体系项目，彰显了职业教育类型特征，实践了纵向贯通横向融通的现代职业教育体系。自2012年开始，连续培养6届本科毕业生，共计1 261人。高等职业本科生顺利毕业，理论水平高，实操能力强，受到用人单位一致好评。“无锡职院方案”六大模式的成效在实践中得到检验。“三集统筹、双标同步”专业群建设模式实现行业引领，数控技术、物联网应用技术2个“双高”专业群均位列2021年中国高职高专院校竞争力核心专业排行榜第一名。“双主体两融合多通道”人才培养模式服务学生多元成长成才成为典范，相关成果获省级以上教学成果奖6项。“智造特色”双师四能型教师培养范式全国知名，形成“智造特色”双师认定、培训、管理评价制度体系，获全国双师队伍建设典型案例。“技术引领、并跑产业”的产教深度融合模式成为全国典范，完成国家“预测性维护标准”验证平台建设，启动国家“设备运行维护管理”验证平台方案建设，主持或参与研发国家、行业及地方标准16项，年服务中小企业智能化改造200余家，师生专利拥有量全国高等职业院校第一。“引进·创生·输出”国际合作教育模式成为对外开放的典范，开发推广国际水平专业职业能力标准，服务国际产能合作，开展海外企业人才本土培训、汉语及师资培训102 716人·日。建成“五全智慧校园”，形成可借鉴可复制的高等职业院校治理经验和模式。构建内部质量保证体系3.0，成为第一家正式迎接复核的全国“诊改”试点高等职业院校，“质保体系护航学校高质量发展”案例在全国职业教育教学工作诊断与改进工作会议作典型经验交流，形成高等职业院校质量保证体系诊断与改进模式，成为全国样板，已在76所职业院校推广运用。

（二）服务国家战略，有力支撑江苏制造强省

学校扎根机械行业，服务制造强国战略，首家提出并实践了智能制造专业集群理念。专业集群涵盖全校近85%的专业，机电类专业被誉为全国高等职业“单打冠军”，数控技术专业群实现国家级教学质量工程的全部项目和高级别奖项“大满贯”，系列成果得到业内广泛认同。

学校发挥特色优势，聚焦地方需求，为服务地方经济社会发展提供有力支撑。依托“平台、项目、技术、资源”技术技能积累优势，聚集区域高校科技人才带成果、技术和团队“进园区、进街道、进企业”，深入实施政产学研“三进”工程；建设中小微企业技改中心，累计完成各类纵横向科研项目570余项，科研到账资金1.55亿元。政行企校四方积极探索“平台共建、资源共享、命运共通”的产教融合集成平台建设路径，合作共建国家“十三五”产教融合发展工程——无锡智能制造公共实训基地和国家“十四五”教育强国工程——苏锡常都市圈工业物联网公共实训基地，着力打造区域工匠培育中心、技术实训中心、师资培训中心、工程服务中心，为江苏省和无锡市提升产业硬实力、建设产业新高地、实现高质量发展提供有力支撑。

五、社会影响：凝练典型经验，示范辐射全国

学校高质量发展的经验和典型案例在《中国教育报》《光明日报》《江苏教育简报》、中国高职高专教育网等国家级和省级媒体宣传报道170余次，在国际、全国和行业性会议上做经验交流60多场。中央电视台《新闻联播》以《深化产教融合，职业教育为产业发展赋能》为题报道我国职业教育改革发展情况，介绍学校案例。中国教育电视台在职教频道专题栏目《梦开始的地方之双高100》播出《走进无锡职业技术学院》，重点推介学校建设智能制造特色校典型案例。学校以精准帮扶和服务“一带一路”倡议为主题的工作经验作为全国唯一入选第七届“黄炎培职业教育奖”杰出贡献奖的高等职业院校。

志不求易者成，事不避难者进。学校将始终坚持以习近平新时代中国特色社会主义思想为指导，以智能制造专业集群为特色，全面建成领军全国、国际知名的智能制造特色“双高”校，为正迈向世界舞台中央的中国高等职业教育贡献中国特色的“无锡职院方案”。

执笔人：程继明

紧跟国家职教改革步伐　示范引领职业本科教育发展

南京工业职业技术大学

南京工业职业技术大学以习近平新时代中国特色社会主义思想为指导，全面贯彻党的教育方针，落实立德树人根本任务，传承弘扬黄炎培职业教育思想，百余年来始终坚持职业教育办学定位，坚持扎根装备制造产业，为区域经济社会发展培养了十万余名技术技能人才。近年来，学校抢抓国家加快发展职业教育的机遇，按照教育部“示范开展职业本科教育试点”、江苏省委省政府“办出特色、办出水平”的指示批示要求，成为全国首家开展职业本科教育试点的公办学校，积极创新高层次技术技能人才培养模式，主动探索职业本科教育新路径，为“稳步发展职业本科教育”树立了标杆。

一、办学定位

学校坚持为党育人、为国育才，传承与创新技术技能，践行与弘扬工匠精神，服务与支撑制造产业，培养大批技术技能人才、能工巧匠、未来大国工匠和技术引领者，示范开展职业本科教育试点，为中国本科职业教育标准制订提供范例，引领带动现代职业教育体系建设，促进重大技术创新和关键应用技术突破并转化为生产力，推动区域产业发展、国家繁荣富强和人类文明进步。学校明确“专业建设为龙头、人才培养为核心、师资队伍为关键，校企协同育人为抓手”的发展思路，对接产业发展灵活设置专业，推进培养定位向创新型技术技能人才转变提升、培养模式向校企融合型转变提升、师资队伍向专家型双师转变提升、服务能力向引领型转变提升，推动办学提质升级。

学校坚持以习近平新时代中国特色社会主义思想为指导，深入贯彻党的二十大精神，落实新发展理念，贯彻党的教育方针，坚持社会主义办学方向，深入领会全国教育大会、全国职业教育大会精神，按照江苏省第十四次党代会部署要求，落实立德树人根本任务，贯彻深化教育评价改革决策部署，坚持以人为本、成果导向，深化产教融合、校企合作、工学结合，坚定扎根职业教育，服务“一带一路”“长江经济带发展”“长三角区域一体化发展”和江苏省“一中心一基地一枢纽”建设，以统筹协调发展为主题，以全面推进职业本科教育试点为主线，以深化改革创新为动力，力争在学校治理体系与能力、办学模式、人才培养模式、综合保障体系等方面取得重大突破，为学校率先、示范发展打下坚实的基础，勇担在职教战线“争当表率、争做示范、走在前列”的光荣使命，为奋力谱写“强富美高”新江苏现代化建设新篇章提供高层次技术技能人才支撑。

二、发展历程

南京工业职业技术大学是一所历史悠久、底蕴厚重的百年名校。前身是我国近现代民主革命家、社会活动家、教育家黄炎培先生于1918年创建的我国第一所以“职业”冠名的学校——中华职业学校。1952年，黄炎培出任政务院副总理兼首任轻工业部部长，将学校交由轻工业部管理；1954年，更名为上海机械学校；1960年，整体搬迁至南京，更名为轻工业部南京机电学校；1998年，由轻工业部划归江苏省管理；1999年，升格为高等职业院校，更名为南京工业职业技术学院；2019年，升格为职业本科学校，暂定名为南京工业职业技术学院（本科）；2020年6月，经教育部批准更名为南京工业职业技术大学。

1. 百年坚守职教，铸就深厚文化底蕴

在一个多世纪的办学历程中，学校始终传承弘扬创始人黄炎培先生的职业教育思想，坚持“使无业者有业，使有业者乐业”的教育理想，扎根中国大地办好职业教育，聚焦制造产业建设特色专业，围绕区域需求提升服务能力，秉承“敬业乐群”的校训精神（图1），坚守“以例示人”的责任担当，确立了“手脑并用、双手万能”的育人理念，“产教融合、工学结合、做学合一”的培养路径，“理必求真、事必求是、言必守信、行必踏实”的行为准则，“责在人先、利居众后”的做人品格，成为浸润人心、引领发展的独特文化标识。

图1

2. 廿年奋进高职，积累宝贵精神财富

1999年升格高职后，学校提出了“做大、做强、做优”的“三步走”发展战略，推进学校发展与经济社会发展和国家政策脉动的同向同行、同频共振。第一步，积极对接国家和地方政策建设仙林新校区，实现“千亩校园、万人规模”的“做大”目标；第二步，响应国家大力发展职业教育的政策，建成全国首批示范性高职院校，奠定了在全国的领先地位，实现了“做强”目标；第三步，把准国家推进职业教育内涵建设和创新发展的政策脉搏，专业资源建设全国领先、创新创业教育引领全国、国内国际影响力显著增强，成为全国唯一公办职业本科教育试点学校，实现了“做优”目标。20年跨越发展，形成了“敢为人先的首创精神、责先利后的奉献精神、敬业乐群的职业精神、追求卓越的奋斗精神”，为学校未来发展积累了宝贵的精神财富。

3. 升本提升蜕变，凝聚强大发展合力

在学校建校100周年的历史契机下，在“面向新百年、开启新征程，高水平建成‘国内一流、国际知名’应用技术型高职名校”（简称“两新一高”）的战略目标指引下，在全面总结办学规律和历史经验的基础上，坚持守正创新、增强基础实力、深化内涵建设、打造特色品牌，营造了风清气正、同心同德的良好发展生态，抓住国家大力发展职业教育的重大机遇，成为全国首个开展职业本科教育试点的公办学校，在新百年跨上了一个大台阶，为建设现代职业教育体系做出重要贡献。2022年，学校在升本后的第一次党代会（图2）上提出了“坚决扛起试点示范新使命，奋力谱写建设‘全国领军、世界一流’职业技术大学新篇章”的新“两新”目标，全体教职员工干事创业的凝聚力、向心力、战斗力显著增强，形成了推动学校发展的强大合力。

在105年的办学历史进程中，在黄炎培职业教育思想的影响和沁润下，无论是在中华人民共和国成立前还是成立后，无论是中职层次还是高职层次，一代又一代学子始终将国家兴亡、民族振兴作为奋斗目标，坚守职教救国、制造强国的远大梦想，为中国新民主主义革命、新中国建设、改革开放和中国特色社会主义新时代建设培养了一大批以张闻天、华罗庚、江竹筠、徐伯昕、朱森林、秦怡、顾心怿、王世绩、邬世昌等为代表的优秀人才，形成了独特的职教文化品质和宝贵的精神财富，成为学校不断实现跨越式发展的不竭动力。

图2

三、办学特色

1. 聚焦“两个高端”，打造高水平职业本科教育专业

职业教育的本质属性是紧密对接产业发展，职业院校只有在专业服务产业办学上有特色，才能办成高水平的职业教育。学校提出了聚焦“两个高端”设置本科专业的思路，对于传统专业，瞄准产业高端，推动专业向服务智能制造方向进行提升；对于新兴专业，瞄准高端产业，依托原有优势拓展新的方向。“两个高端”是学校优化专业布局的“两链”，贯穿其中的是“装备制造产业”这条主线。学校紧密对接装备制造设计、生产、管理和服务全产业链，组建了以通用装备技术、专用装备技术、工业信息技术为主干，以制造装备设计、管理服务、贸易流通为支撑的专业集群架构，建成了机械工程、控制工程、软件工程等9大主要专业群，专业群内部相互支撑、外部有效协同，全方位提升专业与产业链需求契合度，实现了“产业链—专业链—人才链—创新链”的互通衔接。试点以来，学校围绕国家和江苏

装备制造产业发展需求，改造升级和新设本科专业30个。为了更好推进试点建设，2022年上半年，学校实施“专业特区”项目，集中优势资源加快推进专业建设，以点带面协同推进职业本科试点，目前已遴选出8个“专业特区”项目。在“专业特区”中进一步组建“拔尖班”，采用特殊政策机制、培养模式、资源投入，打造培养一批卓越现场工程师，为创新高层次技术技能人才培养模式探路。

2. 坚持“五有三性”，构建职业本科特色人才培养模式

职业教育人才培养的逻辑起点不是学科导向，而是职业导向，是职业岗位或岗位群所需要的各项能力要求，更加强调解决实践问题的工程技术能力培养。职业本科教育培养的是能够解决一线复杂技术问题，并做技术改进的“现场工程师”。学校将职业本科教育人才培养导向，与黄炎培职业教育思想传承创新成果相结合，把“德智体美劳”“五育并举”育人要求落地落实，提出了“五有三性”培养定位，即培养具有“金的人格、铁的纪律、美的形象、强的技能、创的精神”特质和“复合性、精深性、创新性”特征的高层次技术技能人才。通过校企协同、做学合一、系统重构一体化培养模式，实现教学内容与高阶职业标准对接、教学过程与复杂工作流程对接、学历证书与中高级职业技能等级证书对接，使学生在精心设计的工作场景和劳动实践中增长才干、提升能力、赢得未来，培育有潜力成为“能工巧匠”“大国工匠”的卓越人才。

3. 推进“三师三化”，打造专家型“双师”师资队伍

职业本科教育教师队伍要在职业教育“双师型”教师的基础上，打造专家型“双师”队伍，特点是在职业素养上具有精益求精的工匠精神，在技术理论上具有研究能力和深厚积淀，在实践能力上具有运用工程方法解决一线复杂问题的能力。其具体表现为“明师德、善育人；讲理论、能科研；精教学、强技能；通市场、懂行业”。建设专家型“双师”队伍，首要是加强教师培训力度，实行企业实践、项目实践和全员轮训制度；其次要引入既具备深厚理论素养又具备优秀工程实践能力的人才；同时要不断扩大企业兼职教师队伍，形成校企混编教师团队。近年来，学校通过推进“三师三化”，即“专任教师、企业工程师、领军技能大师”三师融合；骨干教师“专家化”、博士教师“双师化”、专业教师“国际化”，组建了一支由教学名师、技术能手、技能大师、产业教授为引领，专业带头人和优秀青年博士为骨干，高水平专任教师与企业兼职教师为基础的混编师资队伍。其中，全国黄大年式教师团队等国家级教师团队4个；省级教学和科技创新团队27个，全国技术能手11人，“国家特殊人才支持计划”教学名师、享受国务院特殊津贴专家、省名师、省级“333工程”培养对象、青蓝工程培养对象、六大人才高峰培养对象、双创博士、紫金文化创意人才、社科优青、南京市劳模、南京市“五一劳动奖章”、南京市“十佳职教教师”等230余人。

4. 强化“四项支撑”，推进产教协同育人机制

校企合作、工学结合是职业教育人才培养模式改革的关键。本科阶段的校企合作，要向更有深度的校企融合型转变提升，即深化校企融合办学体制机制创新、深化校企融合培养机制创新、深化科研育人机制创新，打造校企深度融合平台，推动项目实践育人。职业本科教育应推动产教融合、校企合作“双主体”育人，统筹和发挥多方资源，强化构筑人才培养支撑服务载体。一是打造校企双元育人平台。打造南京工业职业技术大学北京精雕学院（图3）、华为5G+数字化人才培养基地、西门子智能制造中心、ABB智能技术工程中心等校企双元育人平台，其中“人工智能”和“工业互联网”产教融合平台获批国家发改委“十四五”教育强国推进工程项目。二是构建产教协同创新中心。聚焦应用技术领域，成立集技术创新、科技服务、成果转化、人才培养、技术技能积累等功能于一体的产业技术研究院5个，师生联合攻关企业技术难题500余项，年横向到账科研经费超3 500万元。三是创建对外开放基地。与教育部中外语言交流合作中心共建全国首家“中文+职业技能”国际推广基地，促进中文教学与职业教育“走出去”，开发首套“中文+职业技能+X证书”系列教材；成立首家职业教育孔子学院，培养既懂外语又懂专业的复合型技术技能人才；学校承担中赞职业技术学院机电学院的建设任务，制定的机电一体化专业标准获得赞比亚职业教育与培训管理局（TEVETA）批准成为赞比亚国家标准，成为我国首次开发的职业教育教学标准进入主权国家国民教育体系。四是铸就职教文化高地。传承创新黄炎培职业教育理念，厚植学生家国情怀、工匠精神，打造凸显职教特色的大学文化，建立了具有职业技术大学特色的文化标识系统，教师在《光明日报》《中国教育报》《中国职业技术教育》等报刊发表本科职教理论文章200余篇，出版多本专著，努力打造理论研究高地、文化宣传高地。

图3

5. 强化“贯通培养”，铸就本科就业“稳定器”

2022年6月10日，学校首届专科起点两年制903名本科生顺利毕业（图4），首

次毕业去向落实率达90.25%，远超全国本科院校平均水平。这些学生均来自江苏省内专科高职院校或五年制中职学校，通过参加2020年江苏高校“专转本”考试进入南京工业职业技术大学，其5年的高等教育阶段或中职及以后7年全程在职业教育体系内完成。根据生源学情，学校各专业持续强化培养方案、课程体系、课程内容与中职、专科高职的配套衔接，实现了学生实践技能接续培养和持续提升、技术理论补充和强化。在全国高校毕业生就业形势十分严峻的情况下，这批毕业生整体就业落实率、就业质量和企业满意度都达到了较高水平，产生了良好的示范效应。

图4

四、办学成效

1. 党的建设全面加强，学校事业发展开创新局面

发挥党委领导核心作用，带领全校教职员工抢抓机遇、奋发作为，全校上下形成了谋事干事的良好氛围。坚持党的全面领导，深入开展“不忘初心、牢记使命”主题教育和党史学习教育，用习近平新时代中国特色社会主义思想武装头脑、指导实践。全面深化党委意识形态工作责任制落实，牢牢掌握意识形态工作领导权。扎实推进第十轮巡视整改，按“三清单”要求对10个方面26个问题全面整改，做好“后半篇文章”。完成了五轮校内政治巡察，推动巡察整改落地见效。强化内部审计监督，完善内部控制体系，一以贯之推进作风建设。加强党委班子自身建设，学校领导班子连续三年获考核优秀等次。不断优化基层党组织建设，入选首批全省党建工作示范高校、首批全省党建工作标杆院系2个、全国党建工作样板支部3个、全国高校“双带头人”教师党支部书记工作室1个。加强党委对安全稳定和疫情防控工作领导，筑牢校园疫情防控和师生健康防线，切实维护校园安全稳定，获评全省

抗击新冠肺炎疫情先进集体。传承发展职业教育特色的大学文化，获评江苏省文明校园，连续2次入选创建全国文明校园先进学校。学校连续四年获省地方普通高校综合考核第一等次（图5），其中党建考核连续四年位列同类院校第一。

图5

2. 优势专业全面提档升级，办学综合实力实现新突破

聚焦“两个高端”，打造高水平职业本科教育专业。对于传统专业，瞄准产业高端，推动专业向服务智能制造方向进行提升；对于新兴专业，瞄准高端产业，依托原有优势拓展新的方向。“两个高端”是学校优化专业布局的“两链”，贯穿其中的是“装备制造产业”这条主线。学校紧密对接装备制造设计、生产、管理和服务全产业链，组建了以通用装备技术、专用装备技术、工业信息技术为主干，以制造装备设计、管理服务、贸易流通为支撑的专业集群架构，建成了机械工程、控制工程、软件工程等9大主要专业群，专业群内部相互支撑、外部有效协同，全方位提升专业与产业链需求契合度，实现了“产业链—专业链—人才链—创新链”的互通衔接。学校开展职业教育本科建设以来，已顺利获批学士学位授权单位，设置职业本科专业30个，入选“十四五”省重点建设学科1个，获批建设省高职教育高水平骨干专业7个、省高等职业教育高水平专业群4个，牵头或参与编制国家职教本科专业教学标准28个。

3. 办学核心能力明显提升，教育教学改革展现新作为

统筹推进教育教学改革，培养有潜力成为“能工巧匠”“大国工匠”的高层次技术技能人才。发挥学校优势、强化成果凝练，获国家级教学成果奖一等奖1项，省级教学成果奖特等奖2项、一等奖3项，教学能力大赛国赛一等奖1项，实现了历史性突破。新增国家级专业教学资源库2个，入选“十三五”职业教育国家规划教材14部，并在首届全国教材建设奖评比中获全国优秀教材一等奖1项、二等奖2项，获评国家精品在线开放课程5门，全国课程思政示范课程2项，省级优秀毕业设计一等奖14项，省部级教育教学改革研究项目24项。

4.“人才新政”成效显著，师资队伍建设展现新优势

搭建“青年学者松山论坛”等引才平台（图6），每年隆重召开人才大会，大力引进海内外优秀人才，完善“引、育、用、管”的人才工作制度体系。大力推进专任教师、企业工程师、领军技能大师融合发展，组建一支由教学名师、技术能手、技能大师、产业教授为引领，专业带头人和优秀青年博士为骨干，高水平专任教师与企业兼职教师为基础的混编师资队伍。自2017年实施“人才新政”以来，博士总数从43人增加到320人，占比从8.9%增加到35%；新增全国高校黄大年式教师团队、教育部职业教育教师教学创新团队等国家级教师团队3个，新增省级教学科技创新团队15个；新增享受国务院特殊津贴人才、国家百千万人才、全国劳动模范、全国技术能手等国家级人才20余人，“黄炎培职业教育奖”杰出教师奖3人，“333人才工程”“青蓝工程”等省级人才200余人。

图6

5.产教融合持续深化，服务贡献呈现新亮点

紧盯产业行业企业需求，发挥全国行业组织、江苏省轻工协会等平台作用，推进产教融合、校企合作，共建北京精雕等产业学院，获批工业互联网、人工智能两个国家产教融合实训基地，大学科技园被认定为国家级科技企业孵化器。新增省级以上科研平台6个，入选省级科技创新团队3个；新增国家自然科学基金、国家社会科学基金12项，省部级项目31项、市厅级项目215项。纵横向科研经费到账9 980万元，同比增长7.7倍。授权专利3 452项，其中发明专利173项，同比增长3倍，社会培训人数达20.5万人次。

6.服务“一带一路”倡议，国际化办学取得新进展

国际化办学水平显著提升，影响不断扩大，“走出去”办学项目正式落地，成

立中赞职业技术学院机电分院，“机电一体化专业标准”成为赞比亚国家职业教育标准。在柬埔寨成立全国首家职教特色“孔子学院”（图7）。有影响力的平台和项目纷纷落户，牵头中国教育国际交流协会职教分会、中非职教合作联盟等9个国际化平台；建成全国首个“中文+职业技能”国际推广基地，牵头建设全国首套“中文+职业技能+X证书”系列教材和教学资源库。连续两年获批教育部中外语言交流合作中心国际中文教育重点项目。入选全国首批“中文工坊”项目。实施“南非学生来华学习实习项目”。

图7

五、社会影响

一直以来，南京工业职业技术大学改革发展得到了党和国家领导人的亲切关怀，高度肯定学校办学特色和办学成效。

近年来，学校品牌效应更加彰显，美誉度、影响力跨上新台阶。参与研制教育部本科层次职业学校设置标准、国家职业本科教育专业设置管理办法、评估标准和学位办法等制度文件。在教育和行业战线话语权、影响力显著扩大，学校19人担任全国行（教）指委委员，其中5人担任行（教）指委副主任委员。受邀参加全国职业教育大会、第四届中美省州教育厅厅长对话活动、中非职教合作联盟论坛等国内外高级别会议30余次，承办世界职业技术教育发展大会“职业教育校企协同育人模式创新论坛”等高峰论坛和重要会议20余次，受邀在教育部新春新闻发布会上介绍职业本科办学经验，办学成效受到各类媒体采访报道450余次，其中，登上中央电视台新闻联播2次（图8），新华社、《人民日报》《光明日报》、央视新闻直播间、《对话》栏目等中央媒体专题报道百余次。学校办学示范效应不断扩大，综合实力得到充分展示。

图 8

学校获批国家大众创业万众创新示范基地（图 9）、教育部创新创业教育改革示范校、教育部创新创业典型经验高校、国家级创新创业学院、教育部思政创新发展中心等平台，获评“黄炎培职业教育奖”优秀学校奖、全国节水型校园、全国五四红旗团委等荣誉。

图 9

执笔人：吴学敏　黄　滢　张　雯

融港链天下　荟智育匠才

宁波职业技术学院

宁波职业技术学院坚持以习近平新时代中国特色社会主义思想为指导，深入学习贯彻党的二十大精神，全面贯彻党的教育方针和《中华人民共和国职业教育法》，秉持“融港链天下，荟智育匠才”的办学理念，坚持立足区域、服务区域、融入区域的办学宗旨，立足国内国际双循环新发展格局和新时代职业教育发展大局，聚焦高质量内涵式发展，以建设中国特色高水平高职学校为办学治校重心，落实立德树人根本任务，统筹推进育人方式、办学模式、管理体制、保障机制改革，持续推进职业教育产教融合、科教融汇，培养高素质技术技能人才，服务国家战略和区域经济社会高质量发展，为中国式职业教育现代化贡献宁职力量，为世界职业教育发展提供“中国方案”和“中国模式”。

一、办学定位

宁波职业技术学院坚持职业教育类型定位，明确“融港链天下，荟智育匠才”的发展定位，锚定“争创‘四个一流’，引领职教示范先行”的目标定位，持续推动学校的特色办学和高质量发展。

（一）类型定位：坚持类型定位，强化特色办学

坚持社会多元办学，持续推进政校企三方联动的合作办学体制机制改革，创新形成“地市共建、区校合作、院园融合”的地方高职院校办学“宁波模式”。学校紧密对接国家战略和地方经济发展需求，面向区域万千亿级绿色石化、高端装备、港口物流等产业重构绿色化工、智能制造、供应链运营等专业群，深入推进校企共建，不断强化专业特色，持续提升人才供给与产业需求匹配度。

（二）发展定位：融港链天下，荟智育匠才

坚持立足区域、服务区域、融入区域的办学宗旨，以“融港链天下，荟智育匠才”为办学理念和发展定位。“融港”即融通合作机制、立足区域发展、打造宁职特色，“链天下”即传承港城文化、引领高职战线、创领国际品牌，“荟智”即融合师资人才队伍、赋能区域产业链、构建创新生态链，“育匠才”即传承工匠精神、孕育校园文化、助力学生成长。

（三）目标定位：争创“四个一流”，引领职教示范先行

围绕高质量办学，以一流人才培养、一流师资队伍建设、一流技术服务、一流国际化办学为目标定位，确保人才培养水平、师资队伍质量、技术服务能力和国际影响力位居全国高职院校前列，成为中国特色高职教育发展范式的探路者、人民满意的高水平高职教育的提供者、区域经济社会高质量发展的推动者和职业教育国际交流合作的引领者。

二、发展历程

宁波职业技术学院的前身是宁波市职工业余大学和宁波中等专业学校，两校于1999年合并为宁波职业技术学院。宁波职工业余大学是浙江省职教先进单位，宁波中等专业学校是浙江省重点中专，宁波职业技术学院继承两校的优秀职教基因和匠心育人文化，在高职教育领域深耕数十年，历经五大发展阶段，逐步实现跨越式发展。

（一）创办“合格”高职院校（1999—2002年）

学校自1999年创建以来，致力于完成初始创业阶段的主要任务，于2002年通过省级教学工作合格评估，正式成为一所合格的高职院校。此后，学校在国内产生一定影响，先后成为全国高等职业技术教育研究会常务理事单位、浙江省高等职业

教育研究会副理事长单位和高职科研管理研究会副理事长单位。

（二）打造职教“先进”单位（2003—2005年）

全面树立以服务求生存、以服务求发展的理念，加强内涵建设，综合实力显著提高，2003年入选中央职业教育专项资金支持的地方示范性职业院校建设单位，2005年荣获教育部等七部门联合授予的“全国职业教育先进单位”称号。

（三）跻身全国“示范”院校（2006—2009年）

认真落实宁波市人民政府《关于构建服务型教育体系的若干工作意见》，围绕“争优秀、创示范”的发展目标，取得了令人瞩目的成绩。2006年9月，学校以优秀成绩通过全国高职高专院校人才培养工作水平评估，被教育部列入全国首批28所国家示范性高等职业院校建设单位，2009年12月通过验收，标志着学校建设踏上新征程。

（四）培育国家“优质”院校（2010—2019年）

以服务需求、品牌发展为重点，主动服务区域经济发展方式转变和产业结构转型升级，致力于打造区域技术技能人才培养、技术技能积累创新、社会服务和文化传承创新高地。2017年6月，成功入选浙江省5所重点建设高职院校，办学实力进一步提升。至2019年，学校在创新体制机制与管理体系、打造高水平双师双能团队、搭建高端技术与服务平台、构建国际合作交流新体系等方面取得一系列办学成果和经验，成为国家优质专科高等职业院校。

（五）建设国家“双高”院校（2019年至今）

2019年，学校入选教育部、财政部联合发布的中国特色高水平高职学校和专业建设计划建设单位名单，成为宁波市唯一上榜的高职院校。同时，应用化工技术、模具设计与制造2个专业群入选中国特色高水平专业群建设单位。近年来，学校以“双高”建设为引领，整体谋划、系统推进，提升服务区域经济社会发展能力，努力为职业教育改革提供可示范、可借鉴的“宁职标准”和“宁职模式”。

三、办学特色

宁波职业技术学院坚持特色发展，以人才培养和技术服务为重点，开展多类型国际交流，持续推动学校办学水平提升，为职业教育高质量发展提供“宁波经验”。

（一）锚定区域产业发展战略，培育高素质技术技能人才

对接宁波市绿色石化、高端装备、新材料等“246”万千亿级产业集群，与行业头部企业和单项冠军企业协同育人，加强高水平专业群建设，打造人才培养高地。一是校企共建“双主体”协同育人机制。与海天塑机集团、恒河材料科技公司等企业紧密合作，模具设计与制造专业群与舜宇集团等产业链前端企业开展深度合作，构建“三元双轨”现代学徒制人才培养模式，实现跨企业训练中心、学校、企业“三元”教学场所有效衔接，在校学习与企业跟岗“双轨”教学不间断，建立校企人才互聘共用管理机制，大批毕业生成为企业骨干力量，技术技能人才“蓄水池”效应突显。二是优化专业布局，加强高水平专业群建设。对接宁波产业集群，建立专业预警与群内专业动态调整机制，与专业考核挂钩，实行专业动态调整，优化专业结构。合理规划新技术专业申报工作，推进传统专业改造转型。对接区域发展需求，分三个层次打造八大专业群，科学规划、稳步推进专业群建设，深化“以群建院”。完善专业（群）、课程、教学三个层面的教学标准体系建设，促进专业群资源共享与互补。三是加强优质人力资源供给。实施“学历证书+若干职业技能等级证书”试点工作，面向行业企业开展职工继续教育、职业技能鉴定及学历提升服务。校地、校企共建港城工业社区学院、宁波市海曙区职业技能实训中心、宁波市建筑施工特种作业人员实训基地等社会培训平台，持续与海天塑机集团、吉利汽车等大型企业开展“双元制”“订单式”员工技能培训项目，提升职业技能水平。

（二）围绕地方产业能级提升，加快应用技术服务供给

围绕宁波市支柱产业能级提升，聚焦产教融合平台建设，服务生产生活一线，加强应用科技成果转化，打造区域技术技能积累与创新集聚高地。一是共建引领产业发展的国家级技术研发平台。与恒河材料科技公司等企业共建教育部创新发展行动计划协同创新中心、国家企业技术中心和省重点企业研究院，成立“国家名师”为带头人的攻关团队，聚焦石油树脂生产技术革新，突破“卡脖子”技术，实现全球首创工艺和生产装置研发，助力恒河材料科技公司石油树脂产量跃居全球第一，被认定为“国家级制造业单项冠军产品”企业。二是开展“生产生活一线科研”。校企共建中国轻工业智能缝制成套设备工程技术研究中心、院士工作站、省级博士后科研工作站等科研创新平台以及技能大师工作室，开展“百名科技专家进百企”科技服务活动，为企业解决技术难题。三是着力完善应用科技成果转化机制。壮大科技经纪人队伍，推进以成果转化为导向的“种技术（技术经纪人）”项目建设。成立中小企业技术推广服务中心和北仑大港科创服务中心，面向区域行业企业承担区校产学研合作对接、技术服务、技术孵化、技术培训、技术咨询、科技论坛、九

峰网运维等相关职责，促进科技成果转化。

（三）开展多类型国际交流，推进学校国际化特色发展

坚持“引进来”和“走出去”“国际化”和“本土化”相结合，有效整合政府部门、高职院校、“走出去”企业和行业资源，通过理论研究支撑学校国际化实践。一是构建政校企协同国际合作机制。学校依托商务部“中国职业技术教育援外培训基地”，培训发展中国家官员和技术人员3 900余人，学员遍及120多个国家和地区。依托“一带一路”产教协同联盟，为中资企业在“一带一路”沿线国家拓展业务，推动职业教育技术设备、教材、专业标准、评估体系以及职业教育整体解决方案的输出。二是创新国际职教优质资源中国化模式。引进国际优质职业教育资源，开展职业教育标准本土化改造。引进德国 AHK 机电师证、模具师证、化工工艺员资格证书和职业认证体系，开展符合国情的双元制本土化实践标准体系改造。开展 EAL 三级证书的标准本土化研究工作，探索英国现代学徒制的“本土化”新模式。扩大 EAL 认证中心的辐射面，服务区域产业工人技能提升和企业转型升级。三是搭建职业教育国际化研究智库。创新建立发展中国家职业教育研究院，在全国率先开展“一带一路”职业教育国别研究，出版系列《“一带一路”职业教育研究蓝皮书》，多份决策建议稿被相关部门采用。完成中国联合国教科文组织全国委员会委托课题“中国高等职业教育与非洲合作研究”，得到中国联合国教科文组织全国委员会高度认可并获批示。承办亚太经济合作组织（APEC）亚太地区职业技术教育需求与供给研究国际研讨会、发展中国家职业教育研究国际研讨会，推介中国职业教育发展经验。

（四）厚植职业教育“思源”情怀，创新学生资助育人模式

学校以立德树人为根本任务，坚持以生为本，建立“捐资－解困－扶志－成才－反哺”的资助育人体系，创建“思源助学、实践锻炼、精神培育”的资助工作新模式。一是搭建发展性资助育人平台。坚持资助与育人相结合、文化活动与社会实践相结合，成立“思源基金”，建设思源文化教育实践基地，开发了思源超市、阳光报刊亭、有爱小屋、爱心维修站、艺术工作室等一批慈善实践项目，让学生在实践中成长，在实践中传递爱心，形成了全域慈善的良好环境。建立“1369 义工大队”、思源公益社等公益实践队伍，培育学生感恩意识。设立班级冠名基金，用团队智慧助力思源基金，构建完整的校园慈善组织体系，营造良好的慈善氛围。二是规范开展资助育人工作。健全完善工作制度，规范资助流程，通过思源基金自募捐款，学生根据需求自主申报，再经过面谈、实施资助、签定“道德协议”、跟踪教育、反哺捐款等，实现精准资助。三是构建“资助－反哺”的良性循环体系。倡导受助学

生在参加工作后，以实际行动回报社会，即在有能力且不影响正常生活的情况下，自愿向思源基金捐赠善款，帮助更多经济困难的学生。“思源文化教育实践项目”育人实践先后荣获教育部、省、市多项荣誉。

四、办学成效

学校以建设中国特色高水平高职学校和高水平专业群为工作重心，不断深化教育教学改革，持续提高办学质量，在党建引领、人才培养、产教融合、师资建设等方面取得了显著成效。

（一）坚持党建引领，办学治校水平持续提升

加强党对教育工作的全面领导，是办好教育的根本保证。学校坚持和加强党的全面领导，深化开展“两学一做”学习教育、“不忘初心、牢记使命”主题教育、党史学习教育，深入开展学习贯彻习近平新时代中国特色社会主义思想主题教育，形成党建与事业融合发展的良好态势。学校省级以上党建“双创”项目总量位居省内前列，先后培育并创建全国党建工作标杆院系1个、样板支部2个，省级党建示范高校1个、标杆院系2个、样板支部3个，学校获“黄炎培职业教育奖”优秀学校奖。一是党建引领制度化建设成效显著。坚持把全面从严治党与中心工作同研究、同部署、同督促、同检查。建立校院两级党风廉政建设工作责任制，推动主体责任层层落实。持续开展“思源清风”廉洁教育系列活动，“思源清风”文化建设案例获宁波市高校思政工作创新案例三等奖。二是校地党建共同体建设全国率先示范。全校二级学院与北仑区街道、工业社区全面结对共建，与北仑区委组织部联合成立港城工业社区学院，开展党建“三级联创”，提升基层党组织的组织力。校地党建共同体建设入选宁波市六争攻坚先锋榜，校党委入选首批“全省党建工作示范高校”培育创建单位。三是国家级思政项目成果取得新突破。成立“米娜工作室”，少数民族学生思政工作成效突出，得到国务院有关领导肯定，获浙江省统战工作实践创新优秀案例奖。1个工作室入选教育部“提质培优、增值赋能典型案例”，1名教师获评全国高校辅导员十大年度人物，1个团支部获评全国五四红旗团支部。

（二）创新育人模式，人才培养适应性显著提升

近年来，学校坚持育人模式创新，先后成为教育部首批现代学徒制试点院校、浙江省四年制高职教育人才培养试点院校，获全国职业院校“教学管理50强”“学生管理50强”“教学资源50强”等。一是专业群建设水平逐步提升。主动对接区域产业集群发展需求，优化专业群设置，构建与产业高度匹配的智能制造、绿色化

工、供应链运营等专业群，服务区域产业发展。应用化工技术、模具设计与制造两个高水平专业群综合实力位列全国同类专业群前列，在各类赛事中获国家级奖励45项，其中2022年职业教育国家级教学成果奖2项。二是校企“双主体”协同育人机制逐步健全。与海天塑机集团等行业头部企业、恒河材料科技公司等“单项冠军”企业紧密合作，以培育“蓝领人才，金领收入”为目标，形成“基于大型企业订单培养”“基于产业园区企业集群”“基于中小企业联盟”三种现代学徒制人才培养模式，28个专业试点现代学徒制，企业“订单班”47个，入选国家级产教融合校企合作典型案例2项、省级产教融合示范基地2个和协同育人项目14项。三是技术技能人才培养模式逐步完善。深化“三全育人”综合改革，推进“素能融合、专创融合、书证融合、数教融合、学研融合、赛教融合”的人才培养体系建设，凸显成长型、复合型和创新型三个典型特征要素，牵头制定模具类、化工类浙江省中高职一体化课程改革方案，联动培养企业首选的技术技能人才。毕业生获全国技术能手、全国轻工技术能手、浙江青年岗位能手、“五一劳动奖章”等荣誉称号。

（三）坚持科技创新，技术服务能力持续增强

创新是引领发展的第一动力。学校坚持科技创新，充分发挥“科教联动”优势，搭建科研平台，技术服务能力不断增强，获全国机械工业科学技术奖、浙江省科技进步奖以及厅市级科研成果奖7项，连续两年位居中国高职院校科研与社会服务竞争力排行榜第七位。一是科研平台建设取得新突破。政校企共建一线生产技术研发与服务平台，建成国家发展和改革委员会企业技术中心、教育部创新发展行动计划协同创新中心、中国轻工业工程技术研究中心等国家级平台，共建省级高新技术企业研发中心、院士工作站、博士后工作站。二是关键技术创新孕育新成果。重点解决区域产业关键工艺、核心部件、系统集成等关键共性技术，“双高计划”建设期间，为企业解决关键核心技术难题100余项，技术转让71项，学校横向科技服务到账经费6 794万元，技术服务产业化增值48.12亿元，增加企业销售额51.72亿元。应用化工技术专业群聚焦石油树脂生产技术革新，突破“卡脖子”技术，实现全球首创工艺和生产装置研发，助力恒河材料科技公司石油树脂产量跃居全球第一，被认定为“国家级制造业单项冠军产品”企业。三是技术标准制定引领新发展。学校参与研制了多项引领行业发展的技术标准，“双高计划”建设期间先后参与制定国家技术标准5项、省级技术标准14项、全国行业标准6项、“浙江制造”标准7项，授权发明专利33项，PCT及国外专利13项。

（四）坚持人才强校，高水平师资队伍建设成效显著

高水平师资队伍作为支撑学校发展的第一资源。近年来学校大力实施“人才强

校”战略，优化双师双能队伍结构，2022年荣获“教师发展指数100所优秀院校”。一是教师团队整体水平实现跃升。学校依托国家“双师型”教师培养培训基地，打造了国家级职业教育教师教学创新团队2个、教育部课程思政教学团队1个、省职业教育教师教学创新团队1个、省黄大年式教师团队1个、省教科研先进集体2个。二是培养了一批业内具有影响力的教师。高度重视高端人才培育，培养国务院特殊津贴专家、国家教学名师等6人，全国行（教）指委委员6名，全国模具标准化技术委员会委员1名，全国行业教学名师4名，教育部课程思政教学名师7名，“双影响力”带头人6名，省级（行业）以上技术能手、产业导师等技术技能大师15名，浙江工匠1名，浙江青年工匠2名。三是教师教学科研能力持续提升。教师获全国教师教学能力大赛一等奖1项、全国行业职业技能竞赛个人一等奖2项、人力资源和社会保障部“冰轮杯”数控机床装调维修工职业能力比赛教师组第一名、省教师教学能力大赛二等奖及以上11项、省访问工程师项目成果一等奖3项。

五、社会影响

学校在区域、国内和国际层面产生了良好的社会影响。在服务区域经济社会高质量发展方面实现了“当地离不开”，在推动职业教育战线改革发展方面实现了“业内都认可”，在引领职业教育国际化办学方面实现了“国际可交流”。

（一）当地离不开：高质量服务区域经济社会发展

学校通过高质量人才培养、高水平技术服务、高品质社会服务提升区域影响力，实现了“当地离不开”，连续入选全国高职院校“服务贡献50强”。一是高质量人才培养对区域产业发展产生重要影响。学校打造了技术技能人才培养高地，近三年毕业生就业率近98%，留甬率达60%以上，毕业生技术技能过硬、职业素养高，深受区域行业企业的认可。二是高水平技术服务对区域技术技能积累和产业发展产生重要影响。学校构建“产学研用”生态圈，重点解决区域产业关键工艺、核心部件、系统集成等关键共性技术，突破机床控制系统、石油树脂应用等“卡脖子”技术，有力支撑了区域产业发展。三是高品质社会服务对区域文化繁荣产生重要影响。学校与北仑区共建“非遗”文化馆，“非遗”文化服务队进社区、乡镇，开展文化下乡活动，获“宁波市文化使者”称号。区校共建北仑图书馆，累计服务企业和居民2万人次以上，成为区域城市文明新地标和文化精品集聚地。

（二）业内都认可：形成职业教育高质量发展“宁职模式”

学校通过标准研制、专业认证推广、有效课堂认证、职教政策制定等举措提升职教战线影响力，实现了“业内都认可”。一是标准研制和应用带动国内同类专业发展，贡献人才培养的“宁职标准”。牵头研制2021年全国机械职业教育教学指导委员会模具设计与制造专业的“专业简介和专业教学标准”，参与制定教育部专业教学标准17项，职业技能等级标准7项，参与制定行业企业标准16项，其中国家标准4项。二是实施推广专业认证和“有效课堂认证”，贡献专业建设和课堂教学的“宁职范式”。研制8个模块、25个一级指标、43个二级指标组成的专业认证标准，本校16个专业完成专业认证，30余所兄弟院校学习经验。建设课程设计、课堂实施等4个维度、12方面、52个指标的课堂认证规范，辐射260余所兄弟院校，完成2700余名教师的培训，为国内高职院校探索开展专业认证、实施“有效课堂认证”打造了样板。三是为国家和地方职业教育发展政策贡献“宁职智慧”。牵头制定教育部、浙江省、宁波市职业教育改革发展文件，牵头编写《中国职业教育质量年度报告》和《浙江省高等职业教育质量年度报告》，研究成果获上级教育行政部门领导批示。

（三）国际可交流：引领职业教育国际化办学，产生广泛影响

学校通过标准引领、平台建设、职教研究提升国际影响力，实现了“国际可交流”，成为浙江省国际化特色高校，连续入选全国高职院校“国际影响力50强”。一是建设方案和课程标准在“一带一路”沿线国家产生了广泛影响。学校为肯尼亚、老挝、卢旺达、缅甸等国职业院校提供职业教育整体建设方案，制定教育部未来非洲项目《电工技术及应用课程标准》《电气与PLC控制课程标准》，电工、钳工职业技能等级证书标准，有效推动“中国标准”海外落地。二是国际交流合作新载体产生了广泛影响。学校承接“金砖国家职业教育联盟建设方案”研究任务，成果纳入金砖国家合作机制。承担联盟执行秘书处工作，助力打造金砖国家间职业教育信息互通、经验共享和项目合作的多边平台。汇聚多家企业和高职院校建设“一带一路”产教协同联盟，瞄准国际产能合作需求，探索创新“点面结合”的高职院校服务国际产能合作模式。

执笔人：张慧波

小地方大作为 质量名校树职教典范

金华职业技术学院

金华，古称婺州，地处浙江中心，自古就有“江南邹鲁”之美誉。质朴刚强、求新求变的地域性格，经世致用、事功务实的“婺学”精髓，成就了金华“重教兴学、重农亲商、百工竞巧”的特有文化底蕴和“双星争华”的精神密钥。1万平方千米的金华盆地，成就了金华职业技术学院令人瞩目的现代职业教育蓬勃发展。

金华职业技术学院根植于金华“婺学”文化，传承百年职教底蕴，接续“以学立身、以技立业”的地方传统，往高攀升、向新进军、以融提质。三十年来，坚持姓“金”名“职”的发展底色，锚定“区域服务型高职”办学定位，以“引领职教改革、服务区域发展、助力学生成才”为己任，践行“知行合一、务实创新”的校训以及“兼容并蓄、经世致用”的学校精神，弘扬“明德、厚能、笃行”的校风，坚持特色强校，勇争第一、敢创唯一，致力打造“类型特色鲜明、办学优势突出、国内顶尖、国际一流”的高水平职业学校，走出了一条“老校、大校”变“名校、强校”的传奇之路，创造了“小地方大作为”的发展奇迹，谱写了中国式职业教育现代化的时代强音。

一、步步深化的发展历程

（一）百年老校：六所优质中等职业学校的完美整合（1907—2003年）

学校办学历史可追溯到1907年创办的金华府官立初级师范学堂。1998年经教育部批准成立后，金华师范学校、义乌师范学校、金华卫生学校、金华农业学校、金华供销学校、浙江农业机械学校等六所国家和省部级重点中专学校先后并入。学校高度重视制度建设，着力推动“人事制度、财务制度、资产管理、教学管理、学生管理、后勤服务、成人教育、国际教育”八大专项改革，建立以绩效考核为抓手的科学管理体系。

2003年学校正式完成六校合并，传承百年职教薪火，整合优质职教资源，创新现代治理体系，奠定了现代高等职业教育二十年高水平探索实践改革的基础。

（二）规模大校：高等职业院校办学探索的起步成势（2004—2010年）

完成六校合并后，学校驶入规模发展的“快车道”，平均每年新增专业5个，全日制高等职业院校在校生规模迅速突破两万人。学校坚持“开门办职教”，创立“基地、教学、科研、招生、就业”“五位一体”办学模式，提出极有辨识度的高等职业教育办学“金职方案”。

2007年学校入选国家示范校建设，逐步推动校企合作，先后实施“校内基地生产化、校外基地教学化”建设和提升整体办学质量的“十大行动计划”，将学校制度建设延伸到企业平台，在制度层面明确了“工学结合”的培养路径，打出了学校“校企合作”创新发展的“组合拳”。

（三）质量名校：内涵式发展的品牌塑造（2010—2016年）

2010年通过示范校验收后，学校通过“对标、达标、创标”三步走，在关键领域建立标准体系、在关键项目创造标志性成果，以“三标”建设引领办学争先进位，逐步凝练培养特色，打造职业教育“金职品牌”，从规模发展走向内涵塑造。

学校以“基地两化”理论为指引，以校企共同利益为切入点，对校企合作形式进行实体化升级，首创“校企利益共同体”育人机制，先后建立“众泰汽车学院”“高新IT学院”等12个“课程共建、人才共育、资源共享”的校企共同体，探索实践“双元制”本土化人才培养新路径，立项教育部首批现代学徒制试点单位，以改革先行者的姿态，领跑职教育人新赛道。

（四）职教强校：高质量发展的整体优势（2017—2023年）

2017年以来，学校先后跨入国家优质高等职业院校和国家“双高”计划，进一步明确“教育”转向“产教”“独立”转向“协同”的发展理念。学校重构紧密对接地方重点产业的十大专业群体系，强化区域产业支撑；重点推进“产学研训创”一体化的十大“产教共同体”建设，形成了“一专业群一平台”的产教融合、校企合作新格局。

产教融合的持续创新和作为，为学校内涵式、跨越式发展注入了强大动力。2018年以来，学校先后入围教育部“服务贡献、国际影响力、教学资源、育人成效、实习管理、教学管理、学生管理”全部七个“50强”，成为全国“唯一”；2021年和2022年连续入围《中国高等职业教育质量年度报告》中高等职业院校“四大榜单”，先后被列为浙江省重点校、国家优质高职院校和国家“双高”校A档建设单位，成为整体优势明显的全国高等职业教育名校、强校。

二、彰显类型的办学特色

（一）坚持立德树人：“三引领”职教人才链打造“金华模式”

学校坚持以学生为中心，紧扣立德树人根本任务，举旗定向，以标准引领、技术引领、创新引领的“三引领”为理念，立足德技融合、赛教融合和专创融合的“三融合”，深化“三引领、三融合”育人模式，探索形成“学研互动、项目串接”“走园、走校”“运教融通”等一系列个性化的专业人才培养模式；实施提升学生综合素养的“五项育人计划”和创新创业的启航、远航、领航“三航”工程，构建发现人才、培育人才、服务人才、成就人才的“全链条”工作模式，致力培养德技并修的新时代工匠，如图1所示。

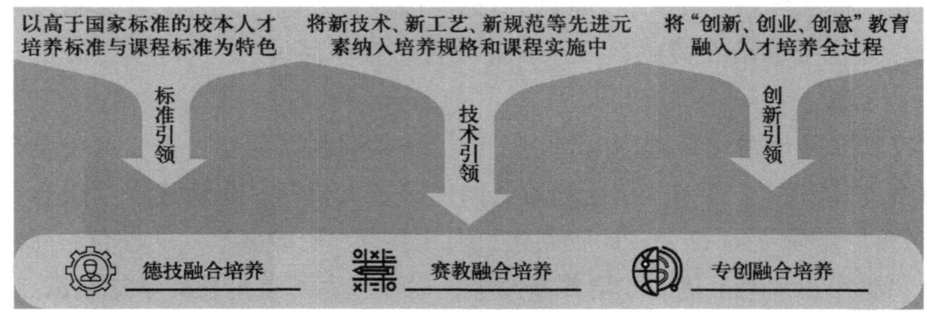

图1

学校聚焦全面发展，实施“五项育人计划”：以“思政教育铸魂计划”，推动思政课程与课程思政同向同行；以“通识教育培基计划”，挖掘隐性育人元素，拓展课堂育人空间；以“劳动教育修身计划”，打造“基地、课堂、社团、活动”四位一体的劳动育人载体；以“职涯成长引领计划”，健全学生职业生涯帮扶机制；以“优秀文化浸润计划”，构筑“一院一品”的校园文化体系，并立项教育部“高校思想政治工作精品项目”。

学校以融入区域经济、行业企业、专业教育为理念，创设课程、实践、竞赛、评价等四个双创教育工作载体，实施“启航、领航、远航”三大工程，双创教育教学、项目实践、成果孵化分别覆盖100%、15%、5%学生，形成“三融入、四平台、三工程”的创新创业教育体系，激发双创活力。

学校不断完善“三全育人”“五育并举”工作格局，全力打造思政“大课堂”、技能“大平台”，为学生铺就德技并修的“成才路”，建强复合高端的“人才链”，入选首批国家级创新创业学院建设单位和国家级“众创空间”。

（二）坚持区域扎根：“校、地、企”共富试验田提供“金华方案”

学校始终坚持“放眼全国、扎根金华、服务地方”的办学思路，紧扣金华市社会发展和产业发展需求，加强人才供给、技术赋能，从专业设置、资源输出和培训服务等方面强化“校、地、企”互动，推动产业升级，助力共同富裕，促成城市发展和优质人才相互成就、双向奔赴。

学校以产业需求作为办学“风向标”，建立了“专业人才需求预测与评估”和“招生指标测算综合评价”双模型，以及“增、调、稳、退”的专业动态调整机制，对接浙江省八大万亿产业的专业46个，对接金华市五大千亿产业的专业38个，对接“中国制造2025”“乡村振兴”“一带一路”倡议等国家战略的专业26个，对接重大民生领域和现代服务业等市场需求的专业28个，形成了融合发展的“4222”区域服务型专业群体系，如图2所示。

为提升学校毕业生留“金”就业比例，学校积极推动下沉办学，先后与武义县和永康市共建“武义学院”和永康五金智造产业学院，聚焦县域发展关键产业领域，实施中高职“贯通式、在地化”培养；以PPP模式拓展与磐安职校、九峰附属职校等开展合作办学。“1个主校区+N个分校区”的“在地化”办学格局不但有力赋能金华市县域职业教育提质增效，更是人才赋能打造优势产业的“一剂良方”。

学校主动服务国家乡村振兴、军民融合、人才强国等战略，拓展与地方政府、行业企业、社区等合作，面向新型农民、退役军人、企业员工、社区成员、儿童家长等五大类社会人员，建强乡村振兴学院、退役军人学院等“五所学院”，如图3所示，打造社会人员终身学习高地，助力城市劳动力素质结构优化，提升特殊人群融入地方特色产业发展的能力，共享社会经济发展成果，实现共同富裕。

集群发展、突出重点
区域服务型高职专业体系

浙江省八大万亿产业

信息、环保、健康、旅游、时尚、金融、高端装备制造、文化

金华市五大千亿产业

信息网络经济、先进装备制造、健康生物医药、休闲旅游服务、文化影视时尚

4

服务“中国制造”
对接区域先进制造、战略新兴产业

- 智能化精密制造(机械制造与自动化)专业群*
- 电子信息专业群
- 生物制药专业群
- 新能源汽车服务专业群

2

服务重大民生工程
引领区域社会公共事业发展

- 儿童教育(学前教育)专业群*
- 医养健康专业群

2

服务现代服务业
对接区域特色产业

- 网络经济专业群
- 文旅创意专业群

2

服务“乡村振兴”战略
推动区域农业现代化

- 现代农业专业群
- 智慧建造专业群

图2

图3

（三）坚持产教融合：实体化产教共同体形成“金华经验”

学校重点瞄准职业教育实践和应用这一生命线，坚持“面向市场、服务发展、促进就业”。学校全面深化“产教共同体”建设，对接10大专业群打造了实体化、一体化的“532”产教融合高端平台，即建设智能化精密制造、儿童教育、人工智能、文旅创意、生物医药5大产教综合体，浙江省现代农业职教集团、新能源汽车产教联盟及浙中医养健康职教联盟3大职教集团（联盟），金义网络经济学院和中天建筑学院2个特色产业学院，形成了“一专业群一平台”开放办学新格局，如图4所示，通过强化人才培养、科技攻关、企业服务等功能建设，形成产与教、校与企、育人与用人之间利益机制的良性循环。

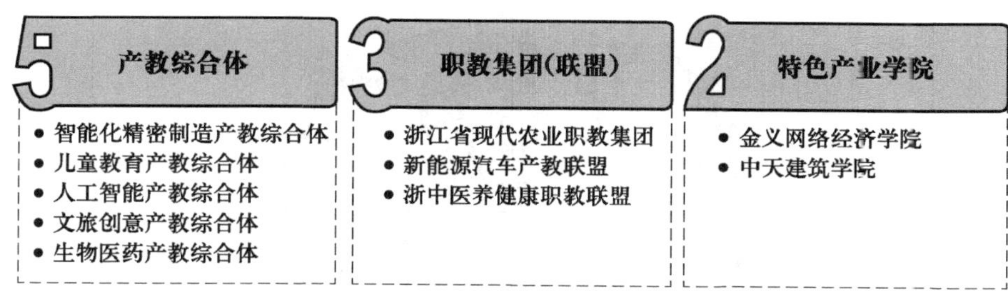

图4

学校依托“产教共同体”平台，深化双主体育人，实施中国特色现代学徒制培养模式改革。如机械制造与自动化专业，借鉴德国“跨企业培训中心”的理念与做法，重点面向中小微企业，创新实施“一对多”特色学徒制人才培养，以“一个专业”对“多个企业”，搭建实体化、加盟制的共享平台，将中小微企业“抱团”合作；以“一名学徒”对“多个岗位”，开展校、企、师、徒四方选择的师徒对接；以“一门课程”对“多个场所”，实行学习学期与工作学期交替的多学期和课程分段实施的弹性教学组织；以“一套标准”对“多元评价”，建立融合职业资格刚性要求和企业个性需求的培养考核标准，相关成果获国家教学成果二等奖，如图5所示为该校国家级产教融合项目：智能化精密制造产教园。

图5

办学三十年，从提出“基地两化”理论到首创“校企共同体”机制，再到推进“产教共同体”建设，步步深化改革，以实体化运作破题，形成立足“产学研训创”五位一体系统观和“专业共治、课程共建、师资共融、人才共育、评价共促”五共一体质量观的“五位五共”管理策略，如图6所示，为产教同频、职改深化贡献了极有价值的“金华经验”。

图6

（四）坚持“三教”改革：高质量课程金字塔铸就“金华品质”

学校始终将高质量课程建设作为高水平学校建设的关键，以新技术为引领，强化课程“适应性”理念，推动课程从对接生产过程、基于工作过程到新技术实践的新跃迁，并以课程为核心，系统性、全方位、全要素实施“课程·课堂·教师”三位一体教育教学改革，对接高层次重点教育教学项目，通过“强基、扩中、拔尖”三步走，培育形成“校级、省级、国家级”三级金字塔成果矩阵，全维度打造教学领域高层次标志性成果，打响“金”字招牌。

学校紧跟产业技术变化，更新、重构课程内容，通过更新技术实践、工作过程、任务驱动3大课程设计理念，创新模块、项目、任务、案例4维课程结构，建设企业项目、服务项目、竞赛项目3类课程资源，形成了“职业导向、工作过程导向”特色鲜明的“343”专业课程开发模式，打造“园区课程”“项目中心课程”等典型课程改革范式，形成了一批高质量课程建设成果。专业教学资源库、国家级课程、国家级规划教材等建设数量均位居全国前茅。

学校以课程内容迭代推动教学方法、手段和工具的变革创新，如基于实训项目从单项技能训练到综合技术应用的迭代，探索基于真实环境和真实任务的行动导向教学模式；从静态网络课程到互动在线课程的迭代，探索基于信息技术综合运用的线上线下混合教学模式；从培育专业情怀到塑造职业素养课程教学目标升级，探索专业教育与思政教育相融合的课程思政教学模式。通过植入新理念、新载体、新方法、新形态，构建“四新课堂”，创新“车间课堂”“走园课堂”“田园课堂”“云端课堂”等课堂形态，引领校内“技术驱动、学生主体、行动导向”的课堂革命，连续4年在全国职业院校教师教学能力比赛中一等奖数居全国第一，如图7所示。

图7

学校立足制度迭代推动教师整体发展，建立并持续完善“滚动式”下企业的教师社会实践机制，“人人有项目”的渐进式主题教研活动机制，“学分制”引领式的教师发展评价机制，新进教师阶段着重培养教学设计、技术实践的教学能力，成熟教师阶段培养课程建设、教学创新的研究能力，骨干教师阶段培养引领教改、带领团队的课程领导能力，形成了分层分类、迭代提升的教师教学发展体系与长效机制，培育“双师型”教师比例超90%，国家级教师教学创新团队2个，国家级课程思政教学团队4个。

（五）坚持开放办学：对流式职教生态圈树立“金华样本”

学校系统谋划职业教育国际化发展，与39个国家和地区的50余所高校、教育机构建立了长期合作关系，着力打造“一个中外合作办学机构、一所海外分校、一个国际交流中心”三大平台，建立“请进来”和“走出去”相结合的对流式国际化办学机制。学校现为中非（南）职业教育联盟副理事长单位、“鲁班工坊”建设联盟副理事长单位，入选“未来非洲——中非职教合作计划”，加入世界职教院校联盟（WFCP）。

学校成立非独立法人的中外合作办学机构——怀卡托国际学院，聚焦电子信息与艺术两大专业群，开展中外合作办学项目4个，引进优质教育课程124门，建成国际化课程85门，累计培养毕业生3 000多人，教育国际化水平连续三年位居全省高等职业院校第一。

学校积极响应国家“一带一路”倡议，服务“南南合作”，与卢旺达教育部合作共建的海外分校——卢旺达穆桑泽国际学院，如图8所示，已发展为该国北方省最大的职业教育培训中心。学校援建完成“鲁班工坊”项目，智能制造和电子商务2项专业教学标准纳入卢旺达教育资格框架体系（REQF），创新“2+1”两地两段式培养学生210人，培育卢方师资50余人，开展技能培训8 000余人次，成功举办援卢职业教育成果展，2022年中非职教论坛等专题活动推动中国高等职业教育文化和“金职模式”走进非洲，“职教援非模式”获得国家领导人的肯定性批示。

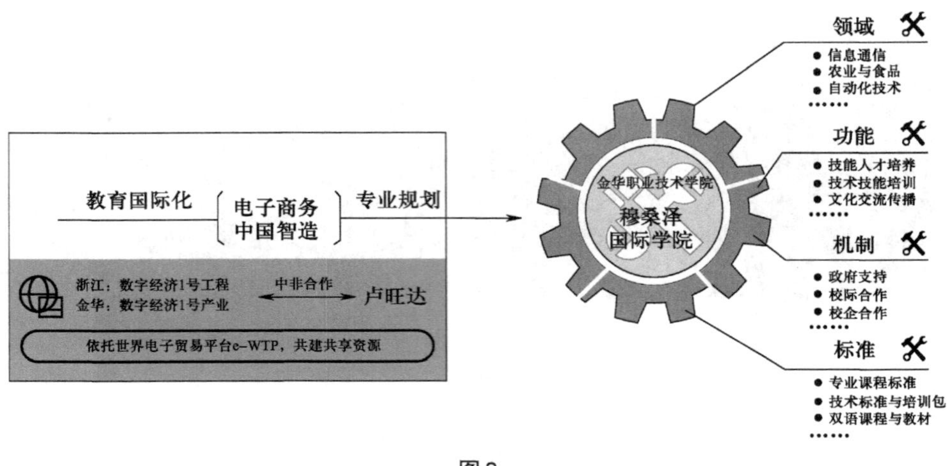

图8

学校坚持专业教育与文化育人并重，立足“国际化”加“大文化”的“两化”理念，引领“留学金职”品牌建设。学校实施“1+3”的中国特色现代学徒制培养，根植中国工匠精神；依托省级国际学生国情教育名师工作室，实施“文化解码”项目；创新“文化体验课堂”，开展“非遗体验”“传统面点制作”等教学活动，以传统文化“圈粉”，累计培养了来自50多个国家知识扎实、技能过硬、“知华友华”的留学生千余人。

（六）坚持研究引领，新赛道政策风向标贡献“金华智慧”

学校坚持职业教育理论研究和科学应用研究“两条腿”走路，以增强人才培养和科技应用向实现产业发展、生产力转化的能力为核心，扮演好“理论的阐释者、职教的探索者、科技的创新者和政策的建言者”，服务教育强国、科技强国、人才强国等国家战略和政策方针。

学校成立全省唯一依托高等职业院校设立的省级社科重点研究基地——浙江省现代职业教育研究中心，聚集了一批职教研究领域权威专家、一流学者，其中享受国务院政府特殊津贴专家3人、省级专家8人、博士学位以上学者25人，致力引领职业教育内涵发展。近三年，2项成果被教育部职成司采纳，7篇职业教育专报获国家领导批示，4篇职业教育专报获省级领导批示；在《教育研究》《光明日报》等国内核心期刊和主流媒体发表200多篇改革或研究成果，形成了具有广泛影响力的全国职业教育研究与交流品牌。

学校实施“科研创新团队培育计划”，通过产学合作拓展科技服务平台，动态组建结构化校企科研团队，推动凸显高等职业教育类型特色的科学应用研究。学校机械制造与自动化教师团队以“国千”专家引领，潜心科研，建成省级科研平台3个，承担国家基金7项，获省科技进步奖4项、授权发明专利百余项；服务企业纾困，制定企业标准20余项，开发产品100余件，培训3万余人次，为企业年增效超亿元；深耕产科教融汇，获国家级教学成果奖3项、优秀教材一等奖1项，建成国家级课程或教材20余项，指导学生获国际、国家级竞赛奖项44项，学生发明人授权专利300余件，团队获评第二批全国高校黄大年式教学团队。

三、广受认可的发展成就

（一）立足“两个面向”，践行职业教育社会责任

1. 面向学生，服务成才

学校贯彻“三引领、三融合”育人理念，推动彰显职业教育类型特色的人才培养模式创新，服务学生成长、成才。学生在各类竞赛中，得“第一”、创“唯一”，崭露头角。2021—2022年，连续两年在全国职业院校技能大赛中总获奖项目数和获奖总人数“双第一”；蝉联中国高教学会《大学生竞赛分析报告》七轮总榜单第一；斩获全国“互联网+”大学生创新创业大赛、全国“挑战杯”大学生课外学术科技竞赛、创业计划竞赛、“创青春”大学生创业大赛金奖，如图9所示。学生各项就业指标数据亮眼。2022年毕业生去向落实率97.99%，毕业生满意度、用人单位满意度均超95分，是教育部“全国毕业生就业典型经验高校”，校“四叶草”生涯咨询工作室获评全国高校职业生涯特色咨询工作室。涌现了全国师德楷模、全国道德模范、感动中国年度人物陈斌强，“全国脱贫攻坚先进个人”张开荣，全国“最美教师”祝响响等一批杰出校友。学校人才培养质量获社会广泛认可，生源质量持续提升，2022年，在浙江省普通类招生的全部47个招生专业投档分数线均高于一段线。

图9

2. 面向区域，服务发展

学校坚持区域服务型高等职业院校的办学定位，通过人才供给、技术供给，有力支持区域发展。对接产业急需，持续人才“输血”。聚焦专业对接产业、育人对接用人，学校累计为地方培养高素质技术技能人才20余万，成为区域技术技能人才培养的“新高地”。科研平台服务效能提级，赋能产业升级。学校应用研发和成果转化平台体系日趋完善，科研合作与社会服务能力不断增强。依托院士工作站、省农作物收获装备技术重点实验室等省级科研平台，学校承担完成国家级科研项目26项，省部级课题360项，2项成果获2019年度省科学技术进步奖三等奖；累计授权专利2 700余件，其中授权发明专利290余件，授权软件著作400余件；近三年年均科技服务到款近4 000万元，每年20余项重大研发产品实现转化；2022年为支持中小微企业的创新发展，学校免费开放了100余件专利许可企业转化使用，成为区域科技创新资源的“蓄水池”，如图10所示。

(1) 浙江省现代职业教育研究中心挂牌仪式

(2) 浙江省农作物收获装备技术重点实验室揭牌仪式

(3) 汪卫华院士工作站授牌

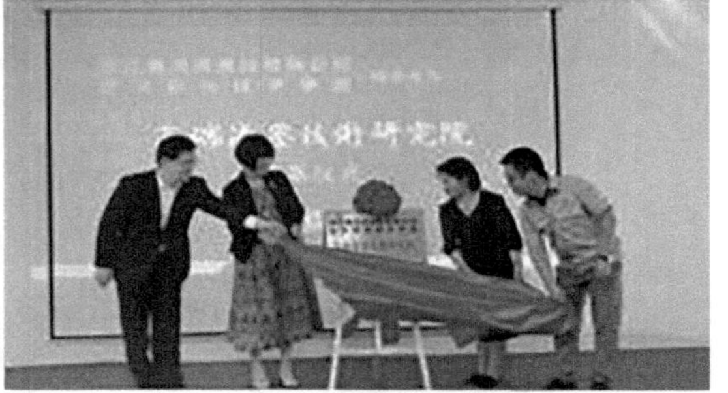

(4) 高端液压技术研究所揭牌仪式

图10

（二）对接“多项战略”，肩负职业教育时代担当

1. 积极策应乡村振兴、助力共同富裕

学校建强退役军人学院、乡村振兴学院等“五所学院”，近三年每年开展各类培训超过25万人·天，切实提升特殊人群融入社会经济发展，共享发展成果的能力，助

力技能社会构建和共同富裕目标实现，2021年学校入选全国乡村振兴人才培养优质校。

2. 积极响应国家“一带一路”倡议

学校对接国家援外工程——卢旺达穆桑泽职业技术学校，合作共建两个专业，输出两项专业标准，将职业教育高质量发展的“金职经验”送出国门，入选全国首批鲁班工坊运营项目和中文工坊项目，提升中国教育文化世界影响。

（三）引领“类型定位”，勇担职业教育改革使命

1. 高质量建设示范专业

立项建设国家高水平专业群2个，建成国家重点支持建设的示范专业3个，是教育部首批现代学徒制试点单位，联合举办本科层次专业7个；获国家教学成果奖8项，全国教育科学研究优秀成果奖2项；立项首批全国示范性职教集团1个，国家发改委产教融合项目1个。

2. 高质量深化“三教”改革

建成各类网络课程2 000余门，其中国家精品课程15门、国家精品资源共享课17门，国家级精品在线开放课程3门、国家在线精品课程9门、国家级课程思政示范课程4门、国家级教材建设奖一等奖2项；立项主持（联合主持）教育部职业教育专业教学资源库6项，参与36个资源库建设，服务1 224所院校20余万人。教师近五年获全国职业院校教学能力比赛一等奖13项，位居全国第一。

3. 高质量发挥引领作用

学校不断深化办学机制改革，收获了丰硕的成果和广泛的赞誉，一直处于国内高等职业院校领先地位。学校开门迎客、上门传道，每年接待200多所院校来校考察交流，对口支援川北幼儿师范高等专科学校、西昌民族幼儿师范高等专科学校、新疆阿克苏职业技术学院等多所院校，将成功办学经验积极推广到兄弟院校。此外，学校将实践和研究成果近1 000多篇在《教育研究》《高等工程教育研究》等国内权威和核心期刊上发表，500多篇文章在新华网、《中国教育报》等主流媒体上报道，成为全国高等职业教育的“重要窗口”，如图11所示。

图11

双星争华，兼容并蓄，大匠运斤，至臻完美。新征程新愿景，新赛道新作为，金华职业技术学院将更加专注投入国家职业教育建设热潮，紧紧抓住职业教育本科发展机遇，深刻领悟职业教育在中国式现代化建设中的重要作用，围绕“四新”，主攻“四化”，深化职普融通、产教融合、科教融汇，持续打造高水平专业集群高峰、高水平产教融合平台和高水平人才培养高地，全力提升办学综合实力和竞争力，为职业教育高质量发展打造“金职样板”！

执笔人：倪淑萍　卢　进

践行初心使命　服务制造强国
奋力书写职业教育助力中国式现代化新篇章

浙江机电职业技术学院

浙江机电职业技术学院高举习近平新时代中国特色社会主义思想伟大旗帜，深入贯彻落实党的二十大精神，锚定职业教育类型定位，自觉贯彻新发展理念，主动融入新发展格局，全面打造人才培养高地和技术创新高地，加快推进高水平职业技术大学建设，奋力书写职业教育高质量发展助力中国式现代化新篇章。

浙江机电职业技术学院是国家“双高计划”高水平学校建设单位A档（全国前十），创建于1952年，先后隶属于浙江省机械工业厅和浙江省机电集团，始终秉持服务中国制造的办学使命，紧紧依托行业办学，应制造业而生、依制造业而立、靠制造业而强、伴制造业而远，形成了鲜明的行业办学特色。学校坚持“开放、合作、服务”的办学理念，秉承“求实、求精、求新”的校训，致力于培养先进制造业高素质技术技能人才，致力于服务地方经济社会发展。学校坐落于中国历史文化名城杭州，现有杭州滨江和海宁长安两个校区，全日制在校生10 000余人。设有智能制造学院、自动化学院、现代信息技术学院、数字商贸学院、创意设计学院等9个二级学院；建有智能制造、智能控制、制造业服务等7大专业群，其中有智能制造、智能控制技术2个中国特色高水平专业群；6个国家级重点专业；12个浙江省优势、特色知名专业。2003年9月12日，时任浙江省委书记习近平同志莅临学校考察指导，提出了“学院要紧紧围绕地方经济建设中心任务，努力办出特色，为我省建设先进制造业基地输送更多的优秀人才”的殷切希望。

一、办学定位

学校党委坚持以党的政治建设为统领，拥护“两个确立”，做到“两个维护”，胸怀“两个大局”，牢记“国之大者”，忠实践行“八八战略”，认真履行管党治党、办学治校主体责任，加强党对学校的全面领导，不断提高把方向、管大局、做决策、抓班子、带队伍、保落实的能力，自觉把党的领导贯穿于办学治校的全过程和各方面。坚决贯彻落实党委领导下的校长负责制，落实立德树人根本任务。

学校坚持以服务中国式现代化为目标，聚焦国家装备制造领域和战略性新兴产业发展前沿，全面贯彻党的教育方针，坚持立德树人根本任务，构建以工学为主体、围绕先进制造业多学科协调发展的学科布局，创新人才培养模式，深化产教融合，加强人才和师资队伍建设，健全内部治理体系，提升人才培养质量和社会服务能力，为浙江打造全球先进制造业基地提供智力支持和技术支撑。通过党建引领，建成“特色鲜明、国内一流、国际知名”的高水平职业技术大学。

二、发展历程

学校办学历史悠久，文化底蕴深厚，创始于1952年的浙江省杭州工人技术学校，是浙江省第一所培养制造业人才的工人技术学校，揭开了浙江机械行业办学的新篇章。1958年升格为浙江机械专科学校，1961年整体并入浙江大学，1975年恢复举办浙江机械工业学校，1999年开始筹建高等职业院校，2002年经浙江省人民政府批准并经教育部备案正式成立浙江机电职业技术学院，至今已有70余年的办学历史，图1为浙江省第一任省主席签发的建校文件。

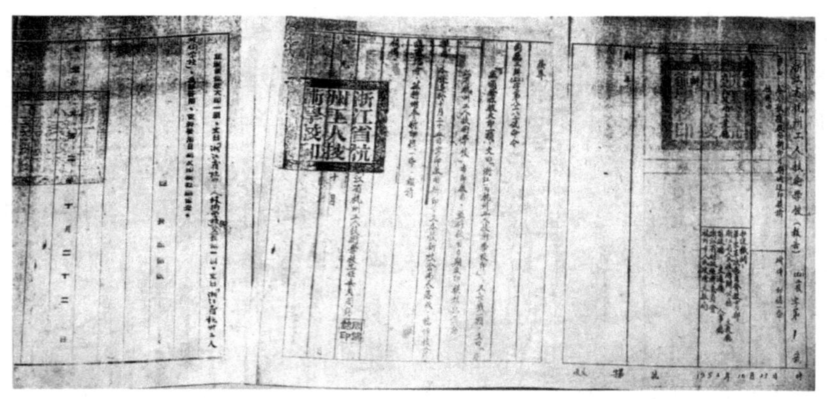

图1

立足新时代，学校牢记初心勇担当，励精图治谋发展。2007年10月，学校被确定为第二批国家示范性高等职业院校立项建设单位。学校紧紧围绕浙江省“打造先进制造业基地、加快发展装备制造业”的发展战略，加强教育教学改革与创新，全面完成学院国家示范建设的主要任务。2010年，学校以优异成绩通过教育部、财政部验收。

2019年，学校成功入围国家“双高计划”（A档）学校建设单位，机械制造与自动化、智能控制技术入围重点建设专业群。学校坚持立德树人，服务“浙江智造”，深化产教融合，强化内涵建设，积极打造高等职业类型教育改革探索者、卓越技术技能人才培养开拓者、“双轮驱动”服务社会推进者、高等职业教育国际化领先者、信息技术促进教育现代化示范者、教学支撑条件建设引领者，努力建设技术技能人才培养高地和技术技能创新服务平台，支撑国家重点产业、区域支柱产业发展。

三、办学特色与成效

学校行业特色鲜明，办学成效显著，紧紧依托行业办学，坚持以服务“浙江制造”为己任，努力培养“知识融通、技术精良、国际视野”的复合型、创新型“浙江工匠”，为全球先进制造业基地、数字浙江、共同富裕先行示范区建设提供有力的人才和技能支撑。

（一）彰显职业教育类型特征，高质量展现职教力量

1. 依托行业对接产业链，致力于服务区域经济

学校主动适应先进制造业技术变革和产业升级，坚定不移面向制造业高端和高端制造业，持续培养输送技术技能人才，形成了鲜明的行业办学特色与优势，先后培养了近10万名高素质技术技能人才，涌现出一大批以全国劳动模范、全国五一劳动奖章获得者为代表的优秀校友，如图2所示。“低温流体装备研发浙江省工程研究中心”成功立项浙江省发展改革委员会公布的“2022年新一批省工程研究中心名单”，标志着学校服务高端装备国家重大战略又上新台阶。

图2

2. 创新“二三+X”培养模式，培养“适应性”“多样化”人才

满足智能制造产业升级和学生多元发展需求，面向智能制造产业链全生命周期主要环节，构建“公共基础课程+专业群共享课程+专业核心课程+X个职业岗位课程”的专业群课程体系，创新实践“二三+X”（即技术、技能型两个层次；新技术、智力技能、复合技能等三个专业方向；X个职业岗位能力）的多样化人才培养，把创新能力融入教学全过程，大力提升了专业人才的适应性。

3. 融通育人要素，提升学生综合素质

学校传承弘扬工匠精神，实施浙江工匠成长护航计划，以红色文化、中华优秀传统文化、职业文化“三化”为引领，构建包含思想政治、专业技能、人文艺术、身心健康、职业发展、劳动教育的六大素质教育体系，建成“素质教育AR体验中心”、劳动教育基地等平台载体，形成线上线下结合的素质教育方式。建设“雅士学院”，弘扬“雅士文化”，以“雅士风度、君子气质、工匠精神”为主要标准，遵循尊重学生个性，构建“一中心·双课堂·三文化”素质教育模式，将文化的传承弘扬与教育教学相融相通，倡导学生自主发展、个性发展、特长发展、全面发展与和谐发展。

（二）突出职业教育特色，校企深度融合培养区域适应性人才

1. 依托产教融合联盟，建设多类型产业学院

依托浙江省职业教育集团、浙江省智能制造装备产教融合联盟、浙江省工业智能控制与应用产教融合联盟、海宁装备智造产教融合联盟等，与区域产业链龙头企业和骨干企业深度合作，建设产业学院。先后与阿里巴巴、浙江省能源集团、浙江零跑科技等集团公司建立了浙江能源学院、速卖通贸易学院、新能源汽车学院等7家产业学院。与区域政府及产业链建立了海宁智造产业学院、台州模具产业学院等多个“区域型”产业学院，打造校企深度合作新生态，实现人才培养与产业发展同步。

2. 校企共建教学资源，合作培养高技能人才

校企双方遵循“共谋、共建、共享、共管、共赢”原则，打造“互融共生”校企合作命运共同体。企业在人才培养方案制订、专业建设、课程体系及标准制定、教材开发、职业技能等级证书认定及开发实施、资金设备捐赠等方面深度参与。360、华为、Festo等企业以设备、技术、资金等多种形式投入学校高水平产教融合实训基地建设，与学校合作开发实践类课程70余门，实训项目300余个，工单式、活页式、手册式等校企双元教材150余本。学校与长川科技、杭州地铁、浙江大华、上海大众等企业开展了共计60余期的现代学徒制班，培养学生2 000余人。

3. 校企共建就业通道，提升学生就业质量

学校与企业紧密合作，为共同培养的高技能人才打通就业渠道。企业一方面吸纳共同培养的学生，另一方面向生态合作伙伴推荐，进一步提升联合培养信誉。学

校与海康威视、上海铁路局、上海特斯拉汽车等优质企业的订单培养，拓宽了就业通道，提升了就业质量。近五年，本地就业人数占86%以上，500强企业就业人数达20%。浙江省教育评估院发布《浙江省高校毕业生职业发展状况及人才培养质量调查报告》显示，我校2021届毕业生用人单位满意度、毕业生综合评价质量排名均位居全省高等职业院校第一。

（三）锚定产业需求，形成“三对接”人才培养

1. 精准构建“四维一体”专业动态调整机制，紧跟产业链需求设置专业

学校主动适应科技发展和产业变革，以产业发展需求为导向，依据“产业转型升级支撑度、专业定位准确性、社会服务成效性、用人单位满意度”四个维度，构建“四维一体”专业动态调整模型，如图3所示，动态调整优化专业结构。组建了智能制造、智能控制技术、智慧交通、现代信息技术、数字商贸等7大专业群，对接浙江省制造业优势与特色产业集群——高端装备制造、智能电气、数字安防、集成电路、节能环保与新能源装备、高端材料等国家和区域的主导产业、支柱产业，全方位提升专业群与产业链需求的契合度。

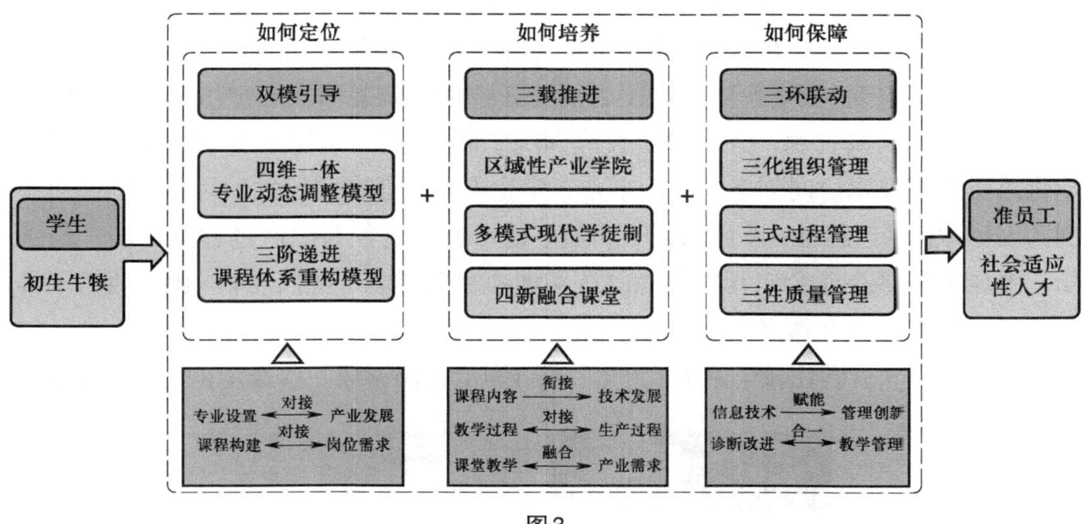

图3

2. 精准建立“三阶递进”课程体系，对接职业标准开发课程

学校积极借鉴海康威视、万向集团、华为、阿里巴巴、西门子等头部企业标准，全面对接国家职业标准，按照“产业链-岗位群-能力矩阵”构成“专业基础能力、专业核心能力、职业岗位能力”的“三阶递进”课程体系模型，开发对接岗位的课程，实现人才培养与产业发展同频共振。学校实施“以标为引领，岗课全对接、课证相融通”的专业课程开发策略，以国家职业标准、行业企业标准为课程开发的引领，

打造岗位能力与课程内容对接、企业岗位群和群内专业人才培养对接的“双对接”型专业课程，以1+X职业技能等级证书、职业资格证书等为抓手在课程体系中实现课证互融互通。成立由企业专家与专业骨干教师组成的课程开发团队，建立课程体系开发、反馈、更新机制；全面参与制订智能制造技术等专业国家标准、工业机器人运维等课程标准。面向智能制造产业链，与瑞士GF、罗克韦尔等企业深度合作，实现与行业企业的先进智能制造技术的实时对接与互联互通。近年累计开发全新的专业方向课程和岗位核心课程400余门，累计线上完成数字化平台课程1 210门，建有国家级精品资源共享课程7门、国家精品在线课程6门、省级精品课程34门。

3. 精准构筑“多维立体”教学情境，紧贴生产实际设计教学过程

学校与头部企业合作，创立具备“点－线－面”立体化特征的专业基本技能、专业核心技能、岗位综合技能等递进式技能教学过程。按照“真设备、真项目、真标准”的要求，共建实训教学基地。基于数字化增强现实、数字孪生、信息化等教学新技术，在实训基地内的各个教学场所，创新虚实结合、理实一体的“多维教学情境”，强化教学过程与生产过程的全面对接。教学过程将教学培训、虚拟训练、实践操作三个维度进行统一整合，通过一维智慧型学习情境，实现教学资源多媒体呈现和教与学信息的互联互通，完成“智能交互设计”“智能检测”等信息技术有关课程的智慧型教学；在教学过程中，以企业案例为载体，实施基本技能训练“真中练”；引入西门子数字孪生、人工智能等新技术，依托国家虚拟仿真示范实训基地，开发虚拟仿真资源，开展核心技能训练“做中学”；以国家级中小企业车间智能化改造应用技术协同创新中心为平台，学生参与企业真实研发项目，实施“研中创”，让学生的“创意－设计－实现”全落地，教学过程与生产过程全对接。与大华、海康威视等企业合作开发智能制造实训项目26个、与瑞士GF、德国西门子等企业联合开发社会化服务培训项目14个，映射真实生产过程数字孪生教学项目15个、企业生产项目转化教学案例120个，图4为学校国家级、省级示范性实训基地。

图4

（四）引育并举激发活力，打造高水平师资队伍

1. 业绩导向，构建量化考评体系

一是分类评价，打造职称评聘量化考评机制。学校以师德师风为第一要素，以教育教学实绩为标准，实施职称评聘制度改革。出台《教师专业技术职务自主评聘办法》，实行分类评价、量化考评、论文代表作全面替代，对职称评聘全面实行业绩成果赋分。对申报者业绩成果进行逐条审定、确定分值区间，评聘专家在分值区间内根据申报者实际成果水平进行评分，按评分高低确定推荐意见。同时对业绩成果突出者设定破格晋升条件和直接晋升条件，有力促进人才不断突破自我、脱颖而出。二是优绩优酬，构建多元化绩效分配体系。坚持按岗取酬、优劳优得，制定出台《绩效分配改革实施管理办法》等制度。充分体现业绩导向，向教育教学实绩突出者倾斜，取消绩效分配直接与人才荣誉和论文、课题挂钩的方式，制定突出贡献奖励标准。对特殊人才设定结构工资制度，探索高层次人才年薪制，根据聘期任务完成情况发放薪酬。结合各类人员特点，建立多元化分配体系。三是分类认定，引导人才称号回归学术性和荣誉性。学校出台并修订《高层次人才引进办法》，明确了人才层次分类标准、根据学校发展需要区分了紧缺类型、设定了聘期任务指标，实行协议管理。具体引进待遇不以人才称号为依据，而是以人才紧缺程度和业绩指标为依据。

2. 筑巢引凤，引培高水平大师名匠

学校创新“院士领衔、专兼结合、分层认定、目标管理”的大师名匠引进制度。探索并加强了专兼结合的高层次人才引进办法，出台人才引进系列制度，扎实推动“百名高层次人才引进计划”，实行高层次人才层次认定、目标管理的模式，分类引进院士、行业领军人才、教学名师、技能大师、博士等双高建设紧缺高层次人才。实施国家、省、校三级名师名匠培育制度，以校级“双师型”名师、博士、技能大师三类工作室为基础，打造高水平名师名匠培育平台，加快校内大师名匠的培养。近年来，学校引进和培育国家教学名师1人，国务院政府特殊津贴专家2人，全国职业教育先进个人1人，首批全国机械行业职业教育服务先进制造专业领军人才1人，全国技术能手3人，并拥有省教学名师、省有突出贡献中青年专家、省高校优秀教师、省技术能手、省部属企事业“能工巧匠”、省担当作为好干部、浙江青年工匠、省黄炎培职业教育奖（杰出教师奖）获得者等各类人才。

3. 名师引领，打造高水平双师型团队

学校不断探索推进教师教学创新团队建设与管理，强化人才分类考核与团队培育，大力推进国家、省、校三级教师团队体系建设，形成了一批以‘全国高校黄大年式教师团队”为代表的高水平教师团队。一是以国家名师为引领，打造三级教师团队。以黄大年式教师团队为目标，以国家名师为主导，以教学创新团队为重点，

组建“师德为先、名师主导、‘双师’主体、三级递进”的教师团队，形成国家、省、校三级教师团队递进培育、成长发展机制。推进专业设置与产业需求、课程内容与职业标准、教学过程与生产过程“三个对接”，建成团队协作共同体，促进关键技能改进与创新，提升教师实践指导能力和技术技能积累创新能力。二是以教学创新为核心，构建团队协作共同体。以专业建设为基础，完善校企合作、团队建设协同工作机制，推进专业设置与产业需求对接、课程内容与职业标准对接、教学过程与生产过程对接，建成团队协作共同体。通过组织团队教师开展专项培训，提升教师模块化教学设计实施能力、课程标准开发能力、教学诊断与评价能力、团队协作能力和信息技术应用能力，并定期安排团队教师定期到企业实践，学习专业领域先进技术，促进关键技能改进与创新，提升教师实习实训指导能力和技术技能积累创新能力。三是以绩效激励为重点，完善团队分类评价机制。通过实施“双师”培育工程，组建专兼结合的培训专家团队，开发专业建设、职业精神、实践能力、技术研发等方面的培训项目，联合培育教学能力强、能改进企业产品工艺、解决生产技术难题的“双师型”教师。以校级“双师型”名师、博士、技能大师三类工作室为基础，以“双师”教师为主体，完善团队的知识技能结构，实现“1+1>2”的效果。学校共建成全国高校黄大年式教师团队2个，国家级职业教育教师教学创新团队2个，国家课程思政教学团队1个和课程思政教学名师5人，首批浙江省职业教育教师教学创新团队2个，取得了高水平教师团队建设成果大满贯。

（五）科教融汇助力国之大者，积极服务产业迭代升级

学校全面打造科研与技术创新高地，建有教育部“中小企业车间智能化改造应用技术协同创新中心”和交通运输部国家级“轨道交通行业研发中心”。全面打造“工业机器人研发及集成应用”“协同控制与工业网络技术”等一系列高水平科技创新团队，立项浙江省高精尖端研发项目、浙江省自然科学基金项目、浙江省公益基金项目等30余项，如图5所示。

1.“双尖双领”，积极践行国家重大装备发展战略

通过实施“科技强校”，构建高层次成果激励机制，打造院士领衔、首席专家指导的高水平科研攻关团队，以主持4项“尖兵”“领雁”重点研发项目为标志，全面推进“尖峰”“尖兵”“领雁”“领航”（“双尖双领”）重大科技创新计划，取得了一大批高水平的科技攻关成果。近年来，在重大装备制造领域成功立项省“尖兵”“领雁”重点研发计划项目12项，其中主持4项，主要承担8项。交叉学科领域呈现新气象，在城市轨道交通对策研究领域立项省软科学重点项目1项，一般项目2项，立项教育部人文社科交叉学科。基础研究领域颇有建树，2位年轻博士在重大医疗装备等领域各立项省自然科学基金项目。学校在重大装备攻关上突飞猛进，助

推“双尖双领”计划成效显著。

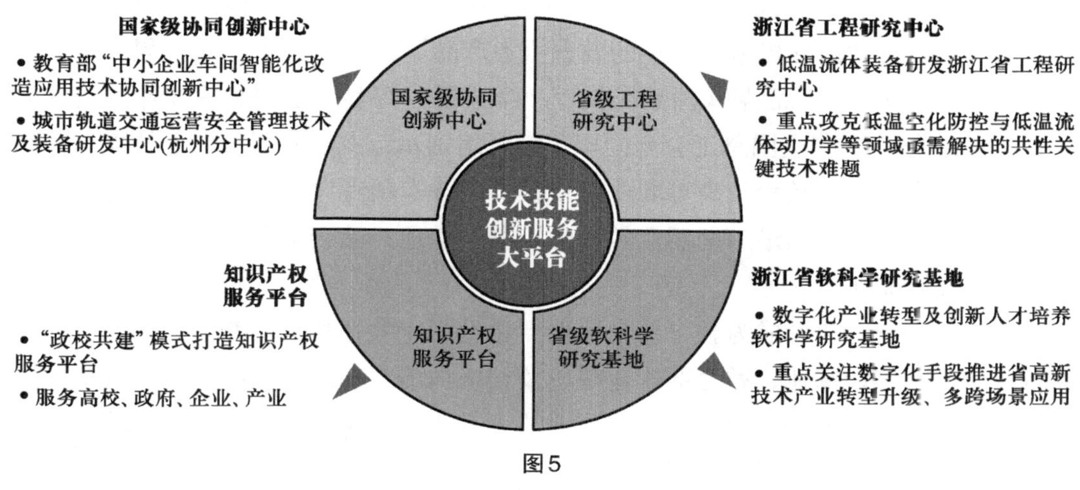

图5

2. 协同创新，大力支持中小企业智能化改造升级

以国家级“中小企业车间智能化改造协同创新中心”为引领，以科技创新团队建设为抓手，探索“链式联合、分工协作、服务需求、互利共赢、绩效管理、滚动发展”的协同运行机制，为中小企业智能化改造、产业转型升级提供技术支撑，优化智能制造人才培养体系，形成以重大需求为导向、项目研发为载体，立足专业优势、依托浙江省产业布局、面向新兴战略性产业，打造智能化改造、人才培养、技术服务“一站式”技术技能创新服务平台。精准定位车间智能化改造、数字化提升、人工智能等技术服务需求，与行业企业紧密合作，优化资源配置，集中发力、定向开展技术攻关和技术合作。近年来，在企业智能化改造、机器换人、智能工厂、数字化车间等技术领域，开展技术服务187项，年技术服务金额超3 000万元，为企业提供技术服务金额超过50万元的大型项目达41项，实现科研工作与市场需求精准对接，有效促进科技资源整合，实现“产学研用”深度融合、校企合作互利共赢，技术协同创新能力大幅度提高。

（六）落实育训并举，构建四维联动平台

以需求为导向，完善市场化运作管理体制，通过“政校行企”四方联动、产教融合，汇聚校内外优质资源，搭建起符合市场需要、服务经济社会发展、可持续运行的社会服务平台。围绕职业教育的新形势、新方位、新目标，服务制造强国、建设技能型社会、增强职业教育适应性、建设省域共同富裕示范区、全球先进制造业基地等战略部署，以“主动服务、市场运作、提高层次、创建品牌”工作方针为指引，以互利共赢为原则，以资源整合为手段，发挥“政校行企”四方联动的合作优

势，建设“共建、共管、共享”的培训基地，构建起产教深度融合、协同育人的社会培训服务体制机制，同时创新工作机制与路径，有效应对新冠疫情带来的影响，打造出一批具有“浙江机电”特色的教育服务产品。2018年以来，学校累计培训规模达8万人次以上。先后荣获国家级教育教学成果一等奖、全国高等职业院校社会服务贡献50强、中华全国总工会全国职工教育培训示范点、杭州市职业技能培训品牌机构等，在浙江省教育厅高等职业院校社会服务专项考评位居首位，成为浙江省规模最大、项目覆盖面最广的职业教育师资培训基地，社会培训服务成绩位居全国高等职业院校前列。

目前，学校已建设成为教育部全国重点建设职业教育师资培养培训基地、国家级高技能人才培训基地、教育部职业院校校长培训培育基地、国家级职业教育师资教学创新团队培训基地、全国机械行业职业教育师资培训中心（基地）、教育部双师型教师培训基地等，不断做强做优“浙江机电”继续教育品牌，实现规模、质量、效益可持续发展。

（七）国际交流“引进来”“走出去”，分享中国职业教育浙江机电方案

学校积极“引进来”美国、德国、澳大利亚等优质国际化教学资源，构建双文凭（专科文凭+高级文凭）和双证书（专科文凭+国际职业证书）人才培养模式，形成多国别、多专业、多模式中外合作办学体系。建成“跨文化职业素养+语言训练+专业课程/实训+特色项目”的模块化课程、国际认可的中国特色高等职业教育“本土化”专业标准、课程标准和教学资源，并辐射全校各个专业群建设。从2016年开始，学校积极响应国家“一带一路”倡议，聚焦“走出去”战略，拓展国际服务平台，创建四种“走出去”服务合作新模式，为境外中资企业提供教育服务。目前已经建立“浙江丝路学校（泰国罗勇）”、中缅“精工博艺”人才培养合作模式、南非“智能制造”培训中心、肯尼亚院校一揽子援建合作项目等四种对外服务新模式。

2020年学校入选“未来非洲-中非职业教育合作计划”执行单位。2021年开发“中文+技能”微证书课程标准，覆盖智慧交通、跨境电商、智能装备制造等5个专业，有效衔接中外教育办学标准和技术产业标准，兼顾国际中文教育和职业技术教育的特性属性，打造“中文+技能”教育模式，满足更大范围中外学生“在地国际化”培养的多元发展需求。2021年，学校积极响应数字浙江的战略，建成“浙江机电职业技术学院-伦敦南岸大学数字化技术联合学院”，提升了中外合作办学层次。2022年5月学校（首批）入选中非职业教育联合会。学校先后获评首批“中国-东盟”高等职业院校特色合作项目、“浙江省国际化特色高校”、世界职教院校联盟（WFCP）“高等技术技能”人才培养金奖等荣誉。

立足新时代、面向新未来、奋进新征程。浙江机电职业技术学院将深入学习贯彻党的二十大精神，秉承“服务中国制造”的办学使命，以自信自强、守正创新的精神状态砥砺奋进，在争创特色鲜明、国内一流、国际知名的高水平职业技术大学新征程上踔厉奋发、勇毅前行！

执笔人：陈　宇

踔厉奋发　勇立潮头　推动学校发展迈向更高水平

浙江金融职业学院

2005年11月2日，浙江金融职业学院建校30周年，时任浙江省委书记的习近平同志给学校发来贺信，要求学校要坚持社会主义办学方向，牢固树立和全面落实科学发展观，继续发扬优良传统，全面推进素质教育，不断提高教育质量和办学水平，努力把学校建设成为具有自身特色的示范性高等职业院校，为社会培养出更多高素质的应用型人才。这些年来，学校始终牢记习近平总书记的重要指示精神，全面贯彻党的教育方针，落实立德树人根本任务，深化产教融合、校企合作，持续提升学校办学能力和水平，培养了一大批经济社会发展需要的高素质的应用型人才，在守正创新中推动学校高质量发展。

一、办学定位

学校作为具有责任感和使命感的首批国家示范性高职院校、国家优质高职院校、中国特色高水平高职学校、浙江省重点建设高职院校，围绕学校“十四五”期间“建标杆、扩校区、升本科”的目标，以打造中国金融（银行）业重要的高水平职业大学为愿景，按照“高标准、高起点、高质量”的要求，立足职业教育类型不变、围绕行业特色办学不变，提升学校办学层次、学校行业影响。学校积极推进高水平职业大学创建，打造技术技能人才培养高地和创新服务平台，推进职普融通、产教融合、科教融汇，整合高端资源、优化人才培养模式，突出职业教育特点，创新学校改革发展，培养经济社会发展亟需的金融业高素质技术技能人才，服务社会主义现代化国家建设，引领职业教育高质量发展。

二、发展历程

（一）浙江财政银行学校时期（1974—1978年）

1974年11月，浙江省财政金融局申请开办“浙江省财政银行学校”，学校性质属于中等专业学校，由浙江省财政金融局和浙江省教育局共同领导。1975年，浙江财政银行学校建立；1977年，学校隶属于中国人民银行浙江省分行。建校之初，校舍定点步履艰难，期间四易校址。为解决师资困难，学校通过“借（向支行借）、请（聘请退休同志）、兼（行政干部兼）、代（请分行、支行同志代课）、调（引进和调动专业教师）、留（本校优秀毕业生留校任教）”等措施充实教学队伍，适应教学需要。学校成立之初便具有鲜明的行业特色。

（二）浙江银行学校时期（1978—2000年）

1978年8月，浙江财政银行学校分设为浙江财政学校和浙江银行学校。1993年，浙江银行学校被评为省部级重点普通中等专业学校；1994年，被评为国家级重点普通中等专业学校。2000年2月，经国务院同意，浙江银行学校由中国人民银行划转地方管理，5月，浙江省人民政府将学校划转为浙江省教育厅直属学校。浙江银行学校先后经历夯实基础、规范发展、国家重点、创新发展等阶段，在领导班子、专业与课程、招生与教育教学、师资队伍、校办产业、基金会与校友总会等方面取得良好成效，成为中等专业学校的佼佼者。浙江银行学校正门如图1所示。

图1

（三）浙江金融职业学院时期（2000年至今）

2000年6月，浙江省人民政府同意在浙江银行学校的基础上筹建浙江金融职业学院；2002年1月，浙江省人民政府批准浙江金融职业学院正式建立，成为全国首家培养金融行业高等应用型人才的职业院校。2003年，学校成为浙江省第一家人才培养工作水平评估优秀等级高职院校；2006年，学校被教育部、财政部立项为首批国家示范性高等职业院校，并以优秀等级通过验收；2016年，学校荣获“黄炎培职业教育奖”优秀学校奖；2017年，学校入选浙江省重点高职院校建设单位；2019年，学校被教育部认定为国家优质高职院校，被教育部、财政部立项为中国特色高水平高职学校和专业建设计划建设单位。2022年3月，浙江省重点建设项目——浙江金融职业学院绍兴校区正式开工；5月，学校在浙江省职业教育大会上签署了创建高水平职业大学战略合作协议。

三、办学特色

（一）坚持立德树人，促进学生成人成才

1. 凝练形成以学生为中心的较为系统且先进的办学理念

学校牢固树立“特色鲜明、人民满意、师生幸福”办学宗旨，以“做学生欢迎之师、创社会满意之校、育时代有用之才”为价值理念，正确把握“传承行业优

势、服务地方经济、培育实用人才”办学定位，践行“办好专业、注重学业、关注就业、鼓励创业、强化职业、成就事业”的“六业贯通”人才培养理念，始终坚持“就业立校、服务强校、合作兴校”办学方针，构建“行业、校友、集团共生态”办学模式，凝练形成了先进、系统的办学理念。

2. 创新以“千日成长工程”为主线的立体化育人体系

学校始终贯彻“以生为本”的工作理念，实施学生“千日成长工程”，构建关爱学生进步、关注学生困难、关心学生就业的“三关”学生工作体系，学校在全国最早设立“5·23爱生节”“11·23深化爱生节”活动日，实现全员育人。

3. 打造以大规模订单为载体的银领人才培养模式

学校面向金融产业，汇集行业力量组建浙江省金融职教集团，于2008年组建独具特色的优质金融银领人才订单培养机构——银领学院，实施学校企业双元育人，开展全程式、大规模订单培养，找准人才培养模式改革与校企协同育人的结合点，明确学生、学徒双重身份，打造分工协作双师团队，凝聚导师、师傅双重力量，实现毕业与上岗零过渡。学校先后与120余家金融机构合作开展订单人才培养，累计向订单单位输送了16 000多名应用型金融人才，形成极具特色的人才培养模式。

4. 铸就以教师、学生、校友共同体为依托的办学体制机制

学校1995年成立校友会，确立“巩固老校友、助力新校友、重视校友成功、注重校友成长”的工作方针，设立校友回访日、校友返校活动日，打造“千名学生访校友、千名校友回课堂、百名校友话人生、百名校友上讲坛、百名教师进企业”的系列校友文化育人活动，凝聚校友力量，汇聚校友智慧。近年来，7 000多名校友回校参加校友创业论坛、校友明理讲堂、基层行长论坛、捐赠设奖共育人才等活动，接受捐资助教5 000多万元，牵头设立30余项校外奖学金、奖教金，参与学校改革发展，促进学校高质量发展。

（二）深化产教融合，彰显职业教育类型特色

1. 积极推进改革创新，助力高水平职业大学创建

创建高水平职业大学是学校适应经济社会发展、行业转型升级、办人民满意教育的现实需要，2022年，在浙江省职业教育大会上，学校签署了建设高水平职业大学战略合作协议，学校进入了高水平职业大学创建的新阶段。按照“高标准、高起点、高质量”的要求，学校锚定高水平职业大学创建目标，对标对表，明确工作任务，实施创新引领创建高水平职业大学“发展工程”、数字驱动构建高水平治理体系“改革工程”、多措并举汇聚高水平办学资源“开放工程”、引育并重建设高水平师资队伍“人才工程”，确保各项工作高质量落实。深化产教融合、校企合作，聚焦高层次的复合型人才培养，夯实“校政行企”协同育人，引领高等职业教育改革

创新，探索新时代高等职业教育新形态。

2. 校政行企深度融合，助力区域经济与产业发展

围绕国家数字经济发展和浙江省金融、信息等万亿产业转型升级，学校以“市场导向、资源共投、成果共享、风险共担”为核心运行机制，打造高水平技术技能创新服务平台。通过建设协同创新中心、研究院、创新创业基地、产教融合平台等运行载体，打通政产学研合作通道，形成学校－政府－行业－企业专家团队集群。通过横向课题合作、主旨论坛、专题研讨等方式在普惠金融、科技金融、绿色金融、贸易金融等领域为行业企业提供战略性发展规划和个性化解决方案。学校加强金融智库建设，助力浙江地方金融发展，开展科技金融领域研究，参与钱塘江金融港湾建设，参与浙江省农村信用联社普惠金融、嘉兴科技金融、衢州绿色金融建设，参与制定嘉兴市金融业“十四五”发展规划等工作。

3. 对接数字经济产业，深化专业人才培养改革

学校瞄准科技金融、数字贸易等产业高端与新型服务发展趋势，以产教深度融合和校企紧密合作为主线，以“双元育人、书证融通”复合型技术技能人才培养模式改革为突破口，按照“数字化＋专业”调整优化专业群内专业布局，推动专业融入产业发展，构建起“高水平引领、相互支撑、协同发展”的专业群建设格局。实施紧密衔接产业的专业群动态调整与自我完善机制，形成优势引领、功能协同、特色鲜明的专业群集聚模式、发展模式与服务模式。组建“专业跨界化、角色多样化、履历多元化”的教学创新团队，实施专业、课程分工协作式的模块化教学改革，开发活页式、工作手册式、任务清单式的新形态、数字化教材。深化人工智能技术在课堂中的全方位应用，改造教学场景、扩展课堂边界，融入项目教学、情景教学、工作过程导向教学，打造“金院好课堂”，持续深化教师、教材、教法改革，培养高素质技术技能人才。

4. 打造双师师资队伍，服务校企深度合作

学校筑巢引凤、引育结合，加大人才引进和师资队伍建设力度，持续推进“159”高水平人才战略，柔性引进国际知名管理学者、中国社科院及商务部国际贸易经济合作研究院专家等多名专家学者。坚持校企合作、双元培训，不断提升教师“双师”素质，优化队伍“双师”结构，打造“千人大金融智库”，聘请行业企业专家担任行业企业特聘院长。学校有国家“万人计划”领军人才（教学名师）2人，获国务院政府特殊津贴1人，全国“黄炎培职业教育奖”杰出校长奖2人、杰出教师奖2人、优秀教师奖1人，全国高校黄大年式教师团队1个，国家级职业教育教师教学创新团队1个，“双师型”教师培养培训基地2个，国家职业教育“双师型”教师培训基地1个。近年来，学校教师主持省部级及以上科研项目170余项、厅局级及以上科研项目1 000余项，教师在14家教育类中文核心期刊发表论文量连续

十四年位居全国高职院校第一，学校教师发展位居全国高职院校教师教学发展指数前列。

5. 凸显技术服务功能，助力企业转型升级

学校开展有组织科研，打造科研创新服务平台，形成国家级、省级、校级科研创新服务新格局，组建由政府顾问、行业专家、跨专业教师和学生组成的智库咨询与技术服务团队，通过项目任务载体不断提升研发团队的创新能力。聚焦行业信用评级技术研发，发挥学校在企业信用评级技术研发领域的先发优势，为完善区域金融风险防范联防联控机制、打造区域金融发展安全示范区做出贡献，助推长三角地区信用体系建设。依托杭州跨境电商综合试验区，打破部门壁垒，有效加强物流、通关、结汇、退税环节的深度协同，提高跨境物流行业集成服务水平，提供跨境电商企业线上线下一站式便利化服务。整合社会资源，联合浙江省会计学会与相关企业，重构会计业务流程，帮助浙江企业进行会计制度设计，为会计行业发展提供智力支持，促进产教科教双融合。

（三）服务地方发展，增强职业教育适应性

1. 培养、培训，服务数字经济发展所需人才

学校充分发挥在金融领域的影响力，推动“行业、校友、集团共生态”办学模式迭代升级，深化全方位、多层次、多领域合作，整合发展资源，提升学校发展能级。学校建成国家级跨境电商综合服务应用技术协同创新中心、浙江省服务万亿金融产业产学研协同创新基地等技术技能创新平台，开设跨境电商、人工智能等新专业，培养适应数字经济发展的技术技能人才。依托国家级证券期货投资者教育基地等平台，创新开展财经知识普及和投资者教育活动，持续提升社会服务水平。学校毕业生留浙率持续保持在90%以上，在数字金融、数字贸易、财务等行业就业占比呈上升态势，有效开展社会培训，满足企业转型中员工核心能力提升需求。

2. 咨政、规划，服务国家和地方经济发展

学校与商务部国际贸易经济合作研究院签订战略合作框架协议，开展前沿课题研究、重大科研攻关、高端学术交流、博士后联合培养、资源信息共享等方面的合作；与中国人民大学重阳金融研究院签订战略合作框架协议，开展深入合作，进行科学研究。学校成立电子商务与新消费研究院、普惠性人力资本提升学院、数字人民币研究中心，整合科研资源与扩大品牌影响力。近五年，学校获得省级以上领导批示或采纳的咨询报告30余项，成功中标世界银行“浙江省世行贷款项目实践与流域综合治理研究”咨询项目，参与《嘉兴市金融业“十四五”发展规划》《浙江安吉农村商业银行股份有限公司“十四五”发展规划（2021—2025）》等规划文件的制订工作。

3. 咨询、育人，服务国家“一带一路”建设

学校打造捷克研究中心新型智库，开展国别研究，咨政报告多次获省领导批示；为企业提供咨询服务，协助制定浙企在捷旗舰项目发展规划。学校探索并形成“专业+语言+国别”国际化人才培养体系，该项成果荣获国家职业教育教学成果二等奖、浙江省职业教育教学成果特等奖；立项教育部中德先进职业教育合作项目（SGAVE），入选浙江省国际学生国情教育名师工作室建设单位，成功立项冈比亚职业标准开发项目。面向境外“一带一路”企业、院校开展培训，承担外交部、教育部、中国侨联等单位研究项目，举办“中国（浙江）—捷克智库论坛”“中国（浙江）—中东欧国家地方合作论坛”等国际性会议，出版《“一带一路”框架下浙江与捷克经贸合作发展报告》，参与制定《关于加强中国—中东欧国家经贸合作示范区建设的指导意见》；与华立集团等企业共建丝路学院3所，合作发布《墨西哥投资白皮书》。

4. 助智、赋能，服务国家乡村振兴与共同富裕建设

学校成立乡村振兴研究中心，近年来面向农村劳动力开展培训，组织师生“三下乡”活动；对口支援青海、新疆、吉林、河北等地职业教育，派出援青、援疆驻地服务教师6名；被全国职业院校精准扶贫协作联盟评为脱贫攻坚先进集体。助力浙江省山区26县合作（服务）项目，完成浙江省天台龙溪乡12村、江苏东台八里村等14个美丽乡村建设项目，推进乡村振兴共同富裕。从2007年开始坚持每年发布《浙江金融职业学院社会责任报告》，积极主动履行学校社会职责。

四、办学成效

1. 职业教育党建工作有亮点

学校始终坚持党建引领，发挥党委把方向、管大局、作决策、抓班子、带队伍、保落实的作用，完善“党要管党、党抓发展、党主育人、党蓄队伍、党谋幸福”的党的全面领导体系。2015年，学校成立马克思主义学院，连续召开七届全国高职高专院校马克思主义学院书记院长论坛，线上线下累计20余万人次参会。学校入选教育部职业院校“三全育人”工作学校典型案例，首批浙江省高校党建工作示范高校、标杆院系、样板支部培育创建单位，入选浙江省习近平新时代中国特色社会主义思想研究中心首批研究基地，近三年在《光明日报》等主流媒体刊发文章百余篇。

2. 职业教育课程思政建设有示范

学校积极开展课程思政建设，制定并实施校院两级课程思政建设方案，开展课程思政领航学院、领航专业建设，实施高品质公共基础课程思政建设计划、

高水平专业课程思政建设计划、高质量实践类课程思政建设计划，分类推进课程思政建设。学校入选2021年教育部课程思政教学研究示范中心、浙江省课程思政示范校、浙江省课程思政教学研究示范中心，当选国家职业院校文化素质教育指导委员会课程思政研究中心主任单位，获全国职业院校“战疫课堂”思政案例评选优秀组织奖。学校通过召开全国课程思政集体备课会、输出教师专家讲座、出版思政专著、发表研究论文等形式分享课程思政改革经验，形成了良好的示范作用。

3. 高素质技术技能人才培养受认可

学校培养了一大批杰出校友，涌现了世界职业技能竞赛冠军陈良杰、全国金融五一劳动奖章获得者沈晓琴等新生代优秀校友。学校累计培养了6万余名经济金融优秀人才，其中，各级各类行长超过5 000人，被誉为“行长摇篮”“金融黄埔”。近年来，学校毕业生就业率保持在98%以上，毕业生受到社会和行业广泛认可。

4. 财经商贸专业高水平建设发挥影响力

学校坚持金融特色办学，深耕财经商贸专业领域，深化“2带5”高水平专业群建设机制，以金融管理、国际贸易实务两个国家级高水平专业群，带动投资保险、会计、工商管理等专业群协同发展，建成一批与区域经济社会发展紧密结合、服务有力、体系完整、制度健全、产教融合、特色鲜明的专业。建有国家级高水平专业群2个，国家骨干专业7个，浙江省优势特色专业13个。学校与中国计量大学、杭州电子科技大学、浙江工商大学、浙江财经大学、浙江外国语学院分别联合开展金融工程、国际经济与贸易、金融学、信用管理、国际商务等本科层次人才培养试点。牵头完成教育部职业教育财经商贸大类专业目录修订、8个职教本科和专科专业教学标准研制，在专业领域有着良好的影响力。

5. 职业教育数字化教学资源建设有成果

学校以专业教学资源库和课程建设为抓手，推动活页式、手册式、立体化、数字化的教材建设，建设优质数字化教学资源体系。学校主持金融、国际贸易、互联网金融、文秘4个国家专业教学资源库建设项目，带领全国59所院校参与资源建设，使用院校（高校和中职）累计2 600余所、累计用户70余万人次，使用排名位居全国前列。建有省级以上精品类课程59门，其中国家级精品课程8门、精品资源共享课8门、精品在线开放课程2门、在线精品课程4门，国家课程思政示范课程1门，省级课程思政示范课程15门；主编首届全国教材建设奖获奖教材3部、“十三五”职业教育国家规划教材20本、“十四五”职业教育国家规划教材28本、浙江省高校新形态教材51本，为职教战线提供了丰富优质的数字化教学资源。

五、社会影响

1. 综合实力走在了全国高职院校前列

学校是首批国家示范性高等职业院校、国家优质校、“黄炎培职业教育奖”优秀学校、中国特色高水平高职学校和专业建设计划建设单位、浙江省重点建设高职院校。率先成立全国高职院校首家马克思主义学院，主持国家教学资源库数量、专业标准数量、国家教学成果奖数量、承担国家社科基金数量位居全国前列。作为财经类职业院校，学校综合实力和竞争力位居全国前列。

2. 形成了高职素质教育改革示范

学校以“品德优化、专业深化、能力强化、形象美化”为培养目标，以递进式课内外协同育人体系为主要内容，深化明理学院等专门学院素质教育，面向兄弟院校辐射共享“千日成长工程”建设成果。牵头发起全国高职院校“千日成长联合行动”，截至目前参与联合行动的全国高职院校已超800所，培训覆盖万余名高职素质教育骨干教师和四万多名学生。“千日成长工程”得到职教战线广泛借鉴。

3. 取得了良好社会声誉

学校是中国高等教育学会职业技术教育分会理事长单位、全国高职高专校长联席会议主席团成员单位、全国财经商贸类高职学校（专业群）高水平建设联盟理事长单位。学校先后获得“全国职业教育先进集体”“全国金融职业教育先进集体”“全国毕业生就业典型经验高校”“浙江省劳动模范集体”“浙江省职业教育先进单位”等荣誉称号，先后入选全国职业院校社会服务贡献、学生管理、教学管理50强，具有良好社会声誉。

扬帆起航正当时，砥砺奋进再出发。浙江金融职业学院始终牢记习近平总书记在建校30周年时给我校的贺信精神，以党的二十大精神为指引，坚持党的领导，坚持正确办学方向，坚持立德树人，改革创新、勇立潮头，深化教育教学改革，不断提高教育质量和办学水平，推动学校发展迈向更高层次、更高水平。

守正创新　强化内涵　打造“船政”职教品牌

福建船政交通职业学院

一、办学定位

学校致力于人才培养、应用技术研究与社会服务、文化传承创新、国际交流合作，坚持促进人的全面发展，着力增强受教育者的社会责任感、创新精神和实践能力，努力培养德智体美劳全面发展，具有现代工匠精神和良好质量意识、安全意识的高素质技术技能人才。

学校以全日制高等职业学历教育为主，并致力于构建学历教育与非学历教育（培训）协调发展、“中－高－本”衔接有序的职业教育体系。

学校专业发展坚持“以工为主、依托行业、产学结合、厚德强技”的办学特色；聚焦公路、铁路、海运、航空等领域技术与管理专业和新兴的经济社会建设，着力打造航海、安全、汽车、土木、机械、信息与智能交通、交通服务与管理、航空、轨道等特色专业群；对接人工智能时代下的交通新业态、新产业、新模式，重点发力智能道路、智慧化出行服务、自动化码头、智能仓储、多式联运等新领域，实现专业链与产业链有效衔接，形成海、陆、空、轨四位一体的全方位现代综合立体交通专业集群。

学校的远景战略目标是：成为对区域经济和交通运输行业贡献卓著、具备国际竞争力、具有先进文化引领作用、持续适应社会需要，人才培养质量与办学水平达到世界一流、船政特色鲜明的高水平职业院校。

二、发展历程

学校前身为创办于1866年的中国近代官办第一所高等实业学堂——马尾船政学堂。一百五十多年来，严复、詹天佑、邓世昌、陈季同等一大批爱国民族精英从这里走上历史舞台，“一座学堂引领一个时代”。新中国成立以来，学校为交通行业输送了数以十万计的技术技能人才，为海洋强国、交通强国、质量强国及区域经济社会发展做出了重要贡献。主要的发展历程如下：

第一阶段——晚清时期：精英教育与职业教育并存。

1866年12月23日“求是堂艺局”开局招生。开始分前、后学堂，前学堂习法文、学制造，称“制造学堂”，后学堂习英文、学驾驶，亦称“驾驶学堂”。后又增设“电报学堂”“绘事院”“管轮学堂”。1868年2月设立艺圃（艺徒学堂），培养中级造船工人，后分为艺徒学堂和匠首学堂，艺徒择优升入匠首学堂，培养高级技工（技师），优秀者可任监工（工程师）。

第二阶段——民国时期至新中国成立之初：军用民用人才培养各有发展，中职教育与高职教育并存。

1913年10月，前学堂改名为福州海军制造学校，后学堂改名为福州海军学校。后经多次合并、搬迁，于1946成为青岛海军军官学校。1913年10月，艺圃改名为福州海军艺术学校，历经多次改制、并校，成为“福建省马江私立勤工工业职业学校”（简称马江勤工学校）。1944年2月马江勤工学校受省教育厅委托办“福建省立林森高级商船职业学校”（简称“商船学校”）。又经多次迁址、更名，新中国成立后，称“福建省立高级航空机械商船学校”（简称“高航”）。1952年8月，全国院系调整，“高航”停办。

第三阶段——“马尾商船学校”复校及“四校”并存阶段：以中等职业教育为主，学历教育与继续教育并存。

1982年5月，在马尾船政学堂原址附近复办“福建马尾商船学校”。1988年5月更名为“福建船政学校”，1994年9月迁入福州市仓山区首山路办学。

同时，另有福建省交通干部学校面向交通系统职工开展继续教育及远程学历教育、福建省公路工程技工学校开展全日制“技工”学历教育、福建交通学校开展中专学历教育。

第四阶段——四校合并升格至今：以高职教育学历教育为主，中高职协调发展；社会培训与技术服务取得长足进步；开展“高职-本科”联合培养试点，为争创本科层次职业教育积累了有益经验；以高质量改革引领助推福建职业教育和区域经济社会高质量发展。

1999年，福建交通学校、福建船政学校、福建交通干部学校（1998年先期并入福建交通学校）、福建省公路工程技工学校合并成立“福建交通职业技术学院”，办学层次升格为大专，办学类型为高等职业教育。

2006年12月被教育部、财政部确定为全国首批28所“国家示范性高等职业院校”建设单位之一。2009年12月通过教育部和财政部组织的国家级项目验收，确定为“国家示范性高等职业院校”。

2011年6月更名为“福建船政交通职业学院”。

2013—2017年与福建江夏学院联合举办“4+0”工程管理专业全日制本科班试点，4年培养过程均在福建船政交通职业学院。

2019年7月，被教育部认定为国家优质专科高等职业院校。

2019年12月，被教育部、财政部确定为“中国特色高水平高职学校和专业建设计划”高水平学校建设单位。2022年初以优秀的成绩通过教育部、财政部的中期绩效评价。

三、办学特色

船政学堂趋变而求新，破“唯科举取材”之制，取“前厂后校”之模式，行“手脑并用”之教法，开“效法西学”之先河，以“敢为人先”的精神，逐“求变图强”的梦想；近30年来，我校始终传承“敢为人先、求变图强”精神，坚持微处创新、处处创新、持续创新，以“不求最大、但求最优”精神，专心致志发展和振兴职业教育，形成自己的办学特色。

（一）化“厂校一体”之举，产教融合机制活

传承船政学堂首创的“前厂后校、厂校一体”模式，主动服务“交通强国”战略及福建省“域内互通、域外互联，安全便捷、经济高效、绿色智能的现代综合交通运输体系”建设的需要，以“产教融合、政行校企合作”体制机制创新带动人才培养。

1. 创新“产学研创用培”融合发展机制

创建并运行“1+2+X”理事会运作模式，每年召开一次大会、两次有关产业发展的高端论坛，落地若干个校企合作项目，推动职业院校和行业企业形成命运共同体。搭建系列平台，牵头组建职教集团（联盟），紧密对接区域通用航空与轨道交通产业，与匈牙利摩根斯达集团共建“通用航空产业学院”，与德布勒森大学互设“通用航空应用技术研发中心”，与中国通号共建“中国通号产业学院”，推动校企合作向纵深发展。

2. 创新“消地联合育人”人才培养模式

主动对接消防救援队伍由军队转隶地方后人才培养培训新需求，与福建省消防救援总队共建全国首个总队级“消防救援学院”，全面开展在职消防员培训、现代学徒制人才培养等合作，打造了消地合作的船政样板。模式得到了国家应急管理部、国家消防救援局的关注和认可。

3. 创新开展军民融合，打造军人职业培训服务品牌

与军、地部门合作，发挥汽车、航空、航海等专业优势，以市场需求为引导，面向现役、退役军人推出以机动车驾驶为主的培训项目，被福建省退役军人事务厅列入职业技能培训目录。建设退役军人服务平台，设立福州市首个高校退役军人服务站，全面融入退役军人服务保障体系。

（二）弘“精益求精”之道，质量管理高效能

学校弘扬船政学堂首倡的“精益求精　密益求密”的质量观，遵循“质量第一、效益优先”的原则，按照现代职业教育发展规律，创新构建了“精益求精、密益求密—成果导向双循环持续改进”质量管理模式，建立了ISO 9001标准与教学诊断与改进要求相融合的质量管理体系。教师行为、教育过程、管理过程追求“精益求精、密益求密”，对人才培养全过程、全周期实施严格控制和风险管控；学生行为、技能培养、素质能力“精益求精、密益求密”，使其成为能够持续担当社会需求使命、德技并修的新时代工匠。

1. 创新内外双循环质量管理模式

建立以产教融合共生为特点的外部大循环，精准定位人才培养目标；构建以学生成长成才为中心的内部小循环，确保目标核心能力充分达成；通过双循环质量管理，确保人才供给对社会需求的满足度。

2. 构建“五纲并举”质量保障机制

建立循证决策、德技并修、三全育人、测量改进、产教融合五大保障机制，全面培养学生适应现在的综合能力和面向未来的可持续发展能力。

3. 建立人才培养全周期风险管控机制

如图1所示，通过系统辨识高职学生人才培养过程的各类风险，有效实现个体和群体风险的全周期动态管理，确保培养目标方向不偏离、质量底线守得住。

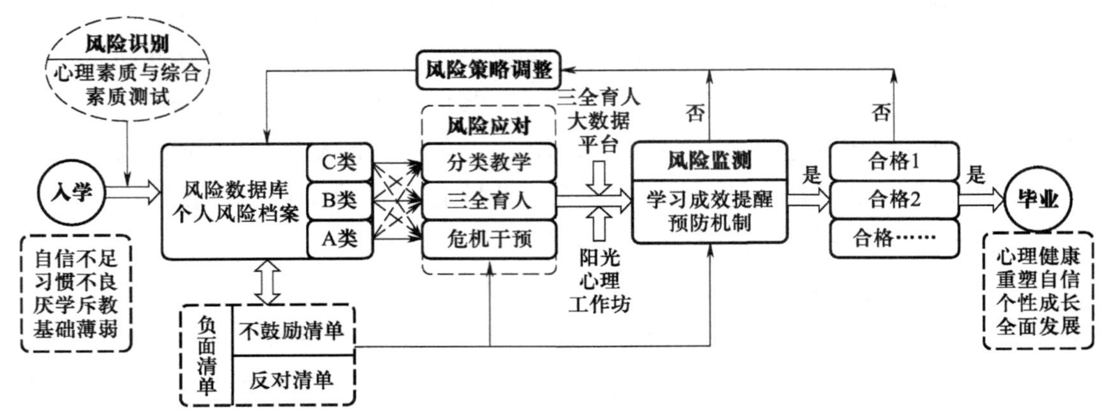

图1

（三）传“技艺斯通”之韵，德技并修高水平

船政学堂首创“手脑并用，技艺斯通”，得到教育部有关领导的肯定。学校重视产教融合、工学结合，专业建设成效显著。

学校贯彻落实党中央有关职业教育和文化强国的精神，大力弘扬船政文化，着力于德融于心、技修于身的新时代工匠培养，创新构建了人才成长需求与社会需求同导向、校本文化与民族文化同耕植、德育教育与技能教育共融通、联席会议与质量管控共保障的“基于船政文化精神的德技并修人才培养机制”。

1. 创新船政文化与新时代要求相结合的文化素养教育体系

把船政文化的宣传教育与思想政治教育相结合，将民族使命感、爱国主义精神、创新与变革精神、精益求精的工匠精神与社会主义核心价值观刻到学生骨子里、融到学生血液中，充分发挥船政文化育人功效。

2. 构建德技相融的培养方案、德技并育的培养过程、德技同等的评价机制

德技相融的课程设计。通过培养方案管理规定、专业人才培养方案、课程教学标准、课程考核评价方案四个层次，建立德技相融的课程设计、课程开发的标准与程序，对职业岗位群进行职业分析，对工作领域进行任务分析，对工作任务进行流程分析，渐次解构职业所需专业知识、专业技能、职业素养诸要素，并分别将其融入课程体系、课程内容、学习情境，以系统设计、逐级分解、层层落实的方式，充分确保素养教育与专业教育有效融合。

德技并育的教学过程。通过工作过程系统设计、学习情境设计、竞赛等教学模式创新，保障人才培养按既定方案有效实施。在教学各环节引入质量管理标准，完善“教师、工程师、人生导师”为核心的教师队伍建设，培育行业企业文化育人环境等，全面保障德技并育目标的实现。

德技同等的考核评价。将德、技培养目标同时纳入能力评价体系，确保价值观、职业素养考核与知识、技能考核并重。为帮助学生建立自信、激发其学习动力，促进学生情感领域目标的达成，在考核评价过程中，建立学生自评、互评机制，引导学生发现问题与自我评价，充分发挥考核评价的促进改善功能。

（四）效“中西贯通”之法，国际合作影响远

船政学堂曾率先引进西方按技术分设专业的高等学校办学模式及先进的教学模式，引进洋师洋匠、洋文教材，开效法西学之先河。目前，学校全面深化国际教育交流合作，主动提供强有力的国际化职业教育培训资源，并承担高水平国际化技术技能人才培养任务。

1. 重点深入非洲，开展全面合作，促进非洲职业教育现代化

面向肯尼亚、乌干达等非洲国家输出课程和系列“船政标准”。派遣教师赴非

洲国家，面向所在国开展专业辅助运营、师资培训等服务，培养本土化技术技能人才，为“走出去”企业提供有力的人才支撑。

2. 主动交往欧美，借鉴合作并重，推动职业教育共同发展

与巴拿马合作建立培训中心，开展国际海船员培训等项目。与匈牙利摩根斯达集团、欧布达大学联合举办通用航空产业学院，联合培养高端技术技能人才，探索跨国“校－校－企”产教融合模式。加强与同济大学、中德职业教育产教融合联盟的合作，建设中德职业教育产教融合联盟福建基地，开展了职业教育标准引进和开发、校企合作机制和“双元制”本土化研究与实践、职教师资培养培训等交流合作项目，为我国东南区域提供了职教高端国际交流平台。

3. 积极布点亚洲，拓展校际合作，促进区域文化交流

发挥专业优势，面向亚洲最大的船员输出地——孟加拉国，开展国际船员培训，拓展了在亚洲国家的影响力，有效促进了区域文化交流。

（五）循“扶危就安”之衷，多样化“帮扶”模式有特色

提出创办船政学堂的左宗棠认为“扶危就安，则必人事有以致之”，通过育才而扶危救困，是船政学堂的创办初衷。学校作为国家“双高计划”高水平学校建设单位，创新形成了“动态需求响应的高职院校智力精准帮扶模式”，主动帮扶70多所中西部和省内职业院校，全方位深入合作，引领闽宁两地职业教育发展，有力服务闽宁乡村全面振兴。

1. 打造乡村振兴共同体，推动闽宁中、高职集群发展

学校与宁夏职业技术学院共同牵头成立“闽宁职业教育乡村振兴合作共同体”，聚焦职业教育改革发展的热点和难点问题，坚持“共商、共建、共享、共赢”理念，在教育教学研究、师资队伍建设、专业建设、课程资源开发、实训基地建设、联合招生办学等方面，各成员校间可相互借鉴、资源共享、优势互补、协调发展。共同体成立以来，成员校的办学水平明显提高；有27所共同体成员校成功入选福建省高水平中职学校建设单位（全省仅36所）。该协作模式的相关工作受到《中国青年报》“人民网”“学习强国”《宁夏日报》《海峡教育报》“新福建网”等全国范围内各大媒体的广泛关注。

2. 全面托管闽清职业中专学校，打造县域薄弱中职学校的帮扶标杆

我校主动承担社会责任，受闽清县人民政府委托，全面托管闽清职业中专学校（简称闽清职专），以自身的先进管理模式、优质教育资源，帮助闽清职专摆脱困境。在托管过程中创新形成了“优质高职学校托管薄弱中职学校-RESET”新模式，并取得成效，使托管学校通过新的制度、运行模式、管理模式的实践及完善，释放了发展动能、取得系列办学业绩、形成自有办学特色。

闽清职专在县域中职学校具有典型性，托管闽清职专是职业教育体制改革的重大创新。打造了一个可资借鉴、可供推广的"优质高职学校托管薄弱中职学校"新模式，为构建新时代中国特色职业教育体系做出了"双高校"应有的贡献。

四、办学成效

作为船政学堂的传承校，学校传承、创新、发展，成为中国特色高水平高职学校和专业建设计划的高水平学校建设单位，是首批28所"国家示范性高等职业院校"之一，也是国家优质专科高等职业院校，办学成效得到社会各界广泛认同。

（一）党建引领、保障有力，现代治理模式成为标杆

1. 坚持党建引领，有力保障学校高质量发展

党的领导和建设得到全面加强，建成2个国家级党建工作样板支部，成为福建省高校党建工作示范点、全省党建工作示范高校、全省高校"三全育人"综合改革试点高校。

2. 干部队伍的执行能力和适应能力全面提升

建立了分级分类的常态化干部培训机制。干部能上能下，强化干部任职考核，鼓励支持适应变革能力偏弱的中层干部转任专业技术岗位，充分激发干部队伍的生机与活力。

3. 教师队伍的执教能力和服务能力全面提升

实施全员职称竞聘，实现职称能升能降；将专业与课程建设、培训与科技服务、国际合作等"双高"建设重点工作，作为职称评聘的重要依据，消除教师"一劳永逸"的惰性。

4. 二级机构的管理效能与发展活力全面提升

优化内部治理结构、明晰学校与二级学院之间的权责边界；建立绩效能增能减机制，建立完善教师分类管理与绩效换算体系，实施重点建设专业群绩效浮动制度；实行以岗定薪、业绩导向的绩效分配制度，将绩效与工作实绩紧密挂钩。

5. 智慧决策与智慧治理能力全面提升

建成包含智慧教学、学生管理、人事绩效、财务管理、资产管理等29个业务系统的现代化数据中心，通过了信息系统等级保护测评并取得公安部门备案证书，实现数据的统一共享、安全可靠，全面满足智慧校园的需求。构建面向教育教学全生命周期的应用服务平台，建成灵活规范和高效的应用服务体系和全生态课堂教学环境；形成了教学、管理、校园生活等全方位数字化、智慧化、信息化环境。完善大数据分析治理支持机制，通过对校园网内各种应用所沉淀的海量数据，进行分析

挖掘，为领导的科学决策提供有力数据支撑，全面提升科学决策效能和依法治校水平。

6. 精益求精、密益求密，学校管理规范化和科学化不断提升

建立并运行了质量、安全、环境三大ISO体系，形成了“‘精益求精、密益求密’现代职业教育管理模式”，荣获中国质量奖提名奖。

（二）社会认可、企业满意，人才培养水平更高更强

1. 学生德智体美劳全面发展

“一经一纬四横四纵”船政文化育人模式成效显著。近5年，全国职业院校技能大赛获奖数量位居全国前5；学生获第24届中国大学生篮球三级联赛女子全国总决赛亚军、第2届全国高职院校健美操锦标赛一等奖等多项荣誉。在第五、六届全国大学生艺术展演中，船政原创节目《风涛》《薪传》等获一等奖2项、二等奖3项；2018年学生获全国践行工匠精神先进个人。

2. 形成立体交通专业体系，职业教育适应性显著增强

立足交通、面向社会，专业链与产业链有效衔接。现有“国家双高计划”高水平专业群2个，国家级示范（重点）专业9个，省“双高”专业群2个，省级示范（精品）专业13个，省级服务产业特色专业群7个，汽车检测与维修技术、道路桥梁工程技术、机电一体化技术3个专业通过工程教育国际论证。建立了专业随产业发展动态调整机制，专业（群）结构合理性得到持续保障。

3. 实现人才培养质量的高质量供给，社会满意度高

根据第三方数据，近3年在校生对本校的总体满意度、毕业生满意度、教职工满意度、用人单位满意度、家长满意度连年提升，均在95%以上，已成为同类院校中，家长推荐首选、学生报考首选、用人单位招聘首选的领先职业院校。

（三）一流水平、支撑发展，船政品牌效应更加凸显

形成服务社会的知名品牌，成为全国质量教育培训高地，有效助力福建经济高质量发展。

1. 一批高水平科技平台充分彰显专业优势

充分发挥国家级交通智能与绿色建造协同创新中心、福建省级交通安全应用技术工程中心、交通运输部自动化作业技术和交通运输行业研发中心、交通运输部近海公路建设与养护新材料技术应用和交通运输行业研发中心等平台作用，取得显著成效；开发的“交通设施BIM+GIS管养平台”“通航安全评估基地”在省内推广应用，受托开展的《福建交通安全应急“十四五”规划》等研究项目转化为行业政策文件，有力服务行业发展。

2.军民融合特色彰显

发挥汽车、航空、航海等专业优势，与军、地部门合作，培训与军事教育相结合的军民融合机制创新得到军队、地方领导高度肯定。

3.建成国家级培训基地，培训特色彰显

建设校长培训基地、国家高技能人才培训基地、职业教育“双师”培训基地等一批国家级基地，建成专门用于培训的船政交通武夷职教园、211领创园，获“全国优秀成人继续教育院校”。

（四）开放办学、共谋繁荣，船政国际影响充分彰显

以标准输出、人员输出和方案输出，示范带动非洲职业教育，助力“一带一路”沿线国家职教现代化，船政职教品牌的国际影响力有力提升。近5年，向乌干达等7个非洲国家输出船政系列标准46个、双语教材19门。派遣多批教师赴非洲国家，为所在国培训骨干教师、系主任、院校长100多名；受到加蓬劳工部嘉奖，获“最美逆行者”称号。建设了巴拿马海事培训中心、孟加拉国际海运学院，开展国际化专业技能人才培养，为孟加拉国培训141名国际船员。同时，建设中德职业教育产教融合联盟福建省示范基地、通用航空技术研发中心，引进优质职教资源，服务省内外60多所职业院校开展高水平职教培训。

五、社会影响

经过传承、创新、发展，学校已经成为“当地离不开、业内都认同、国际可交流”的高水平高职学校，影响力不断提升。

学校近三届获得国家级教学成果奖4项，获得了第三届中国质量奖提名奖，连续获全国高等职业院校教学资源50强、全国高等职业院校育人成效50强、全国职业院校学生管理50强、第五届“黄炎培职业教育奖”优秀学校奖、全国高职院校资源建设优势院校和学生发展指数优秀院校等众多国家级荣誉，2019年获评国家优质专科高等职业院校、入选“双高计划”高水平学校建设单位。

多位党和国家领导人先后视察学校，对学校的办学水平给予高度评价。教育部有关领导和各兄弟省市教育行政机构的领导视察学校时，也对学校的办学特色和办学成就给予充分肯定。

（一）当地离不开，为高质量发展超越贡献船政力量

质量管理模式写入省委省政府文件。学校的教育质量管理模式为地方质量管理提供了船政样板，在福建省委省政府《关于开展质量提升行动加快建设质量强省的

实施意见》(闽委发〔2018〕6号)文件中明确指出“弘扬船政‘精益求精、密益求密’的职业教育质量精神……”，其已成为福建省质量强省行动计划的要求，向全省推广。

省内高职龙头校的示范辐射作用全面发挥。学校是福建省职业技术教育学会秘书长单位，同时牵头组建福建省脱贫攻坚职业院校合作共同体、福建省质量振兴职业院校共同体、闽宁职教协作共同体，主动对接省内及宁夏、新疆、甘肃临洮等中西部贫困县的70多所中高职学校，通过开展师资培训、跟岗挂职、共建特色专业、托管等多种方式向福建省所有职业院校及中西部部分院校推广学校先进理念和做法，影响力不断增强。

（二）业内都认同，“船政”职教品牌更加凸显

船政根本在于学堂，其创立的“工学结合、产校一体”人才培养模式，“因材施教、理实一体”教学过程等先进理念，开启了我国近现代职业教育之先河。借助“第三届中国质量奖提名奖”“国家示范性高等职业院校”“国家优质专科高等职业院校”“国家双高计划”高水平学校建设单位，船政已成为中国职业教育的一个特色品牌。

近3年，学校通过承办2020年全国高职高专党委书记论坛、2021年中国职业技术教育学会职教成果学术研讨会、2020年中华职业教育社黄炎培职业教育思想研究会、2022年全国高职院校校长培训班等大型全国性会议，搭建交流平台，助力职教高质量发展。

（三）国际可交流，输出船政标准和船政方案

在肯尼亚、乌干达、加蓬、科特迪瓦等非洲国家开展职业教育项目合作与推广，输出专业、课程、技术等系列标准；向乌干达输出职业培训学校的建设方案，助力乌干达打造适合当地国情的职业教育办学和营运模式；在肯尼亚挂牌成立“东非职业教育基地”，学校派出教师为其培训百余名职业院校的校长、骨干教师。

学校参与全球职教治理的成效明显，有效助力非洲国家职业教育水平提升。

执笔人：陈宜大　陈锦辉

打造区域产业共生共荣的高水平教育伙伴

泉州职业技术大学

泉州职业技术大学是非营利民办高校，其创办者吴金营先生是参加抗美援越战争的革命伤残军人、国家级优秀教师、全国模范退役军人。学校2019年升为本科，成为全国首批、福建省目前唯一的本科层次职业教育试点，现有石油化工、智能制造、新一代信息技术、新能源汽车、绿色建筑、商科、教育体育、艺术传媒等8个专业群，开设20个本科专业，13个专科专业，在校生12 450人，本科生占比约87%，年社会培训2.5万余人次。

学校坚定职业教育类型定位，坚守非营利办学初心，坚持“扎根晋江、服务泉州、面向福建”，累计为区域产业培养全日制毕业生近3万人、培训技术技能人才10余万人次。根据全国高校毕业生就业管理系统统计，近四届毕业生一次性就业率平均98.12%。据麦可思“应届毕业生培养质量评价报告”，近四届毕业生就业满意度高出全国平均水平15个百分点。学生就业现状满意度、自主创业比例、职业期待吻合度、就业指导满意度，均高于全国同类院校平均水平。

一、办学定位

以“忠诚、勤奋、创新、奉献”为校训，以“产业伙伴型大学”为办学定位，以“创业者的摇篮”为育人定位，致力于成为区域产业共生共荣的高水平教育伙伴。

（一）凝练“产业伙伴型大学”办学定位

坚持“扎根晋江、服务泉州、面向福建”，形成了产业伙伴型大学的办学定位，为建设海丝名城、智造强市、品质泉州提供人才支撑、智力支持和文化引领。在办学实践中，学校不断丰富完善产业伙伴型大学办学定位的内涵，确立了产业伙伴型大学“成为区域产业共生共荣的高水平教育伙伴”的办学目标，主动对接泉州“六三五”产业新体系和晋江4341植根型现代产业集群的发展需求，促进教育链、人才链与产业链、创新链有机衔接。厘清了产业伙伴型大学“学校、产业、城市协同发展”的办学思路，聚焦“强产业、兴城市”推动学校高水平发展；坚持“建设一个专业（群），深度合作一个以上知名企业，服务区域一个产业”的建设思路，深化产教融合，促进学校高质量内涵发展。健全产业伙伴型大学“人才共育、过程共管、责任共担、成果共享”的办学机制，通过校企深度合作，促进产教深度融合，瞄准区域高端产业和产业高端，推进高水平职业本科大学建设。

（二）增强“产业伙伴型大学”办学职能

以强化办学职能为抓手，积极响应福建省做强“四大经济”的战略布局，设置了石油化工、新一代信息技术、新能源汽车、智能制造、绿色建筑、电商物流、教育、艺术传媒8大专业群，打造人才培养供给高地；校企合作聚才引智，以技术应用研究为基础，以成果转化为方向，搭平台建团队，在产业链“卡脖子”关键技术和产业先进技术转化领域持续发力，促进科技成果向具体产品或服务转化，打造技术研发推广平台；坚持职业学校教育与职业培训两手抓，主动服务乡村振兴，对接区域产业的职前职后培训，是泉州市最大的职业资格考试基地，常年承办国家级、省级体育赛事，打造区域社会服务品牌；传承弘扬习近平总书记提出的“晋江经验”，形成家国情怀、诚信为本的敬业文化，爱拼敢赢、敢为人先的创业文化，实体兴业、实干兴邦的实业文化，打造文化传承创新名片。

（三）创新“产业伙伴型大学”办学模式

以创新办学模式为驱动，抓住泉州市建设产教融合试点城市的契机，扩大产教融合的广度、增加产教融合的深度、提升产教融合的高度，形成了校企共建“全要素合作办学、全方位联合育人”的实体产业学院、校企共建“与行业企业共生共荣”的专业群、校企共建“多元并举、校地融合”的专业、校企共建“五位一体开放共享”的生产性实训基地、校企共同实施“三个一工程”等校企多元合作办学模式。在提高学校全面建设水平的同时，为区域产业提供高水平的服务。

产业伙伴型大学的系统构建如图1所示。

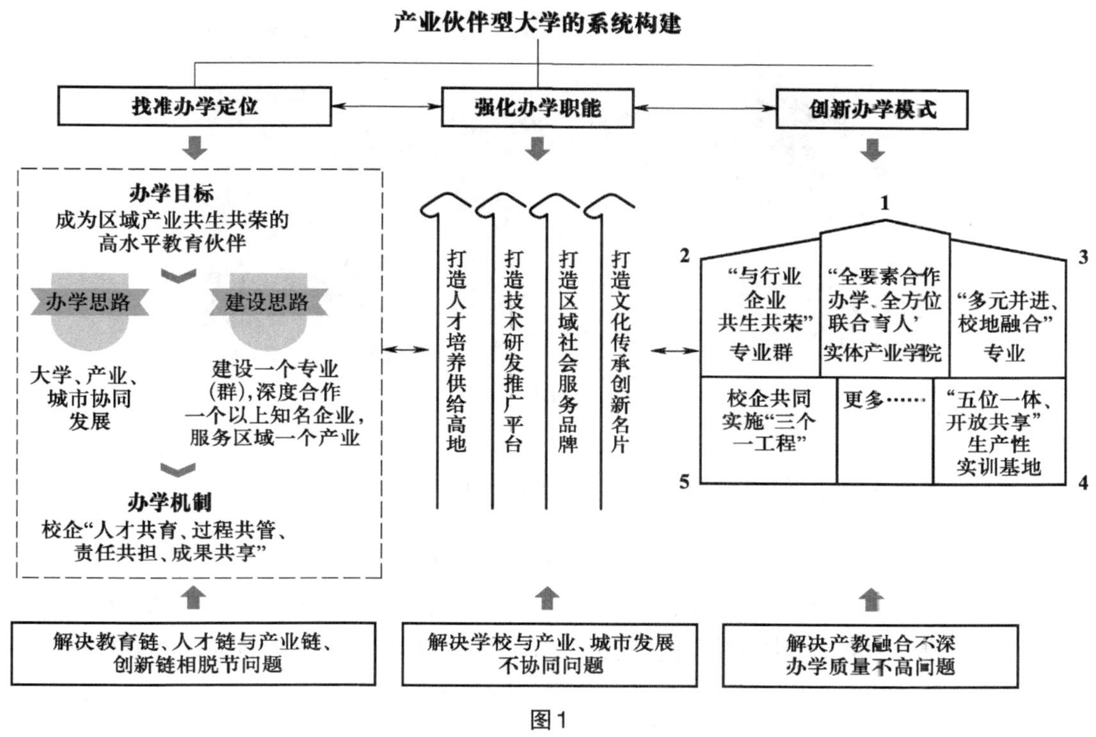

图1

二、发展历程

（一）以企养校，全面开启职业培训教育（1986—1996年）

1986年，革命伤残退伍军人吴金营先生为帮助更多残疾人和培养满足市场需求的摩托车、汽车维修技工人才，于晋江市金井镇创办福建省摩托汽车培训学校，以“以企养校、前厂后校、工学结合”为显著特征。在传授学员一技之长的同时注重培养其坚忍不拔、吃苦耐劳的品质，先后培养了上万名技术创业型人才，成为当时福建省规模最大的摩托车、汽车技术培训基地。值得关注的是学校积极投身残疾人事业，以“帮一人，救一家，影响一片”的理念为全国各地蜂拥而来的残疾人提供免费技术培训，帮助一大批残疾人就业甚至创业。1992年，创办人吴金营先生被评为国家级优秀教师，其捐资办学、自强不息的先进事迹被拍成全省党员教育片《八闽先锋》。

早期摩托车汽车培训上课场景如图2所示。

图2

（二）守正创新，拓宽职业教育发展道路（1997—2018年）

为适应经济社会的发展，学校开始规范办学道路，1997年正式设立“福建省摩托汽车成人中专”；2002年“泉州中营职业学院”正式建校，同年面向全国统招；2006年，在福建省民办高校中首家通过教育部高职人才培养工作水平评估；2007年获教育部备案，更名为“泉州理工职业学院”；2013年办学主体回迁晋江，晋江新校区全面投入使用；2015年在福建省民办高校中首家通过高职人才培养二轮评估；2018年，获教育部批复同意升格本科，暂用名为泉州理工职业学院（本科）。

（三）使命担当，探索职业本科改革突破（2019年至今）

2019年获教育部批准，正式更名为“泉州职业技术大学”，成为全国首批、福建省唯一的本科层次职业教育试点。2022年获批学士学位授予单位。成为职业本科试点以来，学校牢记使命，传承弘扬“晋江经验”，努力在产教融合、科教融汇方面积极探索、扎实作为，力争以点上的改革突破带动面上的高质量发展，形成一批可复制、可推广的新经验新范式，探索职业教育服务区域经济社会发展的“晋江模式”。

三、办学特色

泉州职业技术大学围绕“产业伙伴型大学”的办学定位，“健康长寿心灵美、就业创业能力强、造福社会贡献大”的育人目标，培养具备“一宽三强（宽理论基础、强实践动手能力、强创新创业能力、强终身学习能力）”特点的高层次技术技能型人才。在多年办学实践中，凝练形成了鲜明的办学特色。

（一）“党建引领，立德树人”的思政育人特色

坚持用高水平党建引领高质量办学治校，涌现出一批教学科研先进党组织、服务乡村振兴先进党组织、教学科研优秀党员、创新创业优秀党员。学校创办者吴金营先生在抗美援越战场上多次荣立战功、火线入党，退伍后举家倾资、倾力、倾情办学，2019年荣获“全国模范退役军人”称号，2021年荣获“福建省优秀共产党员”称号。学校在福建省民办高校规范办学评估中获得第一名，是福建省高校“三全育人”综合改革试点培育建设单位，被誉为福建省民办高校党建的一面旗帜，多次受邀在全国民办党建工作会、省市教育党建工作会上做典型经验交流。坚持把立德树人作为根本任务，实施“学院＋书院”双院管理体制改革，将思想政治工作贯穿教育教学全过程，形成了“思政课程与课程思政同向同行、学院与书院协同育人”的大思政育人格局，如图3所示。

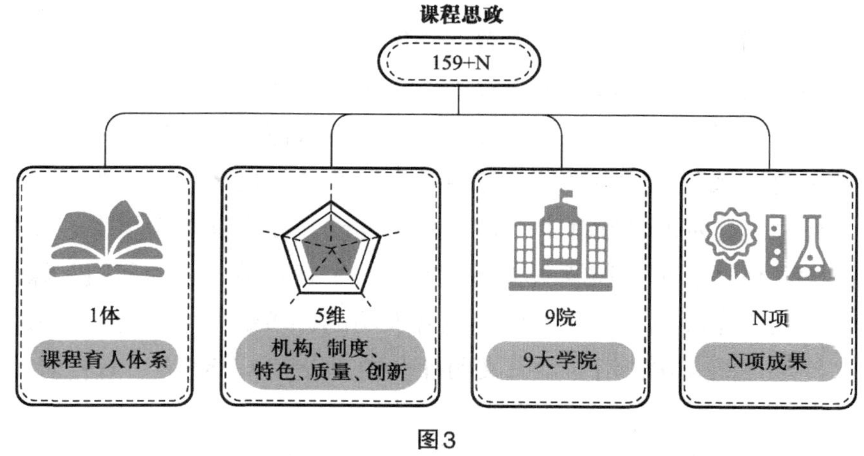

图3

（二）“产教融合，协同创新”的联合育人特色

坚持产业伙伴型大学的办学定位，瞄准区域高端产业和产业高端，坚持“扎根晋江、服务泉州、面向福建”的服务定位，主动适应区域产业经济发展，优化专业设置，推动每个职业本科专业群与行业标杆企业、区域龙头企业共建二级产业学院、订单班、实训基地等平台，深化校地、校企合作，探索持续稳定、健康发展的产教融合路径，成为区域优质终身教育的提供者。国科数字产业学院、行云新能源汽车产业学院获省级职业教育产业学院试点，建设成果入选教育部产教融合校企合作典型案例。电子商务专业群与安踏电商联合打造了“教学＋实训＋社会服务＋技

能比拼”为一体的商科专业实战月的品牌项目，陪伴安踏从2016年“双十一”成交额4.8亿发展为2022年的60亿，成为安踏电商最重要的教育伙伴。

（三）“健康体魄，自强创业”的文化育人特色

坚持以健康体魄、创新创业为抓手，厚植学生职业素养基础。建校37年来，坚持不懈组织学生早起床早锻炼，连续十三届参加厦门国际马拉松赛获佳绩，通过这种润物细无声、潜移默化的独特育人形式，学生拥有了健康的体魄、自强不息的信念和永不止步的精神。“跑步育人”品牌被作为典型案例分别写入国家、省高职人才培养质量报告，获福建省教学成果一等奖，获全国高职院校“一校一品”体育工作示范基地。学校将创新创业教育根植于人才培养全过程，传承“爱拼敢赢，敢为人先”的晋江精神，打造“创业者的摇篮”，先后获批泉州市首批公益性创业学院，福建省高校毕业生创业培训基地、毕业生创业孵化基地，省大学生创新创业园，省众创空间，全国民办高校创新创业教育实践基地建设奖等。

（四）“绿色生态，永续发展”的环境育人特色

坚持以生态循环理念设计、建设晋江校区，将自有十余项绿色建筑专利全部转化应用到校园建设中。在校园规划设计上，体现了节能环保、永续利用的原则；在校园建设上，采用了节地节材墙体、百叶式可调玻璃窗、水循环系统等自主研发技术，打造“绿色区域”“绿色建筑”“绿色消费”与“绿色技术”融为一体的生态校园，如图4所示，成为福建省首个生态文明示范校、福建省青少年生态文明教育基地。清华大学《住区》杂志连续两次刊载推介“生态和谐，永续利用”绿色校园建设案例。以校园生态环境育人，发挥环境育人功能，培塑学生成为具有绿色发展理念的高层次技术技能人才，培养生态文明社会的建设者、守护者、宣传者。

图4

四、办学成效

（一）在体制机制创新上有亮点

一是加强党的全面领导，引领学校发展。学校深入贯彻习近平新时代中国特色社会主义思想，全力推进试点改革。建立了党政联席会议制度，学校董事会成员、党委成员、校领导交叉任职，凡是办学治校中的重大事项均由党政联席会集体研究决定，有力保证了党组织在重大事项决策、执行、监督各环节能够发挥重要作用。二是深入开展思想政治教育，推动学校发展。学校坚持把立德树人作为根本任务，把思想政治工作贯穿教育教学全过程，实施"学院+书院"双院管理体制改革，校领导进书院，上讲台，加强思想政治教育，提高了"三全育人"成效。坚决守牢意识形态阵地，形成了"思政课程与课程思政同向同行、学院与书院协同育人"的大思政育人格局，入选教育部"一站式"学生社区综合管理模式建设试点单位、福建省"三全育人"综合改革试点高校。三是逐步完善治理体系，保障学校发展。修订"泉州职业技术大学章程"，落实依法办学治校，推进依法民主管理。充分发挥教代会、工代会作用，拓宽师生参与管理和监督的渠道。为适应职业本科教育发展态势和要求，以产业需求为导向，持续优化专业群布局，调整优化机构职责，提升综合效能。

（二）在专业布局优化上有实效

一是优化调整专业布局。学校坚持"办好一个专业（群），服务区域一个产业"的专业建设理念，以服务产业转型升级为目标，积极响应福建省做强数字、海洋、绿色、文旅"四大经济"的发展战略，优化布局职业本科专业。围绕数字经济，建设计算机应用工程、软件工程技术、信息安全与管理等新一代信息技术专业群；围绕海洋经济，建设应用化工技术、油气储运工程等石油化工专业群；围绕绿色经济，建设建筑工程、环境艺术设计等绿色建筑专业群；围绕文旅经济，建设酒店管理、休闲体育等特色专业。二是优化调整课程体系。校企合作共同制定专业人才培养方案，充分调研区域产业发展需求，按照"一宽三强"培养定位，"岗课赛证"融合培养体系，"一专多岗、一岗多能"培养要求，重构专业模块化课程体系，做到落实职业岗位需求、落实国家专业标准、落实职业本科教学改革要求、落实人才培养方案规范性要求。专业建设获教育部门认可，参与了4个职业本科专业国家教学标准制定。

学科专业布局如图5所示。

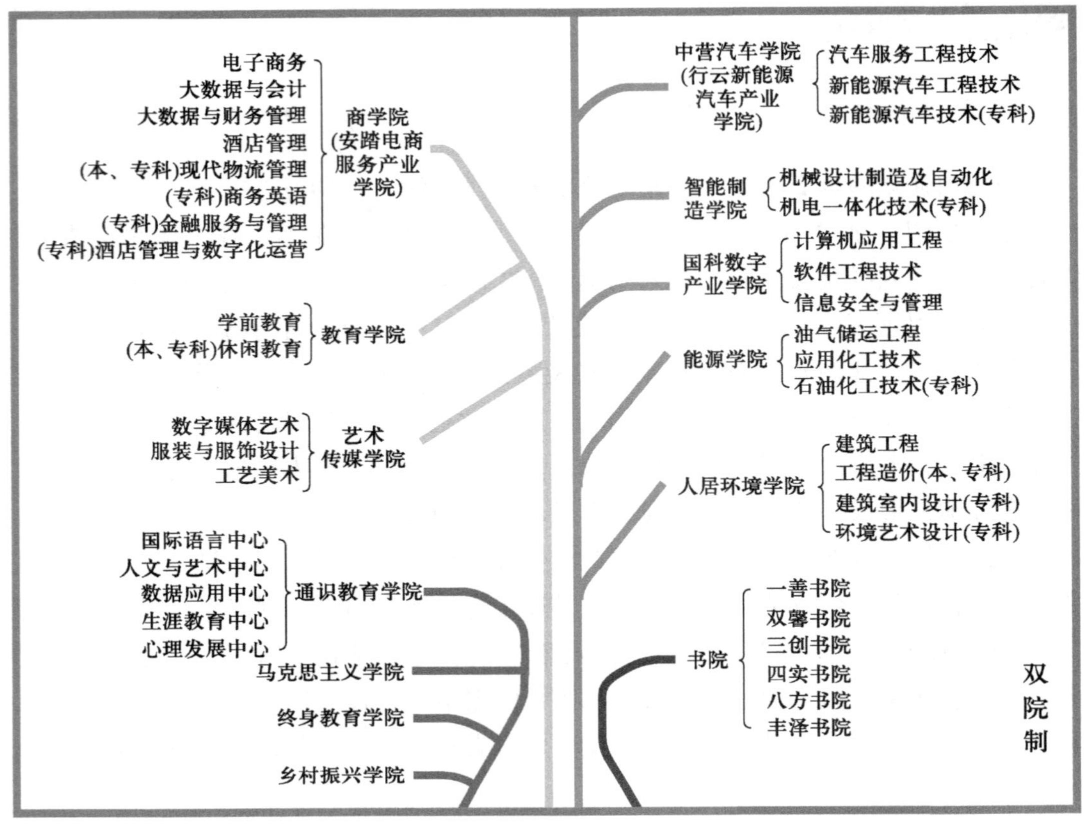

图5

（三）在产教融合深化上有实招

学校瞄准区域高端产业和产业高端，校企共同实施“三个一”工程，每个专业群推进1个校企共建的高水平产业学院建设，每个专业深耕1个以上产教融合项目，每门专业核心课程建设“1+N”个校企合作内容。一是推进产业学院建设。学校与华为、福建国科信息科技有限公司合作共建国科数字产业学院，与比亚迪、行云新能科技（深圳）有限公司合作共建行云新能源汽车产业学院，与安踏电商联合共建安踏电商服务产业学院，打造人才培养供给高地，其中国科数字产业学院、行云新能源汽车产业学院获省级产业学院。二是深耕产教融合项目。与世界五百强万华化学集团合作，开展订单班培养，首批订单班毕业生专科生定额年薪达到13.8万元，本科生定额年薪达到14.8万元。工作半年后，进入核心车间，平均年薪超过20万元。这一模式获得石化行业认可，已成功复制中石化订单班。三是拓展“1+N”校企合作。在一课双建（校企共建课程大纲，共同确定教学内容）基础上，稳步推进一课双师（由学校教师和企业导师共同担任课程教师）、一课双训（推动学校课程实训与企业生产实训相融合）、一课双建（所开发课程既服务于专业教学，也服务于职业培训）。

（四）在生态校园建设上有特色

一是绿色节地创新。充分考虑保护原有地表及地势结构，合理利用立体空间，有效提升土地综合利用率，使车辆、行人在楼宇间畅通无碍。二是绿色节能减排。采用自主研发的新型环保建筑材料、新型墙体、气流调节百叶窗等多项专利技术，收集利用地冷、地热，使建筑群形成环境调节功能的“生态空调系统”，具备冬暖夏凉的特性；采用中水处理与回用、雨水收集与利用、景观水体水质安全保障等措施，推行节水器具，对生活污水进行生物净化处理，利用原有的地势地貌、校内天然湿地和湖泊等形成的水循环系统，实现生活废水不出校园。三是绿色生态建筑。校园建筑借鉴闽南传统的围合式设计，围合中央形成天井，如图6所示，保持原区域地形地貌，适合于园艺种植。在楼层中采用立体绿化设计，使释氧面积增大，负氧离子增多。目前，校园植物种类已达700多种，其中果蔬种类近百种，植被覆盖率达60%以上。四是绿色科技赋能。将科技创新平台的科研成果融入育人过程，以国内外各类创新竞赛为契机，鼓励学生参与绿色科技实践与研究。绿色生态校园，不仅增强了师生的环保意识，培养了绿色建筑专业人才，为地方乃至全国生态环保提供了科技支撑，充分展现了绿色科技校园的魅力。

图6

（五）在实践教学改革上有亮点

一是一课双师。行云新能源汽车学院采取“一课双师”，即一门专业课程由具有丰富实践经验的企业教师和专任教师共同担任。通过“一课双师”教学模式创新，促进双师型教学队伍建设，提高了实践教学的有效性、实用性。二是教赛并举。教育学院学前教育专业在集中实践环节开展教学技能比赛、环境创设实践活动。通过教学结合竞赛，让学生充分了解幼儿园保教工作基本规范，掌握教育活动设计与实施理念、原则与方法，大大提升了学生的教学本领和教学水平，提高了教学理论与教育实践相结合的能力。三是以实战促学。如电子商务专业群依托安踏电商服务产业学院，校企双方联合打造商科类专业实战月品牌项目，形成了“教学+实训+社会服务+技能比拼”为一体的模式；国科数字产业学院引导学生参与护网行动、智慧城市大脑、字节跳动数据标注等20多个企业真实项目，提升学生实战能力。

（六）在科教融汇加强上有力度

一是加强科研平台建设。围绕区域产业技术升级态势和需求，建有福建省院士专家工作站、福建省清洁能源应用技术协同创新中心（图7）、绿色建筑福建省高校应用技术工程中心、智能制造福建省高校应用技术工程中心、电子商务福建省高校应用技术工程中心等7个省级科研平台以及福建省技术转移中心，绿色油品生产技术与应用科技创新平台、生态文明研究所、泉州市科技特派员工作站等6个市级科研平台。通过建设高水平的科技创新平台，有力支撑了职业本科专业建设和人才培养。二是健全科技服务机制。学校引导科研人员关注区域产业发展，通过各种渠道和方式向主管部门和相关企业建言献策。根据企业生产性质和要求，精心挑选有专业特长的教师申报省市级科技特派员（团队），建成100余人的省市校三级科技特派员及团队，组织科技特派员对口深度服务当地企业，服务产业技术创新项目100余项，打通科技落地最后一公里。多份政策、科技咨询报告获市级以上政府职能部门采纳。

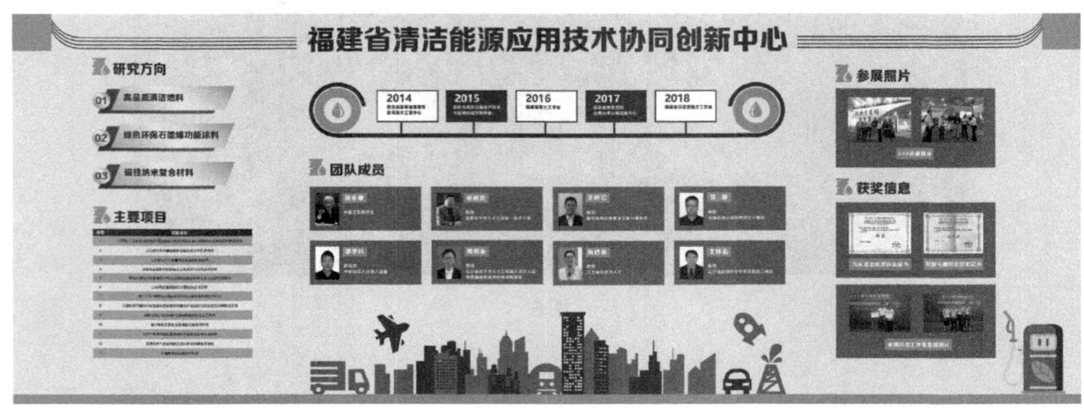

图7

（七）在社会服务开展上有成效

一是服务区域职业培训。学校坚持职业学校教育与职业培训两手抓，创建区域职业培训品牌，服务区域产业的职前职后培训。学校是泉州市最大的职业资格考试基地。学校开展全省机动车安全检测行业培训已有17年的历史，现年均培训6 000人以上，名列业界前茅；承办市县两级各类村干部、劳动力转移培训、少先队辅导员等培训班，培训方式、授课质量、培训效果均获得好评。二是服务区域乡村振兴（图8）。2020年成立乡村振兴学院，跨部门、跨学科专业整合全校资源，精心布局乡村振兴这篇大文章。为农村农产品线上销售提供平台，2022年获批"福建省乡村振兴产业直播基地"。创建"绿色技术、生态先锋"党支部，先后接受57个乡镇委托、完成了70余项美丽乡村人居环境改造建设任务，横向经费收入超过3 000万元，被中央电视台、

助力乡村振兴，典型项目

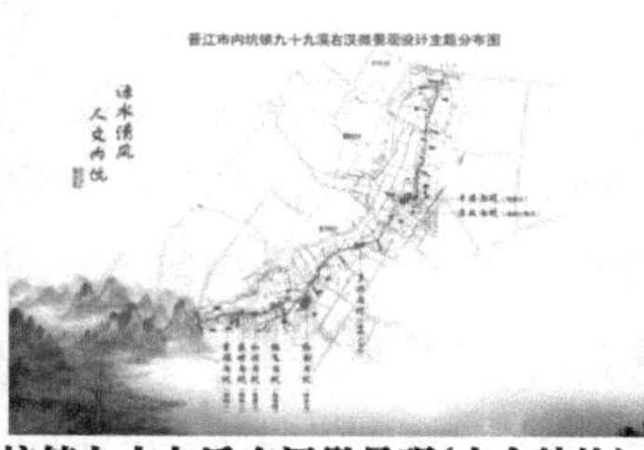

项目：内坑镇九十九溪右汊微景观（十个地块）

荣获晋江市2019年河道微景观营造活动二等奖(2项)、三等奖(2项)。

项目：英林镇港塔村乡村微庭院

荣获2018年"挑战杯-彩虹人生"福建省职业学校创新创效创业大赛一等奖。

项目：磁灶镇苏垵村河道微景观

荣获晋江市2018年河道微景观营造活动一等奖。

项目：内坑镇黄塘村大树微景观

荣获福建省职业学校创新创效创业大赛一等奖。

图8

中国新闻网等国家级媒体报道。三是服务非遗文化传承。传承优秀中华传统文化和闽南特色文化，设立非遗传习所、大师工作室、艺术工坊和华文教育基地，积极面向社会开展非遗文化传承的社会服务，被评为全国非遗教育特色院校。

（八）在职教体系建设上有突破

晋江产业优势突出，拥有1个超三千亿（鞋服）、1个超千亿（纺织）、2个超五百亿（建材制品、食品）、3个超百亿（集成电路、先进装备制造、医疗健康）产业集群。2022年GDP完成3 207亿元，县域经济基本竞争力排名全国第4。晋江职教体系完备，在县域范围内初步构建出“中职－高职－职业本科－专业硕士”贯通培养的现代职业教育体系，形成“体系完善、内涵丰富、配套紧密”的职业教育优势。全市现有4所中职、1所高职、1所职业本科，以及福州大学晋江科教园区、中科院海西所等9个高水平研究平台。其中，晋江职业中专学校、晋江华侨职业中专学校是国家重点校，晋江安海职业中专学校、晋江市晋兴职业中专学校是省重点校，四所中职均为省“双高”项目A类建设校；泉州轻工职业学院由五大企业共同创办，是省级双高校；泉州职业技术大学是全国首批、目前福建省唯一的本科层次职业教育试点。在各级政府和教育主管部门支持下，学校牵头筹建晋江市域产教联合体，进一步传承弘扬“晋江经验”，努力在开展“一体两翼五重点”试点方面先行先试，纵向贯通中高本硕博的专业人才培养，横向聚焦产业对不同层次人才的需求，深化职普融通、产教融合、科教融汇，不断创新职业教育办学体制机制，探索县域现代职业教育体系高质量发展的新思路、新路径、新模式，以有为求有位，打造县域职业教育的“晋江模式”。

五、社会影响

（一）扩大了职业本科的社会影响

通过产业伙伴型大学建设，提高学校职业本科教育改革试点的成效和影响力。潘懋元先生在《中国高等教育》发表署名文章《以创新文化养人以创业实践育才》，推介学校创新做法。学校发表相关研究论文近百篇，多次被《光明日报》《中国青年报》《中国教育报》“学习强国”等媒体、平台报道，受邀在全国会议上做经验介绍。厦门大学、兰州大学、广东工商职业技术大学、山东外国语职业技术大学等高校多次来校调研产业伙伴型大学的办学经验做法。2020年，泉州职业技术大学首发职业教育概念宣传片《另一条奔涌的河流》。吴滨如校长在《光明日报》发表文章《从零开始：职教本科寻求切实突破》。学校参与教育部《本科层次职业学校本科教学工作合格评估指标和基本要求》专家组的研究论证和制定工作；牵头或参与4个职业本科专业国家教学标准建设；参与《职业本科教育发展之道》《劳动教育读本（职业本科版）》《职业素养读本（职业本科版）》等专著、教材的编写工作；参与国家社会科学基金教育学重点课题“职业本科教育的推进路径及实施策略研究”，承担子课题“职业本科教育课程教材建设研究”。

（二）奠定了职业本科的社会地位

通过近十年的产业伙伴型大学建设，学校实现了办学层次的跃升，成为全国首批、福建省唯一的本科层次职业教育试点院校，专业设置紧贴区域产业布局，主动融入区域经济社会发展，建立协同发展对接机制，构建“校–产–城”发展命运共同体，切实体现城市有实力、产业有潜力、职业教育有活力。办学育人质量稳步提升，累计为区域产业培养全日制毕业生近3万人，培训技术技能人才10余万人次，历届毕业生九成以上留在福建就业创业；产教融合、校企合作不断创新深化，是华为（国科）、安踏、万华、比亚迪（行云）、恒安、宁德时代等头部企业重要的教育伙伴，有力服务了区域的产业转型和经济社会发展。通过牵头筹建晋江市域产教联合体，进一步整合区域职业教育资源，共同为区域经济社会和产业高质量发展服务，助力泉州市国家产教融合首批试点城市建设。

执笔人：曾台鹏　吴滨如

彰显高质量中职教育类型特色的办学实践与创新

山东省潍坊商业学校

山东省潍坊商业学校始建于1964年，是潍坊市教育局直属的一所具有商科特色的公办中等职业学校。学校占地280亩，建筑面积15万平方米，现有在校生7 200余人、教职工459人。开设6个专业群，28个大中专专业，涵盖三年制中专、五年制大专和3+4中职本科衔接培养三个办学层次，建校以来为社会输送了大批高素质技术技能人才。近年来，学校积极响应党和国家现代职业教育体系建设和改革创新的要求，创新体制机制，深化产教融合，打造典型范式，在人才培养、“三教”改革、高水平专业群建设、高素质教师队伍培养等方面取得突出成绩，成为在全国具有广泛影响力的职业教育品牌。先后被评为首批国家中等职业教育改革发展示范学校、全国教育系统先进集体、全国职业院校教学管理50强、全国职业院校教学工作诊断与改进试点学校、教育部职业院校数字校园建设试点学校、教育部信息化标杆学校、山东省职业教育先进单位、省级文明校园、山东省中等职业教育示范学校、山东省高水平中等职业学校。

一、办学定位

学校秉承“倾注人文关怀，塑造健全品格，致力职业发展，师生共同成长”的办学理念，坚持“人人成才，全面发展”的育人理念，明确打造办学条件一流，培养质量一流，办学效益一流，具有商科特色的全国中等职业教育标杆性学校的办学定位，树立“匠心潍商、惟精惟实”的学校品牌，将“立信守正弘和致远”校训渗透到育人全过程，建立“三全育人”格局，立足潍坊、面向山东、辐射全国，面向国家重大发展战略和区域经济社会发展规划，服务山东新旧动能转换和潍坊高品质城市建设战略，致力于培养“素养全面、知识扎实、技能精湛”，具有职业能力、竞争能力、创业能力、社会适应能力的新时代高素质技术技能人才，建设德能兼备、团结协作、富有创新精神的高素质双师型教师队伍。

二、发展历程

从一个班级、几间平房、数名教师，发展成为行业特色鲜明、综合实力跻身全国一流的高水平中等职业学校，山东省潍坊商业学校的发展历程浓缩了当代中职学校不断开拓进取的奋斗精神和实践经验。

筚路蓝缕，勇于开拓。学校始建于1964年，首次招生会计、统计两个专业75名学生，建校之初受当时国家政策及其他因素的影响，在第一届学生毕业后，学校一度停办。1974年恢复建校，在原中共昌潍专区地方工作委员会第一招待所办学，教职工仅30人。随着1977年国家高考制度的恢复，学校办学逐渐进入正轨，学校机构逐步健全，师资队伍不断壮大，办学规模持续扩大，为社会培养了大批紧缺专业人才。

突破短板，困境重生。1992年，因学校占地面积不达标，办学几近中断，但自强不息的商校人无惧困难、埋头苦干，及时调整招生结构，拓宽生源渠道，扩大招生规模，走上自筹资金办学的新路子。通过开设美工装潢、酒店服务与管理、形象设计、家电维修等社会需求量大、就业前景广，且被家长和学生广泛认可的新专业，提升了学校办学实力。1997年学校名称由“潍坊市商业学校”更改为“山东省潍坊商业学校”，扩大招生区域到全国十二个省（自治区、直辖市）。截至2005年，校园面积达到81 717平方米，年招生规模1 493人。

深化改革，提质增效。2005年第六次全国职业教育工作会议的召开，为学校发展带来了重大机遇。学校乘势而上，建立以学生为中心、服务于社会的教育教学理念，不断深化教学改革创新，积极探索校企合作，牵头山东潍坊百货集团股份有限公司等26家大型商贸物流企业，15所办学实力雄厚、有良好社会声誉的职业院校和7个行业协会成立潍坊市现代服务业职业教育集团。2010年6月，在全国职业院校技能大赛中，学校荣获5枚金牌、7枚银牌、1枚铜牌，实现了学校参加全国职业院校技能大赛金牌零的突破。技能大赛成绩的突破为学校带来了更大的平台和发展空间，带动了育人质量、教师队伍、校企合作、办学条件等方面质的飞跃。同年，立项首批国家中等职业教育改革发展示范学校，标志着学校发展进入快车道。

赓续奋进，争创辉煌。新时期的领航竞渡，商校人锚定职业教育发展风向标，继往开来，敢于挑战，甘于奉献。面对我国产业转型升级的需求，2014年中央提出建立现代职业教育体系的宏图规划，学校抓住职业教育高速发展机遇，主动融入省内建设现代职教体系的大局，依托潍坊国家职业教育创新发展试验区，先后承担中高职衔接培养、中职与本科贯通培养、职普融通、现代学徒制等一系列省级试点和全国职业院校教学工作诊断与改进试点学校、教育部职业院校数字校园建设试点学校等国家级试点任务，坚持先行先试的路子，发挥示范引领作用，在试点过程中有力带动学校内涵全面提升，学校办学有了更大的影响力。2016年学校被评为山东省中等职业教育示范学校，2014年、2019年两度被评为全国教育系统先进集体、省级文明校园。2021年，学校入选首批山东省高水平中等职业学校，2022年被评为全国职业教育信息化标杆校建设单位和第一批职业院校数字校园建设试点单位。2019年7月、2023年5月，教育部有关领导莅临学校参观考察，并对学校办学成效给予肯定。

三、办学经验与特色

（一）贯彻落实党的教育方针，形成办学强大动力

学校党委高举习近平新时代中国特色社会主义思想伟大旗帜，建立了以学校党组织为核心，以办学章程为统领，学校理事会、教职工代表大会、校务委员会、学术委员会、家长委员会、教学工作委员会协同的“611”现代学校治理结构（图1），从体制上形成信任、尊重和开放的学校治理生态，一大批政治坚定、业务精湛的教师党员

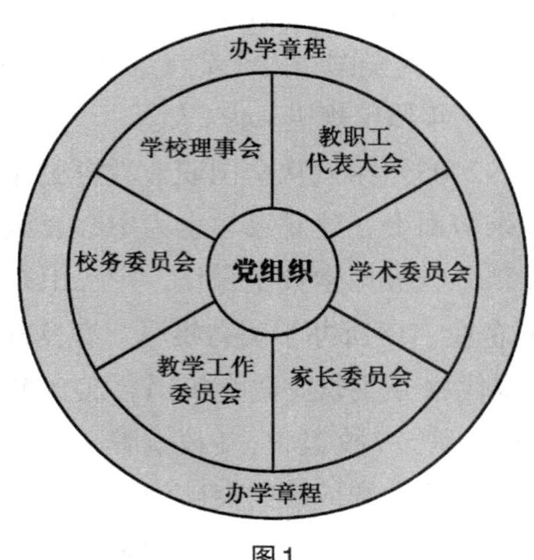

图1

用“铁肩膀”挑起了学校教育事业发展的“重担子”，将为党育人、为国育才的使命融入学校方方面面。学校党委坚持把方向、揽全局，立足服务人的全面发展、服务经济社会发展、服务国家战略，推动学校发展主动融入行业进步、融入产业转型、融入区域发展，形成“三服务”“三融入”模式，凝练成“倾注人文关怀，塑造健全品格，致力职业发展，师生共同成长”的办学理念和“以人为本、德能兼修”的办学思想。

（二）落实立德树人根本任务，提升高素质人才培养质量

坚持党建引领师德师风建设和思政育人，引导广大师生牢固树立“四个意识”，坚定“四个自信”，做到“两个维护”。成立以党委书记为组长的思想政治工作领导小组，强化思政铸魂育人功能，制定《全员育人指导纲要》和《学生成长指导纲要》，为“三全育人”落地实施画好路线图。推出学生发展在线、德育头条、德育动态周报、每周之星等育人宣传载体。大力开展“四史”教育、社会主义核心价值观教育、文明礼仪教育和传统文化教育，开发专业技能拔尖、中华优秀传统文化、寻找大国工匠、地方传统技艺传承等系列选修课程和精品社团课程，打造以节日课程和成长系列课程为主题的活动体验课程。建成校内“三馆两廊”思政教育基地，拓展思政课“第二课堂”。党委班子成员每学期带头上党课、讲思政课，作师生政治教育的排头兵。创新德智体美劳过程性评价办法，系统设计了涵盖思想品德、学业水平、艺体素养、职业素养、社会实践5个维度、41个标准要素及120个观测点的“全局式、智能化”综合素质评价指标体系，“家校社企”多元主体参与到“互联网+”学生发展智慧服务平台，实现精准育人。建立了以校、系、班三级学生代表大会为核心的学生治理结构和学生议案提案工作机制，保障学生民主参与学校管理的权利。

（三）搭建校企协同育人平台

立足新发展格局，按照同市场需求相适应、同产业结构相匹配的原则，打造出智慧商贸、汽车技术、形象设计、信息技术、财经、旅游服务六大专业群（图2）。依托职教集团、产业学院、教师企业工作站、技术研发中心、校企合作示范中心等五位一体的人才发展平台，建立跨学校、跨行业联合培养机制。以项目教学和项目建设为引领，提升教师教育教学资源的整合能力，推进课堂革命。将职业技能等级标准内容融入专业课程体系中，将新技术、新工艺、新规范纳入课程标准和教学内容，构建支撑1+X证书制度的课程体系。学校与海尔集团、一汽大众等37家企业共建校企“双主体”育人共同体，建设校内实训基地13个、校外实训基地69个。校企共建共享“云立方”教学平台等三大教学资源管理平台，共建创想电子商务研发中心等五个研发中心，建成创意空间实训基地等五个产教融合协同育人基地，建成智慧商贸产业学院、智慧文旅产业学院。牵头成立的潍坊市现代服务业职教集团成

员单位达到142家，学校被评为山东省校企一体化合作办学示范院校。

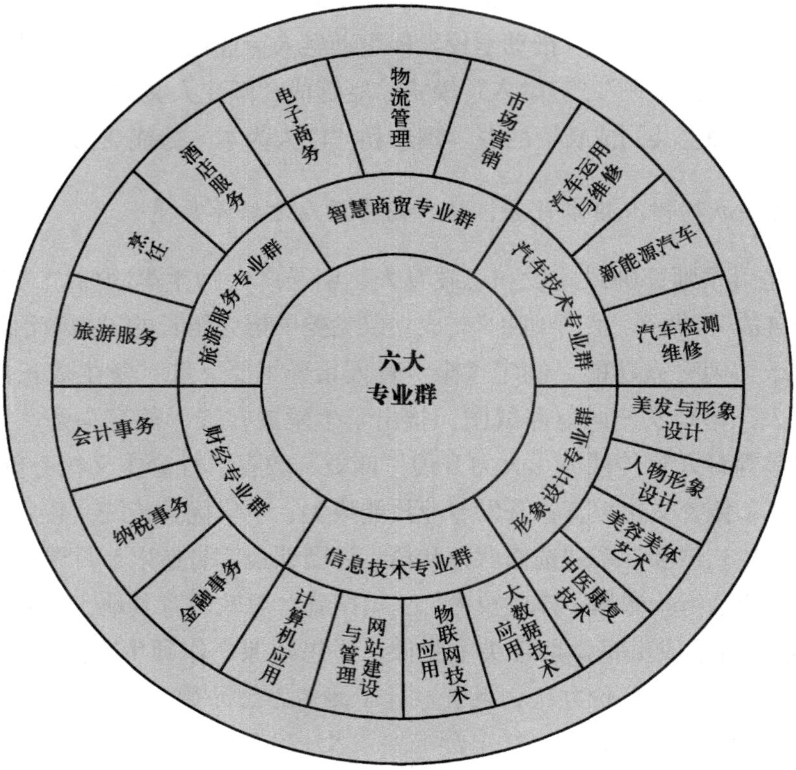

图2

（四）持续优化团队结构，打造一流教师团队成长生态

把师德师风建设放在重要位置，制定了《师德师风建设实施方案》《师德考核底线清单》《师德建设十条禁令》等一系列制度，连续多年无师德问题发生，办学满意度达到95%以上。聚焦教师素质提升和教学团队建设，以核心价值为出发点，唤醒教师的价值认同和发展意识，建立包含36个要素的教师评价指标体系。坚持“破五唯”，实行“部门+团队+个人”组合式项目激励机制，开展了以目标管理和绩效考核为重点的人事分配制度改革。建立职教专家智库，构成智库专家、双专业带头人、骨干教师“1+2+N”教师发展共同体。设立工匠讲堂、劳模讲堂、名师讲堂，强化教师职业认同、工匠精神，提高技术服务、文化传承能力。设立项目专家、大赛教练、学徒导师、技能大师专门岗位，公开选聘精准引进30名产业教授，挂牌设立60个教师企业工作站，形成教师与企业专家双向流动机制。学校高水平教学创新团队建设模式如图3所示。

高水平教学创新团队
师德高尚、开放融合、齐鲁气派、卓越能力
政府
学校
教师发展联盟
七个一工程
行业
五位一体
双师发展平台
企业
五位一体
高师研究平台
研究院所
五元三线 成长平台
三阶递进
雏鹰计划
青年教师
青年教师研习营
“双导师”制工程
雏鹰成长之星
教学基本功比赛
企业工作站
英才计划
骨干教师
三一学院
跟岗访学
省级教师培养基地
校企技术交流
企业工作站
卓越计划
专业带头人
名师工作室
大师工作室
企业工作站
技艺传承创新平台
名师“六领”工程
“政、企、行、校、研”职业教育专才、业界大师工匠、能工巧匠等
开放融合
三创三能 成长路径
专业建设能力
中国特色学徒制
教学工厂
产业学院
1+X
培养模式
课程研发能力
课程体系改造
模块化课程研发
新形态教材开发
数字教学资源开发
课程建设
教育教学能力
教学模式改革
教学流程再造
教学场景重构
能力增值评价
教学能力比赛
教学模式
“四维联动”团队发展动力机制
政策供给
“国、省、校、市”四级组合式团队建设制度支持体系
组织重构
“五会一章程一核心”治理结构
文化引领
匠心潍商 惟精惟实
六大文化基因
评价机制
多主体、多层级、多周期立体化团队评价体系

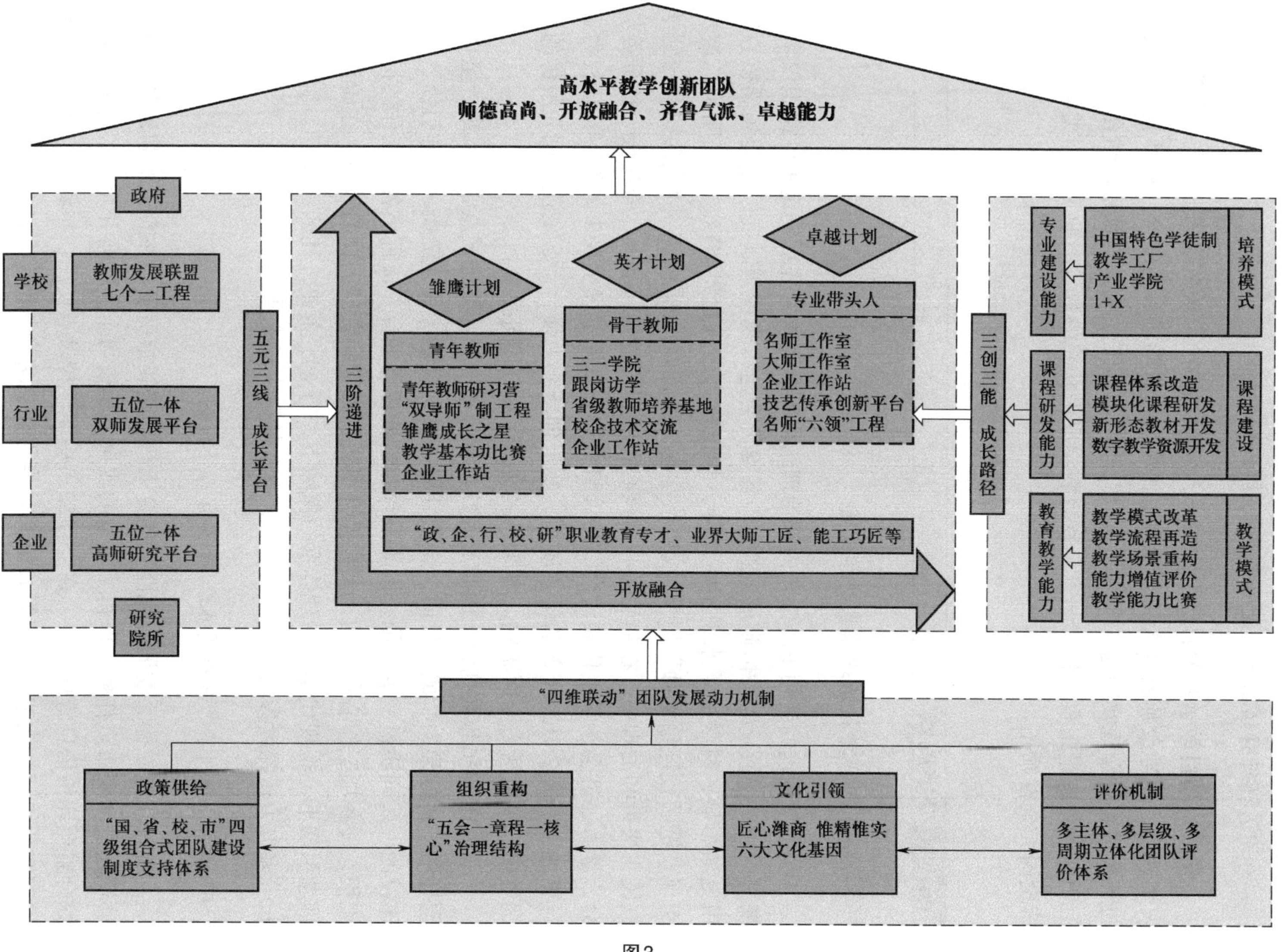

图3

（五）科研引领创新，走好品牌提升之路

学校以项目教学和项目建设为引领，坚持“神枪手是在战场上练出来的”教师发展理念，倡导教师躬身入局，推进工作场景与教学场景的融合。教师教科研工作与解决教育教学现实问题、实施“三教”改革和标志性成果培育紧密结合，省级以上职业教育质量工程项目，国家、省级教学成果获奖的数量、质量在同类学校中保持全国、全省领先。

四、办学成效

（一）现代学校治理体系科学完善

在办学章程的引领下，学校内部治理结构不断完善，先后制定了党组织议事决策规则、“三重一大”事项决策制度、各委员会运行规程等制度，党委领导核心作用更加彰显，科学决策水平不断提升，学校权力运行边界清晰、责任明确，逐步实现“把学校还给老师”“把学校还给学生”的良好治理生态，师生共同参与到学校民主决策和治理中，在师生关心的核心发展和利益等问题上，教代会、校务委员会、学术委员会、学生代表大会等治理组织充分发挥了民主议事的作用，让权力运行更加透明、公开，干部队伍素质高，实干创新能力强，干事创业、创先争优的氛围形成，改革活力全面激发，增加了学校的凝聚力和向心力。

学校在2016年被列为全国职业院校教学工作诊断与改进试点学校以来，坚持问题导向、目标导向、成果导向，全面开展了科学规划、目标链接、标准引领、制度建设的一系列质量变革。依托诊改平台和学校智慧平台，梳理出各项工作的标准和流程，使各项工作有章可循，大大提升了教育教学和管理工作的效率。在质量为本理念引领下，在现代学校治理体系的保障下，行业、企业、社区、政府、学生、家长等多方力量深度参与学校民主管理，办学赢得广泛支持。

（二）开创了“三全育人”新格局

学校在“立德、发展、赋能”的育人行动路线指引下，在育人机制建设和育人环境建设两个重点任务上取得了丰富的成果。学校与企业联合开发山东省中职学生综合素质评价信息管理平台，在全省52所中职学校试点使用。与潍坊市文旅局、潍坊市文化馆、济南艺术学校等12家单位合作建立美育基地，与潍柴、雷沃等7家企业合作建立职业素养教育基地，开发非遗校本课程32门，被评为首批“潍坊市非遗校园教育传承实践基地”。开发了具有地方特色的艺术素养课程，如“木版年画制

作”“剪纸艺术”“陶艺制作”等，学校设有书法、剪纸、绘画、陶艺、篆刻、歌咏等多个社团。部分非遗社团校本教材和学生作品如图4所示。

图4

近五年，共有25名学生入选齐鲁工匠后备人才培养工程，51名学生获中职学生国家奖学金，其中一人获中国教育电视台专门报道。学生参加全国文明风采活动获奖10项，省级获奖60项。学校建立了多层次、开放性职业教育人才培养体系，职教高考、三二连读、“3+4”贯通培养招生规模不断扩大，毕业生就业率达到98%以上，用人单位满意度达到90%以上。成立校级家长讲师团，组建由16名教师组成的家庭教育指导师队伍，搭建家校共育智慧平台，学生成长平台实现在校生家长的全员注册，线上线下家访实现全员覆盖。

（三）校企协同育人精准有效

坚持做优重点专业、培植新兴专业、构建高水平专业集群的基本思路，依托六大专业群的专业布局，7个专业建成省特色品牌专业，3个专业承担省级现代学徒制试点，2个专业群立项建设山东省高水平特色专业群，形成特色鲜明的商科专业链。基于专业的优化、升级和改造，校企双主体参与教学方法、教学手段和评价方式的改革创新，校企共同开发课程与教材、共同组建团队、共同开展活动、共同建设基地、共同制定人才培养方案，共建校企共享、育训两用的专业教学资源平台。各专业共牵头、参与制定15项省专业课程标准，8门课程被立项为省职业教育精品资源共享课程，参与开发4个专业的国家级教学案例库。推进1+X证书制度试点项目达到18个，覆盖10个专业，实现课证融通。物流服务与管理专业率先构建了以现代学徒制实践教学管理智慧平台为学习与评价载体，“学生、师傅、教师、内审员、外审员”的五元联动多元评价体系，在校企双主体育人方面创造了先进的实践范例。为提升师生实践能力和水平，学校设立项目专家、大赛教练、学徒导师、技能大师专门岗位，引进产业教授，挂牌设立教师企业工作站，实现80%专业教师进站，形成教师与企业专家双向流动机制，并对在企业进行岗位实习的学生实现管理全覆盖。学校入选教育部全国职业院校教学管理50强。自全国职业院校技能大赛开展以来，按照教育部大赛办公布的数据，我校学生累计获得76枚金牌，金牌总数在全国同类中等职业学校中处于领先地位（图5）。在历届山东省职业院校技能大赛中，学校累计获得147枚金牌，数量在全省同类中职学校中位列第一。

图5

（四）高水平教师团队成果丰硕

建立由国内职教专家引领的“1+2+N”教师发展共同体，推进培养模式和教学模式的迭代创新，在教学实践中提高教学和研究能力。深化人事管理、职称和绩效考核等制度改革，坚持“破五唯”，实行组合式项目激励机制，逐渐形成了一支“高峰”与“高原”相呼应的高素质专业化双师型教师团队。先后培养出国家级教学名师3人，全国教书育人楷模1人，全国优秀教师、师德标兵4名，齐鲁名师、名校长12人，齐鲁最美教师3人。省特级教师2人、优秀教师6人、青年技能名师8人；41人获得全国职业院校技能大赛优秀指导教师87人次；12人被教育部聘为各行（教）指委主任、委员。培育1个国家级和5个省级教学创新团队，2人获“黄炎培职业教育奖”杰出校长奖、杰出教师奖，1人获山东省优秀共产党员表彰，1人获省五一劳动奖章。建成山东省职教名师工作室4个、技能传承平台6个、技能大师工作室5个。建成精品资源课程8门；牵头完成了9个国家和省级专业教学标准；获得全国职业院校技能大赛教师教学能力大赛一等奖3项，省赛一等奖5项。截至2023年6月，学校共获得近三届国家级教学成果奖一等奖1项、二等奖6项，省级教学成果奖特等奖3项、一等奖5项，教育部行指委教学成果奖一等奖1项，市人民政府教学成果奖特等奖8项、一等奖39项。部省共建高地重大课题1项，省职业教育教改项目27项，省教育规划课题6项，市级课题23项，校本课题73项。主编或参编教材80余本，其中省规划教材6本，国家规划教材12本，全国优秀教材奖2本，校本教材40余本；发表论文100余篇。

（五）学校社会服务面广

学校积极落实“育训并举”法定职责，与多家权威机构合作建成专业技术人员继续教育基地、山东省“鲁菜师傅”鉴定培训基地、家政服务培训基地等项目，搭建了支持地方经济发展、产业转型升级的服务平台。近三年来，学校为齐鲁高速公路股份有限公司、农业银行、潍坊农商银行等省市30余家企业开展培训36项，培训12 000余人次，为山东潍坊百货集团股份有限公司、顺丰控股股份有限公司等企业进行电子商务和物流知识培训达3 000余人次；开展成人中专教育、网络教育、月嫂培训、工伤预防培训、退伍军人培训、会计师培训等共53 000余人次。为相关事业单位专业技术人员、退伍军人、新型农民、企业职工提供22项职业能力培训，每年社会培训人次达到在校生规模的2倍以上，培训层次和范围越来越广，效果越来越好，进一步提升了社会服务能力。

五、社会影响

（一）为区域经济社会发展做出积极贡献，社会认可度显著提升

近年来学校招生生源质量逐年提高，在校生人数保持在5 000人以上，每年为高校和社会输送近2 000名优秀毕业生，承担社会培训10 000人次以上。各专业结合专业优势，服务区域行业和企业需求，如中餐烹饪专业，“鲁菜工坊”项目聘请

了省内鲁菜大师，组建跨区域的教学、研发团队，制定鲁菜标准，承担鲁菜传统菜品的传承、创新和研发，服务全省餐饮行业企业；再如，电商专业学生累计800余人次参与“我是优品推荐官”直播，助力农产品销售，毕业生创立电商企业17家，其他专业的毕业生90%扎根潍坊。学校成为潍坊商业领域领军人才和骨干队伍的培养摇篮，社会知名度和品牌影响力显著提升。

（二）发挥示范引领作用，带动职业院校共同成长

随着学校办学水平的不断提高，近年来先后多次承办全国职业院校技能大赛的电子商务技能、酒店服务、智能财税赛项，承办山东省职业院校技能大赛的物流、会计、烹饪等赛项，教师执裁省级、国家级赛项76人次，承办各类市、省级以上中职校长培训、诊改培训、高质量发展论坛等多项活动，在中等职业学校中发挥了积极的示范引领作用，学校的发展经验和做法得到国内兄弟院校肯定，并不断被学习和借鉴，年均接待学习考察兄弟院校50余家，200余人次。与重庆市开州区开展职教名师工作室建设结对帮扶工作，省内承担枣庄市山亭区职业中专、聊城工业学校的对口帮扶工作，省外承担重庆市五所学校对口帮扶工作，设立名师工作室，带动薄弱地区发展，起到了良好的示范带动作用。2021年，学校作为山东省第一批高水平中职学校立项建设单位，牵头成立了潍坊市中职双高校建设联盟，带动区域内中职学校共同进步。2023年学校党委书记作为教育部“组团式”帮扶工作专家顾问委员会委员，带队深入重庆市、贵州省5个贫困县开展帮扶工作。

（三）新闻媒体广泛宣传，办学成果得到多方推广

学校领导多次在省级以上职业教育论坛和会议中交流分享经验，多位专家型名师长期活跃在省内外各类学术阵地，积极向兄弟院校推介学校工作经验，累计协办省职教学会年会、省诊改培训等大型活动20余次，为各地同行院校提供了交流分享的平台，学校成果被广泛借鉴，产生较大影响。近年来，办学成果和案例、经验等被《人民日报》《中国教育报》《山东教育报》及中央电视台、中国教育电视台、山东教育电视台等主流媒体宣传报道50余次。2022年，中央电视台财经频道《经济半小时》栏目以“职业教育成就出彩人生”为主题，报道教育部、山东省共建职业教育创新发展高地建设成果，对学校办学成果进行了重点报道。

执笔人：李宇晴　顾　爽　赵　涛

软商硬做　冷链暖心　打造乡村振兴齐鲁样板

山东商业职业技术学院

山东商业职业技术学院是中国特色高水平高职学校（A档）建设单位，隶属山东省商业集团有限公司（简称鲁商集团）。学校以“农商技术推介”广联天下，用“三产振兴”激发一、二次产业发展新动能，送新技术、新人才一起到农村、下企业，为山东省从农业和制造业“大省”向“强省”迈进提供了强有力的支撑。

一、办学定位

学校坚持和加强党的全面领导，坚持社会主义办学方向，以习近平新时代中国特色社会主义思想为指导，认真落实习近平总书记关于教育、科技、人才的重要论述，紧紧围绕立德树人根本任务，立足“三服务”，统筹“三协同”，推进“三融合”，聚焦数字经济下的现代服务业转型升级和技术提升，以推动学校高质量发展为主线，以改革创新为根本动力，深化产教融合、校企合作，打造新时代高等职业教育现代化样板和标杆。

学校以“立德树人、兴商润民”为使命，开展人才培养、科技研究、社会服务和文化传承创新活动，促进社会文明进步。以“创高职名校，施优教于民”为目标愿景，坚持为社会用人需求服务，为学生就业成才服务，服务三次产业同向同行，建设数字经济下的高技术服务业专业集群，深挖现代服务业与先进制造业、现代农业深度融合的实用技术，软商硬做、冷链暖心，教学质量、办学特色得到社会各界的广泛肯定。

学校坚持以高水平科研引领职业教育高质量发展，冰丝带、睡觉鱼、迪拜桃在学校研发成功并落地实施，彰显了中国快速环保制冰技术、水产品无水运输技术、果蔬肉品长运保鲜技术的国际领先地位。学校厚植中华商人精神内核，打造商文化博物馆，以“三融三进三入”彰显文化育人张力，形成区域商文化育人新高地。以劳动实践促五育融合，形成“四阶递进、全时空适配”劳动育人新格局。学校持续探索中、高、本、研纵向贯通培养，加速推进巴基斯坦-中国职业技术学院建设，规划升级虚拟仿真实训室为元宇宙未来职业职场，不断提升办学水平和人才培养质量，赋能绿色低碳高质量发展先行区建设。

学校以“尚德蕴能，日精日新”为核心理念，本着“为社会用人需求服务，为学生就业成才服务”的办学宗旨，以“打造面向世界的未来乡村”为使命，以“让乡村更美好，乡村让城市更向往”为愿景，积极服务山东省乡村振兴战略，培养怀有“爱农、乐农、悦农”情怀的重诚信、善沟通、精农技、会管理、能创业、有担当的现代农业急需的、复合型、创新型高素质乡村振兴带头人和新型职业农民，打造乡村振兴齐鲁样板。

二、发展历程

山东商业职业技术学院办学历史可追溯到1936年的济南私立惠鲁工商职业学校，1999年3月，经教育部批准同意在山东省商业职工大学与山东省商业学校的基础上合并组建山东商业职业技术学院，从此，学校以“高起点、开好头、起好步”为工作基调，以建成高标准的全国示范性院校为目标，优化办学条件，完善体制改革，加强师资队伍建设，2001年6月被教育部评为第二批示范性职业技术学院建设单位，2007年被教育部、财政部评为国家示范性高等职业院校建设计划立项建设单位。2009年，学校依托鲁商集团，获批国家农产品现代物流工程技术研究中心，成为全国唯一一所拥有国家级工程中心的高职院校，学校同时建有山东省农产品贮运保鲜技术重点实验室、山东省云商务大数据工程中心、北方现代物流研究院、济南市肉食品质量安全控制工程技术研究中心、济南市农产品质量安全监控信息化工程技术研究中心等省市级科研机构。截至2016年，学校已建成“一园五区”大学生创业孵化示范基地，面积11 000平方米，创业项目孵化入驻创业实体90多家。2017年，学校被山东省教育厅评为第一批山东省优质高等职业院校建设工程立项单位。2019年，学校被评为国家优质校，并获评中国特色高水平高职学校（A档）建设单位。

经过80多年的积淀，学校获批国家优质校、国家示范性高职院校中的优秀院校、全国职业教育先进单位、全国深化创新创业教育改革示范高校、全国高校实践育人创新创业基地、全国创新创业典型经验高校、全国毕业生就业典型经验高校、全国普通高等学校毕业生就业工作先进集体、国家产教融合发展工程规划项目学校，荣获“全国职业院校实习管理50强”“全国职业院校教学管理50强”“全国高职院校国际影响力50强”“高等职业院校服务贡献50强、教学资源50强”“2018、2019亚太职业院校影响力50强”“全国高职院校就业质量50强”等称号。学校是山东省教育工作先进单位、山东省德育示范高校、山东省大众创业万众创新实践基地、山东省语言文字推广基地。2019年、2020年、2021年、2022年连续四年获评省级文明校园。

学校获批教育部全国高校思想政治工作创新发展中心、全国课程思政教学研究示范中心、全国高校“思想道德与法治”教学创新中心、教育部“深化新时代学校思想政治理论课改革创新先行试点”单位，获批国家级思政课名师工作室1个，“山东党建工作示范高校”“山东省理论宣讲基地”“全国党建工作样板支部”培育创建单位3个，荣获“山东教育系统先进基层党组织”“山东党建工作标杆院系”“山东党建工作样板支部”等多项荣誉。学校持续推动“萌新磨课会”“课程思政研课会”等品牌活动。学校作为高职院校代表参加国务院有关职业教育改革座谈会并作典型发言；出席全国职业教育大会；在山东省高等学校高质量发展座谈会上作典型发言；参加中央电视台财经频道《对话》栏目——聚焦高技术人才的职业教育等。学校多次被《人民日报》等媒体报道，其中“党史学习教育+思政”的新生特色军训汇演被《人民日报》《中国青年报》及中央电视台新闻频道等媒体报道，受到高度评价。学校就业率连续5届高于同类院校，人才培养质量得到用人单位高度肯定。2022年，学校36个招生专业录取分数线居山东省高职院校第一。

三、办学特色

（一）聚焦农产品商贸流通，优化专业（群）布局

学校对接现代农业产业最新科技发展及产业发展趋势，结合现代农业技术技能人才需求，谋划对接全面推进乡村振兴工作，形成“软商硬做、冷链暖心”的专业集群布局思路（图1），围绕乡村振兴战略，聚焦农产品商贸流通，依托云计算技术与应用、市场营销、智慧冷链物流和食品冷链品控等专业群，在乡村特色产品追溯、电商平台建设、农产品贮运保鲜技术、乡村环境改造和农村人才队伍建设、乡村文化旅游振兴、乡村教育振兴、优秀传统乡村文化传承创新等方面持续发力，打造高水平专业群。

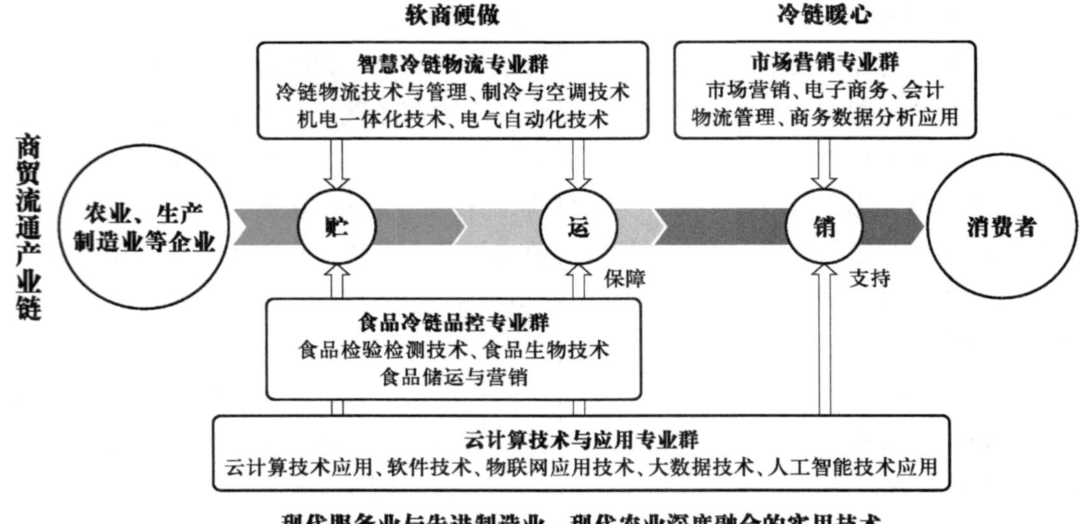

图1

（二）“耕读文化”融入文化体系，构建“三全育人”大格局

学校落实立德树人根本任务，深入贯彻落实习近平总书记在全国思想政治理论课教师座谈会上的重要讲话精神。深化课程思政建设，充分挖掘专业课程的思想政治教育资源，实现课程思政与思政课程同向同行；开展“同吃、同住、同劳动、同学习”的“四同”教育活动，传承红色基因，培育学生的家国情怀。开展耕读教育，将“耕读文化”融入学校文化建设体系，以“理念育人”“阵地育人”“环境育人”为抓手，将坚定文化自信作为重要任务融入人才培养全过程。建成山东省党建·思政实践教学基地，建设数字马克思主义学院和高职院校思政课教学资源库、党建·思政3D虚拟仿真实践体验中心，以思想正能量系列主题活动引领，充分发挥思政育人作用，助力学校构建“三全育人”大格局。

（三）成立乡村振兴产业学院，服务农村区域经济发展

学校成立乡村振兴产业学院，聚焦打造“生产美产业强、生态美环境优、生活美家园好”融合发展的乡村振兴齐鲁样板，服务农产品电商、田园综合体等新兴业态的迅速发展，组建数字乡村专业群（图2），全面推行现代学徒制和企业新型学徒制，依据农业生产经营特点，在学校涉农专业以及旅游管理等专业落实国家高职扩招任务，针对不同生源分类施教、因材施教，继续实行学分制和弹性学制，遵循集中与分散教学相结合、农忙与农闲教育相结合、线上与线下教学相结合的原则，创新培养培训形式，农忙时“送教下乡”“送教上门”，农闲时以学校为主集中授课，形成一批可

复制、可推广的人才培养培训模式，全面提升农村实用人才培养质量，为传统农业转型升级提供人才支撑和智力支持。通过实施远程教育、集中培训等教育培训方式，促进乡土人才知识更新和能力提升；举办高级研修班，培训全省服务乡村振兴急需紧缺的骨干专业技术人才和企业高级经营管理人才；组织基层人才研修，制定齐鲁乡村传统技艺技能保护计划，编制民间技能人才目录，培育传统特色工艺传承技能大师；采取委托培养、订单培养或者定向就业、专项奖学金等方式，应用长短结合、弹性学制、“半农半读”等形式，开展乡土人才专业教育和专项技能培训，培养乡村振兴所需要的技术技能人才，为乡村振兴提供智力保障和技术支持。

图2

（四）共建“乡村振兴产业会客厅”，推进农业与其他产业深度融合

校企共建“乡村振兴产业会客厅”，聚焦农业农村的二、三产业，研究农业新产业、新业态、新模式，农产品商贸流通技术集成创新，创新“科研+教研-服务”产教融合新模式，推进农业与其他产业深度融合。“乡村振兴产业会客厅”按“产加贮运销”一体化设计原则，建有信息技术、智慧冷链物流、质量安全检测、数智营销等事业部，将学校重点建设的专业群落地实施，为企业提供专业咨询和人才培养等全面支持。

（五）依托电子商务专业，深化电商扶贫

学校依托电子商务专业，发挥党员模范带动作用，探索校地融合发展。帮扶日

照市五莲县叩官镇共建特色党支部，开展电商精准扶贫，服务山东省乡村振兴“百镇千村行”等实践活动。基于农产品市场调研，开展五莲县农产品品牌建设与电子商务线上营销策划，完成五莲县农产品品牌VI视觉体系建设及电子商务线上营销策划方案，发布网络推广视频120个、图文630篇，塑造良好的网络品牌形象，吸引了两万人次关注互动；为当地蜜桃加工企业提供多平台线上店铺视觉设计和运营服务，创收30余万元。学校师生还助力山东省商务厅、国际商务联合会，共同举办“菏泽－中东欧木制家具国际云展会”，促进菏泽木业产业实现升级跨越发展。

（六）发挥鲁商集团优势，做好做优乡村文化振兴

作为鲁商集团教育产业的一部分，学校紧密联合鲁商乡村发展集团有限公司，以“乡村振兴引领者，城乡发展服务商”为定位，先后与10个县（市、区）签署12个乡村振兴鲁商样板片区项目。其中，在泰安市岱岳区东西门村，作为鲁商乡村发展集团有限公司处女作的“故乡的云”已经掀开面纱，这是由鲁商乡村发展集团有限公司和青岛朴宿文旅集团有限公司共同投资打造的高端民宿项目。新农村环境艺术设计研究所建有设计研究所、设计工作室、乡村文创产品研发室、商文化数字博物馆，面向乡村景观和文创领域，为乡村提供庭院景观、公共区域景观设计和施工服务，研发基于乡村文化的文化创意产品，助力乡村文化振兴，服务美丽乡村建设。同时设有数字空间体验实训室、非遗文化数字展览馆、民俗工坊、数字研创实训室。面向乡村民居设计和优秀传统文化传承，为民居、民宿、康养等提供室内设计服务，同时加强陶艺、木工、纤维编织、插花、柳编等传统手工艺研究，为丰富农民文化生活、打造民俗文化旅游提供服务，助力乡村文化振兴和生态振兴。

（七）发挥学校智库作用，推动乡村振兴低碳发展

学校建有国家农产品现代物流工程技术研究中心、教育部应用技术协同创新中心2个、院士工作站3个和泰山学者工作站2个、山东省农产品贮运保鲜技术重点实验室等省级以上平台7个、济南市肉食品质量安全控制工程技术研究中心等市级平台10余个。国家农产品现代物流工程技术研究中心与冷链物流产业学院联合组建团队，专注冷链技术研发，聚焦蒙阴蜜桃等生鲜农产品，开展冷链物流保鲜节点技术及装备开发。利用技术创新，支持商业模式创新，打造中国蜜桃电子商务第一平台。通过高精度移动储运技术、品控包装技术、物联网技术、检验检测技术构建新型供应链模式，逐步实现生鲜电商的重大技术和模式创新突破，引领行业发展。制定国家、行业标准42项，取得专利200余项，推动行业转型，实现乡村振兴低碳发展。

（八）共建预制菜未来产业学院，全面助力乡村振兴

学校与鲁商集团相关产业共建全国第一家预制菜未来技术产业学院（图3），产业学院以服务集团预制菜产业集成创新为根本，明确了未来预制菜产业烹饪艺术工业化、农工一体商业化、城乡结合数字化、生态搭建科技化的发展方向，以预制菜数字化全产业链职教模式为框架，设有智能感官服务中心、高技术商务服务中心、财务共享服务中心、金融科技服务中心、高技术展示服务区等五个部门，以制定企业标准和研发未来技术为抓手，通过校企双主体共同构建未来技术支撑的预制菜生态系统，进而为消费者和生态圈内中小企业提供服务，瞄准高端技术服务岗位需求，通过真实项目以研促教、以研促学、以研促练，培养高水平技术技能人才，最终建设成为产业发展的“推手”、政府参谋的“助手”、企业成长的“帮手”。

图3

四、办学成效

（一）获评“山东省乡村振兴示范校”

学校扎根齐鲁大地，以职业教育供给侧结构性改革为主线，充分发挥商科专业特色和科研平台优势，多措并举精准助力乡村振兴，输出乡村振兴山东商院方案，获社会各界广泛认可。校企共建山东省乡村振兴齐鲁样板研究院，泰山·九女峰乡村振兴项目荣获乡村振兴齐鲁样板省级示范区；与单县等县域开展集团、校地合

作，建设罗汉参种植基地，实现农民增产增收。依托国家农产品现代物流工程技术研究中心、山东省农产品贮运保鲜技术重点实验室、济南市肉食品质量安全控制工程技术研究中心等各类平台，开展应用技术研究与成果转化。鲁商集团设立乡村振兴发展基金500亿，着力打造50个乡村振兴齐鲁样板鲁商样板村。学校深度践行鲁商“667”乡村振兴发展模式，职业院校进村帮扶，助力乡村劳动力成长为技术技能人才。2022年，学校获评“山东省乡村振兴示范性职业院校”。

（二）全产业链推进乡村振兴建设

学校与山乡集团有限公司、山东省旅游工程设计院有限公司合作，企业专家与学校专业教师共建师资队伍，与山东广电传媒集团有限公司联手，打造微综艺《家乡好物——嗨，鲁货！》，发挥党员模范带动作用，探索校地融合发展，深度挖掘山东省136个县、区特色产品及优势产品，推进联名产品的品牌元素设计，整合营销传播方案设计，利用线上平台，助力优势产业拓展国内外市场，帮助农产品国内线上店铺运营；国际商务、跨境电商专业助力国际品牌推广，协助山东省商务厅、国际商务联合会开办山东-马来西亚机床云展会、菏泽-中东欧木制家具国际云展会，实现后续订单上千万元，从产品设计到国内外销售，全产业链助力乡村产业振兴。

（三）“食安山东”民生工程取得显著成效

学校获批我国物流领域唯一的国家级工程技术研究中心和山东省农产品贮运保鲜技术重点实验室，参与承建了863计划、黄三角科技示范工程、国家农村农业示范省等国家战略和重大民生工程，凝练培育了一批核心的技术和成果。与山东省商务厅签署战略合作协议，先后完成了山东省冷链物流公共信息服务平台、山东省中药材流通追溯体系建设，在服务山东重要产品追溯示范省建设上取得显著成效；协助撰写《山东省商务诚信体系建设研究》《山东省药品流通“十三五”发展规划》《山东省商品交易市场调研报告》，连续三年编辑出版《山东商业服务业蓝皮书》等，为全省商务系统提供人、才、智支持。学校教师联合工程中心研发团队紧抓冷链物流行业发展关键技术，科技助农，攻克无水活鱼运输、保鲜储运等多项农村农业技术，水产品无水保活运输集成技术引领水产行业革新，成果获得中央电视台综合频道、中央电视台科教频道和《科技日报》等媒体报道。学校服务“食安山东”等区域战略，解决了2项“卡脖子”技术问题，形成了4项行业重大关键共性技术和6项行业前沿技术（图4），与企业联合制定农药残留快检和健康肉行业标准，服务“食安山东”民生工程。

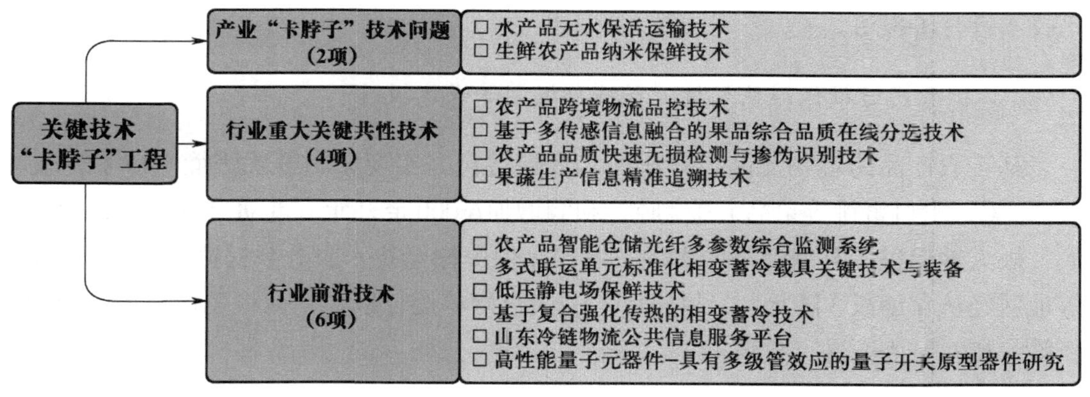

图4

（四）技术服务乡村振兴取得新突破

学校承接蓝黄两区冷链产业物联网平台等重大民生工程项目2项，为政府、企事业单位提供近5 000批次/年的食品安全检测服务，参与制定了国家、行业标准42项，取得专利和软件著作权400余项，获省部级以上奖励21项、鉴定成果55项，承担国家级课题12项，其中863课题1项，省部级课题91项，每年对社会发布《中国冷链物流发展报告》《中国食品供应链发展报告》，助力乡村振兴。学校开拓了“一带一路”国际市场，包括新加坡、泰国、俄罗斯和坦桑尼亚等。截至2023年6月，先后向新加坡、泰国、俄罗斯、坦桑尼亚、迪拜等“一带一路”国家和地区累计出口蜜桃等果品超过8万余吨，出口创汇8 000余万美元。“农产品跨境物流品控技术助力蒙阴蜜桃出口至迪拜”遴选为“十三五”国家重点研发计划重点专项重大标志性成果。

五、社会影响

学校作为全国4所高职院校代表之一参加2021年全国职业教育大会，在全国职教周等多个重要会议上做典型发言，积极为职业教育发展建言献策。2019年以来接待来访学校100多所，2022年被《中国教育报》等媒体报道1 000余次。

（一）无水活鱼运输技术被中央电视台综合频道报道

学校国家农产品现代物流工程技术研究中心研发的无水活鱼运输技术，可令运输过程中的鲜活水产品“深睡眠、浅呼吸”，存活时间延长至60~81小时，且存活率达98%以上，使得大批量、长距离运送鲜活水产品成为现实。中央电视台综合频道《生活圈》栏目“院士说科技”板块，以“让鱼‘睡一觉’的保鲜新办法”为题对该技术进行了报道。

（二）蒙阴蜜桃保鲜技术被《科技日报》等媒体报道

基于农产品跨境物流品控集成技术成果转化，实现蒙阴蜜桃跨境出口零突破。3年来累计出口蜜桃等果品1万余吨，利润增加6 000余万元，带动当地就业1 000余人，极大地促进了县域经济的发展。农产品保鲜储运技术服务乡村振兴，带动蒙阴等地区经济年增长3亿元。《科技日报》、大众网等媒体以“一只桃子何以30天还能新鲜如初？”为题进行报道。

（三）女致富带头人培训被《中国教育报》报道

学校与山东省妇联妇女创业发展服务中心合作，开展“送温暖　三下乡”、山东省“一带一路”跨境电商培训（滨州班）、淄博市妇联系统干部履职能力提升培训班、山东省女致富带头人培训工程阳谷县培训班等10余场活动，培训近千人次，线上直播观看量达14余万人次，得到山东省教育厅的充分肯定，先后被山东省教育厅网站、学习强国、《中国教育报》报道。

（四）学校与乡村振兴干部学院协同育人做法被《光明日报》报道

学校与乡村振兴干部学院以及鲁商乡村发展集团有限公司开展深度合作，进一步推进产教融合，聚焦乡村振兴领域，探索协同育人，为地方乡村振兴提供了人才、技术等方面的支持，为乡村产业发展提供重要的智力支持。三方在围绕乡村振兴的人才培养、人才供给和具体实践等方面实现了资源共享，为当地乡村振兴干部队伍建设及乡村振兴战略的具体实践贡献力量，具体做法被《光明日报》等媒体报道。

（五）“礼赞建党百年　助力乡村振兴”暑期社会实践活动在山东省教育厅网站发布

学校与日照市五莲县共建“电子商务助推乡村振兴”基地，组织开展以“礼赞建党百年　助力乡村振兴”为主题的大学生暑期“三下乡”社会实践活动，在山东省教育厅网站发布（图5）。充分发挥学校在服务县域经济、知识支援乡村振兴方面的经验，为村民们授课讲解电商平台详情页制作、电商运营以及直播带货知识，围绕电商助农帮扶助力乡村振兴，帮助五莲县打通农副产品走出大山、走向市场“最后一公里”，走向脱贫致富之路。

山东商业职业技术学院开展“礼赞建党百年 助力乡村振兴”暑期社会实践活动

发布日期：2021-08-05 15:57　浏览次数：84

为深入学习习近平新时代中国特色社会主义思想，贯彻落实习近平总书记关于青年工作的重要思想，引导学生以实际行动庆祝中国共产党成立100周年，结合日照五莲县与学校共建“电子商务助推乡村振兴”基地，山东商业职业技术学院工商管理学院党总支于近日组织开展以“礼赞建党百年，助力乡村振兴”为主题的大学生暑期“三下乡”社会实践活动。

本次实践活动为期8天，以电商助农为主线，工商管理学院电子商务专任教师现场为村民们授课讲解淘宝详情页制作　电商运营以及直播带货知识，充分发挥学校在服务县域经济、知识支援乡村振兴方面的经验。学院“百年商院情”服务队先后到卣寺头村猕猴桃种植园、农副产品冷冻库、绿茶茶园和加工厂、板栗园等进行实地了解五莲当地农副产品现状，并对产品推广中所需要的图片、视频素材进行产地收集、推文撰写和视频制作，先后为卣寺头村制作了党支部书记人物宣传片、猕猴桃园宣传片、绿茶茶园与加工厂宣传片，在当地官方短视频平台进行推广。本次活动主要通过集中和分散两种形式，按照资料收集、参观走访、调研问卷、实践体验、收集素材、撰写网络推文等形式，了解五莲农副产品的发展现状及存在问题，为后续五莲农副产品推广和电商助农奠定基础。

活动期间，学生们在村委相关人员带领下参观了五莲县党史馆，开展了一堂别开生面的党史学习教育课。学生们还拜访慰问了获得“七一勋章”的老党员，重温入党誓词，并亲手为他们做了一顿丰盛的午餐，与老党员们坐在一起谈心，学习他们的革命精神。

本次暑期社会实践活动，积极响应了团中央引导和帮助广大青年学生上好与现实相结合的“大思政课”，在社会课堂中受教育、长才干、作贡献，在观察实践中学党史、强信念、跟党走的要求，同时通过学校与五莲共建“大学生社会实践”基地为契机，围绕电商助农帮扶助力乡村振兴，帮助五莲县打通农副产品走出大山、走向市场“最后一公里”，走向脱贫致富之路。

图5

执笔人：王　鑫　刘英霞

潜心育人　守望大河　奏响新时代水利职教最强音

黄河水利职业技术学院

黄河水利职业技术学院（简称黄河水院），作为“大河守望者”，她与国家命运同频共振，她与九曲黄河涛声共鸣，她承载着国家对水利人才的期望。在水利事业建设中，她蓄势奋进、谋水济国，用使命和担当点燃守望之灯，传递守望之火。她的精神和追求也在历史的长河中化成了一条脐带，为我国水利事业培养了一批批优秀的人才，为黄河文明源源不断地输送营养与生机。

一、发展历程：因水而生，缘黄而兴

“水专、水专，济济腾欢。断金攻玉，敷土奠川。源开民生裕，流畅国用赡。障颓波，挽狂澜，大业一肩担。”水给予黄河水院随形赋势的智慧、万折必东的意志。黄河水院人顺势奔流在波澜壮阔的百年变革中，每一个脚印都镌刻着为国的信念、创新的激情、奋斗的艰辛。历史的航程波澜壮阔，时代的大潮奔腾不息。

（一）1929年：应运而生，大业一肩担！

据统计，在1946年以前的几千年中，黄河决口泛滥达1 593次，较大的改道有26次。河之赞歌传唱的伴奏从来都是惊涛骇浪，中华民族与黄河水患的搏斗触目惊心。

治国先治水。1929年，时任河南省建设厅厅长张钫“苦于千百年来黄河危害，决定设学校以负起治黄河、兴水利、除水患、安定民生、建设国家的使命”，创办了河南省建设厅水利工程学校，开启了水利教育征程。学校以“江、淮、河、汉”命名四个班级，昭示“源开四水，心系天下”的办学初衷，开启了水利人才培养之路。一所与“黄河”息息相关的学校就此诞生。

当河流的哗哗流淌之声渐渐归于静谧，溯大河而上，守望的是久经改制、力挽狂澜的不悔初心，闪烁着继往开来、自强不息的精神力量，一步步开启水利职业教育的新征程。

（二）九十余载：风雨兼程，护佑记心间！

翻开学校的历史画卷，学校曾多次易名，但一直没有离开“水利”二字，1931年升格为河南省立水利工程专门学校，1942年升格为国立黄河流域水利工程专科学校（图1）。抗日战争时期，时任校长、水利专家刘德润带领师生三易校址，一路西迁，弦歌不辍。

图1

九十余载风雨兼程，九十余载薪火相传，学校历经国立黄河流域水利工程专科学校、黄河水利专科学校、黄河水利学院、黄河水利学校等沿革，1998年3月，经国家教育委员会批准改建为黄河水利职业技术学院。2000年3月学校由水利部划归河南省实行省部共建。

新中国成立后的首任校长、黄河水利委员会主任、著名水利专家王化云曾陪同毛主席视察黄河，并提出了调水调沙、南水北调等治水主张，受到党和国家的高度重视并予以实施。近百年来，黄河水院情系水利，初心不改，以黄河为魂、水利为根、工程为基、育人为本，根植中原、面向全国，以黄河保护与治理为己任，为黄河七十余载岁岁安澜和人民治黄事业做出了重要贡献。

（三）新时代：蓄势而发，筑梦续守望！

黄河水院作为全国唯一一所为治理和保护黄河而建的学校，一直坚守“治黄河，兴水利，除水患，安定民生，建设国家”的办学初心，勇担“保黄河岁岁安澜”的使命，始终走在水利职业教育改革发展最前列，赢得“黄河流域的黄埔军校”“黄河技干摇篮”的美誉。

迈入新世纪，开启新征程。学校坚定不移走职业教育发展之路，以培养高素质技术技能人才为目标，坚持“立足社会需求，面向未来发展，办人民满意的高等职业教育”的办学方针，聚焦人才培养工作水平评估、国家示范性高职院校建设、国家“双高计划”建设、职业教育提质培优行动计划等重大项目，先后与黄河水利委员会、开封市人民政府、华北水利水电大学、中国水利水电第十一工程局有限公司等签订了战略合作协议，牵头成立了黄河流域职业教育联盟、中国测绘地理信息职业教育集团，谋划实施了“教育教学能力提升工程”“技术服务能力提升工程”等八大工程，校企共建了黄河明珠产业学院、云智产业学院等5个产业学院，不断推动学校创新发展和特色发展。

步入新时代，我国经济已由高速增长阶段转向高质量发展阶段，经济结构调整和产业转型升级不断加快，各行各业对技术技能人才的要求越来越高，对高层次技术技能人才的需求越来越强烈。面对经济社会发展对人才需求的变化和国家关于职业教育发展的政策导向，学校秉承“双高”院校支撑国家战略发展的职责，以“双高”建设为契机，以服务黄河流域生态保护和高质量发展国家战略为目标，围绕黄河流域生态保护和高质量发展国家战略，抢抓机遇，主动担当，改革创新，为支撑“黄河流域高质量发展”国家战略做出积极贡献。学校精准识变，主动求变，从2015年开始先后与河南工程学院、华北水利水电大学联办了水利水电工程、测绘工程、机械设计制造及其自动化等3个本科专业，累计培养本科应用型人才562人，为探索本科层次职业教育积累了经验。

蓄势求突破，谋篇开新局，黄河水院作为“大河守望者”的初心不变、使命不变。

二、办学特色：接力守初心 聚力起高峰

学校历经九十余年的办学与发展，形成了“技术人才摇篮、创新服务基地”的办学理念，“以工为主、以水为特，一体两翼、特色发展”的专业定位和“面向生产、建设、管理、服务第一线需要，培养德智体美劳全面发展的高素质技术技能人才”的人才定位。新时代，学校以习近平新时代中国特色社会主义思想为指导，深入学习宣传贯彻党的二十大精神，紧扣学校中心工作，坚持党建引领，立足改革创新，聚焦内涵建设，实现了学校各项事业的高质量发展。

（一）水利初心固底色

习近平总书记考察红旗渠时强调，要用红旗渠精神教育人民特别是广大青少年，社会主义是拼出来、干出来、拿命换来的，不仅过去如此，新时代也是如此。九十余年，学校坚守水利初心，传承水利精神，将“继往开来 自强不息”的学校精神不断发扬光大。

学校始终坚守水利职教初心，逐梦水利职教征程，形成了“黄河为魂、水利为根、工程为基、育人为本”的办学特色，所培养的20余万名毕业生一直活跃在祖国的大河上下、大江南北。在黄河水利委员会2万多名治黄干群中，黄河水院毕业生占20%以上。黄河蜿蜒5 464千米，从源头的玛多水文站到中游的龙门水文站，再到入海口的利津水文站，每一站都有黄河水院毕业生在坚守。南水北调中线工程1 432千米，每一千米都留下了黄河水院学子在工地奋斗的足迹。三峡水电站、溪洛渡水电站、白鹤滩水电站等水利工程，都饱含黄河水院学子的辛勤汗水。

新时代新征程，学校谨记习近平总书记的谆谆嘱托，赓续红旗渠精神，始终与祖国同呼吸、共命运，自觉把党的二十大精神转化为建设社会主义现代化国家的生动实践。

（二）技术技能人才培养树高峰

学校坚持立德树人根本任务，以“四个突出”为抓手，强化学生专业能力和职业素质培养，铸就学生职业发展能力，培养出一批批具有博大爱心、吃苦精神、强壮体魄、精湛技艺、创新意识的黄河水院人。

突出“三教”改革，培养学生职业能力。学校打造特色专业群，建设高水平师资队伍，深化课堂改革，注重德技并修，推行职业素养导师制，建设以“智能课堂”为特色的新型课程教学形态。

突出“协同育人”，培养学生实践能力。学校以应用研究和技术服务为重点，打造“13516”工程，建立科技创新机制，培育科研与技术服务团队。实施“集群

式”创新战略，深化政行企校协同育人机制，广泛吸纳学生参与科研项目研究、技术研发、技术服务，提升学生实践能力，培养学生科学精神、团队精神、创新意识、诚信意识。

突出“双创教育”，培养学生创新精神。健全创新创业教育体系，将创新创业教育融入专业人才培养方案，构建“1+1+X”双螺旋式创新创业教育模式，投入2 300万元支持双创载体和创新实训中心建设，建设67个创客工作室，成立35个创新创业类社团，实现创新创业精神与专业发展能力培养同步提升。

突出“文化育人”，培养学生职业道德品质。推进文化“三进”，建设“校园大职场”育人氛围，传承学校“治黄河，兴水利，除水患，安定民生，建设国家”的使命担当和新时代水利精神。举办企业家和能工巧匠大讲堂，开展职业体验和品牌志愿服务活动，培养学生精益求精、严谨细致、团结协作的精神品质，弘扬劳动光荣、技能宝贵、创造伟大的时代风尚。

（三）产教深度融合起高地

党的二十大报告首次把教育、科技、人才进行“三位一体”统筹安排、一体部署，提出要加快建设教育强国，加快建设高质量教育体系。强调统筹职业教育、高等教育、继续教育协同创新，推进职普融通、产教融合、科教融汇。

学校牵头成立职业教育集团，加快打造国家级示范性职教集团，推动职业教育集团（联盟）实体化运作。与行业龙头企业深入合作共建特色产业学院，探索中国特色学徒制、订单培养，组织召开校企合作论坛，校企联合申报省级以上课题。继续推进集团成员单位合作需求数据平台的建设，助力培育产教融合型企业，大力开展高端智库建设，提升资政咨询服务能力，助力河南省由职业教育大省向职业教育强省转变。

学校围绕服务“黄河流域生态保护和高质量发展国家战略”开展了一系列科研与技术服务工作。先后与黄河水利委员会，开封市人民政府、华北水利水电大学、中国水利水电第十一工程局有限公司、中国电建市政建设集团有限公司、哈工大机器人集团股份有限公司等校、政、行、企分别签订战略合作协议；牵头成立黄河流域职业教育联盟、中国测绘地理信息职业教育集团，校企共建黄河明珠产业学院、鲲鹏产业学院等5个产业学院，实现优势互补、合作共赢、共同发展。

学校拥有省部级以上科研平台5个，其中国家级众创空间1个、省级工程技术研究中心4个。拥有市级重点实验室和工程技术研究中心24个、市级创新型科技团队3个、科技创新人才3人。近年来，取得国家自然科学基金项目3项、授权专利317项。

（四）名匠大师聚高势

学校按照人才强校战略，坚持高起点、高标准、高投入，始终把师资队伍建设作为提高人才培养质量的基础，通过引进和培育相结合，不断优化教师队伍素质与结构；以教研教改为抓手，不断提升教师教育教学能力；激励与约束并举，引导教师更加重视教学投入；坚持完善规章制度，不断提升服务教师发展水平。多措并举，以“四有好老师”标准打造德技兼备、育训皆能的高水平“双师型”教师队伍，“双师型”教师占比达80%，为学校高质量、高水平发展提供坚强有力的支撑和保障。

打造“五双”教师队伍（双师、双能、双语、双创、双带头人）。制定具有示范引领作用的“双师双能”教师认定标准，持续推进教师下企业实践和全员轮训制度，重点培养一批能够改进企业产品工艺、解决生产技术难题的工匠之师，提高专业教师对接产业发展的能力以及吸收产业先进技术元素的动力。实施“双带头人”培育工程，培育引进行业有权威、国际有影响的专业群带头人，推动党建工作与教学科研工作相互结合、有机融入，所有专业实现“双带头人”全覆盖。

建设科技创新队伍。近五年，学校不断加强高层次人才引培，培育引进“万人计划”、中原学者、学术技术带头人等领军人才7人，博士62人，聘任行业企业专业带头人52人，建设博士工作室8个，打造了“四位一体”产教研培创新团队。柔性引进王家耀、王复明院士以及中原知名学者姚文艺等组建科研团队，开展水利、测绘等行业高端纵深研究，引领行业发展，推动特色专业群建设达到国际一流水平。

形成技术服务队伍。加强校企深度融合，建立28个大师工作室，聘任28名企业行业高层次人才担任技能导师，培养专职教师、培育科研创新团队、指导学生技能竞赛，发挥大师“传帮带”的作用，推动企业人才和学校教师双向流动，兼职兼薪，激发技术技能大师在人才培养、匠心精神传承、技术革新研发上的主动性。紧跟国家战略布局，深化政行企校的战略合作，建设黄河生态工程、人工智能等产业学院。组建技术创新和服务团队，为行业及河南省区域经济发展提供智力技术支持。

（五）“双创”工作跃高位

学校加快创新型技术技能人才培养，提升毕业生创业能力和就业质量，构建了“专业为基打底子—创新引领出点子 —双创实践蹚路子”的三递进人才培养模式，绘制了学院、团队、教师、学生等四个层面的双创教育特色“画像”，形成了良好的工作体系和运行机制，有力地推动了创新型技术技能人才培养。

“书证融通”重构专业核心课程体系。学校稳步推进1+X 证书制度试点工作，将1+X证书制度试点与人才培养方案修制定、课程标准修制定、教师队伍培训等工作紧密融合，优化课程设置，提高人才培养质量。用“书证融通”理念修订、完善1+X证书相关专业人才培养方案，根据职业特点、岗位需求、专业基础等设置相关课程，提高人才培养的灵活性、适应性和针对性。学校已获46项1+X证书试点，修订人才培养方案51个，年均获得证书894人。

“专创融合”重构创新创业课程体系。为提升创新创业课程建设质量，学校提出赛教融合、科教融合、产教融合、思创融合的课程建设思路，按照“相互反哺、过程对接、转化畅通、互为补充”的资源转化路径，将竞赛项目、科研项目、技术服务项目和真实创业项目融入专业课程，将竞赛评价方式、职业评价方式等融入课程评价，突出学生的技术技能和创新创业实践能力培养。

学校不断创新人才培养模式，构建了“1+1+N”双螺旋“双创”教育体系，大力推进“专创融合”课程开发，开发完成1门国家级创业在线开放课程。投入1.3亿元支持创新创业工程技术实训中心建设，建设30个校级创客空间，打造了创客空间－众创空间－科技企业孵化器“三级”联动的“黄河之星”技术技能创新服务平台，实现大学生创新创业精神与专业发展能力培养同步提升。

近两年，在“互联网+”大学生创新创业大赛中，共获得国赛1金、2银、5铜，省赛30金、34银、33铜的佳绩，在首届德国柏林国际数字化人才创新技能大赛中获总冠军。学校获评全国深化创新创业教育改革示范高校、国家级众创空间、全国高职院校双创示范校等荣誉。

（六）国际化办学立标杆

学校服务国家“一带一路”倡议和支持中资企业“走出去”发展战略，在赞比亚成立了大禹学院，培养当地急需的本土技术技能人才，开启学校海外办学新纪元，是河南省高职高专院校首家海外分校。

中国职教标准走向国际。大禹学院针对培训对象的实际情况和企业岗位需求，融合所在国职业教育框架体系，开展国际认证专业5个，开发了水利工程管理、工程测量、建筑工程技术等12项教学标准，获赞比亚和南非教育部门官方认可，迈出了中国标准走向国际的坚实步伐。学校荣膺2019年高职院校国际影响力50强、2020年中国职业院校世界竞争力50强，学校国际化竞争力显著提升。

技能人才培养成果丰硕。大禹学院累计培养外籍人员1 324人，中外合作办学在校生达1 258人，培养来华留学生559人。疫情期间，创新云端“跨境课堂”，在线培养境外留学生200余名。学员踏实的工作态度和扎实的专业技能获得企业高度认可，为赞比亚培养技术人才、帮助企业实现属地化管理做出了贡献。

海外版“现代学徒制”落地生根。大禹学院实施校企双主体育人、学校教师与企业教师“双导师”、学生学徒“双身份”、校内校外“双场地”，将国内“现代学徒制”的成功经验拓展至海外，实现了职业教育与企业实践的无缝衔接。大禹学院还引入社会评价，为学生进行国际焊工资格证书培训，通过率达100%。大禹学院外籍优秀学生代表杰西卡成为赞比亚第三位取得国际焊工资格证书的女性，激励了当地大批青年女性。“感谢大禹学院，他们的培训效果很好，我学到了很多有用的技术。”杰西卡对大禹学院赞不绝口。

在南非成立第二所大禹学院，标志着学校“1+N+M”中外分布式大禹学院办学模式取得新成功。学校与28个国家和地区的55所高校、教育机构建立友好合作关系，与韩国大邱大学开办中外合作办学机构1所，与俄罗斯南乌拉尔国立大学、美国西北密歇根学院开办中外合作办学项目7个。面向42个国家和地区招收留学生700余名。

三、办学成效：护一河安澜 唱时代强音

2023年，站在职业教育本科申办的历史新起点，学校以习近平新时代中国特色社会主义思想为指导，深入学习宣传贯彻党的二十大精神，紧扣学校中心工作，坚持党建引领，立足改革创新，聚焦内涵建设，坚守“护河”初心，乘风筑梦。

九十余载守护黄河初心不变，三十余载高职办学跨步前行。

（一）九十余载，坚守5 464千米

“每一朵浪花都是黄河的精彩，所有的浪花就是黄河的力量。”

回顾学校培养的众多毕业生，他们已成为学校办学精神的典型代表。比如，用生命为“天河”引流的红旗渠的主要设计者之一吴祖太，他凭借过硬的专业知识、精湛的专业技能，扛起红旗渠技术总设计师重任，与乡亲们修建了人工天河红旗渠，书写了“誓把山河重安排”的豪情壮志。长期以来，学校在治黄事业中也涌现出了王航、范连勇等一大批“吴祖太”式的治水专家。校友田双印，在号称黄河“悬崖上的哨所”的龙门水文站一干就是二十余年，经过多年的锻炼和磨砺，他积累了丰富的工作经验，从一名普通工人成长为熟练掌握现代水文测报技术的高级技师。黄河源头铸“水魂”的谢会贵，扎根基层的“黑山峡之鹰”王定学，他们扎根基层一线数十年，用青春坚守水利事业，获得全国五一劳动奖章、全国先进工作者等称号。就是这样一个又一个黄河水院人，生动诠释了“艰苦奋斗、无私奉献、严细求实、团结开拓”的黄河水文精神。

（二）三十余载，跨步前行

“每一个水滴都是职教的硕果，所有的水滴就是职教的力量。”

近年来，学生参加各类各级技能大赛共荣获省部级以上奖项780余项。连续7次获得全国职业院校技能大赛“工程测量”赛项一等奖，10次斩获先进成图技术与

产品信息建模创新大赛全国冠军，获得世界机器人大赛一等奖，12次斩获“高教杯”全国大学生先进成图技术与产品信息建模创新大赛水利类赛项团体一等奖。学校获评“国家技能人才培育突出贡献单位”。毕业生就业竞争力位居河南省高职高专院校第一名。

学校拥有国家级精品专业1个，国家级教学改革试点专业2个，国家示范建设重点专业5个，国家级高等职业教育创新发展行动计划骨干专业7个，全国现代学徒制试点建设专业5个，“双高计划”国家重点专业群建设专业10个；省级特色专业7个，省级综合改革试点专业10个，省级高等职业院校创新发展行动计划骨干专业12个，“双高计划”省级重点专业群建设专业4个。拥有国家级专业教学资源库2个，国家级精品资源共享课程13门，国家在线精品课程4门，省级精品在线开放课程16门。强化特色教材建设，主持开发省级立体化教材8部。学校是国家级教学诊断与改进试点院校之一，获国家级教学成果奖二等奖5项。

学校荣膺高职院校育人成效50强、服务贡献50强、国际影响力50强、教学资源50强、学生管理50强，荣获全国文明单位、全国职业教育先进单位、教育部“一站式”学生社区综合管理模式建设试点高校、国家智能社会治理特色试验基地、全国教育系统先进集体、全国毕业生就业典型经验高校、全国深化创新创业教育改革示范高校、国家技能人才培育突出贡献单位、全国五四红旗团委、全国学生资助工作“优秀单位案例典型”等荣誉称号。

（三）新时代，乘风筑梦

2019年底，在河南省教育厅的高度重视和大力支持下，学校入选“双高计划”建设A档单位。学校致力于建成服务黄河流域生态保护和高质量发展战略的重要职教支点，中西部地区具有引领力的协同创新与转移转化中心，水利水电行业国际化技术技能人才培养高地。经四年建设，总体绩效完成度超80%，取得国家级标志性成果340项，省部级标志性成果291项。2023年1月，教育部“双高计划”中期绩效评价获评“优秀”。

2021年，学校入选国家智能社会治理特色实验基地、教育部“一站式”学生社区综合改革试点单位。2022年入选首批国家级创新创业学院建设单位。学校获评全国党建工作标杆院系1个、样板支部3个，教育部“双带头人”教师党支部书记工作室建设单位1个，学校课程思政教学研究中心和2门课程思政示范课程入选教育部课程思政示范项目，获批全国高校黄大年式教师团队1个，是“全国毕业生就业典型经验高校”。

2023年是全面贯彻落实党的二十大精神的开局之年，是实施“十四五”规划承上启下的关键一年，也是学校推进“双高计划”建设验收、职业本科申办的关键之年。申办职教本科是新一轮职业教育改革发展的重大机遇，也是学校的历史机遇。站在新起点，黄河水院人直面挑战，不断开拓创新。

学校鲲鹏山水利水电工程仿真实训基地如图2所示。

图2

新时代，学校全面落实立德树人根本任务，健全工学结合、知行合一、德技并修的育人体制机制，构建现代职业教育治理体系。打造行业特色鲜明的高素质技术技能人才培养摇篮，育“技能高才”；夯实领域声誉卓著的高水平产教融合匠师基地，聚“名匠大师”；构建开放共享的技术技能创新服务平台，筑“服务高地”；创建中国特色职业教育发展模式，塑“职教高峰”；全面高质量完成“双高”建设任务，初步建成“引领改革、支撑发展、中国特色、世界水平”的高水平高职学校，建设中国特色职业技术大学。

新时代，黄河水院的“水滴们”正以滚石上山、爬坡过坎的攻坚精神，以抓铁有痕、踏石有印的勇气和干劲，在困难面前勇于攻坚，在挑战面前勇于突破，彰显新时代黄河水院人的精神风貌，以“功成不必在我，功成必定有我”的精神为职业教育发展奉献“黄河水院模式”“黄河水院精神”。

执笔人：杨士恒　彭新立　王　靖　王　红

情系中原大地　点亮青春梦想

商丘职业技术学院

商丘素有“中国火文化之乡”“汉兴之地”“两宋龙潜之地”之称，是孔子的祖籍地、庄子的故里、巾帼英雄花木兰的家乡。徐兰、京港（台）高铁和陇海、京九普铁在此交会，是全国为数不多的双“十”字综合交通枢纽中心城市。

商丘产业基础完备，是商贸服务型国家物流枢纽承载城市和国家骨干冷链物流基地承载城市，拥有国家级商丘保税物流中心和民权保税物流中心，培育形成了食品加工、装备制造、纺织服装制鞋3个千亿级和制冷、工量具、超硬材料、电子信息等10个百亿级产业集群，正在全力加快建设豫东承接产业转移示范区。

一、办学定位

办学发展定位：商丘职业技术学院立足商丘，着眼河南，面向全国，走向世界，依托商丘市的区位、交通、产业优势，坚持职业教育类型定位，坚持服务区域经济社会发展，坚持服务乡村振兴战略，不断提升办学水平，培养高素质技术技能人才，争创国家“双高”院校，实现高质量发展。

专业建设定位：学校紧密对接高端智能装备制造、新能源和智能网联汽车、人工智能、信息通信、物联网、大数据等新兴产业及商丘市支柱产业，贯彻新发展理念，集聚学校优势特色专业，以农林牧、财经商贸、交通运输、土木建筑、装备制造、电子与信息、教育与体育、旅游、文化艺术等高职高专专业为亮点，建设服务乡村振兴、商贸物流、装备制造、信息技术服务、城乡建设与人居环境、教育事业、文化产业及商丘和周边区域主导产业的职业教育专业集群。

二、发展历程

2001年，商丘广播电视大学、商丘财经学校、商丘市农业学校合并升格为商丘职业技术学院；

2003年，商丘财税学校、商丘市工业学校、商丘商业学校、商丘市体育运动学校、商丘文化艺术学校并入商丘职业技术学院；

2007年10月，学校被教育部、财政部批准为“国家示范性高等职业院校”立项建设单位；

2010年6月，通过国家示范院校项目建设验收，成为全国百所示范性高等职业院校之一；同年10月，又被国务院确定为“商丘市地方政府促进高等职业教育发展综合改革试点”项目建设主体院校。

近年来，学校连续荣获全国高等职业院校教学资源50强、国家级乡村振兴人才培养优质校、河南省特色高等职业院校、河南省优质高等职业院校、河南省教育厅首批应用型本科教育试点院校、河南省高水平高等职业学校和高水平专业建设院校、河南省文明校园、河南省依法治校示范校等荣誉及称号。

三、办学特色

学校为全面贯彻立德树人根本任务，努力加快学校专业群建设提质增效和转型升级，专业链对接产业链，专业群对接产业集群，围绕产业，做好、做强专业群建设，力争打造一批国内领先并具有国际影响力的高水平专业群。

学校根据现有专业群布局，依托河南省和商丘市地方经济发展建设，针对如何对接河南十大新兴产业及六大传统支柱产业，进行了充分论证，打破原有专业布局，精简专业，重新进行专业群组建，打造省级及以上高水平专业群。现已构建了新能源汽车、智能制造、商贸物流服务、农业科学技术、食品加工技术等重点专业群建设格局，为高等职业院校服务当地经济、社会发展并办出特色积累了宝贵经验。

（一）专业建设

1. 人才培养模式改革与创新

学校把“创新人才培养模式”作为提升人才培养水平、推进文化传承创新的重要举措。积极实施产业学院、现代学徒制、订单班等多种类型产教融合人才培养模式，以“汽车车身维修技术”“机械制造与自动化”“艺术设计”“食品加工”4个省级现代学徒制试点项目为载体，发挥政府、学校、行业、企业各自优势，促进产教融合、校企“双元育人”，形成“校企联合招生、联合培养、分段育人、多方参与评价”双元育人的现代学徒制和企业新型学徒制培养模式。

学校完善校企“双导师+项目实做”工学结合人才培养模式，按照“企业化管理、公司化经营、工作室育人”的标准成立由企业资深专家、首席技师、学校教学名师、专业带头人和骨干教师组成的4个企业工作室，通过真实的工作项目实做开展现代学徒制育人模式专业教学，实现“教、学、做、创”一体化。2022年，学校新能源汽车技术专业现代学徒制人才培养项目成功入选2022年河南省现代学徒制示范点，为学校人才培养模式改革和高质量发展再添新亮点。

2. “岗课赛证”融通人才培养模式创新实施

经济社会的发展及产业的变化使当前对人才的需求也发生变化，学校不断创新人才培养模式。学校交通学院、牧医学院和师范学院积极实行以“岗课证赛”为主线的人才培养方案，构建以岗位为导向、以课程为基础、以职业技能证书为技能考核方式、以技能竞赛为提升方式的人才培养模式。学校充分发挥高职院校在人才培养领域中的重要作用，将证书、课程、岗位、竞赛融为一体，并行推进，切实培养出市场急需的、能够服务社会经济发展的高素质复合型技术技能人才。

“岗课赛证思政”五位融通的课程体系在人才培养和教学改革中得到多方面的实现。一方面，明确课程内容和教师职业标准的对接，进行教学内容层面的改革。教师职业相关证书有普通话等级证书、书画等级证书、教师资格证书等。在课程设置上，开设了普通话、汉字书写、教师资格考证辅导等课程，并建立了普通话模拟测试与学习系统实训室、云平台微格教学实训室，成功申报成为教育部书画等级考试考点，为学生职业资格证书考取提供了方便。另一方面，将教师职业要求融入课程体系的构建当中，以职业能力为主线，实施职业技能标准融入课程标准、岗位能力需求构建课程内容、技能竞赛项目融入课程实践、思政教育贯穿每门课程；积极发挥第二课堂的优势，加强学生课外学习管理，确保学习时间有效衔接，完善学生在校期间的实践教学环节，强化学生师范专业技能训练，组织粉笔字、模拟试讲等专业技能比赛，促进学历证书与专业证书的对接，提高学生就业优势。

（二）课程建设

1. 构建课程思政体系

根据中共中央办公厅、国务院办公厅印发的《关于深化新时代学校思想政治理论课改革创新的若干意见》和教育部党组印发的《“新时代高校思想政治理论课创优行动”工作方案》等文件精神，在对课程整体设计、课程知识点所蕴含的思政元素进行梳理的基础上，凝练成“个人修养、职业素养、理想信念”三个层面的课程思政培养目标，重构课程思政体系。

一是提升教师课程思政水平，建设一支政治强、情怀深、思维新、视野广、自律严、人格正的教师队伍。二是将爱国主义、社会主义核心价值观、实现中华民族伟大复兴的理想和责任、职业道德和行为规范等内容，分层次、有计划、潜移默化地融入课程中，增强理论性、亲和力，实现思想政治教育与专业知识体系教育的有机统一。三是在“开展职业教育和继续教育课程思政示范项目建设”活动中推进职业教育与继续教育课程思政示范课的评选。

2. 构建“课证融合，人人持证”模式

学校将1+X证书制度与专业建设、课程建设、师资队伍建设紧密结合，加快学历证书与职业技能等级证书的互通互融。课证融合是1+X证书制度的重要保障，是强化学生职业能力与实践能力的关键所在。大力推动优势专业开展1+X证书制度改革，并积极进行“课证融合”模式探索与创新，一是将课程内容和相关职业标准对接，对教学内容进行改革创新；二是将企业职业标准融入课程体系的构建当中，对教学内容进行流程化、项目化设计，实现校企互动、产教一体的深度融合模式。最终落实标准对接，强化课证融合，提高人才培养质量，拓展就业创业本领。

3. 构建“以赛促教，以赛促学”模式

学校充分发挥大赛“以赛促教、以赛促研、以赛促建、以赛促改”的作用，将技能竞赛作为提高教师教学能力、提升人才培养质量、推进课程改革的有力抓手。并将技能竞赛常规化，一方面鼓励教师积极参加各种教育教学及课程改革类的竞赛，探索适应高职教育发展的课程内容，形成有建设性的教学科研成果，推动“三教”改革的创新；另一方面成立学生竞赛团体，组织并带领学生参加各类技能竞赛，发挥学生的积极性和能动性，锻炼学生自主学习的能力，在竞赛中检验学习效果，为参加更高层次的竞赛选拔种子选手。

4. 构建“产教融合，校企合作共建课程”模式

根据《中华人民共和国职业教育法》《职业学校学生实习管理规定》等文件精神，加强学生实训、实习力度，设置校内实训实习、企业工学交替、岗位实习、学

徒制、订单式培养等教学模式，将课程在学校和企业中共同完成。

一是以产教融合理念为引导，通过校企合作，产教融合，共建实训实习基地，改善办学条件的同时彰显职业教育办学特色，提高实践课程教学质量。

二是校企合作共建课程，校企全过程参与课程教学工作，建立校企协同、多元评价机制，由学校教师与企业导师共同制定教学内容、考核方式，学生、教师、企业导师三方协同，采用线上线下、理论实践相结合的方式对学生进行全程授课与评价，提高学生理论知识、专业素养及实践能力。

三是学校教师深入企业一线，提升教师理论与实践相结合的能力，建设成“双师型”教师队伍。同时教师将企业的典型工作任务、设备使用、生产过程等实践教学内容以微课、慕课等形式生动、真实地呈现在课程的教学中。

（三）教法改革

以“三教”改革为突破口，破解阻碍教师自主发展的“卡脖子”制度障碍。建设教学创新团队，不断优化教师能力结构，健全教材选用制度，引入典型生产案例，普及推广项目教学、案例教学、情境教学、模块化教学等教学方式，启发式、探究式、讨论式、参与式等教学方法，翻转课堂、混合式教学、理实一体化教学等教学模式，打造优质课堂，进一步提高人才培养质量。教学成果“主动式课堂教学模式探索与研究”获得了河南省特等奖，在十几所院校得到应用推广。

1. 深入探究课程育人本质，全面推进课程思政教学，激发学生学习动力

2010年学校进入“后示范”建设期，内涵式发展成为主题。课程思政以知识与技术传播为载体，通过引导学生正确认识知识与技术应用后所产生的社会价值，进而端正人生态度的教学过程，并建立校院两级推广机制与思政“工作坊”，举办大赛，课程育人水平显著提升。

2. 科学构建“五维”课堂模式，实现教书育人融合，促进学生全面发展

（1）构建“五维”课堂模式，如图1所示。

（2）课堂“维度”与学生培养关系演进，如图2所示。

（3）实施“五维”课堂模式教学的具体指标措施有以下几点。

① 本模式拥有一个目标、三个载体与五个环节。

一个目标：实现学生全面发展；

三个载体：问题探究、专题研讨、项目实施；

五个环节：自主探究、合作攻关、操演体验、评价解析、总结反思。

② 本模式具有八个特征、十个转变与十二个指标。

八个特征：主动、创新、平等、分享、博学、共进、正念和幸福。

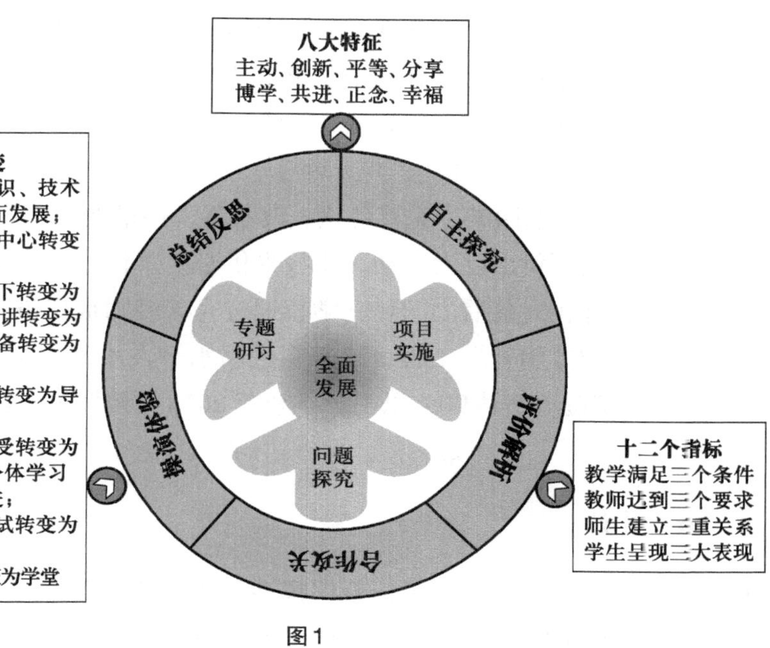

图1

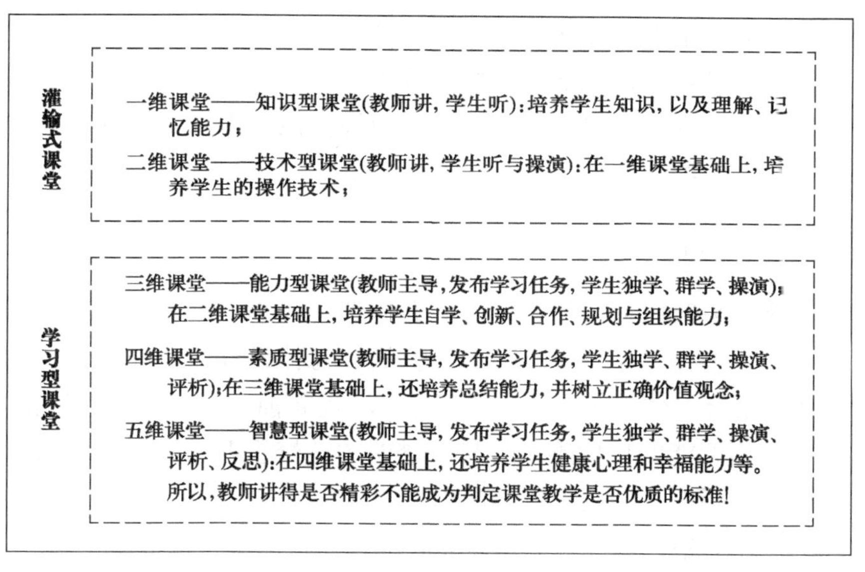

图2

十个转变：教学目标，由专业知识、技术培养转变为学生全面发展；教学过程，由以教为中心转变为以学为中心；教师行为，由居高临下转变为平等分享，由主讲转变为主导，由知识储备转变为教学研究；教案功能，由教授案转变为导学案；学生学习由被动接受转变为主动探究，由个体学习转变为协作共进；考核形式由期终考试转变为多元考核；教学场所由教室转变为学堂。

十二个指标：教学满足三个条件，教学内容问题化、专题化和项目化，学生小组化，教学条件现代化；教师达到三个要求，传播正能量、潜心教与学、虚心待学生（做善于倾听的教师）；师生建立三重关系，平等、尊重、民主；学生呈现三大表现，自我学习、合作学习、快乐学习。

3. 全面了解教改影响因素，完善各项教改条件，助推教改工作落地做实

教学改革需要教师付出巨大劳动、学校提供必要条件，针对大班制上课普遍存在，信息化教学条件相对落后的问题，学校通过完善激励推广机制，教改普及率提升到95%；实施“招才引智”工程，五年引进高水平人才200多人；三年投入资金1 200万，智慧教室覆盖率达90%以上，学校于2018年被评为全国高等职业院校教学资源50强。

（四）教材建设

学校认真贯彻落实全国教材工作会议精神，严格执行教育部《职业院校教材管理办法》，将教材建设作为推进学校高质量发展的重要抓手，通过深化产教融合、校企“双元”合作，对接主流生产技术，注重吸收行业发展的新知识、新技术、新工艺、新方法，校企合作开发专业课教材，并根据职业学校学生特点创新教材形态，积极推行科学严谨、深入浅出、图文并茂、形式多样的活页式、工作手册式、融媒体教材。开发一大批彰显时代特色，适应岗位能力需求，体现高职教育特点，形态丰富多彩的优质教材。

（五）数字化校园

学校以“建成基础扎实、技术先进、功能完备、使用便捷、安全可靠的智慧校园”为发展目标，遵循“整体规划、分步实施，总体设计、标准引领，应用导向、数据驱动，注重融合、体验优先，安全可靠、适度超前，积极探索、创新应用”的原则，围绕“全面智能的环境感知、科学透明的学校管理、丰富多彩的校园文化、方便周到的校园生活”，通过构建资源共享、应用融合、管理智能、服务创新的信息化校园生态，建立稳定、高效的信息化管理运行机制，推动以学生为中心的教学系统性变革。实现教学模式、管理方式、服务方式的全方位变革，支撑学校高水平人才培养和高质量发展。

（六）师资队伍

以建设高水平教师教学创新团队为目标，依托学院“两个中心”和国家级骨干专业，以“理实一体”和信息化教学改革为抓手，建立校企合作教师教学创新团队，根据产业链的岗位需求，根据不同职业岗位面向，以核心专业带头人为引领、

群内其他专业带头人为骨干，吸收掌握前沿技术和关键技术的专家、具有行业影响的权威，共同组建结构合理的教师教学创新团队。教师教学创新团队，以师德师风建设为基础，以专业建设为导向，以高水平“双师型”教师队伍建设为核心，以高端人才队伍建设为重点，以创新教学团队建设为抓手，以促进教师发展、提升能力水平为根本加强师资队伍建设。

（七）校企双元育人

学校精准对接河南省发展战略，对接龙头企业创新发展需求，与龙头企业、科研机构等联合创办特色产业学院。先后与河南福田智蓝新能源汽车有限公司联合成立商丘福田新能源汽车产业学院，与河南德道农业科技有限公司、河南嘉华农业科技有限公司及商丘市马铃薯生物育种工程技术研究中心等企业和机构联合成立马铃薯产业学院。

科学设置组织架构，健全共商协调运行机制，在产业学院内共建协同育人平台、专业群发展平台、产教融合实训平台、学生创新创业教育平台及科研创新服务平台等，共同开发专业标准、共同开发课程标准，共同打造高水平“双师型”团队。在开展高质量社会服务的基础上，打造成集“产、学、研、转、创”五位一体的产教深度融合新型办学实体。联合企业推行“订单班”，探索企业新型学徒制协同育人人才培养模式。

四、办学成效

自建校之日起，学校就自觉承担为中国高职教育改革发展探路的重任，力争为全国高职教育发展做出示范，坚定不移地落实立德树人根本任务，培养适应智能时代需要的复合式创新型高素质技术技能人才。

学校固定资产总值逾10亿元，仪器设备总值2.49亿元。现有教职工1 300余人，其中，教授62人，副教授及副高级职称人员350多人；博士、硕士483人；“双师素质”教师676人；享受国务院特殊津贴、中原名师、省管专家、省教学名师、省级学术技术带头人等34人；市管优秀科技专家、专业技术拔尖人才等37人。

学校建有6万平方米综合实训大楼，建有教育部认定的“新能源汽车关键技术协同创新中心”“河南省车辆诊断工程技术研究中心”和机械加工中心等校内科研、实习实训基地、实训室（车间）330个，其中中央财政支持的实训基地4个，省级示范性实训基地15个，校企共建校外实习基地和实习就业双基地264个。学校拥有95种1+X职业技能等级证书认证资格，可开展校内外职业技能培训和职业技能等级认证。图书馆藏图书160余万册，电子图书80余万册。

学校现有国家示范专业4个，国家重点专业2个，国家骨干专业6个；省特色专业和省综合改革试点专业16个。国家协同创新中心1个，国家生产性实训基地2个，国家“双师型”教师培养培训基地1个。省优秀教学团队和教师教学创新团队6个。国家精品课程和精品在线开放课程7门，省级精品课程和精品在线开放课程28门，校级精品在线开放课程76门。近五年来学生技能竞赛成绩卓著，共获得国家级一等奖30多项、二等奖50多项、三等奖近100项，省级一等奖60多项、二等奖90多项、三等奖120多项。

学校分别与睢县、柘城县、民权县等县区签订了联合办学协议；牵头成立了“黄淮商贸连锁职业教育集团”“黄淮信息技术职业教育集团”“商丘市新能源汽车职业教育集团”；分别与200多家省内外大中小企业签订了学生实习与合作协议，校企生三赢格局逐步形成，产教融合不断深入，加强了与企业之间的合作与交流，促进了专业建设。校企共建成立了艺馨文化传媒公司，大力开展艺术人员培训、送戏下乡等活动，促进了商丘文化建设。

学院建成18个院级科研创新团队、1个博士工作室。获批1个省级科研创新团队，五年来，共发表论文1 266篇，其中中文核心以上期刊发表论文231篇，SCI收录16篇、EI收录21篇。立项科研项目682项，其中，省部级项目47项，市厅级立项项目544项。市厅级以上项目结项（鉴定）677项，其中省部级结项（鉴定）62项，组织国家科技成果在线登记共47项。获得市厅级以上成果奖622项，其中，国家科学技术进步二等奖1项，省级成果奖8项，市厅级成果奖614项。出版著作、教材378种，其中著作15种，教育部规划教材11种，教育厅规划教材6种，省级立体化教材9种。获得专利235项，其中，国家发明专利15项，实用新型专利171项，软著39项。艺术作品奖195项。科研综合竞争力稳居全国高职高专院校50强。

学校每年开展基层农技人员培训650人、新型职业农民培训300人；有农情快递科普专家12人，每年讲座30次，受益群众10 000人次以上。社会人员工勤技能岗位培训工种100多种。年均培训6 000人次、20 000考次。河南省科技特派员、“三区”科技专项服务人才6人；市级科技特派员10人；参与河南省万名科技人员包万村科技服务活动5人。每年开展科学技术服务3 000多人次，开展各类培训32场次，培训技术骨干80多人，推广新技术18项，引进种养殖业新品种10个。张慎举教授作为主要完成人的科研成果“高产优质小麦新品种郑麦7698的选育与应用”（编号：J-201-2-05）获得了2018年度国家科学技术进步二等奖。这是国家科技奖自2000年颁发以来商丘市第一次获奖，实现了商丘市国家科技大奖零的突破，也是全国获此类奖项中唯一一所高职院校。

学校与北美国际教育集团、韩国信韩大学、德国WMU教育集团、俄罗斯南联邦大学、韩国国立济州大学等签订了中外合作办学协议。与美国诺斯伍德大学合作举办了两个中外合作办学项目（会计方向和物流方向），担任了中国—南非职业教育合作联盟中方理事会理事单位。与国际跨国公司联合开发课程1门。每年选派专业骨干教师到美国、德国、加拿大、新加坡等国家研修学习，同时，邀请美国、法国、德国、俄罗斯等外籍专家、学者来校进行交流与合作。

五、社会影响

学校社会声誉不断提升。学校坚持内涵发展、质量提升，受到了社会的广泛赞誉。

先后获得全国五一劳动奖章、全国职业院校魅力校园、中国电子商务名校、河南省职业教育先进单位、河南省文明校园、河南省教育系统先进集体、河南专科院校综合实力20强、河南高等教育质量社会满意院校、值得推荐的20张河南教育名片、河南最具就业竞争力示范院校、河南省首批诚信规范招生示范院校、河南省“五好”基层党组织、河南省高校先进基层党组织、河南省学校行风建设先进单位、河南省高校安全保卫工作先进单位、河南省高校维稳安保工作先进单位、河南省学生资助工作先进单位、河南省国家助学贷款管理工作考核优秀单位、河南省高校国家助学贷款工作考核优秀单位、河南省五四红旗团委单位等荣誉称号。先后被确定为国家技能型紧缺人才培训基地、国家职业技能鉴定中心、国家和省“双师型”教师培养培训基地等。学报被首批认定为学术期刊，先后被评为“全国高职高专学报核心期刊”“全国高职院校十佳学报”。

不管时代如何发展，不管社会如何变革，职业教育唯有始终坚持内涵发展、优质发展、特色发展，才能得到社会的认可，才能具有光辉的未来，才能真正做到前途广阔、大有可为。让职业教育成为素质教育的典范，每个专业办出特色与亮点，每个学生个个都有一技之长，让产业拥有大量高素质高技能的技术技能人才，为中国腾飞插上先进技能的翅膀是商丘职业技术学院不变的初心。

执笔人：任　军

深化产教融合　智慧教育赋能　争当职业教育改革探索的先锋

湖南汽车工程职业学院

株洲，制造名城，动力之都。山水之秀与人文之光相得益彰，世界级产业集群在这里崛起，通过做好“聚焦、裂变、创新、升级、品牌”大文章，激荡起高质量发展的澎湃之力。

湖南汽车工程职业学院由湖南省人民政府举办，由株洲市人民政府与中国汽车工程学会共建，在振兴国家民族工业的时代呼唤中应运而生。六十余载艰辛办学，全体湖汽人不断闯出新路子，拼出新局面，实现了从“三无三差”到“三有三优”的转变。这坚毅笃行、披荆斩棘的每一步，都诠释着路在脚下、学生在心中的坚定信念。

一、发展历程

湖南汽车工程职业学院坚持以“立足汽车行业，服务汽车产业，培养汽车人才，打造汽车品牌”为办学定位，坚持“以党建为引领、以立德树人为根本、以服务区域产业及经济社会发展为导向、以培养学生的职业能力为重点、以治理能力提升为突破口，打造汽车特色高水平职业院校”的办学理念，坚持“改善办学条件、优化师资队伍、提升治理水平、形成职教品牌”的发展思路，秉持“厚德、精技、笃学、致用”的校训，已发展成为湖南一流、国内有影响的高等职业学校。

2005年，学校升格为高等职业学校，更名为株洲职业技术学院，但学校体量小、底子薄、条件差，尤其是“无行业背景、无专业特色、无品牌效应”等问题都困扰着学校的进一步发展。

2008年，在教育部的高职人才培养水平评估结果反馈会议上，专家一句“没有特色发展，职业教育就走不远”，坚定了湖南汽车工程职业学院改变困局的决心。

2013年，学校正式更名为“湖南汽车工程职业学院”，成为湖南首个更名并以特色为名的地方职业技术学院。同年，学校成为中国汽车工程学会、株洲市人民政府共建单位。

汽车专业特色成为学校高质量发展的强大支撑，通过“撤、并、调、增”专业改造和提质工程，仅近五年，学校就撤销5个与汽车产业无关的专业，新设智能网联汽车技术等4个相关专业，汽车类专业群所辖专业数达到10个。

学校是湖南开展免费师范生联合培养的6所高职院校之一，是湖南省开展定向培养直招军士生的4所高职院校之一，先后获评湖南省首批卓越高职院校、全国职业教育先进单位、国家优质专科高等职业院校、国家“双高计划”建设单位……学校取得一系列历史性突破，驶入了高质量发展的“快车道”。

二、办学特色

（一）从校企合作到产教融合

学校坚持产教融合，现有北汽、中车电动、上汽通用、上汽大众、长安福特、博世汽车、比亚迪、陕汽重卡、湘火炬等国家生产性实训基地2个，校内生产性实训基地15个、实训室130个，校外实训基地167个，它们见证着学校从校企合作到产教融合的探寻与坚守，从“默默无名”到“声名鹊起”的蝶变。

地处非省会、庙小底子薄、名不见经传，湖南汽车工程职业学院最初的校企合作之路尤为艰难。

校企合作为学校带来了最前沿的技术、最急需的设备和最紧缺的专业人员。企业共投入教学用车近100台、设施设备530套（台），总价值达5 300余万元。制定各类技术标准、培训标准等近1 000个。硬件、软件得到大幅提升，学校的办学实力快速提升。

2017年12月4日，“李德毅院士湖南汽车工程职业学院工作站”正式签约。高职院校设立院士工作站，这在当时湖南省尚属首个，在全国也不多见。院士工作站主要承接了人工智能和无人驾驶技术研究、人才培养、应用成果转化3项职能，全面带动学校创新人才培养、科研水平提升、服务能力增效。几年间，学校已成功研发无人驾驶观光车4台、汽油赛车3台、纯电动赛车2台，应用于各大场景，取得多项国家专利证书。

风雨兼程埋头干，“湖汽人”走出了自己的“路子”：牵头组建湖南汽车职教集团；成功入选全国“产教融合100强”首批31所院校；建有中车电动产业学院、鲲鹏产业学院、用友新道产业学院、湖南株洲新媒体服饰产业学院、通航产业学院；积极加快与“一带一路”沿线国家相关企业的融合。

（二）专业与产业实现同频共振

2019年，学校“汽车智能技术专业群”成功入选“双高计划”A类专业群，这对学校来说既是肯定，更是鞭策。在“双高计划”建设推进会，学校领导班子旗帜鲜明地要求，要进一步提升人才培养与区域经济、产业发展的匹配度，高质量、高标准完成学校“双高计划”项目建设任务，建设高质量教育体系。从顶层设计到内涵建设，湖汽职院一步一个脚印，职教“雄鹰”，正冲上云霄。

经过多年内涵发展，湖汽职院打造了一批如汽车运用与维修技术、汽车检测与维修技术、汽车技术服务与营销、汽车造型与改装技术等优势专业。

2014年，时任学校名誉院长的朱军牵头筹备成立了“新能源汽车技术专业群”。接着，学校以汽车电子技术专业、汽车智能技术专业和智能交通技术专业为基础组建了“汽车智能技术专业群”。从造车、卖车，到修车、改车，多个基础相通、岗位能力关联性强的专业就此联合起来，真正实现了把专业建在产业链上。

“共享”通识类和基础类课程；“分立”专业领域开设的专项核心课程；“互选”复合型拓展课程……“底层互通、中层分立、高层互选”的课程体系让人才的技术技能素质得到全面发展，也让湖汽职院实现了高质量发展。

2021年，学校紧跟教育部《职业教育专业目录》的调整步伐，将智能网联汽车技术作为专业群的主打，专业群也随之更名，组建了全国第一个“智能网联汽车专业群”。如今，该专业群以“聪明的车，智慧的路”为构建思路，涵盖智能网联汽车技术、汽车智能技术、汽车电子技术、智能交通技术和物联网应用技术几大专业，覆盖了汽车产业电动化、智能化、网联化三大发展趋势。

近年来，湖南株洲加快构建“3+3+2”(即轨道交通、航空动力、先进硬质材料，电子信息、新能源装备、汽车与零部件，一批传统产业、一批未来产业)现代产业体系，每年需要10万余名职业技能人才。

在航空专业群中，无人机应用技术专业是最亮眼的一个专业。学校无人机专业已和国内一线无人机企业合作，参与了近30个项目，培育了不少“行家里手”，不仅满足了企业需求，而且让学生在实战中磨炼了技术。图1所示是湖汽职院航空馆展厅。

图1

产业集群效应呼唤高素质技术技能人才，新兴职业呈现出既高度分化又高度综合的趋势。湖汽职院抓住机遇，勇立潮头，用有特色、有质量的专业群回应了新时代对人才的需求，打造了靓丽职教名片。

（三）从技术高手到技能高手

2022年，学校录取新生6 300人，其中，超过本科录取线人数近50人，录取分数线进入湖南高职院校第一梯队；单招招生2 400人，吸引4 000余人踊跃报名。

近年来，学校获全国技能大赛金牌数居全省高职院校第一；每年到毕业季，各企业就提前来学校“抢人”，毕业生就业率保持在90%以上。

一项由省教科院职教所牵头、旨在培养“有湖南人特质，有工匠精神，有精湛技艺，有创新本领”的“芙蓉工匠”教改项目，在湖汽职院试点推进已7年有余。项目组成员仍清晰记得，几年前，他们去某公司做毕业生回访，听到这么一句评价：“手上活好，但遇到问题，分析能力不够。搞安装的，不会看图纸；卖汽车的，写不出营销方案……”针对这些问题，项目组开发教材，整合优质教学资源，聚焦价值观和职业观引导，以提升学生适应力、发展力为目标，促进高素质技能人才的可持续发展。

寝室里各种生活用品分类摆放，整齐得如同一条线，恍如走进了军营宿舍；实训室里各种工具不仅收纳有序，还被擦拭得干干净净，该校制定“芙蓉工匠”新生代职业素养评价指标体系，让寝室6S管理、实习实训6S管理深入人心；对接职业岗位、融入技术技能竞赛内容和职业技能等级证书标准，推进岗课赛证融合，工匠精神已嵌入学生的职业素养。

普通教育看高考，职业教育看大赛。一次教职工大会上，校领导班子旗帜鲜明地提出，学校40多个专业都要参加职业技能竞赛，获奖不是唯一目的，关键是以赛促教、以赛促学、以赛促研、以赛促建。图2所示是学校学生获2022年全国职业院校技能大赛“嵌入式技术应用开发”赛项团体总分全国第一名。

图2

学校近3年共投入约3 500万元，建成了省内一流的、全国有影响力的智能制造公共实训中心，拥有5条智能生产线、12台五轴加工中心等先进制造设备、18套工业机器人实训平台等高端设备，为培养先进制造业高素质技能人才奠定了基础。

学校与多家优质企业实施现代学徒制、订单式培养，共同开发数字化教学资源，邀请企业骨干兼任教师，进一步提升了人才培养质量。

学校不仅在汽车领域取得了成功，在其他专业都走出了一条重技能、重实训的路子。作为火箭军、战略支援部队和海军陆战队军士生培养院校，该校开设的专业课程都与部队实际需求相适应，最终超过98%的学生都能在军营扎根。

学校还打造了教师发展平台、产教融合平台、在线教学平台三大平台，建设了模块化、微认证、创客三类智课程，支持学生个性化、泛在化学习，依托大数据、云计算等技术，实施过程性、增值性、综合性三类智评价，激发学生内在动力，育人效果突飞猛进。

选择产教融合、协同创新、合作育人的路径，湖南汽车工程职业学院切实提高人才培养质量和办学水平，为国家输送了一批又一批爱家乡、强技能、高素质的技术技能型人才、能工巧匠、大国工匠。该校2021届、2022届毕业生就业率分别为91.14%、91.16%，省内就业率分别为64.90%、66.60%，为助力地方产业经济发展作出贡献。

（四）智慧教育赋能高质量发展

只需指尖轻轻一点，就能查看每名学生的“个性画像”，还能检索其在校期间的“专业技能树”，为企业用人提供直接依据。近年来，学校大力推进“智慧+职业教育”，整合优化教学平台、教务管理、教师管理等17个信息系统，构建了办学水平可视化、教师发展可视化、学生成长可视化、管理服务精准化的智慧化监测平台，全面、立体地为老师教学、学校管理等提供决策的依据和制定发展的规划。

学校还开发了“C+R”远程操控、真场执行的实训方法，在云端部署实训操作平台，学生远程发出操作指令，机床设备在车间里按指令运行，配套的数字孪生软件生成与实际运行完全一致的数据和影像，让学生亲身体会到科技的力量。

办学质量检测数据化、教学资源建设数据化、教学模式改革数据化——经10余年研究与实践，学院提出的“智课程、智课堂、智评价”理念赋予了课堂革命新内涵，以“智慧+”赋能职业教育改革创新，让学校的人才培养质量不断提高。学校荣获2022年职业教育国家级教学成果奖一等奖，并在国家智慧教育平台启动仪式上做专题交流。图3所示是教育部工作人员考察东校区大数据中心。

图3

1. 积极对接区域产业，提供强有力的技能人才支撑

学校主动对接区域特色产业体系，着力培育服务区域产业发展的专业集群及特色专业。其中智能网联汽车专业群、汽车运用与服务专业群对接服务株洲新能源汽车产业，智能制造和航空发动机专业群对接服务株洲轨道交通产业和通用航空产业，文化创意设计专业群对接服务株洲服饰产业和文创产业。前年又在学校机电工程学院的基础上与南方宇航合作，新增了6个航空类专业，成立了航空工程学院，对接株洲航空产业。筹建了航运工程学院，与湖南海员海事服务有限公司共建航海产业学院。成立了中车产业电动学院，对接轨道交通产业。在株洲市职业院校专业

服务地方经济发展能力评估中，我校专业综合排名第一，其中绿牌率为92.6%，超过第2名近20个百分点。与华为公司合作在全省建设第一个“鲲鹏产业学院”，为株洲市在全省计算机软件国产化替代布局上下了先手棋。

2. 强力推进校企合作，切实提升了学校办学水平

学校与企业深度合作，建有北汽、中车电动、沃尔沃、宝马、保时捷、上汽通用、上汽大众、长安福特、博世汽车、比亚迪、陕汽重卡、湘火炬、华为鲲鹏产业学院、新道产业学院等校内生产性实训基地14个、实训室130个和校外实训基地167个。与企业共同开展以现代学徒制、1+X证书制度为引领的人才培养模式改革，以此来提升学校的教学力量和办学水平。在2008年和2013年教育部组织的两轮教学水平评估中，分别获“优秀”和“通过”（第二轮水平评估，不设等级，仅给“通过”和“不通过”结论）。汽车智能技术专业群入选为中国特色A档高水平专业群，汽车智能技术、新能源汽车技术、航空发动机制造技术3个专业群为“楚怡”高水平专业群。

3. 强力推进创新平台建设，切实提升了服务产业发展的能力

学校聘请中国工程院院士李德毅团队进行智能驾驶科学研究，完成智能驾驶“小脑”和“大脑”设计，为“两所三中心”提供技术引领。同时与湖南陆通信息科技有限公司共建“智能网联汽车研究所”、与中车时代电动汽车股份有限公司共建“新能源汽车研究所”，将研究成果项目化、工程化、产品化。与北京智尊保汽车科技有限公司共建“湖南智能驾驶实验中心”、与北京汽车株洲分公司共建“中南地区技术服务中心”、与湖南立方新能源科技有限责任公司共建“立方新能源汽车技术实验中心”，将科研成果通过中心开展功能实测，进而转化为商品实现市场化。搭建了产业与学校之间的“新桥梁”，学校服务企业由单一的人才支持走向人才支持和技术支持相结合。目前该团队年承担企业产品研发、工艺开发等横向服务项目30余项，年申请专利150余件，年技术服务到款额500余万元。学校也连续两年荣膺“全国高职院校服务贡献50强”。

4. 强力推动信息化建设，切实提升学校治理能力和水平

学校建设了“三可视一精准”（学生成长可视化、教师发展可视化、办学水平可视化、管理服务精准化）为核心的大数据平台。一是为学校治理精准“导航”。信息化平台日增数据10万条以上，存量数据超过30 TB。以此为基础进行数据挖掘，经过数据深度治理，根据教学、管理、服务的需要构建运算模型进行计算，运用数据治理结果实时监测内部质量体系运行情况，提供可视化处理结果。二是为教学诊改精准“把脉”。根据内部质量保证体系建设要求，按照学校、教师、学生、专业、课程五个层面，分类汇聚质量运行状态数据，实时监控质量状态，分别按照达标、向好、向差、预警四种状态可视呈现，精准推送相关人员，为教学诊改提供依据。三是为课堂教学精准“画像”。“智课堂”上线之后，与智慧教室相配合，做到

伴随采集教学数据、智能分析教学过程、精准评价课堂效果，下课即可获得课堂评价指标，教师教学能力显著提升，立项首批国家级职业教育教师教学创新团队，培养国务院特殊津贴专家1人、“万人计划”等国家级教学名师3人，教师职业能力竞赛获国赛一等奖2项、省赛一等奖12项。四是为学生学习精准“引路”。通过大数据分析，帮助学生梳理需要提升的各项专业技能，帮助学生实现“要我学”向“我要学”转变，人才培养质量稳步提高。近三年，学生获职业院校技能大赛国赛一等奖6项（获奖10项）2020—2022年、省赛一等奖41项（2020—2023年，其中2020年6项）。近3年，参加省级以上9项创新创业大赛荣获国家级一等奖1项、二等奖6项、三等奖12项；省级一等奖14项、二等奖5项、三等奖33项。

三、办学成效

现如今，学校扎根湖湘大地办大学，全面落实湖南“三高四新”美好蓝图，服务培育“制造名城”、建设“幸福株洲”，坚持立德树人根本任务，秉承“厚德、精技，笃学、致用”校训，实现了以汽车专业为底色、以文化为引领、以数字化赋能的跨越发展。先后被授予中国特色A档高水平专业群建设单位、国家优质专科高等职业院校、国家级职教集团（联盟）培育单位等荣誉称号、教育部第二批1+X证书制度试点院校、全国职业教育先进单位、全国职业院校魅力校园、湖南省文明标兵校园。

学校设有东、西两个校区，现有全日制在校生数16 600余人，教学科研仪器设备总值2.89亿元，馆藏纸质电子图书170余万册，是莘莘学子砥砺品质、增长才干、绽放青春、实现梦想的知识殿堂。

名师荟萃，学者云集。学校大力推进头雁工程，打造了一支整体结构合理、综合素质优良的教师队伍。邓志革，享受国务院特殊津贴专家、“黄炎培职业教育奖”杰出校长奖、全国湖南省政协委员；尹万建，国家“万人计划”教学名师；欧阳波仪，全国高校黄大年式教师团队负责人、湖南省芙蓉教学名师；全国技术能手刘兴恕、罗洋坤、周璨、刘明、柯闽……

科技创新是湖汽人矢志不渝的追求，瞄准国家战略需要，聚焦汽车行业发展，强化科技攻关和成果转化，成果丰硕。在全省高职院校中率先建立院士工作站，拥有国家级科普基地1个，省部级科创平台（团队）17个。

近五年，累计立项厅级及以上科研项目近300项，获国家发明专利及实用新型专利560余项，横向技术服务与培训年均到账经费1 300余万元，推动应用技术创新和专利成果转化近100项。年均开展社会培训38 000余人次，为区域经济社会发展提供了智力和人才支撑。

坚持党的全面领导，凝聚事业发展最大合力。学校坚持社会主义办学方向，认真落实党委管党治党、办学治校的主体责任，确保全校始终上下一心,为事业发展提供坚强的组织保证和不竭的动力源泉。

坚持服务面向，赢得社会各界最大支持。学校扎根本土办大学，毫不动摇地服务制造强国和“三高四新”战略。赢得“当地离不开、业内都认同、国际可交流”的发展局面。

坚持以人为本，维护师生员工最大利益。学校以最广大师生的根本利益为出发点和落脚点，让学生成长有方向、有动力，让教师发展有信心、有冲劲，让学校发展有支撑、有依托。

坚持改革创新，激发教育教学最大动能。学校紧紧围绕培养什么人、怎样培养人、为谁培养人这一教育工作根本问题，着力破解办学难题，释放教育教学内生动力，激活事业发展后劲。

坚持内涵发展，积蓄办学治校最大底气。学校围绕高质量发展主题，内涵水平始终保持高位。让培养质量有保证、科研服务有成果、社会贡献力有提升，勇立新时代职业教育改革发展潮头。

六十余载春风化雨，匠心育人，学校踏出的每一个铿锵步伐，见证着一代代湖汽人的探寻与坚守。

六十余载躬耕不辍，桃李芬芳，学校拼搏向上的每一步，镌刻着启智润心，滋兰树蕙的发展印记。

学校深入推进“三教”改革，多次获得国家级、省级教学成果奖。2022年，邓志革,黎修良等教师联合完成《“智课程、智课堂、智评价：湖南汽车工程职业学院课堂革命10年探索》”，获国家级教学成果奖一等奖。

自办学以来，学校为国家输送了一大批技能强且素质高的技术技能型人才、能工巧匠、大国工匠。他们奉献四海、建工八方，得到了社会各界的广泛赞誉。

心志诚，行致远。面向未来，湖南汽车工程职业学院将高举习近平新时代中国特色社会主义思想伟大旗帜，深入贯彻落实党的二十大精神，坚守为党育人、为国育才，以推动高质量发展为主题,以产教融合、校企合作、工学结合、知行合一为基本遵循，以改革创新为根本动力，更好服务于地方经济和社会发展，继续凸显办学优势和办学特色，朝着全面建成高水平职业技术大学的目标而奋斗。

执笔人：彭新华　蔡丽平

努力开拓中国特色世界一流职业技术大学高质量发展新局面

深圳职业技术大学

深圳，一座改革之城、创新之城、传奇之城。她用40余年的时间，从一个落后封闭的小渔村蜕变为享誉全球的国际大都市，向世人展示了中国特色社会主义制度的优势与力量！

深圳职业技术大学，一所植根于经济特区土壤的职业本科学校，以立德树人为本、以改革创新为魂、以产教融合为纲，努力开拓中国特色世界一流职业技术大学高质量发展新局面，在短短30年时间里，跑出了不愧于时代、不愧于这座城市的加速度。

一、发展历程：从应运而生到争创一流

深圳职业技术大学（简称深职大）是以深圳职业技术学院（简称深职院）为基础整合资源设立的公办本科学校。深职院成立于1993年，是国内最早独立开办高等职业技术教育的院校之一。如果说深圳经济特区的横空出世是中国改革开放的缩影，那么深职大三十年的快速发展，则是深圳这座传奇之城以及中国职业教育改革

探索的一段华丽篇章。这所沐浴着改革开放春风的经济特区高校，始终秉承深圳经济特区精神，立足于职业教育改革创新探索，谱写出与时代同频共振、与城市唇齿相依的进行曲。

（一）敢闯敢试，敢为人先，开拓经济特区职业院校发展之路（1993—2006年）

20世纪90年代，经过了十余年快速奔跑的深圳经济特区，面临新的发展难题。经济特区未来路在何方？改革辉煌如何赓续？1992年邓小平同志的南方谈话，解决了许多长期束缚和困扰深圳人的重大思想和认识问题，再次吹响了改革创新的号角，鼓舞了深圳人干事创业的热情。

随着深圳改革开放的不断深化和经济的飞速发展，深圳的经济结构也逐步发生变化，对技术型人才有着迫切的需求。

在邓小平同志南方谈话的大背景下，1993年4月，深圳职业技术大学的前身深圳职业技术学院应运而生（图1）。“教育发展应适度超前”“一流的城市必须有一流的教育”……当时深圳城市管理者的高瞻远瞩为学校的高起点办学奠定了坚实基础。初创的深圳职业技术学院，秉持经济特区大刀阔斧改革创新的魄力与勇气，先后创造性地提出“深圳的经济增长点在哪里，我们的专业就办到哪里”“教授手上要有油”“培养能工巧匠型的大学生，大学水平的能工巧匠”等重要创新理念，迅速成为中国高职教育的领头羊，创造了享誉业界的“深职速度”和“深职模式”。

图1

（二）深化内涵，开放创新，支撑实体经济迭代发展（2006—2016年）

20世纪末、21世纪初，世界进入知识经济时代，对中国教育最直接的影响就是大大推进了高等教育大众化进程。在这样的背景下，职业教育的特色、优质发展得到越来越多的关注与支持。2005年召开的第六次全国职业教育工作会议首次提出，建立和完善有中国特色的现代职业教育体系。2006年“国家示范性高等职业院校建设计划”启动。

当时早已成为中国高等职业教育“一面旗帜”的深职院，顺利地通过国家示范校建设验收，成为第一批国家级示范性高职院校（图2）。但这只是学校发展的一个新起点，如何继续保持中国高等职业教育的排头兵地位，如何继续引领中国高等职业教育的发展，如何应对产业转型升级对高等职业教育人才培养提出的新要求和新挑战，真正培养适应企业需要的高素质高技能型人才，成为学校需要探索和解决的一个重要课题。学校于2006年开始探索“文化育人、复合育人、协同育人”系统改革，并最终形成了“政校行企四方联动、产学研用立体推进”的办学模式，确立了“德业并进、学思并举、脑手并用”的人才培养目标，继续引领中国高等职业教育改革发展，构建了内涵发展的“深职模式”，开启了学校内涵发展、创新发展、特色发展的时代。

图2

（三）勇立潮头，追求卓越，引领中国职业教育高质量发展（2016年至今）

雄关漫道真如铁，而今迈步从头越。2016年，学校面临着新的时代命题：中国已经建立起世界上最大规模的职业教育体系，从大到强是必经之路。深圳在建设国际一流城市的征程中，对打造国际一流的现代职业教育体系提出明确要求。随着深圳本土企业的崛起，他们“走出去”需要强有力的高水平技术技能人才供给作支撑。深职院的综合实力稳居全国同类院校第一，有义务、有责任率先建设世界一流职业院校，在国际职业教育领域发出更多中国声音，注入更多中国元素，贡献中国特色模式。

2023年，教育部同意以深职院为基础整合资源设立深圳职业技术大学，学校进入了高质量发展的新阶段。中国共产党深圳职业技术学院第四次代表大会提出，以习近平新时代中国特色社会主义思想为指导，全面贯彻党的二十大精神，高举职业教育高质量发展大旗，抢抓“双区”建设和“制造业当家”的重大机遇，立足职业本科新阶段，努力开拓中国特色世界一流职业技术大学高质量发展的新局面。

确定了三步走的总体战略：到2030年，初步建成体系完善的职业技术大学，实现从专科培养向以本科培养为主的转变；到2035年，建成国内一流的职业技术大学，以本科教育为主体，适度发展专业研究生教育；到2049年，建成中国特色世界一流职业技术大学，具有较高的社会贡献力和全球影响力。

二、办学特色：打造职业教育高质量发展“六大高地”

习近平总书记对职业教育工作作出重要指示强调，加快构建现代职业教育体系，培养更多高素质技术技能人才、能工巧匠、大国工匠。在习近平总书记重要指示的指引下，深职人发扬敢闯敢试、敢为人先的精神，立足职业教育类型化优势，立足服务实体经济的办学定位，以争当中国职业教育创新发展第一艘“冲锋舟”为己任，着力建设国际领先的应用技能人才培养高地，中国特色的产教融合机制创新高地，蜚声国际的名匠大师汇聚高地，大湾区卓越的应用技术研发高地，辐射全国的社会服务高地，引领全球的职业教育创新高地，为先行示范引领全国职业教育高质量发展，建设中国特色世界一流职业技术大学而不懈努力，为中国式现代化源源不断地贡献深职力量！

（一）国际领先的应用技能人才培养高地

深职大以职业教育的类型定位为逻辑起点，坚持为大湾区经济社会发展服务、为学生终身可持续发展服务，紧跟社会产业、科技等发展趋势，以能力提升为牵引，聚焦教育教学改革，形成了产教融合牵引的复合式创新型高素质技术技能人才培养范式，指引了高地建设的具体方向。

在思政教育方面，围绕立德树人根本任务，构建习近平新时代中国特色社会主义思想进校园、进教材、进课堂、进网络、进学生社区的“五进”大思政教育体系，推进课程思政，充分发挥教师队伍主力军、课程建设主阵地、课堂教学主渠道作用。通过“探索深圳”，使学生近距离体验“深圳奇迹”生动实践，引导学生深刻感悟“中国特色社会主义好”；通过“解读深圳”，向学生深刻讲授“深圳奇迹”

发展案例，引导学生深刻理解“中国共产党能”；通过“研究深圳”，为学生深刻诠释“深圳奇迹”背后的理论密码，引导学生深刻认识“马克思主义行”，形成了大思政课闭环体系，形成了深职特色的思政育人格局，相关经验被教育部推广。

2020年12月，深职学子获第四届全国高校大学生讲思政课公开课展示活动一等奖（图3）。

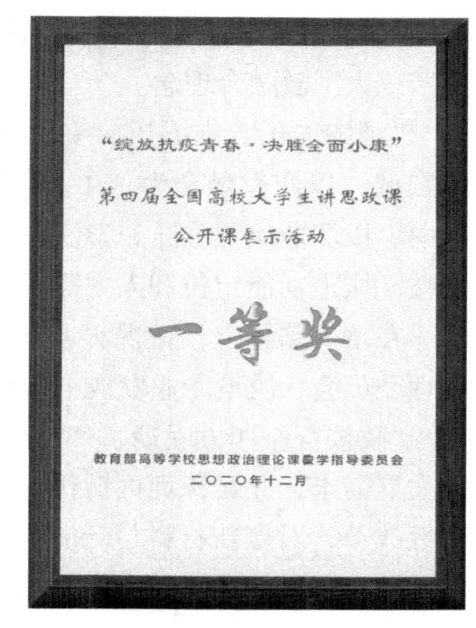

图3

在育人路径方面，系统优化人才培养方案。紧跟区域和产业发展形势，全面推进从“以课程为中心”向“以实践为中心”的转型，探索实现“技术牵引、产品载体、理实融通、能力本位”，利用虚拟现实、人工智能等推动实训室数字化升级，实现主干课实训项目的沉浸式升级，实现在线实训课、虚拟实训室、智慧实践基地，全面推进实训教学智慧化的形态革命。

在课程建设方面，主动适应人才培养的多样性、包容性、有机性和成长性需求，构建“通识+学科基础+专业+实训”的“生态雨林”体系。先后开展精品课程、资源共享课程、在线开放课程、项目化课程、“金课”建设，鼓励各专业依据自身特点采用不同的教学方法；紧跟技术浪潮，寻求新技术、新工艺、新方法、新标准向新课程转化的最优路径与范式；建设生产案例库、项目资源库、数字教材、虚拟仿真实训系统，开发智能伴学、智能化助教等基于新技术应用场景的课程资源，学校代表性教材获首届全国优秀教材特等奖。

在评价体系方面，以新时代评价改革总体方案为指引，重视以职业素养为核心，以创新能力为重点，以教学质量评估为导向，建立周计划、月调度、年总结的机制，探索秋季、春季、夏季“三学期制”，开展夏季学期集中实践教学，完善了以综合素养为基础的学生能力评价体系，健全需求导向的人才培养模式，形成了现代化的教学质量评价标准与评价体系。

在高质量就业方面，加强校内外实习实训基地建设。鼓励学生积极参与国家级、世界级赛事和经营性生产实践，构建“岗课赛证”一体化培养模式，通过“一核两翼 N 平台”，全面提升学生可持续发展能力；构建用人市场精准对接机制，打造“订单式人才培养中心”，与企业共建订单班，解决人才培养适应性的问题；与学生共建创新创业计划，通过资金、技术、设备入股等方式，精准支持创业创新。学校毕业生初次就业率始终保持在97%以上，有约92%的毕业生在深圳就业，有约16%的毕业生入职华为、平安等行业知名企业。

（二）中国特色的产教融合机制创新高地

产教融合是职业教育的核心特色，对其高质量发展起到基础性和关键性作用。深职大以社会需求为导向，以开放共赢为基础，以学生发展为根本，走出一条政府统筹、院校开放、行企参与的产教融合实施路径，形成了“经济增长点在哪里，专业就办到哪里”“政校行企四方联动、产学研用立体推进”“九个共同校企双主体育人”三大产教融合理念。

“经济增长点在哪里，专业就办到哪里”。在专业设置、培养路径、团队建设等领域，以产教融合为“牛鼻子”带动办学质量提升。在专业设置上，以市场为导向、以职业岗位（群）为依据、以技术含量为参数设置专业，把大湾区产业结构调整、城市功能定位和人才需求的发展作为专业设置的前提，主动创造就业市场需求。在培养路径上，重视实训，所有专业均成立由专家或行业知名人士组成的专业管理委员会，决策专业发展中的重大问题。

“政校行企四方联动、产学研用立体推进”。紧密契合制造强国、网络强国等国家发展需求，立足深圳区域优势，瞄准世界产业发展前沿，加强职业教育供给侧结构性改革，对接新材料与新能源、先进制造、人工智能、生物医药与生命健康、物联网技术、新一代通信网络技术、城市生态与环境等战略性新兴产业发展需求，与华为、比亚迪等领军企业共建14个特色产业学院，与研祥智能、深圳市海普瑞药业集团股份有限公司等11家龙头企业、专精特新企业共建实训中心，聚焦校企核心资源要素和发展需求，形成了先进技术“你有我用”、尖端人才“你来我往”、就业岗位“你需我供”的互惠共赢机制。

开创了以“共同开展党建和思政教育，增强立德树人实效性；共同开发专业与课程标准，提升人才培养契合度；共同打造高水平双师团队，提高教师技术水平和教学能力；共同解决“卡脖子”技术和工艺问题，将企业源头创新融入教学过程；共同制定行业标准，形成人才培养竞争优势；共同开发职业资格证书，将职业标准转化为人才认证标准；共同开展创新创业教育，提升学生可持续发展力；服务共同富裕，促进新型产业工人技能转型升级；共同“走出去”，为民族企业海外发展培养高素质技术技能人才”为核心内容的“九个共同”双主体育人模式，相关成果获得2021年广东省教育教学成果奖特等奖。

（三）蜚声国际的名匠大师汇聚高地

教师是教育发展的第一资源。深职大始终坚持以人为本的理念，着力探索与高水平职业教育发展相匹配的师资队伍建设战略。

聚焦立德，汇聚人师。始终坚持立德树人根本任务，坚持党对教育事业的绝对领导，把培养堪当民族复兴大任的时代新人总目标贯彻到日常教学中。构建了师德师风教育、宣传、考核、监督等激励与约束并重的长效机制，把政治素质、道德品质作为教师准入和考核的首要内容，先后涌现出了“全国高校黄大年式教师团队”江世宏团队（图4）、国家级教学成果奖特等奖获得者马晓明等一大批先进典型。

图4

聚焦实践，汇聚双师。2019年，国务院公布《国家职业教育改革实施方案》，明确提出要加快发展现代职业教育，要多措并举打造“双师型”教师队伍。深职大秉承“以德为先、心中有爱、手上有油、脚下有路、团队有力”的理念，重点引进一批高科技企业、高端制造企业的工程师、能工巧匠、大国工匠，充实双师队伍，有效提升了教学的实践针对性。

聚焦高端，引进大师。先行先试高校人事制度改革，打破编制框架，建立了“能来能往、能上能下、能进能出、能高能低”的人才管理制度，有效地吸引了高端师资。目前，专任教师总共1 572人，具有博士学位的专任教师占比41.3%，具有高级专业技术职务的专任教师占比45.48%，具有正高级专业技术职务的专任教师达172人；“双师型”专任专业课教师占比95.59%；近五年获国家级奖励或荣誉29项。先后柔性引进4名院士成立工作站，引入诺贝尔奖得主团队常驻开展科研。

（四）大湾区卓越的应用技术研发高地

深职大始终坚持面向世界应用技术和工艺前沿，面向区域经济和社会发展，视应用技术为学校办学改革和可持续发展的关键所在，不断践行“到企业去、到工厂去、到社会最需要的地方去”的初心使命。

组建高端平台。先后组建了霍夫曼先进材料研究院、集成电路关键材料研究院等一批高端科研平台，与华为、比亚迪等知名企业签订了全方位战略性合作协议，突出行业产业特色，紧密结合学校重点学科、特色学科专业建设，以应用技术研发为核心，以技术创新为目标，集结优势资源，着力建成粤港澳大湾区应用技术研发和服务中心，不断满足行业所缺、企业所需、人民所盼，助力区域高质量发展。

对接前沿技术。学校主动在科学的技术化和技术的产业化链条上寻找定位，聚焦高端产业，布局重点领域，落实创新驱动发展战略，对接新材料与新能源、先进制造、人工智能、生物医药与生命健康、物联网技术、新一代通信网络技术、城市生态与环境等战略性新兴产业发展需求，使高水平技术创新体系更加丰富完善。

破解“卡脖子”难题。学校瞄准“卡脖子”难题，开展重点攻关。2022年，三位老师参与了华为2012实验室的“PCB板材界面特性研究项目”课题研究，研究成果缩短了产品测试和验证的迭代周期，解决了5G通信基站建设中出现的“卡脖子”问题，并为新一代高频通信器材提供了技术储备。为了打破西方对芯片的垄断，与国内集成电路显示器件龙头企业TCL华星光电技术有限公司共建基于成熟工艺的通用集成电路工艺生产性实训中心，并开展相应的材料验证、器件加工、芯片设计系统开发；联合华为、思科、联通等知名企业成立了信息通信（ICT）协同育人平台，成立了华为信息与网络技术学院、华为认证合作授权培训中心等。

整合创新要素。深职大创造性利用区位优势，打破领域、区域和类别归属的界限，打破条块分割、组织内外部边界，借助现代金融手段，实现创新要素最大限度整合和资源在创新群体内部无障碍流动；统筹创新资源，形成创新合力，推进学校、政府、行业、企业、研究机构等多主体协同开展多方位交流、多样化合作。解决技术应用的资金链问题，依托国有资产经营公司改制，引进风险投资基金，建立风险共担、利益共享的技术技能成果孵化、转移、转化新机制，形成“研发—成果—应用转化—产品—技术需求—研发”的应用技术研发闭环机制，创造良好科研实验条件。

（五）辐射全国的社会服务高地

职业教育是国民教育体系和人力资源开发的重要组成部分，是广大青年打开通往成功成才大门的重要途径，肩负着培养多样化人才、传承技术技能、促进就业创业的重要职责。如何服务地方发展战略，服务民生社会福祉，扎根深圳，反哺社会发展，助力共同富裕，是深职大光荣的社会责任。

在服务地方发展战略上，深职大依托深圳作为粤港澳大湾区中心城市的地位，抢抓“双区驱动”战略机遇期，积极研究城市发展特性、产业发展共性、战略谋划互补性，为粤港澳大湾区城市产业布局提供战略咨询。与行业协会、500强企业、小巨人企业、专精特新企业等共建行业产教融合联合体，积极整合学校所长、市场所需、企业所盼，通过产业深度整合，为大湾区企业高质量发展提供智力支持。

在服务继续教育上，深职大完善成人非学历教育体系，设立继续教育与培训学院，积极开发适合不同教育对象的教育内容与活动，通过智慧学习场景为学习者提供数字化学习支持服务，对退役军人、下岗失业工人、新型职业农民、进城务工人员等重点群体加大职业技能培训和学历继续教育力度，不断探索构建服务全民终身学习的社区教育理念和体系路径。

在服务职业教育东西合作上，建立了面向全国，覆盖中、高职的“双师双岗型”教师培训体系。支援西部职教，对口帮扶河源职业技术学院、西藏职业技术学院、培黎职业学院等13所职业院校，与喀什大学签署“十四五”期间对口支援框架协议，精准助力兄弟院校高质量发展。

在服务脱贫攻坚与乡村振兴上，常态化开展面向新型农业经营主体、新型职业农民等群体的培训，为乡村振兴输送人才。整合学校优质资源，面向云南省建档立卡贫困户家庭首批1 300多名学生、河源市和平县和连平县等对口帮扶地区，搭建100余项合作项目，助力贫困地区就业和产业扶贫。

（六）引领全球的职业教育创新高地

学校始终坚持“引进来”和“走出去”并重的战略，积极布局海外职教培训中心，探索建立深圳职教标准，参与国际对话，不断提升在国际职教领域的话语权。

2016年起，深职大主动参与主导国际职教对话机制，先后举办“协同育人与可持续发展”职业教育国际高端论坛（2013年）、国际职业教育深圳论坛（2016年）等国际性会议，不断提高在职业教育国际规则和国际事务中的参与度；参加联合国教科文组织国际职业技术教育培训中心框架下的各种活动，贡献中国职业教育的深圳力量和深职模式。

连续承办4届“一带一路”职业教育国际研讨会，形成了《深圳共识》《深圳倡议》等标志性成果，为政府、行业企业、国际组织和职业院校提供了互学互鉴、资源共享的重要平台。

设立海外职业教育培训中心，开展非学历技能培训，打造全球职教培训高地。深职大－保加利亚普罗夫迪夫大学职业教育培训中心、深职大－芬兰应用科学大学联盟技术和职业教育培训中心相继成立。

深化与职业教育国际联盟合作，建设全球职业教育教师专业发展交流中心。加大与境外高校合作，设立和组建国际教育组织，深入开展师生交流、职业培训等合作项目，推动深圳职业教育办学理念、人才培养模式和专业教学标准被境外国家和地区认可、采纳，先后与俄罗斯、德国、美国、新加坡等10余个国家和地区的合作院校建立了学生交流机制。引领世界职业教育数字化转型升级，获得联合国教科文组织设立的全球唯一的职业技术教育数字化教席（图5）。

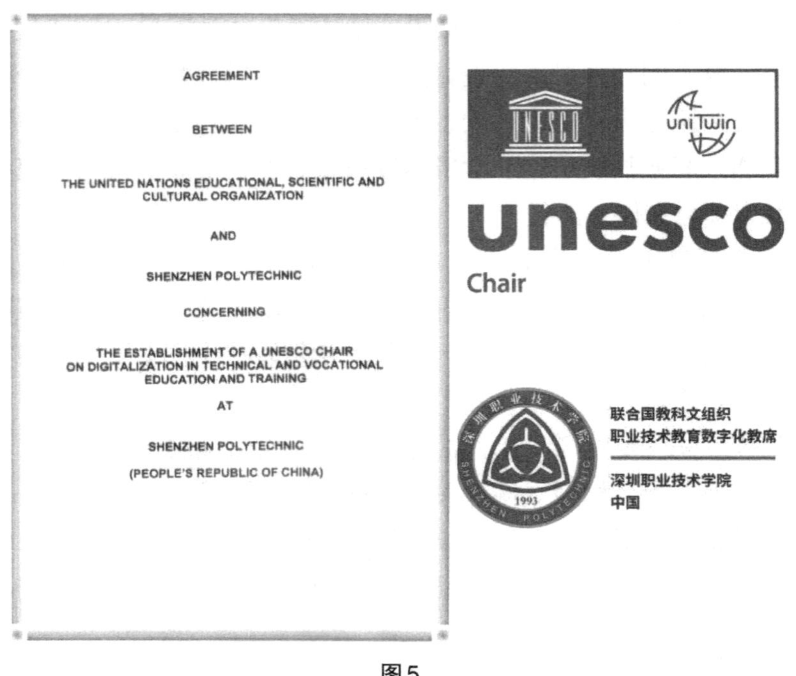

AGREEMENT

BETWEEN

THE UNITED NATIONS EDUCATIONAL, SCIENTIFIC AND CULTURAL ORGANIZATION

AND

SHENZHEN POLYTECHNIC

CONCERNING

THE ESTABLISHMENT OF A UNESCO CHAIR ON DIGITALIZATION IN TECHNICAL AND VOCATIONAL EDUCATION AND TRAINING

AT

SHENZHEN POLYTECHNIC

(PEOPLE'S REPUBLIC OF CHINA)

图5

促进青年学生跨境流动，打造国际互动交流中心。2020年，深职大创新案例正式被《联合国教科文组织职业教育创新框架》收录，与全球职业教育机构分享学校的先进创新理念与优质创新模式，推广学校专业、课程标准，共享职业教育发展成果与经验。

建设粤港澳大湾区特色职教园区。2019年，深职大向深圳市委申请为粤港澳大湾区培育复合式、创新型高素质技术技能人才，之后项目被列入《教育部广东省人民政府关于推进深圳职业教育高端发展 争创世界一流的实施意见》，园区于2022年底正式运营，该园区探索中职、高职、本科、硕士和博士贯通培养模式，共同制定课程标准、引进师资、联合管理，颁发双方文凭，吸引港澳青年来深学习和提升职业技能、在内地就业创业、获得体面收入，切身感受内地发展成就，感恩祖国支持，增强文化认同，服务国家发展。

三、办学成效：从示范引领到光耀世界

自建校起，学校就自觉担当起为中国高等职业教育改革发展探路的重任，力争为全国高等职业教育发展做出示范。

2023年是深职大建校30周年。回首30年发展历程，这是中国职业教育改革创新与高质量发展波澜壮阔的30年，是深圳经济特区从稚嫩到成熟、从探索到示范的

30年，也是深职大从无到有、从小到大、从弱到强的30年。

30年来，学校坚定不移地落实立德树人根本任务，培养适应智能时代需要的复合式创新型高素质技术技能人才。学校大力推进人才培养模式改革，“课证共生共长”项目获国家级教学成果奖特等奖。

30年来，学校坚定不移地服务企业发展，在服务企业提质增效中谋求自身发展。围绕产业需求布局和调整专业，探索产教深度融合的“深职模式”，被国家发展和改革委员会列入“深圳经验”，全面推广。

30年来，学校坚定不移地扎根深圳、立足大湾区，在区域协同发展中发挥应有作用。积极融入城市共建共享，打造城市战略共同体。持之以恒地推进区域职教合作，打造职教创新高地。组建社区学院，与社区共同培养技能人才，打造开放办学、产教融合的职业教育改革发展新高地。

30年来，学校坚定不移地落实国家战略，着力提升职业教育适应性。对接脱贫攻坚需求，对口支援全国13所高中职院校；对接“一带一路”倡议，在“一带一路”沿线国家和地区建立7个职业技术教育与培训中心；携手华为等知名企业，将5G等数字技术标准转换为课程标准，推动中国优势数字技术与一流职教协同“走出去”。

30年来，学校坚定不移地发扬敢闯敢试、改革创新的深圳精神，奋力引领高职教育高质量发展。学校创新性地提出了“九个共同”“六融合”“三育人”等重要办学理念，首批入选全国10所“双高计划”高水平学校A档建设单位，为中国乃至全球职业教育发展积极贡献“深职力量”“深职经验”。

路虽远，行则将至；事虽难，做则必成。在人类漫长的历史长河中，30年如电光石火、白驹过隙，但对于一所学校、一座城市乃至一个国家而言，30年亦足以沧海桑田、旧貌新颜。

30年来，深职大的发展历程与经济特区高质量发展同频，与中国改革开放同步，与中华民族伟大复兴之路呼应。可以说，是中国的改革开放成就了深职大，是深圳这座伟大的城市成就了深职大，而深职大本身，既是中国职业教育创新发展的见证者与受益者，也是参与者与先行者。

踏入第二个30年，深职大这一深圳先行示范的重要力量、中国职业教育创新发展的“冲锋舟”和世界职教舞台上的靓丽名片，必将承担更大的使命，发挥更大的作用，焕发更耀眼的光芒。

执笔人：文首文　董　状

立业立人　筑梦卓越　“双立教育”办学思想探索与实践

重庆市渝北职业教育中心

重庆市渝北职业教育中心全面贯彻党的教育方针，落实立德树人根本任务，坚持为党育人、为国育才的初心使命，传承和弘扬黄炎培职业教育思想，秉承以“立业立人”为核心理念的“双立教育”办学思想，坚持“文化立校、人才强校”的核心发展战略，锐意进取，改革创新，不断追求办学、治校、育人的卓越梦想。

一、办学定位：锚定“双立教育”的“方向标”

办学定位的实质是办学方向的定位，是办好一所学校的“方向标”。渝北职教中心以建设国家中等职业教育改革发展示范学校为基础，以深化现代职业教育体系建设改革为动力，以创建高质量、高水平中职学校为逐梦愿景，进一步夯实学校办学基础，强化学校内涵发展、特色发展，创新人才培养机制和管理机制，激发办学活力，提升人才培养质量和服务产业转型升级能力，把学校建设成为“传承黄炎培职业教育思想，创新技术技能人才培养的发展质量高、社会贡献度高和认可度高、全国一流、世界水准的高水平中等职业学校”。“双立教育”办学定位的“方向标”具化为“四个形象”，借以回答把学校办成“什么模样”的问题。

（一）思想基础定位：传播黄炎培职业教育思想的“宣传队”

“立业立人”教育从历史走来，黄炎培职业教育思想是“双立教育”的“定盘星”。从办学方向思考，黄炎培“职业教育目的”论提供了“三服务”导向：一是服务学生发展，“双立教育”致力为学生“谋个性之发展”“为个人谋生之准备”；二是服务社会民生，“双立教育”致力于“为个人服务社会之准备”“使无业者有业，使有业者乐业”；三是服务国家战略，“双立教育”致力于“为国家及世界增进生产力之准备”。从思想源头思考“筑梦卓越”的形象，学校定位为创新性继承黄炎培职教思想，创造性弘扬黄炎培职教思想，成为传播先进职教思想的“宣传队”。

（二）人才培养定位：创新技术技能人才培养的“攻坚队”

从落实立德树人根本任务的高度思考“筑梦卓越”的形象，学校定位为造就技术技能复合型人才的“攻坚队”。坚守为党育人、为国育才的初心使命，坚持创新、协调、绿色、开放、共享的新发展理念，践行文化立校、人才强校的发展战略，创新三年制中职、五年制高职、“3+4”中本贯通、学历教育与职业培训一体化的职业教育“综合办学体”，打好“立业立人”育人方式改革攻坚战，培养高素质技术技能人才、能工巧匠、大国工匠，为推进中国式现代化提供人才支撑。

（三）内涵品质定位：“双优”赛道彰显“三高”品质的“先锋队”

国家经济社会“十四五”规划和2035年远景目标纲要中都提出，“我国已转向高质量发展阶段”。学校以装备制造大类专业为特色，培育先进制造业、现代服务业转型升级所需要的高素质技术技能人才。从转型发展思考“筑梦卓越”的形象，学校定位为“双优”赛道彰显“三高”品质的“先锋队”。为巩固提升重庆市中职学校“双优”建设项目立项单位所取得的成果，学校积极备战国家中职学校“双优”建设计划，以市级“双优”建设成果固本强基，以国家级“双优”建设赋能筑峰，市级“双优”行动与国家级“双优”行动持续接力，推进“立业立人”教育高水平发展，彰显“双立教育”发展质量高、社会贡献度高和认可度高的“三高”品质，成为国内中高职贯通办学、立体育人的“先锋队”。

（四）开放形象定位：中职教育对外交流互鉴的“行动队”

从教育要面向世界的战略高度思考“筑梦卓越”的形象，学校定位为中职教育对外交流互鉴的“行动队”。学校立足“成渝双城经济圈”的国家战略、区域优势、支柱产业和人才需求，面向“一带一路”沿线国家，实施“中文+职业技能”项目，推进海外“鲁班工坊”建设，打造职业教育国际合作平台，形成立足中国、面向世界、有国际声誉的“双立教育”开放办学格局，成为中职教育对外宣传展示“中国特色、中国风格、中国气派”的“行动队”。

二、发展历程：厚积“双立教育”的“基本功”

学校创建于1991年，至今已经过整整32个年头，期间经历了艰苦创业、奠定基础、内涵发展和提质培优四个阶段。32年来，学校积极探索、锐意进取，以推动高质量发展为主线，以改革创新为动力，主动谋篇布局、大胆尝试，厚积“双立教育”的“基本功”，实现了跨越式发展。

（一）筚路蓝缕，艰苦创业，厚积“科教兴农”基本功

1989年末，四川省江北县在全国率先提出“科教兴县、教育为本”战略口号，决定兴办一所全日制职业高中。1991年，江北县职业技术教育中心建立，13名教师带领两个农家经营班共90名学生，开始艰苦创业，积极践行“农科教”三方结合、“基职成”三教统筹、“德智体”三育并举的教改“三字经”，努力探索农科教统筹发展路子。

（二）迁校扩班，市级创重，厚积“城镇转型”基本功

1998年，为适应城郊大县农村城镇化转型发展的大趋势，学校整合重庆市龙溪职业中学，兴办电子电器等新专业。2000年，学校成功创建市级重点中等职业学校。2001年，因服务江北机场建设，学校整体搬迁，校舍扩大，硬件升级，办学规模由建校之初的两个班发展到80多个教学班。至此学校规模扩大，专业调整，为服务农村城镇化、工业化转型发展奠定了坚实的基础。

（三）办学转型，内涵提升，厚积“改革示范”基本功

2004年，学校成功创建国家级重点中等职业学校。2007年，实现创建“万人学校”目标，自此学校在校生人数持续保持万人以上规模。2008年，在巩固规模的基础上坚持内涵发展，实现了由规模扩张向内涵提升发展转型。2014年，被教育部等三部委确定为国家中等职业教育改革发展示范学校，学校发展再次迈上新台阶。

（四）服务发展，提质增效，厚积“双优建设”基本功

主动服务三峡移民国家战略，2015年，三峡移民职业教育龙兴校区建设项目立项，2019年开工建设。2020年，重庆市渝北职业教育中心、重庆市统景职业中学两校合并，学校师资队伍再次实现突破。2021年，学校完成整体搬迁。面向高质量发

展目标，学校全面实施提质培优行动计划，建成高水平中职学校，开展“双优”项目建设，开创为地方经济社会发展服务的崭新局面。

三、办学特色：打好“双立教育”的“出彩牌”

（一）办学思想有特色，筑梦卓越办学“出彩”

凝练“双立教育”办学思想。学校利用中华职业学校（渝校）旧址，建成中华职教社社史陈列馆，传承黄炎培职教报国的宝贵思想遗产，以黄炎培“敬业乐群”“手脑并用、双手万能”“做学合一”等教育思想为核心元素，凝练以立业立人为核心理念的“双立教育”办学思想。“立业”引导学生以学业为人生基础，以职业为人生根本，以成就事业为人生目标，以建功立业为人生理想。“立人”实现培养人、成就人。“立业”是基础，“立人”是根本，二者辩证互促，统一于立德树人的全过程。

推进“双立教育”办学实践。学校传承和弘扬黄炎培职业教育思想，编写出版了《校园文化理念解读》《校园文化简明读本》《特色校园文化解码》等著述。学校推行校园文化进课堂、进教材、进师生头脑的“三进”活动，加强“一训三风”建设，践行“即知即行，踏实守信”的校风已成为新常态，践行“重道重业，精育严训”的教风已成为新常态，践行“尚善尚能，求是求真”的学风已成为新常态，产生了学校精神文化教育人、引领人、感染人的效应。

建构“五维”质量文化观。树立“质量即是生命”的人本性质量文化观，把促进学生终身发展作为“双立教育”质量文化的最高宗旨；树立“质量需服务需求”的开放性质量文化观，将人的个体发展需求和社会发展需求有机统一起来；树立“质量需‘三全’保障”的合作性质量文化观，人人重视质量、创造质量、享受质量；树立“质量需聚集课堂”的证据性质量文化观，打造优质高效的新型课堂；树立“质量需不断改进”的创新性质量文化观，形成学校持续改进、不断创新的质量文化无形资产。

（二）办学机制有特色，治理机制变革“出彩”

推进学校法人治理结构变革。学校实施法人治理结构建设改革试点，以学校章程为依据，建立现代学校内部治理结构，实行理事会领导、校长全面负责行政工作、党组织保障、监事会监督、教职工民主参与管理的内部管理体制。学校重构管理制度，制定工作标准与流程，编制学校管理手册，治理结构不断优化，治理能力得到提升。

实施学校、系部二级管理机制改革。学校优化处室部门目标管理考核，完善治理监控保障机制，形成了教学质量“四维一体”内部保障体系；加强信息化管理能力建设，开展信息化管理能力提升培训，推进学校治理能力现代化；实行中层干部轮岗交流，开展岗位竞聘、绩效工资改革。

开展教学工作诊断与改进制度建设。学校立足“组织、资源、实施、评价”四个维度，秉承“8字螺旋”教学诊改理念，建立与内部质量保障相适应的质量评价机制，组建“政企协研校”资源管理共同体，实施“专业、课程、教师、学生”评价，形成“诊断式”人才培养评价。

（三）办学模式有特色，创新内涵发展“出彩”

办学模式创新。学校以服务经济社会发展为宗旨，促进产教融合，校企合作，优化办学资源配置，增强学校办学实力。学校联合相关行业、企业以及其他职业学校共同组建重庆装备制造职教集团，促进集团成员之间优势互补，形成协同发展的办学效应。

培养模式创新。依托行业企业和资源条件，建构“校企联动，做学合一”的人才培养模式，在培养目标上坚持重技强能与立德树人，在培养内容上突出岗位需求和全面发展，在培养过程中坚持校企合作与工学结合，在培养方式上坚持做中学、学中做，做学合一。

教学模式创新。聚焦岗位能力、教学过程、技术革新，学校开展基于岗位能力本位的理实一体化教学模式改革，开展基于优化教学过程的“五环四步”教学模式改革，开展基于技术革新的互联网+公共基础课、互联网+专业技能课的混合式教学模式改革。

评价模式创新。学校建构学生综合素质“多元立体”评价模型，开发学生综合素质评价标准、指标体系和评价工具，建立学生综合素质评价电子档案和综合素质评价积分和绩点存储、增值的“综合素质银行”。学生综合素质“多元立体”评价模式研究与实践获国家级职业教育教学成果奖一等奖。

（四）办学方式有特色，助力提档升级“出彩”

数字革命赋能升级。学校落实《职业院校数字校园建设规范》，整体规划校园信息化建设，系统设计学校信息化整体解决方案，建设系统连通、数据融合共享的一体化综合服务平台，完善常态化、智能化教育教学支持环境。学校以数字化为总牵引，数字赋能党的建设、“三全育人”“三教”改革、产教融合、专业建设等各个方面，保障学校紧跟时代潮流，推动学校在现代职业教育高质量发展进程中展现更大作为。

科研创新赋能升级。教书育人是学校的中心工作，教学和科研是学校的两个相辅相成又互相促进的重要职能。学校依托教学和科研资源支撑教书育人，以“科教融合创新”赋能“双立教育”迭代升级。学校出台《教育科研管理办法》《课题经费管理办法》等制度文件，以国家级、省部级重点课题为主要载体，聚焦教育教学改革，深入开展教育科研，铸就教育科研引领学校高质量发展的驱动引擎。

校企合作赋能升级。学校建立统筹管理、分级负责的校企合作管理机制，成立了校企合作领导小组和专业建设指导委员会；建立和完善《校企合作管理办法》《校企合作共建实训基地实施办法》等制度；探索校企股份制合作模式，推动校企共建共管产业学院，延伸职业学校办学空间；开展现代学徒制试点，建立现代学徒制班，探索校企联合招生、联合培养、协同育人的合作机制。

四、办学成效：收获“双立教育”的“圈点分”

（一）基础设施建设可圈可点

学校实施办学条件提升专项行动，完成校区提档升级工程，建成宏伟大气、布局合理、优雅宜学、设施一流的现代化职业教育新校园；实施信息化建设工程，推动数字教学革命，实现信息技术、智能技术与学校管理、教育教学深度融合；优化实训基地布局结构，改造实训基地环境，高标准实施专业建设，打造资源共享、功能齐备的实践教学平台；依托《半月谈》杂志社打造党建阵地，建立融媒体渝北学习站，以数字资源为支撑，建成“1个平台、N个应用、多个终端”的智慧党建系统，成为党建示范引领的重要载体。

（二）专业建设能力可圈可点

学校实施高水平专业建设计划，优化专业设置，建成一批国家级示范专业、国家中职示范校重点专业、市级重点（特色）专业；市级中职高水平（紧缺）骨干专业、市级优质专业；积极承担市级校企合作示范项目、国家级和市级现代学徒制试点专业、1+X证书制度试点任务，承担市级教学工作诊断与改进试点，制定了系统的专业人才培养方案，编制专业课程标准，实现专业课程标准全覆盖；健全专业教学资源库，建立共建共享平台，开发职业教育在线精品课程，建设校企“双元”合作开发的国家规划教材，新型活页式、工作手册式教材，创新“岗课赛证创”深度融合的课程体系。

（三）师资队伍建设可圈可点

学校现有教职工660人，具备副高级及以上职称教师占38.1%，“双师型”教师占专业教师的92.2%，拥有一批国务院政府特殊津贴专家、全国优秀教师、重庆英才（名家名师）、重庆市教学名师、特级教师等拔尖人才，打造了课程思政、专业（课程）教学创新等示范创新团队。近年来，教师教研教改成果获国家级教学成果奖一等奖1项、二等奖4项，重庆市教学成果奖特等奖1项、一等奖2项、二等奖4项、三等奖7项。学生综合素质“多元立体”评价模式改革取得重大突破，对中等职业学校学生综合素质评价做出积极探索，获得国家级教学成果奖一等奖。教师在全国职业院校技能大赛教学能力比赛、班主任能力比赛等赛项中屡获佳绩，2022年获教师教学能力比赛一等奖1项，二等奖1项。

（四）育人质量成果可圈可点

学校坚持“五育并举”、德技并修，学生的道德修养和人文素养显著提升。近年来，学生参加职业院校技能大赛获国家级一等奖17项、二等奖26项、三等奖23项，市级一等奖131项、二等奖146项、三等奖213项。学生参加职教高考上线率保持在98%以上，本科上线人数和上线率位居重庆市前列。学生职业资格证书和职业技能等级证书获取率达到90%，毕业生初次就业率达到99%，用人单位满意率95%以上。学生获国家奖学金37人次，汽车专业学生曾洪亮同学被评为全国最美中职生。

（五）学校文化建设可圈可点

挖掘中华职业学校（渝校）宝贵的历史资源，学校建成了全国唯一的中华职业教育社社史陈列馆，构建了学校文化理念、课程、行为、环境四维育人体系。“基于黄炎培职业教育思想的中职学校文化育人研究与实践”获国家级教学成果奖二等奖。学校建成重庆市特色校园文化学校，形成了《挖掘黄炎培职教思想精髓建设特色校园文化体系》典型案例。学校搬迁至龙兴校区后，按照“复制+”的建设思路迭代升级了校园文化体系，建成了汇集文字、图片、实物、多媒体等多种表现形式，5个单元展厅的校史陈列馆，生动呈现了学校三十余年的办学历史和丰富的文化内涵。

（六）校企合作成果可圈可点

学校建立统筹管理、分级负责的校企合作管理机制。牵头组建的重庆装备制造职业教育集团被遴选为国家级示范性职教集团（联盟）培育单位，发挥引领辐射作用。校企共建共享 VR 虚拟仿真实训基地。与企业合作共建的中德（重庆）职业培训中心、中德（重庆）AHK 智能制造认证培训中心强力支撑了校企合作基地建设和双师型教师培养。校企双元育人，推进了1+X证书制度试点项目，建成了 X 证书考核站点。重庆市中等职业学校校企合作示范项目通过验收，与企业联合成立汽车与装备制造现代产业学院，学校被评为“2022年重庆市职业教育校企合作典型学校”。

五、社会影响：彰显“双立教育”的“显效度”

（一）社会服务能力显著增强

学校建成“辐射广泛、高效专业”的高水平服务体系，引进优质职业教育资源，参与“一带一路”、长江经济带职业教育交流活动，开展对口帮扶，服务乡村振兴，服务重庆产业发展，国际国内影响力进一步扩大。学校建立协作联动机制、强化资源共享、推进校企协同育人，服务成渝地区双城经济圈职业教育高质量协同发展。近三年，学校为汽车制造、电子信息、智能装备、现代物流等重点产业输送毕业生6 000余名，开展各类职业技能培训逾3万人次，申请发明专利105项，项目开发和技术服务10余项。

（二）示范引领能力显著提升

近三年来，学校接待国际国内教育机构、职业院校和社会团体到校考察学习数百批次，来访学校近千所；与市内外10余所学校开展联合办学，对三峡库区职业学校开展对口帮扶，为全国上百所学校提供学生综合素质评价等多方面咨询服务，产生了广泛影响；承办了2018年、2019年全国职业院校技能大赛中职电子电路项目赛项，第58·59届中国高等教育博览会“数字赋能现代职业教育体系建设改革”高峰论坛等大型会议活动。学校党委书记、校长张扬群在2018年教育部职业教育与继续教育工作视频会交流发言，办学经验被教育部以新闻和简报的形式予以肯定和推广。

（三）职教品牌效应日益彰显

学校先后荣获全国职业教育先进单位、全国教育系统先进集体、全国依法治校示范学校、全国中等职业学校德育工作先进集体、“黄炎培职业教育奖”优秀学校奖、全国示范性职业教育集团（联盟）、全国职业院校智慧校园试点单位、重庆市文明单位标兵、重庆市中职学校校园文化特色学校、首批重庆市智慧校园示范学校等荣誉称号。学校党委书记、校长张扬群参加2019年教师节暨全国教育系统先进集体和先进个人表彰大会，受到党和国家领导同志接见。《光明日报》《中国教育报》《重庆日报》、人民网、新华网、华龙网等主流媒体对学校办学成果进行宣传报道。

执笔人：张扬群　刘春华

办好百年职校　为服务区域经济发展做出更大贡献

重庆工商学校

重庆工商学校地处百年历史文化名镇——重庆市江津区白沙镇，始建于1906年，有着117年办学历史。学校先后获评首批国家重点中职学校、首批国家示范中职学校、重庆市高水平中职学校，先后获批全国教育系统先进集体、全国职业教育先进单位、全国五四红旗团委等百余项国家级荣誉。

学校坚持扎根中国大地办职业教育，积极践行“为党育人，为国育才”初心使命，全面贯彻党的教育方针，坚持服务发展、促进就业的办学方向，遵循职业教育办学规律，培养了数以万计的高素质劳动者、能工巧匠，为服务区域经济社会高质量发展，做出了积极贡献。

一、办学定位

重庆工商学校是一所国家公办的全日制中等职业技术学校。学校占地662亩，建筑面积25.8万平方米，开设有土木建筑、电子信息、汽车工程等10大类27个专业。其中，市级以上示范（重点、特色、骨干、紧缺）专业34个，校内实训基地（室）176个，校外实训基地78个，仪器设备总值1.2亿余元。学校现有教职员工606人，“双师型”教师占比89.6%，正高级讲师6人，高级讲师201人，全国模范教师、教学名师各1名，市级教书育人楷模1名、特级教师3名、技能大师1名，全国技术能手2人。

学校秉承“琢信谨行”的校训，在办学中凝练出“厚德砺能　乐业创新”的校风，“敬德修业　铸匠塑魂”的师风以及“崇文尚技　明理笃行”的学风，坚持升学与就业、技能与素养、规范与创新“三并重”，践行“做精做优”的品牌发展战略，建成重庆市职业院校着力深化“三教”改革、做优做精育人质量的“排头兵”，深化产教融合、激发办学活力的“样板校”，推进职教改革、服务重大战略的“先行者”。

二、发展历程

学校坐落于江津区白沙镇溜马岗，办学历史悠久，先后开办过私立新本女子学堂、四川省立重庆女子师范学校、白屋文学院、白屋戏剧专科学校、江津县第三初级中学、西南工业管理学校。1987年9月，江津县政府接管西南工业管理学校校址，创办四川省江津县工商职业高级中学。1991年9月，四川省江津县工商职业高级中学被认定为重庆市重点职高；1992年2月，被认定为四川省重点职高；1996年2月，成为首批国家级重点中等职业学校；2002年3月，被教育部确定为“中国—澳大利亚职业教育合作项目学校”；2003年11月，四川省江津县工商职业高级中学更名为重庆工商学校；2014年6月，被教育部、人社部、财政部批准为首批国家中等职业教育改革发展示范学校。

三、办学特色

（一）创新集团化办学模式，打造产教融合升级版

产教融合、集团化办学是职业教育积极融入经济发展主战场，促进高质量发展的创新行动。早在2005年，我校按照“办专业、建实体、塑品牌”的思路，携手重庆市相关企业，共建产教融合实训基地10个。2009年，学校牵头组建了重庆工商职业教育集团，开启了重庆市中职学校集团化办学的先河。重庆市江津区政府紧邻集团布局工业产业，按照“五个统筹”和“五个一体”的工作思路，在推动职教集团做大做强，依托集团资源，通过引企入校、引教入企、股份共建等方式，建成集产、学、研、训、赛功能为一体的产教融合基地10个，产教融合规模、能级与育

人效应有效提升，为江津区两千亿级产业提供重要技术技能人才支撑。短短10年之后，一个占地20平方千米，年产值300亿的江津职教工业园便应运而生。集团与园区融合发展，“五维同构”的产教融合与人才培养新经验，被教育部作为全国七大集团化办学模式之一向全国推广。2021年，集团被教育部评为全国示范性职业教育集团。

（二）创新现代学徒制，建构校企协同育人新范式

现代学徒制是深化校企合作、产教融合的生动实践。2015年，教育部遴选了165家单位作为首批现代学徒制试点单位，其中试点中职学校27所，学校成为重庆市唯一一所入选的中职学校。学校依托电子、机械、信息技术专业，遴选了大金空调、中国格力等作为合作企业，深化现代学徒制人才培养改革，探索形成“三双一体”现代学徒制校本化实践范例，制定了引领全市的“一案十标”，开发了“云团队+云课程+云课堂”的远程教学系统，构建“基础课程+岗位课程+选修课程”的动态课程体系，共同开发工作手册式教材6本，学生在真实的场景中完成模拟操作、跟岗实践、顶岗实习等学习活动。学校探索实践“三师五岗”育人体系，形成了四方共担的成本分摊育人机制，毕业生对口就业率、就业起薪率、稳岗率、发展贡献率等大幅提升，办学成效得到了政、行、校、企、生多方肯定。试点工作经验被教育部作为典型案例向全国推介，在18个省市的中职学校复制推广运用，新华网、人民网、《半月谈》《中国教育报》多次报道。2021年，教学成果《标准建构、五岗进阶、异地协同：西部地区中职制冷专业现代学徒制人才培养创新实践》获重庆市教学成果奖特等奖。《异地校企远程协同推进现代学徒制的实践探索》《校企异地背景下“远程协同”的现代学徒制理论探索与实践研究》两篇论文刊载在职业教育核心期刊。

（三）创新实践性教学改革，打造“三教”改革新引擎

实践教学是职业教育培养高素质技术技能人才、能工巧匠、大国工匠的重要环节。近年来，学校大力实施教师教学能力提升工程，推进教学创新团队建设，开展“师德铸魂”主题实践活动，建成教师企业实践流动站31个、技能大师工作室6个、产业导师工作室5个、技艺技能传承平台3个；强化教材开发与管理，完善《教材开发管理办法》《教材选用管理办法》等制度；开发《保育师沟通与技巧》《建筑工程测量》等精品在线课程10门，建成专业教学资源库4个；发挥集团化办学优势，依托产教融合基地，年生产性实训人次2.5万以上，创造产值3 000万元以上，切实增强了学生行业实践能力；实施项目化、场景化、模块化等教法改革，建立三级大赛制度，形成“课堂革命”典型案例12个。创新技能人才培养，我校探索总结了

"121""233"工学结合实践性教学模式，即第一学年企业每月安排两名师傅到校从事教学（121）；第二学年，学生先在校学习三个月，再到企业实践三个月（233），形成了识岗、试岗、轮岗、定岗、顶岗"五岗"交替的理实互融一体的实践教学新模式。随着实践性教学改革的深入推进，学校"三教"改革成效显著，涌现了全国模范教师、教学名师刘钦平、刘庆等一大批教学改革先锋；国家级职业教育教师教学创新团队1个，市级课程思政示范教学团队3个；获职业院校教师教学能力比赛国家级奖5人，市级一等奖14人，市级二等奖15人；学生获职业院校技能大赛全国一等奖4项、全国二等奖13项，市级一等奖38项。

（四）创新合作办学路径，增强职教发展新动能

服务与合作是增强职业教育发展动能、服务区域经济发展的基本价值取向。学校率先在全市探索以"3+4""五年一贯制"为主的人才贯通培养，积极搭建技术技能人才培养"立交桥"。学校办学吸引力不断增强，先后与云南省昭通市职业技术学校、贵州省安顺市平坝区中等职业学校、贵州省经济学校等16所职业学校开展以托管式、分段式为主的联合办学，极大地带动了当地职业教育发展。学校与四川省荥经县职业高级中学等6所中职学校开展"五互五共"的办学合作，为服务成渝地区双城经济圈提供了两地职教协同发展的新蓝本。通过"引企入校""引教入企""股份合作"等方式，学校建设了"产学研训赛创"多功能一体的平台资源，在有效满足人才培养同时，年开展社会培训1.2万人次，参与研发科研成果53项，极大提升了办学服务能力，有效激发了办学活力。

（五）创新质量保障体系，增强职教办学适应性

适应性是新时代职业教育最大的质量标志之一，也是提质培优的关键所在。学校在长期的办学实践中，始终坚持创新质量保障体系建设，着力增强职业教育办学适应性。百年办学文脉的厚重积淀凝练了"琢信谨行"的核心文化理念，独具特色的"琢信"文化建设成果入围全国职业院校校园文化建设100强评选。学校建设了"一优三强"的管理团队，增强办学服务的适应性，专业设置与地方产业发展的匹配度达100%，建成市级以上骨干（重点）专业10个，员工培训中心32个，市级以上技能大师工作室3个；建设"三师三能"教师团队，建立质量管理"三大体系"，以"三全四链五诊"的教学管理增强学生"三大能力"，切实增强教学服务适应性，教师教育教学方法更加符合技术技能人才的成长规律，学生技能水平、就业质量和企业满意度不断提升。近年来，教师参加市级以上各类竞赛获奖370余人次；学生参加市级以上职业技能大赛获奖499个，其中全国职业院校技能大赛获奖26金、48银、35铜；28名学生获中职教育国家奖学金，两名学生荣登《人民日报》优秀获

奖学生代表名录，杨天雄、邬鑫等同学获评“全国技能能手”“大国工匠职业之星”等荣誉。

四、办学成效

（一）党建引领彰显示范

学校党委自觉在政治上、思想上、行动上同以习近平同志为核心的党中央保持高度一致。学校全面加强党的“六大建设”，建立“第一议题”制度，建构习近平新时代中国特色社会主义思想“三进三讲”体系，健全“党委+支部”“支部+专业”“支部+项目”的工作机制，打造“五星双创”“五共互融”“五化共育”党建品牌，赋能学校更高质量发展。学校党委两次被中共重庆市委评选为“先进基层党组织”，成功获评重庆市中小学党建“双创”示范学校培育创建单位。《中国教育报》《重庆日报》《德育报》等主流媒体先后4次对学校党建品牌作专题报道。

学校党委全面贯彻党的教育方针，履行从严治党主体责任，将党建工作贯穿办学治校、教书育人全过程；实施“师德领路”“双培双带”“万人名师”计划，提升教师的专业能力与职业素养；强化“思政课程+课程思政”双轮驱动，构建全员思政教育岗位体系，将思政融入专业课堂、实践实训和顶岗实习三环节，实现思政工作在人才、教育、产业、创新“四链”的全覆盖；建构“三全育人”体系，建立质量管理三大体系，创新人才培养三大模式，增强学生三大能力，以师德师能的双提升促进学生的德技双馨。

（二）技能大赛成绩斐然

技能大赛是检验职业院校技能教学质量的试金石，是职业教育教学成果的大展示和大检阅。学校高度重视技能大赛工作，建立“三级”层递选拔机制，精心组建参赛团队，科学制定训练方案，将技能大赛的技术要点转化为专业技术能力标准，促进技能大赛与专业技能教学的有机统一。学校强化过程督导，扎实开展训练，提高训练针对性和实效性，实现“以赛促学、以赛促教”的目标。学生在各级各类技能赛场上摘金夺银，11年蝉联重庆市中等职业学校职业技能大赛团体总分和奖牌总数桂冠，全国职业院校技能大赛获26金、48银、35铜，6次荣获重庆市中等职业学校职业技能大赛特别贡献奖，2017年荣获全国职业院校技能大赛（中职组）“十年突出成就奖”，2021年全国职业技能大赛金牌数位居全国第四，奖牌数位居全国第七，智能家居安装与维护赛项获全国总冠军。

承办省市级技能大赛和国家级技能大赛是对学校在职业教育领域深耕成果的肯

定。学校秉承“精彩、专业、安全、廉洁”的办赛原则，层层压实责任，科学部署安排各类大赛筹备工作，形成良好的办赛工作机制。2019年，学校承办了全国职业院校技能大赛中职组服装设计与工艺赛项；2021年，承办了“新生杯”第一届全国中等职业学校服装设计与工艺技能大赛；2022年，承办了重庆四面山“陆子冈杯”全国工艺品雕刻职业技能竞赛半决赛，学校教师吴迪在“陆子冈杯”全国工艺品雕刻职业技能竞赛中斩获金奖，并获“全国技术能手”称号。

（三）教研科研成果丰硕

教研科研是增强教师教学能力的重要路径，是提升教育质量的源头活水。学校不断深化教研科研改革，教师参与教研科研的积极性、主动性和创造性不断提升，教研科研能力和教学水平得到极大的提高。6本教材入选“十四五”职业教育国家规划教材，1门课程获评职业教育国家在线精品课程。给排水工程施工与运行专业教学团队获评“国家级职业教育教师教学创新团队”。

学校高度重视教研科研工作，深入实施科教兴国战略、人才强国战略、创新驱动发展战略，教研科研的作用已逐渐体现在具体的学校教育教学制度建设及实际的管理工作中。学校在教研科研项目的申报、经费的提供以及培训指导上一直都给予了高度支持，这在学校教育教学变革以及队伍建设方面发挥了重要作用，工作成效显著。学校完成市级以上重点课题研究12项；2021年，获重庆市教学成果特等奖1项、二等奖4项，获奖等次和数量位居全市中职学校第一；发表中文核心期刊论文4篇，出版专著2本；承办市级技能大赛赛项10项。

（四）职教改革勇立潮头

创新是学校始终引领全市职业教育的灵魂。2009年，学校先行先试，率先组建了全市首个跨区域、跨行业职教集团——重庆工商职教集团。集团覆盖渝西、黔北、川南、滇东等西部地区，覆盖职业院校42所、企业76家、科研院所3个、行业协会1个，在校学生超过80 000人。江津区委、区政府紧邻职教集团布局了职教工业园，实施人才培养对接生产经营活动，按照“五个统筹”和“五个一体”的工作思路，经过10余年的改革实践，实现了从“学校与企业合作”到“学校与职教工业园互动”，再到“职教集团与职教工业园一体”的跨越，探索创新“园团融合”集团化办学模式，着力打造产教融合“升级版”，为增强区域产业核心竞争力做出了积极贡献。

学校创新现代学徒制建设，建立了校企合作工作的推进机制，建立起涵盖双主体育人、招生招工一体化、教育教学管理、双导师培养等一系列规章制度，保障了现代学徒制的顺利实施。同时，引进第三方评价机构，对现代学徒制实施过程进行评价，确保现代学徒制人才培养质量，成为全国职业院校探索实践中国特色学徒制人才培养的典型范例。2022年，学校承办成渝地区双城经济圈中国特色学徒制试点工作经验交流研讨会并在会上做交流发言。《校企协同加强新时代中职劳动教育改革试点》等3个市级重点课题结题，发表核心期刊论文两篇。《异地协同、标准建构、五岗进阶：西部中职制冷专业现代学徒制人才培养创新实践》获国家级教学成果奖二等奖。

（五）服务能力持续增强

学校周边省市16所中职学校开展托管式、分段式合作办学，极大促进了当地职业教育发展，为当地广大初高中毕业生学好技术技能，实现技能成就幸福人生搭建广阔平台。学校与大金空调、相勤机械等企业共建集实践教学、企业生产、产品研发、社会培训功能于一体的产教融合基地30余个，极大提高了学校服务能力与示范带动作用。

学校通过“育训并举”扩大职业培训规模，开发《花椒栽培技术》等培训教材30本，培训课程资源包60个，编制SYB创业培训等省（市）及以上网络培训课程2门，开展农村实用技术、员工技能提升等各类技术技能培训覆盖21 000人。建成职工培训基地、乡村技术技能人才孵化基地、社区学院等培训平台，有效服务产业工人的技能提升、乡村振兴的人才支撑，促进区域产业高质量发展。

五、社会影响

（一）“园团融合”办学模式堪称全国典范

学校组建的重庆工商职教集团催生了江津职业教育工业园，并与江津工业园融合发展，为园区企业提供技能人才供给、岗位技术培训、技术研发，促进了园区的招商引资与产业的扩能增效。“园团融合”办学模式成为教育部向全国推介的七大典型模式之一。集团获评国家示范职业教育集团，园区被评为“国家新型工业化产业示范基地”“国家绿色装备高新技术产业化示范基地”。

（二）承办国家级赛事、会议倍受好评

学校高规格承办2022年全国中职学校学生实习管理交流研讨会、2022年成渝地区双城经济圈中国特色现代学徒制经验研讨会等国家级、市级重大职教活动，参与全国中职校风学风建设等职教改革项目研讨咨政。办赛、办会成效受到与赛与会领导和职教师生一致赞扬。

（三）办学经验交流广泛

学校党委书记、校长刘友林获评第七届“黄炎培职业教育奖”杰出校长奖，做客中国教育电视台《职教中国》介绍重庆职业教育。学校先后50余次在全国职业学校中西部合作办学联合招生工作会、全市职业教育与继续教育工作会、全市职业教育工作座谈会等重要会议上做办学经验交流。《半月谈》、人民网、新华网等主流媒体多次专题报道学校办学成果。

（四）学校办学受到各级领导充分肯定

各级领导多次到校视察或听取工作汇报，对学校出色的办学业绩给予高度评价。26个省（自治区、直辖市）的100余个职教考察团到校考察交流，不占地利的重庆工商学校倚天时、利人和的办学策略和办学成果得到各级领导与职教同行广泛赞誉。

执笔人：杨　山　周文凭　杨洪舒

铸锻大国工匠　托举大国重器

四川工程职业技术学院

学校是1959年与中国二重和东方电机同期布点建设的学校，是首批国家示范性高等职业院校、中国特色高水平高职学校建设单位。在60多年的办学历程中，学校始终坚持社会主义办学方向，落实立德树人根本任务，坚定不移服务国家战略和经济社会发展，坚定不移走政产学研用一体化道路，先后获得“黄炎培职业教育奖”优秀学校奖、全国五一劳动奖状、国家技能人才培育突出贡献奖等，铸锻大国工匠，托举大国重器，培养了11万余名毕业生，为社会主义经济建设特别是装备制造业的建设和发展做出了积极贡献。

一、办学定位

（一）办学指导思想

以习近平新时代中国特色社会主义思想为指导，坚持党对学校的全面领导，坚持社会主义办学方向，落实立德树人根本任务；秉承“体制创新，开放办学”办学思想和“扎根德阳，服务重装，铸锻大国工匠，托举大国重器”办学理念，围绕制造强国等国家战略和区域经济发展战略，坚持走产教融合、科教融汇、产学研用一体化发展道路，聚焦内涵建设，打造国家重大技术装备制造业高素质技术技能人才培养高地和区域创新服务平台，全面提升办学实力和办学水平，将学校建成条件良好、特色鲜明、全国一流的职业技术学校。

（二）人才培养定位

紧紧围绕制造强国、成渝地区双城经济圈建设等国家战略和区域经济发展战略，对接区域高端产业和产业高端的需求，面向现代生产、建设、管理、服务一线，培养能够践行社会主义核心价值观，德智体美劳全面发展，具有良好的人文素养、职业道德和精益求精的工匠精神，掌握较为系统的基础理论知识和技术技能，具有创新精神和实践能力的“敬职业、厚基础、精技艺、善创新、可迁移”的高层次技术技能人才。

二、发展历程

学校创建于1959年，原名“第一机械工业部德阳重型机器制造学校”。1960—1962年，为配合中国第二重型机器制造厂等国有大型企业建设需要，经国务院批准，改名为“西南重型机电学院”，培养大学本科学生。

1962年，因国家经济结构调整，第一机械工业部撤销西南重型机电学院，恢复中专建制，学校改名为“第一机械工业部德阳机器制造学校”。1965年，第一机械工业部将学校移交给中国第二重型机器厂，与厂办的半工半读技工学校合并，学校定名为“中国第二重型机器厂半工半读中级技术学校”。1973年，学校更名为“德阳机器制造学校”，隶属四川省机械工业厅。1977年，学校更名为“四川省德阳机器制造学校”。1982年，学校更名为“四川省机械工业学校”。1999年，学校增挂“四川省工程技术学校”校牌。1999年，四川省机械职工大学迁入四川省工程技术学校。

2001年，四川省人民政府批准四川省机械职工大学、四川省工程技术学校合并建立四川工程职业技术学院，隶属于原四川省经济和信息化委员会。四川省机械职工大学、四川省工程技术学校、四川省机械工业学校同时撤销。2006年，德阳教育学院整体并入四川工程职业技术学院，由此，原四川省经济和信息化委员会和德阳市人民政府对四川工程职业技术学院实行“省市共建”。2006年，学校被教育部、财政部确立为首批（28所）国家示范性高等职业院校。2019年，学校被教育部、财政部确立为全国56所中国特色高水平高职学校建设单位之一。

三、办学特色

（一）党建引领，薪火相传，接续托举大国重器

1. 牢记嘱托，坚守服务重装初心。建校60余年来，学校牢记党的嘱托，根植重

装，党建引领产教融合，积淀了深厚办学底蕴；60余年来，代代师生用青春和热血支撑国家重大战略的实施，从火电、水电、核电、风电成套设备，到以C919、五代军机为代表的航空部段件的制造，支撑了大国重器；60余年来，万千“工程”学子不忘初心，技能报国，续写着从中国制造到中国创造的传奇；60余年来，一代代“四川工程”人听党话、感党恩、跟党走，坚持初心不改、职教惠民，接续培育出“旗耀重装”党建工作品牌。

2. 党建引领，夯实学校发展根基。学校深入贯彻落实《中共中央关于加强党的政治建设的意见》《教育部关于加强高校党的政治建设的若干措施》，切实履行管党治党、办学治校主体责任，进一步落实党委领导下的校长负责制，持续完善党委会议事规则和校长办公会议事规则。坚持党建与业务双融合双促进，所有二级党组织均配备专职书记和组织员，将党支部或党小组建在教研室、产学研平台和学生社团，建设师生融合党支部，“双带头人”达到100%。“三思三有四创优”支部工作法获评四川省高校“优秀支部工作法”。

3. 文化育人，培育弘扬“工匠精神”。学校坚持以社会主义核心价值观为统领，大力弘扬、传承中华优秀传统文化、革命文化和社会主义先进文化，将校园文化与重装特色的产业文化深度融合，总结形成了“扎根德阳、开放创新、服务重装、报效祖国”的核心价值理念，积淀出“一句话、一本书、一个人、一个案例”的“四个一”育人文化品牌。2021年，“四个一”育人文化品牌入选全国职业院校校园文化建设“一校一品”名单，学校获评“全国机械行业‘十三五’校园文化建设示范基地”。

（二）产教融合，科教融汇，构筑技术创新服务平台

1. 产教融合，建设技术创新中心。一是与德阳市政府、中科院成都分院共建“德阳中科先进制造创新育成中心”，引入中科院科技资源和研究成果，校企联合开展技术攻关、共性技术研究、成果孵化转化和人才培养；二是与中铁工程服务有限公司共建“地下工程装备协同创新中心”，开展盾构机等特种地下工程装备应用技术创新，培养行业紧缺维修维护和管理的技术技能型人才，服务我国铁路事业发展特别是川藏铁路建设；三是与四川省机械研究设计院、德阳市国家经开区管委会共建“四川省农机创新中心”，开展丘区山区高端农机产品及其制造技术的研究与产业孵化；四是与德阳市政府、西门子共建“德阳高端装备智能制造创新中心”，开展智能制造技术与产品的研究开发，为区域制造企业提供数字化工厂整体解决方案或智能化升级改造解决方案。

2. 科教融汇，建设四川省工程实验室。一是建设“四川省航空材料检测和模锻工艺技术工程实验室”，北京航材院提供检验检测技术标准、规范和资质，学校提供设备设施和组建产学研团队，开展航空材料检验检测服务、航空金属材料加工工

艺技术研究、相关专业人才培养和检测从业人员培训；二是与东汽共建“四川省高温合金切削工艺技术工程实验室”，面向航空航天国防军工和燃气轮机领域开展高温合金等难切削材料切削工艺技术研究与试制；三是与军科院29基地共建“四川省冲压发动机先进制造技术工程实验室”，开展超高声速飞行器及新型功能零部件试验试制、性能检测等；四是建设“四川省装备制造业机器人应用技术工程实验室”，引入KUKA机器人操作、编程、维修和应用研发的人才培养模式和实训设备，开展人才培养培训、机器人应用开发和技术服务，为智能制造打下良好基础。

（三）立德树人，创新模式，铺就大国工匠成才之路

1. 实施“三个对接”，优化人才培养方案。一是绘制高端装备制造产业全景图，构建国、省、校三级专业群体系，专业链对接产业链；二是组建“四川省装备制造业产教联盟”，搭建“产教联盟信息平台”，发布产业动态和人才需求预测，实施专业动态调整，专业设置对接产业需求；三是行业企业为主细化完善制造业岗位职业标准，构建人才培养方案和课程体系，人才培养规格对接岗位职业标准。

2. 推行“三个进入”，升级教与学的方法。一是教师进入平台，制定教师轮岗制度，教师进入产学研平台，开展生产管理、技术研究和服务等项目，提高教师工程实践能力；二是学生进入项目，将平台项目转化为工程素质提升课程，学生作为项目助手参与研究，培育学生创新意识、创业能力和项目实施能力；三是教学进现场，实训课、主干专业课实践性强的内容、工程素质提升课按生产管理要求和工艺技术规范进行现场教学，主干专业课实行教师和工程技术人员“双教师授课”，培养学生实战能力。

3. 将“三新”引入教学与培训，更新课程内容。围绕学校人才培养和企业员工培训的双需求，学校与东方电机建立了资源共建共享机制，将专业课程资源建设与技术培训资源包建设相结合，共同设计教学与培训资源建设体系，共同制定在线开放课程等建设标准，联合开展资源建设。将产学研平台上汇集的新产品试验试制、新技术和新工艺服务、检验检测、成果孵化转化等“新技术、新工艺、新规范”项目，进行“脱秘”处理后转化为教学案例，校企联合开发典型产品库、工艺技术库、教学案例库和活页式、工作手册式教材，用于日常教学与社会培训，确保教学培训内容与产业技术同进步。

4. 贯通“三进阶”体系，构筑人才成长路径。一阶夯实通识素养，强化专业基本技能。汇聚国家级虚拟仿真实训基地和东方电机定子冲片智能车间等资源，通识教育系列化、课程化，工程素养培养模块化、现场化，实施“全真实境+虚拟仿真+示范实操”技能训练。二阶适应技术变革，提升岗位核心能力。依据产业细分和岗位群划分专业方向，校企联合制定分类培养计划，按行业标准和岗位

职业能力要求，开设工程实战训练课，搭建最后一公里学程。三阶瞄准高精尖缺，培育技术创新能力。对接重大技术成果和技能大赛，实施能工巧匠培养计划，遴选双师教练团队，成建制跨专业组建教学班，培养绝技绝活，打造领头雁，形成人才雁阵效应。

（四）校企合作，双向融合，建高水平师资队伍

1. 搭建平台聚双师，打造双元团队。面向高端装备制造业，聚焦清洁能源发电装备制造，设立“中国二重大型模锻工艺研发”“东方电机冲击式水轮机先进制造技术”等教师企业工作站，校企双师双向挂职，协同开展技术攻关，提升科技服务创新能力。

2. 推行项目融双师，锻造工匠之师。探索校企互惠互利的双赢与优势互补机制，派出骨干教师与二重万航、中铁二局等组建科研团队协同攻关，开展“大型航空锻件模锻工艺”“大型铸锻件自动磨抛系统”等国家和地方重点工程项目、重大科技项目。组建校企双元教研团队，建立校企双“师”（技能大师、产业工程师）一对一、一对多等结对形式，建立优势互补机制，同时聘请企业专家担任学业指导、科研、技能大赛和双创项目导师等，锤炼一批工程实践能力强、教育教学水平高的“工匠之师”。

3. 构建机制强双师，激发教师活力。围绕“教师全面发展”主线，学校“破五唯”改进教师评价，鼓励教师全面发展，修订“职称评审办法”“学术活动成果计分办法”，为教师设计教育教学、科研与社会服务等13条成长路径；制定“教师企业实践锻炼管理办法”“专任教师轮岗交流制度”“教职工年度和聘期考核办法”“企业兼职教师管理办法”等，打造一支师德高尚、技艺精湛、专兼结合、充满活力的高素质双师队伍。

四、办学成效

（一）潜心育人，人才培养质量大幅提升

近五年来，围绕四川“5+1”产业布局，学校建设了数控技术、焊接技术及自动化、新能源汽车技术、旅游管理等10个国家、省、校三级高水平专业群；牵头或参与制定国家职业教育专业教学标准25个，主编“十三五”职业教育国家规划教材6本，建设职业教育国家在线精品课程4门；依托已建成的数字化校园基础平台，建成网络课程275门、教学案例库16个、新型立体化教材73本；学校男子足球队连续7年进入中国大学生男子足球联赛校园组全国总决赛，获得4次冠军、3次亚军，

学校女子篮球队连续4年获得中国大学生高职组女子篮球大赛全国总冠军。学生获得全国大学生技能大赛一等奖、全国大学生机械创新设计大赛一等奖、全国智能制造应用技术技能大赛装配钳工和模具工赛项一等奖等国家、省级各类大赛奖项510项，其中国家级72项。

毕业生质量持续提高，近五年毕业生就业单位落实率均超过96%，为国防军工、航天航空等领域装备制造企业输送毕业生7 200余名。目前，学校毕业生在东电三峡“巨无霸”转轮“技术攻关队”40人中有29人，东汽叶片分厂大型设备的主操手中占了80%。“世界之最”的8万吨模锻压机主操手全是学校毕业生，他们为C919首次试飞机提供了980余件承力构件。学校被中核404、西安航天发动机（7103厂）、中国工程物理研究院等头部企（事）业单位列为技术技能人才校招指定院校，用人单位满意度连续多年名列同类院校前列，2021届毕业生进入500强企业比例为20.83%、位列全国第九（麦可思发布）。中国薪酬指数研究机构发布的“2022年全国高校毕业生薪酬指数排行榜TOP100”显示，学校2021届毕业生平均月薪6 325元，位居西部第二、四川第一。

2021年、2022年学校连续两次入选中国教科院、全国职业高等院校校长联席会议发布的高职院校学生发展指数100所优秀院校和高职院校资源建设60所优势院校。2017年，学校“创新装备制造业现代工匠培养模式”成为四川省首批全创经验成果之一，被教育部以简报的形式上报党中央、国务院。2018年，学校《构建产学研育人平台，培养高端装备制造业现代工匠的探索与实践》荣获职业教育国家级教学成果一等奖。

（二）春华秋实，服务国家战略结硕果

学校牵头组建的“四川省装备制造业产教联盟”入选全国示范性职教集团（联盟）培育名单。学校连续入选国家“十三五”产教融合发展工程——高端装备智能制造实训基地建设项目和“十四五”教育强国推进工程——数字经济产教融合实训基地建设项目，与中国二重万航模锻、东方电气集团东方电机有限公司联合成功申报了“四川省高端装备制造产学研创新平台”“四川省清洁能源发电装备产学研协同创新平台”等四川省产教融合示范项目。

建成以航空材料检测和模锻工艺技术、高温合金切削工艺技术、冲压发动机先进制造技术、装备制造业机器人应用技术4个“四川省工程实验室”为核心的技术创新服务平台，为区域科技创新，新产品、新技术、新工艺研发，成果孵化转化等提供技术技能支撑，破解高端装备智能制造“卡脖子”问题；在四川省工程实验室年度运行评价考核中，学校4个工程实验室评价结果为1优3良。

近五年，学校研发投入超1亿元，校企合作完成C919大飞机双耳耳座、某型超

高声速飞行器燃烧室、某型高水头冲击式水轮机水斗样机模型等产品的工艺技术攻关和产品试制413项，为西安航空发动机、贵阳精铸、黎阳航空发动机、四川凌峰、万航模锻等企业开展歼20、B747等航空材料检测服务3.6万件次；学校自主研制的大型铸锻件自适应磨抛系统已在中国二重、江苏海太、广东大亚等企业成功转化，获得首届“四川省机械工业科学技术奖”二等奖，学校年均横向技术与社会服务到账经费3 000余万元，为大飞机、航空发动机、燃气轮机、超高声速飞行器等国家重大装备赶超国际先进水平做出了应有贡献。对口帮扶村罗圈岩村、青杠村被命名为“四川省实施乡村振兴战略工作示范村”，罗圈岩村获“美丽田园十乡百景”“四川省生态园林村”，学校被省委、省政府评选为“脱贫攻坚先进集体”。学校3次获评全国“高等职业院校服务贡献50强”；2018年9月7日《中国教育报》以《在服务经济社会发展中提质升级——党的十八大以来我国教育改革发展述评·职业教育篇》为题，对学校服务社会的显著贡献做了报道。

（三）千帆竞发，高水平教师队伍展风采

学校现有专任教师715人，具有硕士及其以上学位占比超过60%，具有副高级专业技术职务及以上占比超过45%，具有3年以上企业工作经历或近五年累计不低于6个月到企业或生产服务一线实践经历的“双师型”教师人数占比超过90%。

依托高水平产学研平台，汇聚了以“国之重器”八万吨模锻压机总指挥陈晓慈等为代表的行业企业技术专家228人，校企共建高凤林焊接技能大师工作室、东方电机重金工分厂劳模“四带”创新工作室、胡明华维修电工技能大师工作室等技能大师工作室9个，其中国家级2个、省级3个、校级4个。学校获批国家级职业教育“双师型”教师培训基地1个、省级名师工作室3个；培育国家级教师教学创新团队1个、省级2个，“全国五一劳动奖章”1人、“全国技术能手”“四川工匠”“四川技术能手”8个、首届四川省“四有”好老师1名。

学校教师在省级及以上教师教学能力大赛获奖55项、国家级3项，获教育部“第二届全国高校思想政治理论课教学展示暨优秀课程观摩活动”特等奖1项。智能焊接技术教学团队作品“抽水蓄能电站蜗壳焊接制造”荣获2022年全国职业院校技能大赛教学能力比赛一等奖。2021年、2022年学校连续入选中国教科院、全国职业高等院校校长联席会议发布的高职院校教师发展指数100所优秀院校。

五、社会影响

（一）硬核经验特色亮，推广应用效果显著

自2010年来，全国职业院校来访交流248次，成果在省内外众多职业院校的装备制造类专业推广应用，向泰国、马来西亚等东南亚国家9所职业学校输送四川工程方案，先后在推进全国职业教育现代化座谈会暨纪念职业教育法公布实施20周年会议等全国性会议上经验交流49次，全面推广校本实践经验。2023年，在GDI、校友会、九州职教、金平果4个全国职业院校排名榜单中3次位居四川第一、1次第二。2017年，学校“创新装备制造业现代工匠培养模式”被教育部以专报的形式分送中央办公厅和国务院办公厅、各省市政府、教育主管部门和高校，在全国宣传和推广。

（二）媒体宣传报道广，示范引领影响巨大

自2010年来，学校被中央广播电视总台、《人民日报》、教育部官网、《中国青年报》等各级各类主流媒体报道161次，省市有关领导对学校紧贴产业发展实际设置专业、突出培养学生动手能力的做法予以充分肯定。2023年4月29日，中央广播电视总台《新闻联播》头条“新思想引领新征程”栏目，以四川工程职业技术学院与东方电机有限公司联合培养清洁能源发电装备制造高技能人才为案例，反映职业教育落实习近平总书记关于“技术工人队伍是支撑中国制造、中国创造的重要基础，对推动经济高质量发展具有重要作用”的重要指示。

（三）入选大型成就展，知名度唱响全国

2017年，学校与中国二重联合为八万吨模锻压机成建制培养人才的案例，代表全国高职进入国家“砥砺奋进的五年”大型成就展。2019年，该案例又进入“伟大历程，辉煌成就——庆祝中华人民共和国成立70周年”大型成就展，如图1所示，展示了学校与中国二重共同建设8万吨航空模锻压机重大项目，联合培养高端技术技能人才，实现重大项目建成，技术技能人才上岗，解决了“世界之最，谁来操作”的难题，反映了职业教育为国家战略培养优秀的技术技能人才，服务社会主义现代化建设的重要作用。

2022年，学校“党建引领 产教融合”案例——学生在东方汽轮机有限公司实训照片，在“奋进新时代”主题成就展中央综合展区展出，如图2所示。作为全国职业院校的唯一代表，彰显了学校建校60余年来“促进校企合作，提高职业教育质量”的使命担当。

图1

图2

执笔人：孙 涛 向 桢 肖 峰

赓续红色基因　传承技术技能　打造培养大国工匠的摇篮

陕西工业职业技术学院

2022年“大国工匠年度人物”评选结果于2月28日在南京揭晓，陕西工业职业技术学院（简称陕西工院）杰出校友何小虎获此殊荣（图1）。谁曾想到，一所地处我国西部经济欠发达地区的高职院校的毕业生用自己过硬的技术、坚韧的品质再次向社会证明，高职学生能想、能干、能行！他应用熟练掌握的机床性能及工艺方法，实现并保证机械零部件加工能达到头发丝1/10的精度。他总结的“小虎操作法”“四点两线法”“三点一线法”，实现了把异形零件找正的效率提高200%；他总结的“极限加工稳定性控制法”，实现了运用普通机械加工设备完成精密零件的加工且保证产品质量100%合格。何小虎先后获得“全国五一劳动奖章”“全国青年岗位能手”“中国青年五四奖章”等20多项荣誉称号。

陕西工院2011级材料成型与控制专业优秀毕业生邢小颖在清华大学基础工业训练中心担任实践课教师。她所主讲的铸造课程视频收获两亿播放量和百万点赞量，受邀参加教育部“教育这十年”“1+1”系列发布采访活动并做专题发言。

这两名优秀校友是陕西工院服务装备制造产业的18万名毕业生中的杰出代表。

图1

一、办学定位：实施高等职业技术教育的教学培训型普通高校

学校是1999年3月经教育部批准，由创办于1950年的国家级重点中专——咸阳机器制造学校改制升格的省属全日制普通高等学校，是西北地区首所由教育部批准改制升格并实施高等职业技术教育的教学培训型高等职业学校。2010年1月，与陕西纺织服装职业技术学院合并组建成新的陕西工业职业技术学院。

七十余载扎根祖国西北，兴学育才、求强思变。学校秉承“明德 笃学 精艺 强身”的校训，坚持“办有灵魂的教育，建有品位的学校，创有境界的文化，育有底气的人才”的教育理念，办学功能拓展至以大专层次的高等职业教育为主，与职业教育本科、成人教育、短期培训和技能培训鉴定相结合，向社会培养输送各类专业技术技能人才18万余名。

2019年10月，党和国家领导人来校调研时对学校积淀形成的“校企一体、产教并举、工学结合”的办学特色和“有历史、有精神、有伙伴、有口碑”的育人品牌给予了充分肯定。2022年8月，教育部领导来校调研时对学校的突出办学业绩和深化职教改革所做的工作给予了高度肯定。

二、发展历程：栉风沐雨铭初心，执著坚守写春秋

作为与新中国同生同向同发展的第一批工业学校，陕西工院因装备制造业而生、依装备制造业而立、随装备制造业而强。筚路蓝缕、自强不息，陕西工院始终

致力于为工业强基战略培养服务先进制造业所需的高素质技术技能人才。从陕西关中西部小镇蔡家坡到异地办学迁校古都咸阳，催发咸阳双照湖边新校区拔地而起；从机械、电力、土木营造三科50名教职工200名在校生到10大专业门类65个专业1 210名教职工21 000余名在校生规模扩张；从单一的国内招生办学到136名外国留学生入校学习，随有色金属行业漂洋过海成立赞比亚机械学院，传播中国制造标准；从厂校一体化办学到产教融合型内涵贯通、协调推进；从国家级重点中专到国家“双高计划”建设院校迭代传递、殊荣连篇。借力国富民安、时逢盛世，依托政策红利、行业支持，凭靠职工努力、学生勤奋，陕西工院始终在努力、一直在进步。

70年前，陕西省蔡家坡雍兴高职在沟渠瓦窑旁开课办学，时任西北军政委员会秘书长、工业部部长、西北财经委员会副主任王达成校长（图2）提出“用革命的精神创办革命的学校”，播下了兴学育才的第一颗红色种子，演绎成如今学校大门旁一行醒目的办学理念：为获得知识和技能走进来，为服务祖国和人民走出去（图3）。契合了高等职业教育培养高素质技术技能人才的国家意愿；回答了习近平总书记“培养什么人、为谁培养人”的时代之问，与落实立德树人根本任务一脉相承。发展成为学校人人铭记的学校精神：追求卓越，争创一流。

图2

图3

50年前，学校改为厂办校，上海机床厂内迁支援西部经济建设，带来了万能工具磨床和卡规磨床的生产技术，形成了学校教育与生产劳动相结合的鲜明特色。除教会学生娴熟掌握钳铆铸锻焊、车铣刨磨钻技术之外，还生产出了六大系列40多个磨床品种，成为省优、部优产品，“咸机”牌机床名扬四海，产品远销30多个国家和地区，获得20多项新型发明专利。直到2020年，工信部颁布的卡规磨床标准（图4）依然是由陕西工院牵头制定的机械行业标准。

266项行业标准编号、名称、主要内容等一览表

序号	标准编号	标准名称	标准主要内容	代替标准	采标情况	实施日期
机械行业						
1	JB/T 4323—2019	水基金属清洗剂	本标准规定了水基金属清洗剂的技术要求、试验方法、检验等内容。 本标准适用于主要由表面活性剂和多种添加剂组成的清洗金属材料和零部件油污的水基金属清洗剂制造与检验	JB/T 4323.1—1999 JB/T 4323.2—1999		2020-01-01
…	…	…	…	…	…	…
51	JB/T 3870.1—2019	卡规磨床 第1部分：精度检验	本部分规定了卡规磨床的几何精度和工作精度的要求、检验方法和相应的公差。 本部分适用于最大磨削卡规尺寸250~800 mm的普通精度级和精密级的卡规磨床	JB/T 3870.1—1999		2020-01-01
52	JB/T 3989.1—2019	渐开线圆柱齿轮磨齿机 第1部分：型式与参数	本部分规定了渐开线圆柱齿轮磨齿机的型式与参数。 本部分适用于新设计的渐开线圆柱齿轮磨齿机	JB/T 3989.1—1999		2020-01-01
…	…	…	…	…	…	…

图4

20年前，高等职业教育迎来发展良机，学校抢抓机遇，实现了由中专到高职的转身，并紧锣密鼓地提出一系列改革举措——专业改革、模式探索、招贤纳才、管理创新、强化内涵、改善条件、提质增效、扩大规模，取得了人才培养的丰厚硕果。积淀形成了“校企七联合”“工学六融合”的人才培养模式，取得了人才培养工作水平评估“优秀”，全国职业教育先进单位（图5）、全国学校艺术教育先进单位等诸多殊荣，实现了“省内领先、国内一流、国际知名”的既定目标，取得了在陕西高职院校中的竞争优势。

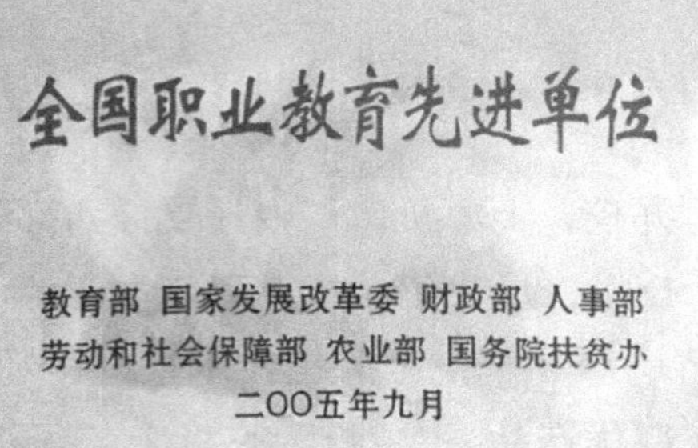

图5

10年前，学校迎来了建校历史上的又一里程碑。与陕西纺织服装职业技术学院合并，强强联合、优势互补，专业扩容、实力倍增。借机“国家示范院校建设”，启动实施内部质量提升计划，先后投入1.9亿元，改善办学条件，强化内涵建设，整合内外资源，推进人才强校，形成了“校厂一体、产教并举、工学结合”的办学特色，实现了固定资产、教学仪器总值和职工收入“三翻番”，学校成功跻身国家示范院校行列，入选国家优质专科高等职业院校（图6），获得了全国文明单位（图7）、全国机械行业骨干职业院校（图8）等殊荣30多项，奠定了学校在全国高职院校中的领先地位。

序号	优质专科高等职业院校名称
167	成都航空职业技术学院
168	成都纺织高等专科学校
169	四川交通职业技术学院
170	成都职业技术学院
171	四川建筑职业技术学院
172	四川邮电职业技术学院
173	四川工商职业技术学院
174	成都农业科技职业学院
175	贵州交通职业技术学院
176	铜仁职业技术学院
177	贵州轻工职业技术学院
178	云南机电职业技术学院
179	云南农业职业技术学院
180	昆明冶金高等专科学校
181	云南交通职业技术学院
182	陕西工业职业技术学院
183	杨凌职业技术学院

图6

图7

图8

4年前，国家启动实施“双高计划”，学校成功入选“双高”建设学校A档（图9），两个专业群入围高水平专业群，标志着学校迈入了创建“双高”院校的阔步探索期。与此同时，一次设计、一次规划、一次建设的270 000m^2，估算投资18亿元的新校区已竣工入驻，实现了几代陕工人的美好期冀，将这所具有70年办学历史的学校带入了高质量良性发展的快车道，实现了学校“十三五”期间规划的“省内引领发展、国内铸就卓越、国际打造品牌”的目标。

中国特色高水平高职学校和专业建设计划
建设单位名单
（同一档次内按国务院省级行政区划顺序及校名拼音排序）

第一类：

高水平学校建设单位（A档）

学校名称	专业群名称
北京电子科技职业学院	汽车制造与装配技术、药品生物技术
天津市职业大学	眼视光技术、包装工程技术
江苏农林职业技术学院	现代农业技术、园林技术
无锡职业技术学院	数控技术、物联网应用技术
金华职业技术学院	机械制造与自动化、学前教育
浙江机电职业技术学院	机械制造与自动化、智能控制技术
山东商业职业技术学院	市场营销、云计算技术与应用
黄河水利职业技术学院	水利水电建筑工程、测绘地理信息技术
深圳职业技术学院	通信技术、电子信息工程技术
陕西工业职业技术学院	机械制造与自动化、材料成型与控制技术

图9

三、办学特色：扎根制造行业沃土，矢志不渝奋发图强

1. 高职20年是强基固本、提档升级的20年

2000年起步，2020年收官，学校在创新中发展，在发展中蜕变。总资产、固定资产、教学设备总值增幅分别达到732%、700%和636%；建筑面积增加了2倍，专任教师增加了3倍，在校生增加了7倍，专业总数增加了8倍，教师、学生获奖数量更是翻番递进，数量见证进步，质量彰显未来。20年不断变化中的陕西工院，跨越式发展实至名归。

2. 高职20年是内涵发展、特色兴校的20年

通过实施“教育教学质量提升计划”和“高职教育创新发展行动计划”，坚持以内涵发展为重心，突出人才培养质量的战略地位，培育和凝聚了一批重大标志性成果，形成了服务经济社会发展的特色品牌。先后荣获国家级教学成果奖6项，陕西省教学成果奖35项，国家行指委/教指委教学成果奖37项，省政府科学技术进步奖、陕西高校科学技术奖、陕西高校人文社会科学奖等18项。教师参加国家级、省级业务能力大赛累计获奖130项。学生参加全国和省级高职院校技能大赛累计获奖1 676项。其中，国家级技能大赛获奖561项；2018年、2019年连续两年获奖数量名列全国高职院校第2名。先后建成省级重点专业16个、一流专业7个、一流培育专业13个；主持和参与国家职业教育专业教学资源库13个；建成国家级精品课程7门、省部级精品课程26门，编写国家规划教材、省级优秀教材75本，拥有国家级优秀多媒体课件30个。获得“教学管理50强”“学生管理50强”等7项荣誉称号，

标志性成果名列前茅，有23项成果填补了陕西高职教育的“空白”，彰显了示范引领的巨大影响力。

3. 高职20年是名师荟萃、桃李芬芳的20年

按照“以德为先、崇尚技术、培育名师、打造团队”的理念，学校构建了“青年教师、骨干教师、专业带头人、专业领军人才”四级分类培养体系，实施“双带头人、双师、双语”三双教师团队建设，形成了以专业领军人才为引领、骨干教师为主力、青年教师为后备、兼职教师为补充的结构合理的师资队伍。通过搭平台、压担子、重激励、献爱心，使教师在校内有责任感、岗位上有幸福感、事业上有成就感、社会上有荣誉感。具有高级职称的教师增加到652人，具有博士、硕士研究生学历的教师831人，“双师型”教师占比95%以上，教师参加国家级省级业务能力大赛累计获奖130项。涌现出了国家“万人计划”教学名师、全国师德标兵、全国模范教师、全国教书育人楷模、全国职教先进个人、全国优秀教育工作者、国家级教学团队等先进集体和优秀代表，包括入选全国高校黄大年式教师团队、国家级职业教育教师教学创新团队。2020年，学校成功入选教育部职业院校校长培训培育基地（图10），2022年，学校入选国家级职业教育“双师型”教育培训基地（图11），为进一步提升教师业务素质和教学能力提供了更广阔的平台。

教育部职业院校校长培训培育基地名单

序号	申报学校	联合单位
18	重庆电子工程职业学院	西南大学、中国高等教育学会
19	贵州交通职业技术学院	遵义师范学院
20	云南交通职业技术学院	
21	陕西工业职业技术学院	西安交通大学
22	兰州资源环境职业技术学院	兰州理工大学
23	宁夏工商职业技术学院	
24	新疆农业职业技术学院	教育部职业技术教育中心研究所

图10

4. 高职20年是文化润心、素养固本的20年

落实立德树人根本任务，围绕传承红色基因，筑牢红色根基，凸显职业精神，培养时代工匠的理念，学校整合陕西丰富的红色文化和工业文化资源，构建形成了理想信念铸魂、道德品质立身、文化素养固本、精艺强技筑基、创新创业赋能、劳动实践乐业“六位一体”的“红色匠心”文化育人核心理念。通过思政课程与专业课程、必修课与选修课、创新创业课与企业订制课、线上课程与线下课程“四结合”，在教学层面催生文化育人成果；在实践层面一体化加强育人功能，在环境育人方面形成了一场（红色文化广场）一馆（校史馆）一廊（企业文化长廊）一园（机床文化园）一港

（大学生思政教育温馨港）一空间（VR智慧思政空间）的“六个一”文化育人平台。学校先后荣获校园文化建设国家级成果二等奖1项，省级一等奖3项；国家级、省级校园文化艺术奖39项。

国家级职业教育“双师型”教师培训基地名单
（2023—2025年）

序号	专业大类	专业中类	基地牵头单位
39	装备制造大类	机电设备类	辽宁轨道交通职业学院
40	装备制造大类	机电设备类	柳州职业技术学院
41	装备制造大类	机械设计制造类	吉林工程技术师范学院
42	装备制造大类	机械设计制造类	陕西工业职业技术学院
43	装备制造大类	机械设计制造类	无锡职业技术学院
44	装备制造大类	机械设计制造类	福建工程学院

图11

5. 高职20年是产教融合、工学结合的20年

学校始终扎根行业沃土，矢志工业强基铸魂精技，融创先进制造汇能成典。以机床立业兴学，以制造成就梦想。学校牵头组建了“陕西装备制造业职业教育集团”（图12）、“全国材料成型与控制技术职业教育集团”“校企协同育人战略联盟”等联盟机构，构建起“政府、学校、行业、企业”优势互补、资源共享、利益交融的战略性平台，在学校层面组建成立了西部现代职教研究院、西部产教融合研究院、西部创新创业研究院，在二级学院层面成立了6个产业学院、4个协同创新中心和10个技术研发中心，聘请了11名全国知名客座教授和9名产业教授，累计开办企业冠名订单班302个，企业设立奖学金、捐赠仪器设备总额超过9 000万元，受益学生超过2万余名。涌现出了“欧姆龙”“亿滋”“台达”“法士特”“西安航天”等一批知名的企业订单合作案例，走出了一条具有陕西工院特色和装备制造业特质的职业教育集团化办学发展之路。

6. 高职20年是开门办学、开放兼容的20年

学校与26个国家（地区）、82所国外高校建立了广泛而深入的合作关系。招收4国留学生136名，选送出国（境）培训学习教师728人次，研读交流学生509人，其中直考赴德攻读硕士14人。学校成为全国随有色金属行业“走出去”首批试点院校，陕西工院赞比亚分院挂牌成立，并招收首批在册学生137人，机械制造与自动化专业教学标准成为赞比亚国家标准；软件技术等15个专业标准、182门课程标准被尼日利亚7所院校引进采用。学校与德国BSK国际教育机构合作成立了中德职教联盟；中国新西兰职教示范项目教师培训基地落户陕西工院；“中赞鲁班学堂”获教育部批准立项，学校成功加入“世界职教院校联盟”；马拉维共和国总统成功访

问陕西工院，学校国际影响力持续扩大。

第一批示范性职业教育集团（联盟）
培育单位名单

序号	集团名称	牵头单位
1	联想职业教育集团	联想集团
2	北京交通职业教育集团	北京交通运输职业学院
137	陕西装备制造业职业教育集团	陕西工业职业技术学院
138	陕西国防工业职业教育集团	陕西国防工业职业技术学院
139	陕西航空职业教育集团	西安航空职业技术学院
140	甘肃省资源环境职教集团	兰州资源环境职业技术学院

图12

四、发展目标：路虽远行则将至，事虽难做则必成

站在新的历史起点，学校所面对的，是从高等职业教育到职业高等教育转型归类，本科职业教育试点启动的新机遇；是推进内部治理体系和治理能力现代化，落地探索“陕工”路径的新机遇；是顶层设计、有效推进“双高”院校建设，为实施国家“双高计划”贡献“陕工”方案的新机遇；是加快发展，满足广大教职工多年幸福所盼，建设绿色、和谐、生态、文明新校区的新机遇；更是面临着能否守牢国家高职第一方阵，扛起我国装备制造行业人才培养第一面旗帜的新机遇。面对机遇叠加、挑战倍增的新校情，陕工人自感责任重、压力大，但不敢有丝毫懈怠，唯有励精图治、求强思变，方能不辱使命、砥砺前行。

学校对标“双高计划”任务，结合《职业教育提质培优行动计划（2020—2023年）》，着力做好“为什么”和“要什么”两篇文章。为什么，就是为了高质量契合“双高计划”建设目标。学校将用战略眼光、全局胸怀、可持续发展的思路去设计路线图，打造样板间。“扎根中国、放眼世界、面向未来”是基本定位；“引领改革、支撑发展、中国特色、世界水平”是建设目标；“1加强4打造5提升”是建设标杆；“强基树标、培优赋能、扶强促弱、特色发展”是实施路径；“陕工特色”“陕工模式”是建设成效。要什么，就是要闯出一条行业指导、企业支撑、适合自身、特色鲜明的建设之路。学校要内涵的提升，要条件的改善，要质量的提高、要治理的优化；更要人才培养高地的“高”，要创新服务平台的“优”，要“双师型”教师团队的“强”，要产教融合的“特”，要国际合作交流的“新”。虽然“度”的把握是最大难题，但“建优、建强、建高、建特”的信心和目标绝不动摇，自觉肩负起引领

职业教育高质量发展、支撑现代产业体系建设的使命感和责任感绝不动摇，把学校建设成为新时代职业教育改革发展的先行者、引领者的底气和勇气绝不动摇。学校召开四届三次教代会暨职业本科院校创建动员会如图13所示。

图13

学校“十四五”规划明确提出：到2025年，主要办学指标和综合实力保持全国同类学校第一方阵；稳步实施职业技术大学申办、国家“双高计划”建设、新校区建设运行等使命任务，系统构建一流办学水平、一流治理能力、一流育人机制、一流教学质量、一流人才队伍、一流社会服务、一流条件支撑的发展格局，力促学校的价值引领力、产业贡献力、社会服务力、同行辐射力、品牌影响力提档升级，全面实现建成“行业标杆、国内领先、世界知名”的高职学校、创建高水平职业技术大学的奋斗目标，为在建校100周年左右迈入“中国特色、世界一流”职业院校行列奠定坚实基础。学校召开2021年暑期干部工作会暨“十四五”事业发展规划研讨会如图14所示。

图14

1. 实施一流大学建设攻坚行动

围绕学校改革发展重点建设任务，实施“双高”建设强校工程、本科建设兴校工程、新区建设亮校工程和行业特色名校工程，持续提升学校对区域经济社会发展的良好支撑力和贡献力，示范引领西部职教发展。学校在中国特色高水平高职学校和专业建设计划中期绩效评价的等级为优，如图15所示。

中国特色高水平高职学校和专业建设计划
中期绩效评价等级

序号	建设单位名称	类型	评价等级
1	北京电子科技职业学院	学校A	优
2	天津职业大学 (天津市职业大学)	学校A	优
3	江苏农林职业技术学院	学校A	优
4	无锡职业技术学院	学校A	优
5	金华职业技术学院	学校A	优
6	浙江机电职业技术学院	学校A	优
7	山东商业职业技术学院	学校A	优
8	黄河水利职业技术学院	学校A	优
9	深圳职业技术学院	学校A	优
10	陕西工业职业技术学院	学校A	优

图15

2. 实施一流治理水平提升行动

围绕学校治理体系和治理能力现代化建设，实施党建领航培优工程，全面推进党的政治建设、思想建设、组织建设、作风建设、纪律建设，引领学校高质量发展。实施内部治理提升工程，持续优化管理效能，规范办学行为，激发办学活力。实施教育评价改革工程，深入开展学校评价改革，改进结果评价，强化过程评价，探索增值评价，健全综合评价。学校入选2021高职院校就业竞争力星级示范校（图16）和2022全国高等职业院校治理体系建设典型院校（图17）。

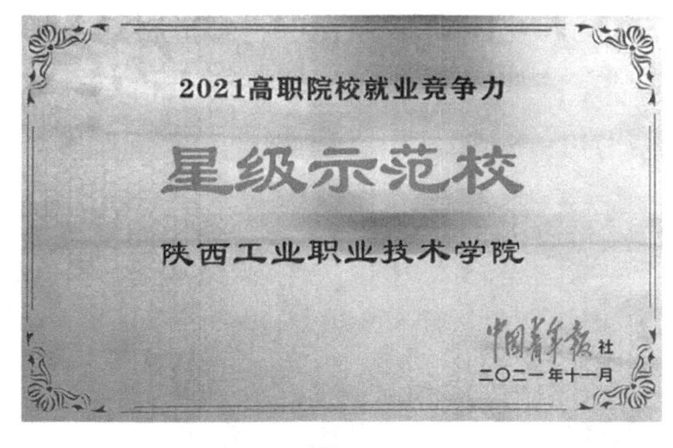

图16

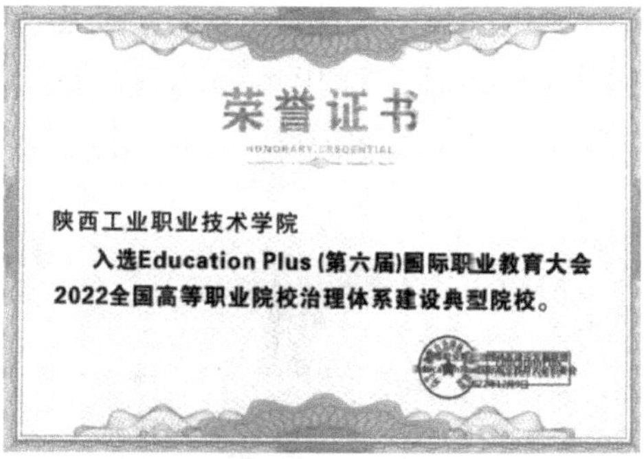

荣誉证书

HONORARY CREDENTIAL

陕西工业职业技术学院

入选Education Plus (第六届)国际职业教育大会2022全国高等职业院校治理体系建设典型院校。

图17

3. 实施一流育人机制建设行动

围绕全面提高人才培养质量重点任务，实施思政教育铸魂工程，深入推进思政工作创新发展三项计划，努力健全完善内涵式递进、螺旋式上升、闭环式运行的全域思政格局。实施人才培养四优工程，分阶段实施贯穿优秀技术技能人才选育和就业成长全过程的“四优工程”，培养新时代能工巧匠。实施红色匠心浸润工程，传承“用革命的精神，创办革命的学校”的办学初心。实施校园文化建设七项计划，将体现时代要求、富含行业特质、具有陕工特色的“红色匠心”文化融入办学育人全过程。实施五育并举筑梦工程，以促进学生成长成才为根本，积极深化学生工作改革创新。学校举办校企协同育人战略联盟2022年大会（图18）。

图18

4. 实施一流教学质量建设行动

围绕教育教学质量提升，实施专业梯队再造工程，从教育教学、社会培训、技术服务等方面锻造优势、凝练特色，形成错位发展、特色发展的总体格局。实施课程建设强基工程，重点打造一批服务新一代信息技术、高端装备、新能源、新能源汽车、新材料等支柱产业的数字化专业课程群。实施“三教”改革树标工程，紧扣新时代职业教育高质量发展要求，以“三教”改革为抓手，持续提升教育教学质量。实施实践教学精技工程，聚焦专业核心岗位职业能力培养要求，建立健全实践教学标准体系，优化整合实践教学资源体系，完善“岗课赛证”综合育人机制。学校机加工技术训练中心荣获全国工人先锋号（图19）。

图19

5. 实施一流人才队伍建设行动

围绕高水平师资队伍建设，实施卓越师资培育工程，以“多元协同、引培并举、分类分层、科学评价”为主线，深入开展师德师风建设、分类分层培养、优秀团队建设、研培平台搭建四项计划。实施人事制度改革工程，贯彻落实《职业院校教师素质提高计划（2021—2025年）》要求，持续深化人事制度改革。

6. 实施一流服务能力建设行动

围绕科技服务和社会培训工作，实施科技创新赋能工程，积极融入陕西秦创原创新驱动平台建设，完善产学研融合创新发展体系。实施校企合作创优工程，按照“共建资源、共育人才、打造精品”的总体思路，纵深推进校企协同育人。实施社会培训提质工程，通过基地建设、资源升级、设施改造，将学校打造成集技能提升、学历教育、社会服务的育训一体综合平台。实施国际品牌塑造工程，通过“引进来”与“走出去”双路径，实施五项计划，促进学校融入世界职教体系，塑造世界知名的国际办学品牌。学校荣获2020中国职业院校世界竞争力50强（图20）和2020年世界职教联盟卓越奖金奖（图21）。

图20

图21

7. 实施一流条件支撑建设行动

围绕学校“双校区”运行和智慧校园建设，实施老校区改造美化工程，立足双校区发展实际，明晰文汇校区办学定位，优化资源配置，科学规划升级改造项目。学校新校区工程获陕西省建筑业优质结构工程，如图22所示。实施智慧校园增效工程，借鉴一流大学智慧校园成功案例，提升信息化建设基础环境，推进学校环境的数字化转型、智能升级，筑牢智慧校园“新基建”，打造扁平化、模块化的智慧校园网络支撑平台。实施服务保障优化工程，坚持“统筹规划、降本增效、协调发展”的原则，服务新校区与文汇校区“双区并行”联动发展需要，对教育资源进行统一调配、协调和管理，优化管理结构、增强组织活力、降低管理成本，实现资源共享、优势互补，切实增强两校区活力。学校开展“青绿经开 情满工院”志愿活动，如图23所示。

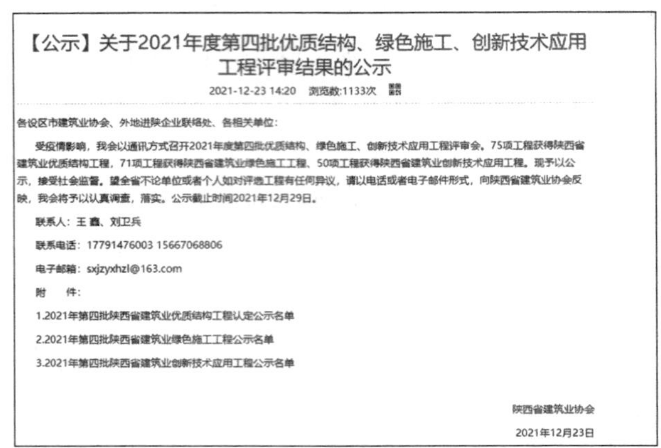

【公示】关于2021年度第四批优质结构、绿色施工、创新技术应用工程评审结果的公示

2021-12-23 14:20　浏览数:1133次

各设区市建筑业协会、外地进陕企业联络处、各相关单位：

受疫情影响，我会以通讯方式召开2021年度第四批优质结构、绿色施工、创新技术应用工程评审会。75项工程获得陕西省建筑业优质结构工程，71项工程获得陕西省建筑业绿色施工工程、50项工程获得陕西省建筑业创新技术应用工程。现予以公示，接受社会监督。望全省不论单位或者个人如对评选工程有任何异议，请以电话或者电子邮件形式，向陕西省建筑业协会反映，我会将予以认真调查，落实。公示截止时间2021年12月29日。

联系人：王 鑫、刘卫兵

联系电话：17791476003 15667068806

电子邮箱：sxjzyxhzl@163.com

附　　件：

1.2021年第四批陕西省建筑业优质结构工程认定公示名单

2.2021年第四批陕西省建筑业绿色施工工程公示名单

3.2021年第四批陕西省建筑业创新技术应用工程公示名单

陕西省建筑业协会

2021年12月23日

图22

图23

学校全面贯彻落实习近平新时代中国特色社会主义思想和党的二十大精神，落实立德树人根本任务，背靠行业，扎根西部，服务国家制造强国战略；不忘初心，牢记使命，办好人民满意的高等职业教育；赓续红色基因，传承技术技能，打造培养“大国工匠”的摇篮；坚持为党育人、为国育才，培养大批高素质技术技能人才；向祖国和人民交出一份合格满意的答卷，不负韶华，再续辉煌！

执笔人：刘永亮　康　强　何奇彦

支撑高铁建设　铸就开路先锋　奋力打造中国铁路工程职业教育高地

陕西铁路工程职业技术学院

陕西铁路工程职业技术学院（简称陕铁院）创办于1973年，2003年改制升格为省属公办高职院校。办学50年来，历经省级示范、国家骨干、国家优质、“双高计划”建设的奋斗与辉煌，始终秉承“根植铁路、立足西北、服务全国、走向世界”的历史使命，坚持铁路特色办学，累计培养高素质技术技能人才7万余名，现为全国56所中国特色高水平高职学校建设单位之一，是我国铁路和城轨工程建设与管理人才培养的重要基地。

一、办学定位：深耕铁路，立德铸魂

陕西铁路职业技术学院全面贯彻党的教育方针，主动服务国家“一带一路”倡议和铁路“走出去”战略；以党的建设为引领，以立德树人为根本任务，以专业群建设为核心，以师资队伍建设为关键，以产教融合为主线，以改革创新为动力，以开放办学为手段，以依法治校为保障；深化新时代教育评价改革，全面提升教育现代化水平和社会服务能力，努力把学校建成“引领改革、支撑发展、中国特色、世界水平”的高职学校。

（一）人才规格定位

人才规格定位为培养具有劳模精神、劳动精神、工匠精神，服务高铁、城轨、公路、建筑等基础设施建设和管理一线需要的“下得去、留得住、用得上、干得好”的高素质技术技能人才。

（二）专业格局定位

专业格局定位为一体两翼（以交通土建类专业为主体，以铁路运输类专业、铁道装备制造类专业为两翼）、八群协同（打造高铁、城轨等八大专业群，形成八群协同专业矩阵）。

（三）办学特色定位

办学特色定位为立足铁路行业、开办专业紧跟铁路发展、校企合作依托铁路企业、实践教学强化铁路技能、校园文化融合铁路文化、毕业学生奉献铁路事业。

（四）服务面向定位

服务面向定位为植根铁路，立足陕西，面向全国，走向世界，服务“一带一路”倡议、铁路“走出去”战略，服务轨道交通、基础设施建设行业，服务区域经济社会发展。

二、发展历程：铁色传承，潜心职教

陕铁院因铁路而生，倚铁路而长，伴随着中国铁路八纵八横、绵延拓展而快速发展。学校的蓬勃发展，得益于三秦大地的浓厚的人文滋养，浸润于铁路行业的文化熏陶。办学50年来，学校伴随历史的车轮滚滚前进，在时代的潮流中发展，其间虽经校址变迁、校名变更、隶属关系变化、办学层次提高，但扎根三秦大地、根植铁路、奉献铁路的初心未改，始终坚持服务铁路的办学特色，始终坚持与国家、地区的经济社会发展同频共振。

（一）探索孕育：成长成熟，艰苦创业（1973—1983年）

1973年，交通部批准第一铁路工程局在陕西成立一所中等专业学校。随后，相关部门同意："第一铁路工程局利用华县铁中部分校舍成立第一铁路工程局职工学校（县团级），走上海机床厂培训技术人员的道路，培训在职职工，规模500人，教职员工暂定80人"。这一时期学校充分发挥企业办学的优势，发扬"严字当关，铁的纪律"的优良传统，把"为教学服务、为学员服务"作为每位教职工的基本职责，完成了各种职业技术培训46个种类、71个班次，共计培训2 749人次，为提高企业职工素质作出了积极贡献。经过十年（1973—1983年）的艰辛努力，使即将成立的渭南铁路工程学校初步具备了招生条件。

（二）改制升格：抢抓机遇，示范引领（1983—2003年）

1983年，由铁道部批准，学校隶属于铁道部基本建设总局，由第一工程局代管，培养现代化铁路建设技术人才的一所普通中等专业技术学校——渭南铁路工程学校正式成立，设置铁道工程、桥梁与隧道、工业与民用建筑3个专业，规模800人，学制四年。渭南铁路工程学校历经20年的发展与建设，由小到大、从弱到强，克服了重重困难，从建校初创、合并办学到省部级重点中专、国家级重点中专，闯出了一条"以规模促效益，以质量求生存，以改革谋发展"的发展新路子，开创了学校建设的新局面，实现了学校办学事业的跨越式发展。2003年，学校抢抓职业教育发展历史机遇，顺势而为、拾级而上，开启了申办高等职业教育的历史新阶段。

（三）升级飞跃：改革创新，内涵发展（2003年至今）

2003年，陕西省人民政府批准建立陕铁院，同时撤销渭南铁路工程学校建制。学校升格为专科层次的高等职业学校，由陕西省教育厅负责管理。从此，学校的发展进入了一个崭新的时期，谱写了新的历史篇章。2004年至2007年，在4年的迎评过程中，全校上下坚持"以评促建，以评促改，以评促管，评建结合，重在建设"的方针，弘扬"吃苦奉献、拼搏争先"的学校精神，推动学校各项工作都上了一个新台阶，最终获教育部人才培养水平评估"优秀"等次。2010年，学校被确定为"国家示范性高等职业院校建设计划"骨干高职立项建设院校，并于2014年通过教育部、财政部验收。2019年，学校建成国家优质高职学院；通过全国职业院校教学工作诊断与改进专家委员会诊改复核，结论为"有效"；入选中国特色高水平高职学校建设单位，高速铁道工程技术、城市轨道交通工程技术两个专业群入围高水平专业群，进入全国第一梯队。这标志着学校迈入了创建"引领改革、支撑发展、中国特色、世界一流"的"双高"建设期。2023年，学校在全国"双高计划"中期绩效评价中获评"优"等级。

到2025年，学校将通过"建平台、树标杆、筑高峰"三步走发展战略，显著提升办学条件，总体达到教育现代化指标体系要求，基本达到国际一流职业院校水平，全面建成“省内标杆、行业引领、国内一流、国际知名”的高水平现代高职学校。到2035年，学校将全面实现教育现代化，建成“引领改革、支撑发展、中国特色、世界水平”的高职学校，跻身世界一流高职院校行列，引领中国职业教育发展，成为世界铁路职业教育新标杆。

三、办学特色：铁军匠心，德技双馨

（一）创建“三融四化”文化育人模式，打造铁路特色校园文化品牌

学校坚持以习近平新时代中国特色社会主义思想为指导，落实立德树人根本任务，通过深入挖掘办学文化内涵，融通校企文化精髓，彰显铁路特色品牌，创新形成了植根学校文化传统、体现专业特色、融入地域文化的“铁军·精技·匠心”校园文化理念。基于校园文化建设理念，学校系统构建了“三融四化”文化育人模式（图1），营造了文化育人“磁力场”，打造了具有铁路特色的校园文化品牌。

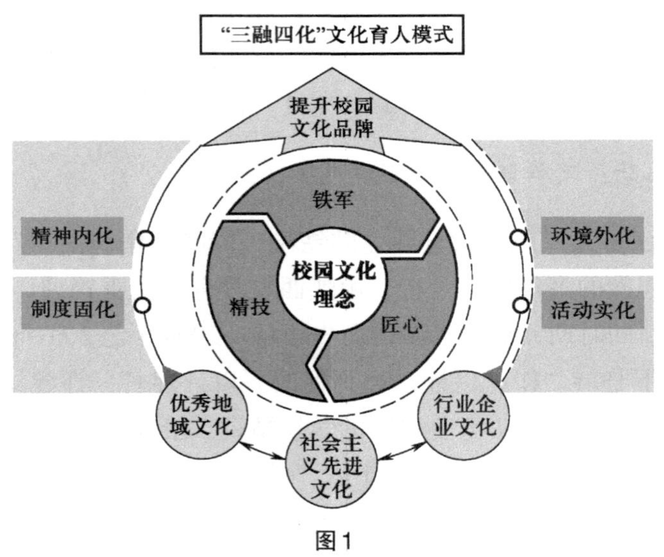

图1

“三融”即融合社会主义先进文化、行业企业文化、优秀地域文化。一是坚持把社会主义先进文化作为校园文化建设的“源头活水”，大力弘扬中华优秀传统文化，坚定文化自信，以丰富的校园文化活动引领师生践行社会主义核心价值观。二是秉承“严字当头、铁的纪律”铁路优良传统，坚持学生半军事化管理，以严格的纪律约束、促进学生提升职业素养，全面实行实训基地（室）“6S”管理，营造“上学如上班、上课如上岗”的文化氛围。三是深入挖掘西迁精神和延安精神“富矿”，精心烹饪“红色教材、红色专题、红色基地”三道“本土特色菜”，让红色革

命精神薪火相传。

“四化”即精神内化、制度固化、环境外化、活动实化。一是构建了突出质量内涵、铁路特色的“三风一训一精神”大学精神文化体系，使之成为全校师生的精神特质和文化基因，激励师生奋勇拼搏，勇攀高峰，成为推动学校高质量发展的强大动力。二是系统构建了产教融合四级对接、专业人才培养规格对接岗位任职标准、课程内容衔接铁路职业标准、实训室（基地）管理推行6S管理标准、教师企业实践锻炼、学生日常教育坚持半军事化管理等为主要内容的制度体系。三是建成体现铁路元素的学校大门、鲁班广场、铁成广场、校友风采长廊、铁路发展史馆等文化景观，设计了学校校园文化VI系统，使一景一物、一墙一壁均发挥育人作用，一标一识规范呈现核心文化理念。四是坚持以文化人、践行知行合一，坚持思政教育核心引领、师德师风强化带动、校风学风协同推进、文化活动系统提升，四维度共同推进校园行为文化建设，增强行为文化执行力。

（二）创建“1115”专业集群人才培养体系，打造铁路特色高素质技术技能人才培养高地

针对专业设置不聚焦、专业建设体制机制不顺畅、人才培养不系统等问题，学校以“支撑高铁建设，铸就开路先锋”为目标，聚焦集群人才培养全要素，系统创建了“1个理念引领、1个模式驱动、1套机制保障、5个子体系支撑”的“1115”专业集群人才培养体系（图2），并以该人才培养体系为试点，成功推广到校内另外两个专业集群应用，取得了显著效果。

基于“集束专业、集成共享”专业集群发展理念，学校“沿着铁路办学、聚焦高铁开专业”，率先组建了铁道工程类专业集群，系统设计了集群建设路径和方法，形成了铁路办学特色，构建了“三融五聚”专业集群建设模式。学校融合育人主体、融通培养路径、融汇教学资源，开展集群建设，实现了目标聚焦、制度聚能、企业聚集、要素聚链、功能聚合，为行业院校提供了范式，建立了一套专业集群管理运行机制。学校依托陕西铁路建筑职教集团，形成了多方联动决策指挥、四级对接产教融合、资源整合群内共享、集群考核评价4项机制，保障了集群外接产业、内聚资源，入选了国家级示范性职教集团（联盟）培育单位。学校系统构建了专业集群人才培养的5个子体系：模块化课程共建体系、系统化职业素养共培体系、结构化师资队伍共融体系、一体化资源共享体系、立体化质量共管体系，各子体系有机衔接、互为依托，形成了集群人才培养实施方案。专业集群在国家级专业教学资源库、教师教学创新团队、技能大师工作室、虚拟仿真实训基地、协同创新中心、优秀教材6项评选中均有立项、获奖，共8项。

1个理念
集束专业、集成共享
引领
1个模式
"三融五聚"专业群建设模式
融合育人主体
融通培养路径
融汇教学资源
高速铁道工程技术专业群
城市轨道交通工程技术专业群
铁道机车运用与维护专业群
铁道通信与信息化技术专业群
工程造价专业群
机电一体化技术专业群
目标聚焦
制度聚能
企业聚集
要素聚链
功能聚合
驱动
1项机制
多方联动决策指挥
专业群建设指导委员会
校领导联系专业群机制
专业群联席会议机制
专业动态调整机制
四级对接产教融合
学校对接集团公司
学院对接子公司
教研室对接项目部
教师对接技术人员
资源整合群内共享
模块化课程共建
系统化素养共培
结构化师资共融
一体化资源共享
立体化质量共管
集群考核评价机制
专业群建设绩效考核评价办法
三阶段考核
三维度评价
考核量化多维呈现
评价结果全方位运用
保障
5个子体系
模块化课程共建体系
系统化职业素养共培体系
结构化师资共融体系
一体化资源共享体系
立体化质量共管体系
支撑
1115专业群人才培养体系
国家级陕西铁路建筑职教集团
铁路职业教育与产业发展研究院
产业链
创新链
教育链
人才链

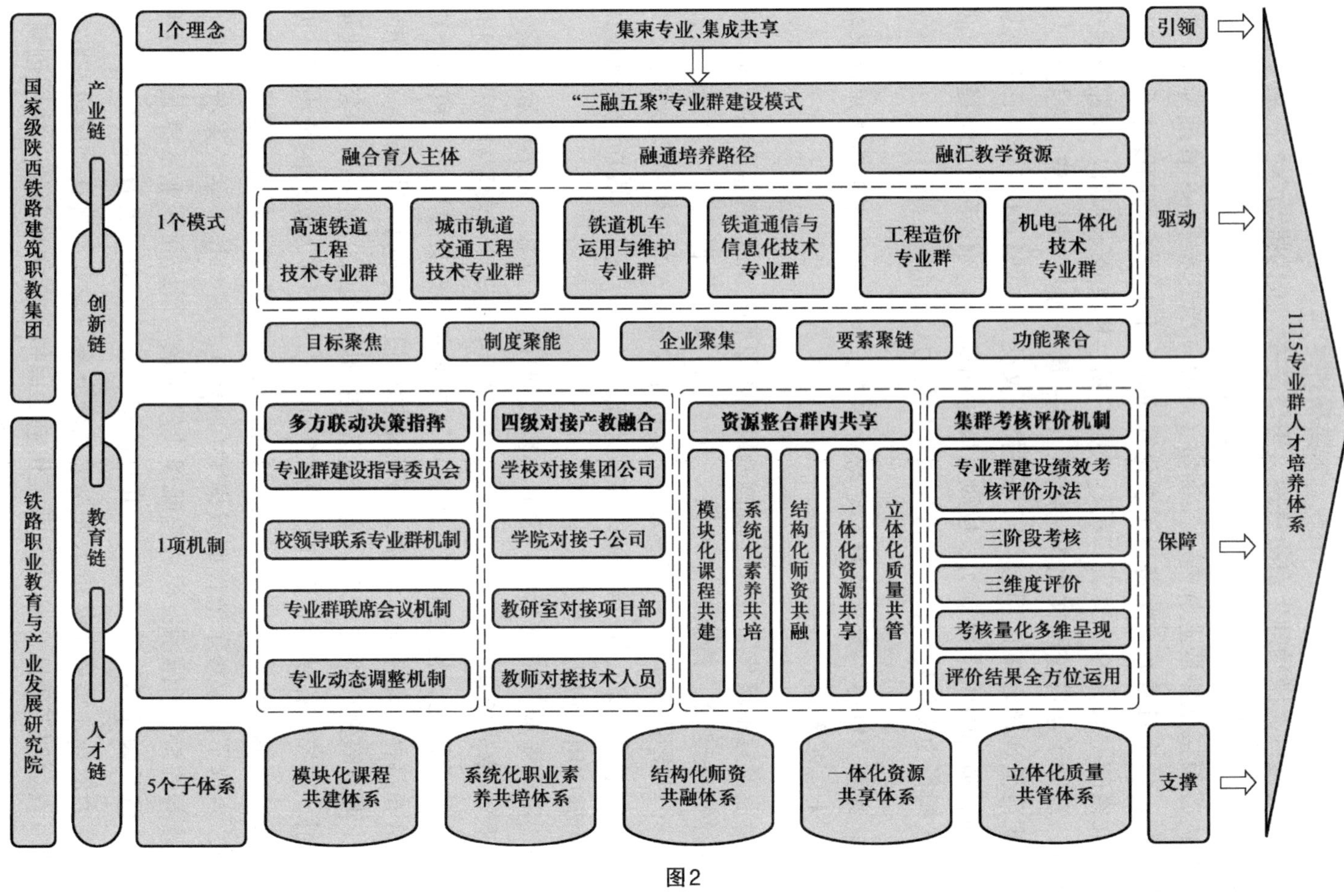

图2

（三）创建“产教四融、协同创新”科技服务模式，打造对接铁路类产业升级的产教融合创新高地

学校以产业需求为导向，以互惠共享为纽带，聚焦高铁、地铁行业技术创新链，发挥与中国中铁血脉渊源优势，持续深化“产业技术与专业教学、企业发展与专业实践、产业发展与技术研发、人力资源与人才培养”融合，构建了“产教四融、协同创新”科技服务模式（图3），打造了对接高铁和城轨产业升级的产教融合创新高地。

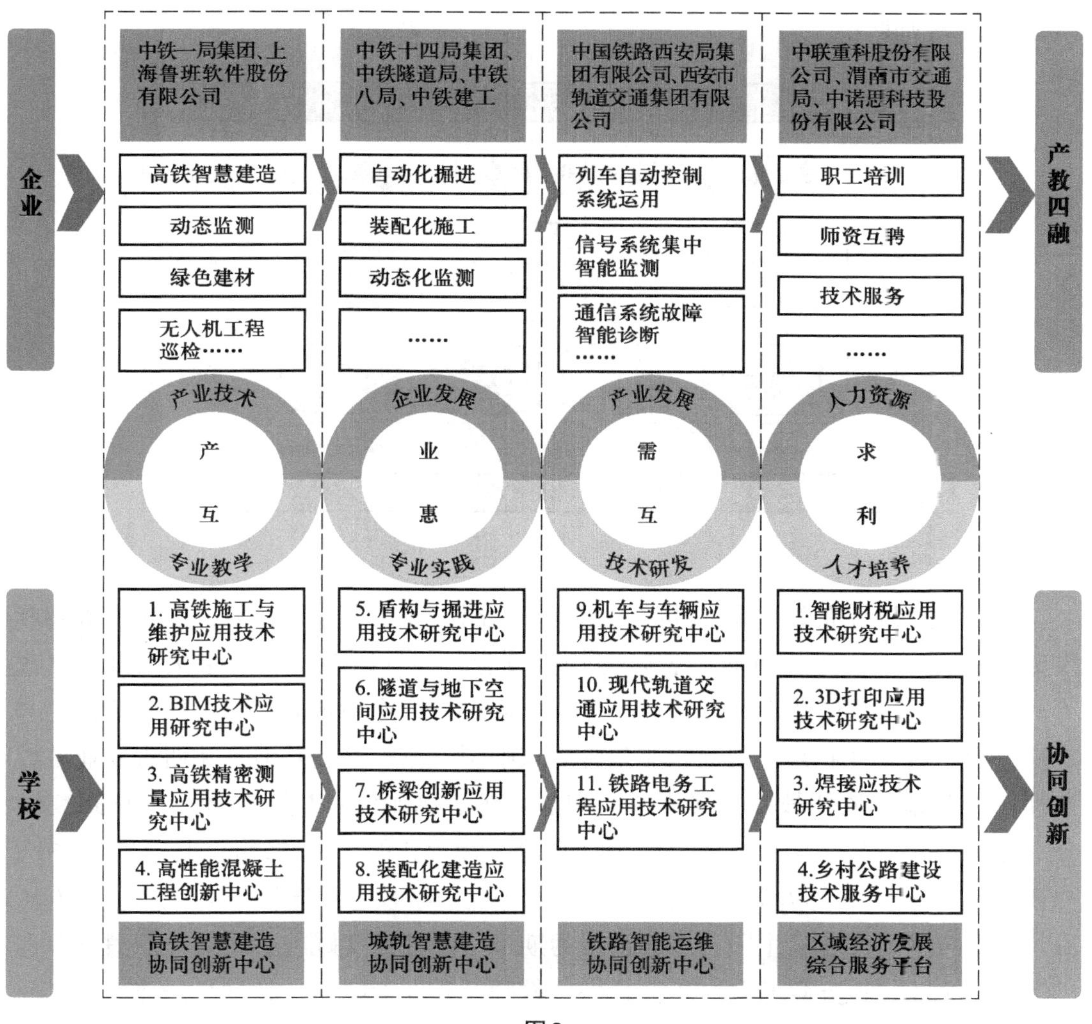

图3

学校与中铁四局等企业共建铁建盾构等产业学院8个、高铁施工与维护等技术应用研究中心15个、高铁智慧建造等协同创新中心3个，通过开展“产业学院培育、技术经理人引导、新双创队伍孵化、共建企业转化”的成果转化服务模式，组建了“省—市—校”三级技术经理人20余名、“教师—学生联合”双创队伍100余支，进行

了高价值专利大赛、科技成果路演等系统活动40余次，引导、助推地铁渣土就地制备免烧砖等成果向企业生产转移转化，打造了共建、共享、共赢的产教融合共同体。

（四）创建“1334”双师型教师培养模式，打造铁路类院校高水平双师队伍

学校以“制度引路、平台铺路、培训拓路”为思路，通过实施人事制度改革、大师名师领航、培育平台打造、教师能力提升等举措，创建了“1334”双师型教师培养模式（图4），打造了一支“心中有爱、手中有技、脚底有泥”的结构化高水平“双师型”教师队伍。

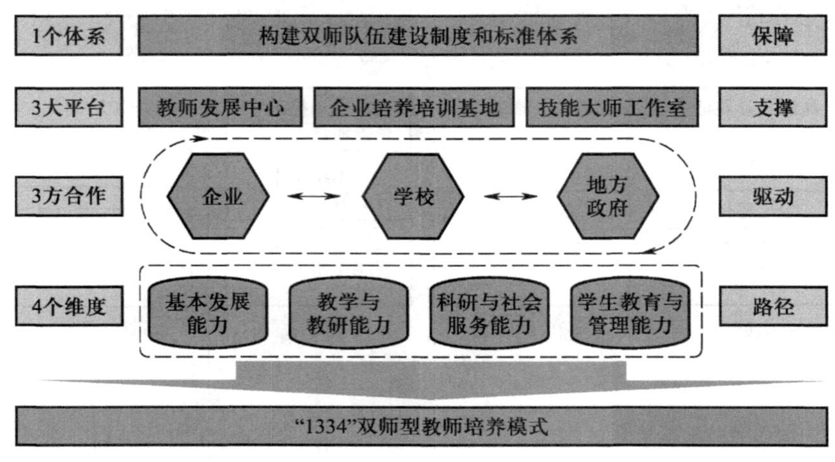

图4

学校通过修订完善全校各部门工作职责、岗位职责和工作标准，深化工资制度改革，推行“四维度三进阶”教师综合执教能力评价体系，不断深化人事制度改革，构建了双师队伍建设制度和标准体系。通过持续推动技能大师工作室建设，与中铁一局等行业企业共建国家职业教育“双师型”教师培训基地、陕西省职业院校教师培训基地，依托教师发展中心，引进大师、名师等高层次人才，开展理实结合、点面结合、长短结合、线上线下结合等多种形式的校院两级培训，打造了3大师资综合提升平台，为高效能教师发展保驾护航。学校每年选派50名教师“带着项目、带着技术、带着学生”去企业开展为期半年的驻场实践或去政府挂职锻炼，通过学校、企业、地方政府联合培养，促进教师基础发展能力、教学科研能力、科研服务能力、学生教育管理能力的综合提升。

（五）创建“五纵五横一平台”内部质量管理体系，打造内部质量保证体系陕铁范式

学校以教育部诊断改进试点院校建设为契机，聚焦人才培养工作和教育改革，以

提升质量作为各项工作的核心，确立了“人人为质量负责，事事为质量奠基”的质量方针，按照“统筹规划和分类指导相结合、坚持标准与彰显特色相结合、质量监测与数据分析相结合、自主诊改与抽样复核相结合”的原则，搭建了“五纵五横一平台”内部质量管理体系（图5），即五个纵向系统（决策指挥系统、质量生成系统、资源建设系统、支持服务系统、监督控制系统）与五个横向层面（学校、专业、课程、教师、学生）相互交错，实现教学质量监控的全方位覆盖和跨部门合作，同时加强现代信息技术平台建设，为教育教学质量提升提供全方位、立体化、可视化支撑。

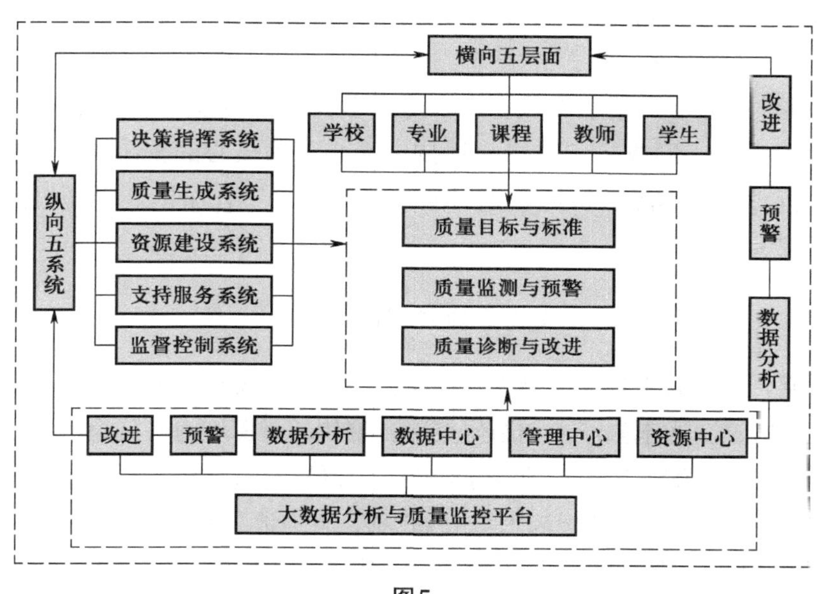

图5

“五纵五横一平台”的内部质量保证体系，建立健全了科学规范的教育教学督导机制，构建了全程、全员、全方位教育教学质量监控体系，形成了“管理有理念、岗位有目标、实施有标准、过程有控制、资源有保障、监测有改进”的六有工作机制，有效解决了教学质量监控在跨部门协调、实时数据采集、问题预警和及时改进、教师自我监控等方面存在的问题，实现了教学质量监控由点到面、由阶段性到全过程、由被动到主动的螺旋提升，形成了内部质量保证体系的“陕铁范式”，被教育部评定为“有效”并全国推广。

四、办学成效：铁色荣光，强国有我

（一）改革“多点开花”，引领同类院校发展

“1115”培养体系引领同类专业群发展。学校坚持沿着铁路办学，创新形成

"1115"铁路工程类专业群人才培养体系，进一步强化了专业集束发展、资源集成共享、专业产业同频共振。专业群获国家级标志性成果63项，5个专业竞争力居全国第一，毕业生薪酬等7项指标高于全国平均水平。

"名师名课名教材"锻造教学改革典范。学校创新"1334"双师型教师培养模式，培育形成"教学名师+创新团队+大师工作室"系列成果，在省内外31所院校推广；构建"纸质教材+在线课程+混合式学习"资源体系，15部教材入选首批"十四五"职业教育国家规划教材，3部教材获首届全国教材建设奖；在国家智慧教育平台上线专业教学资源库8个、在线开放课程60门，信息化教学资源注册用户34万，访问量达1.9亿人次。

"铁军·精技·匠心"塑造文化育人示范。学校创新实施"大师引领、六化联动"职业素养教育模式，形成了"铁军·精技·匠心"为核心的校园文化。7万余名毕业生自觉践行"吃苦奉献、拼搏争先"的学校精神，超70%毕业生扎根西部建功立业，服务西部大开发。

（二）铁路"线上添彩"，支撑交通强国战略

先导研究介入，联手攻克关键难题。学校与盾构及掘进技术国家重点实验室等单位合作，建立轨道交通未来产业创新研究院，聚焦超长深埋海底隧道、高地温条件下高性能混凝土配制及施工技术等领域开展攻关，授权发明专利23项，形成"高铁隧道二衬拱顶注浆材料"等高铁建设高水平成果2项，有力地服务了高铁高端产业发展。

建设过程融合，携手解决应用堵点。学校针对复杂地质盾构机事故频发等堵点，聚焦渣土改良研发，降低盾构机故障率20%，延长其寿命15%，为应用企业年节省成本2 000万元；开发新型土压平衡盾构用泡沫剂"中铁壹号"，在北京地铁16号线等项目应用，相比国外泡沫剂节省62万元/km，有效服务了城轨产业高端转型升级；将BIM技术应用于工程项目全周期，助力东溪河特大桥等项目建设，节约成本超1 000万元。

后期数据整合，保障项目智慧运维。围绕施工运维管理，学校在渝贵铁路夜郎河大桥、北京冬奥会延庆赛区综合管廊等项目中，通过BIM技术使隐蔽工程竣工状态实现可视化，集成设计、施工、竣工交付等多源信息，有效应对了复杂局面下监控、管理和故障处理三大运维挑战，为应用企业降低成本近千万。

（三）职教"面上结果"，贡献标准、制度、政策

制定标准，服务高质量发展。学校是全国铁道行指委副主任委员单位、铁工专指委主任委员单位，牵头主持或参与国家职业教育教学标准31项，为国家教学标准体系做出贡献。

承担改革试点，支撑制度实施。学校承担全国诊改试点工作并首批通过复核；承接教育部现代学徒制试点并通过验收，与23家铁路企业开设现代学徒制班133个，累计培养学徒6 532人；全程参与BIM职业技能等级证书试点的方案研制、标准制定、师资培训、试题开发。

参与顶层设计，推动政策落地。为《陕西省职业教育改革实施方案》《陕西省深化产教融合的实施意见》《陕西省教育事业发展"十四五"规划》《陕西省"双高计划"实施方案》《陕西"双高计划"院校联办本科工作方案》《高职扩招专项工作实施方案》等政策制定提供理论依据、实践支撑，推动区域职教增值发展。

（四）扶贫"立体推进"，助力陕西乡村振兴

扶智行动带动万户农民奔小康。学校推进汉中洋县、渭南临渭区对口教育帮扶，与洋县职教中心等共建智能焊接实训中心两个。学校开展"一对一结对"帮扶，每年资助家庭困难学生近2 000万元。学校农村生源超80%，毕业后在中国中铁等大型国企就业，形成了"一人上陕铁，全家奔小康"的良好效应。

扶技行动助力千名劳动力再就业。学校依托"乡村公路建设技术服务中心"省级示范性基地，先后选派61名技术专家常年开展技术服务，开发焊工、电工等12个扶技项目，三年累计开展公益性培训2.76万人日，帮助1 100余名返乡农民工实现家门口就业。

扶业行动推动农产品出国门。学校联合京东物流共建智慧物流实训中心，成立师生电商直播团队，开展助农直播136场，帮助农村打造20个直播团队品牌；发挥专业优势，服务"中欧班列"，将农产品销往"一带一路"沿线国家，富裕美丽乡村。

五、社会影响：铁色长虹，铸就辉煌

（一）师生家长口碑好

学生普遍认为，学校以人为本、立德树人，是一所充满温度、别具特色的大学，是他们技能成才、人生出彩的舞台。根据2021年全国高职高专院校满意度排行榜，学生满意度居陕西首位；学校毕业生工作与专业相关度比全国平均值高12个百分点；毕业生工作一年内离职率比全国平均值低28个百分点；毕业生平均月薪5 982元，比"双高"校平均值高1 200余元。

教职工普遍认为，学校风清气正，教学中心地位突出，干事创业氛围浓厚，教师成长空间大，幸福感和获得感强。

家长普遍认为，学校招生旺、牌子亮、就业有保障，学生能学到真技术、端上

"铁饭碗"。近3年单招报到率稳居陕西首位，出现了一村十余人、父子、兄妹同上陕铁院的现象。

（二）社会服务能力强

学校通过"标准化引领、菜单化培训、精准化帮扶、立体化宣传"四维路径全面推广经验、输出成果。一是标准化引领。学校主持或参与国家职业教育专业教学标准、课程标准等工作31项，紧跟高铁"走出去"，制定、输出海外教学标准12个，为国家职业标准体系建设、中国职教国际交流贡献陕铁力量。二是菜单化培训。学校以个性化培训、差异化培训为切入点，推行"菜单式"供给+"点单式"培训模式，实现了培训无缝对接、精准授课，依托"双高"专业群承接国培项目9项，受到广泛好评。三是精准化帮扶。学校从合作办学、专业共建、项目支持、师生交流等方面与新疆铁道职业技术学院、西藏职业技术学院、陕西省建筑材料工业学校等8所院校进行对接合作和对口援助，通过定期交流互访、干部互派挂职、二级学院"结对子"等方式，推进院校协同发展。四是立体化宣传。学校主持召开全国铁路类职业院校研讨会、第四届中国高职校长论坛等大型活动4次，在全国轨道交通职业院校高质量发展研讨会等重要会议上主旨发言39次，及时总结经验、固化成果，入选全国职业院校教学诊断与改进典型案例、"双师型"教师队伍建设典型案例等21项，被《光明日报》《中国青年报》等主流媒体报道400余次。

（三）国际影响突破大

学校在肯尼亚、卢旺达建成两个海外铁路培训中心，获批全国首批，西北唯一的鲁班工坊运营项目；完成肯尼亚等国家铁路技术培训，累计为"一带一路"沿线国家培养1 000余名人才，入选"中国—东盟高职院校特色合作项目"1个；参与中俄共建萨马拉交通学院的建设，开展中外合作办学，该学院在校生627名，选聘外籍教师11名，招收国际学生、研修生27名；获批教育部援外项目1个、"中文+职业技能"项目2个。学校牵头成立高铁建设国际人才教育职教联盟，选派300余名教师、200余名学生赴海外研修学习；接纳300余名海外师生到校交流。学校两次荣获全国高职院校"国际影响力50强"称号。

执笔人：焦胜军　李林军　王云波

打造职业教育“西域明珠”

新疆农业职业技术学院

新疆农业职业技术学院坐落于丝绸之路经济带核心区、素有“西域咽喉”美誉之称的昌吉市。65年办学历程中，学院以培养知农爱农兴农人才、服务国家“一带一路”核心区建设、推动乡村振兴和农业农村现代化发展为己任，创新产科教融合、校企合作体制机制，实现育人方式、办学模式、管理体制的重大突破，成为培养“三农”高层次技术技能人才的摇篮、现代农业技术示范区、欧亚现代农业交流中心、农耕文化传承基地，为新疆农业强区建设提供人才和技术支撑，成为西部职业教育的璀璨“明珠”。

一、发展历程

弦歌不辍，薪火相传；栉风沐雨，春华秋实。新疆农业职业技术学院自1958年创设以来，一代又一代师生员工，始终坚守“扎根新疆、服务‘三农’”的信念，坚持以胡杨精神育人、为兴疆固边服务，艰苦创业、砥砺前行，坚持走具有鲜明特色的农业高等职业教育创新发展之路，创造了在祖国西部欠发达地区建设全国示范院校的成功范例。

（一）大漠戈壁开新篇，中专教育树红旗

1958年，为解决自治区对农业技术人才的需要，新疆农业职业技术学院的前

身——昌吉回族自治州合作干部学校应势诞生。建校之初，百废待兴。学校的创办者们筚路蓝缕，垦荒拓路，老师学生齐动手，建校舍，搞绿化，编书本，造教具，自力更生建校园，田间地头练功夫，在庭州大地上开始了汗洒杏坛的艰辛历程，一所充满希望的中等农业学校在这片荒芜之地上孕育而生。从此，新疆农业职业教育从无到有，开启新的篇章。

在举办中专教育的历程中，一代代“老农校”人将“学农爱农、艰苦奋斗、无私奉献”作为服务新疆农业经济发展的光荣传统，将“育才”与“兴农”相结合，培养农牧区急需要的懂技术、会管理、“下得去、用得上、留得住”的技术青年和致富带头人。学校开展“半农半读”教育改革（图1），改变传统的办学思路和模式，大胆走出去，将办学的重心下沉到广大农村，以一乡、一镇、一场为办学单位，按当地产业结构对人才的实际需求开展联合办学。先后开办了“农青班”“村长班”“葡萄班”等实用技术班，直接为农村经济建设服务，走出了一条把科技与人才直接输送到广大农村的新路子，培养了一批深受基层欢迎的农业技术人才。学校3次被评为国家级重点普通中等专业学校（图2），在广袤的天山南北创造了“中专教育树红旗”的办学奇迹。

图1

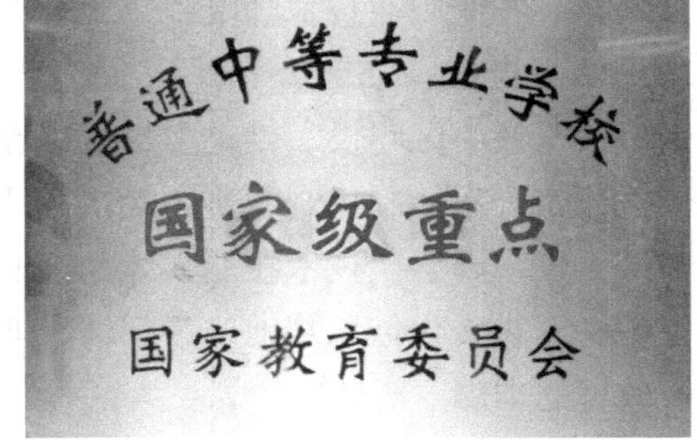

图2

（二）抢抓机遇谋发展，农业高职立标杆

2000年，伴随着新世纪的曙光，在中国高等职业教育管理体制改革潮流的推动下，经自治区人民政府批准，学校升格为“新疆农业职业技术学院”，学院从此进入了承前启后、继往开来的新时期。农职院人紧紧围绕“办一所什么样的农职院，怎样办好农职院”这个根本问题，确定了“立足新疆、面向市场、紧贴经济，服务‘三农’、产学结合、开放办学”的办学定位。坚持咬定“农”字不放松，一心一意办高职，主动服务地方经济建设，实现了“一年一变样，三年大变样，五年上台阶，十年创一流”的跨越式发展。

2006年，学院跻身全国首批28所国家示范性高等职业院校建设单位行列（图3）；2008年，学院与自治区农业干部学校进行了一体化整合，为下一步的发展搭建了更为广阔的平台；2009年，学院国家示范性高等职业院校建设计划完成并以优异的成绩通过验收。9年时间，学院办学实力和人才培养质量迅速提升，荣获全国职业教育先进单位，成为新疆职业教育的“领头羊”、全国农业职业教育的一面旗帜，步入了全国一流高职院校行列。

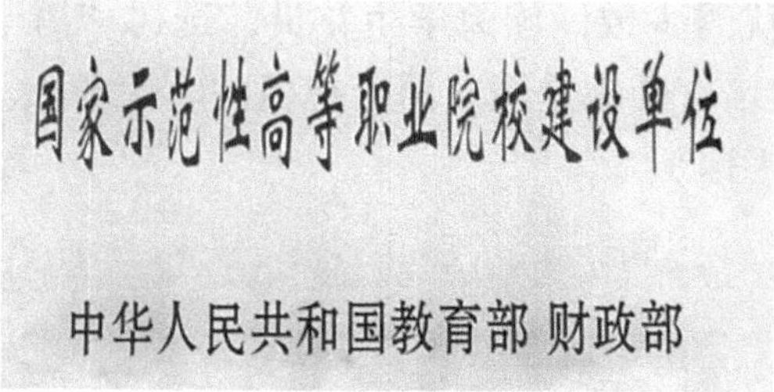

图3

进入新时代，高等职业教育既面临难得机遇，又面临艰巨挑战。学院本着紧抓机遇，发扬艰苦奋斗的优良传统，努力将学院办出特色，从而实现更好地服务新疆“三农”发展的目标，立足新疆、面向中亚、适应自治区经济社会发展需要，进一步深化产教融合，创新校企合作体制机制，聚合政府、学校、行业、企业、科研院所的资源，构建现代职教体系，拓展国际教育交流合作，着力建设一批支撑、推动、引领自治区重点产业和支柱产业的高水平专业群，做强高等职业技术教育，广泛开展各级各类技术培训，全面提升学院的综合办学实力、核心竞争力和国际声誉。2019年，学院成功入选国家优质校建设单位、中国特色高水平高职学校建设单位，学院发展迈上新台阶。

学院党委精心谋划“十四五”发展，提出建设“国内一流、世界知名”的中国特色高水平职业本科学校，引领新疆职业教育发展，引领中国特色农业职业教育发展的奋斗目标。

二、办学特色

新疆农业职业技术学院把“培养爱党爱国、勇于担当的技术技能人才”作为历史使命，把“托起农牧民孩子的美好明天”作为价值追求，把“办好职业教育，促进新疆社会稳定和长治久安”作为战略担当，走出了一条独具特色的人才培养之路。

（一）筑基塑魂强底色，把培养爱党爱国、勇于担当的技术技能人才作为边疆高职的历史使命

1. 立足特殊区情，学院实施“筑基”工程

创新党建工作机制，实施教师党支部“双带头人”培育、党建工作标杆院系和样板支部“品牌创建”工程，为立德树人、加快高水平人才培养高地建设提供教学一线坚强的组织保证。创新享誉全国的“五统一”“五跟进”“五结合”学生党建“三五”新模式，培养优秀少数民族大学生党员，选树“勇于斗争、发声亮剑”典型，以高质量学生党建培育爱党爱国、勇于担当的时代新人。学院被评为全国创先争优先进基层党组织（图4）。

图4

2. 服务学生全面发展，实施“塑魂”工程

创新“政治思想好、遵纪守法好、国家通用语言好、专业技能好、创新创业好”五好培养模式，以服务“三农”为己任，以就业为导向，紧紧围绕党中央治疆方略，遵循校企协同育人理念，以理想信念为核心，以社会实践为载体，以素质教育为重点，把社会主义核心价值观融入教育改革发展和学生成长成才全过程。在全疆率先成立马克思主义学院，深化思想政治理论课专题化教学改革，创新高职学生德育活动课新模式，将社会主义核心价值观落细落小落实。完善提升“三进两联一交友”机制，深入开展“各族师生结对子，民族团结一辈子”“四合”“四互”“十同”系列融情实践活动，将铸牢中华民族共同体意识教育融入师生日常生活学习之中，全面提高学生的思想政治素质和道德水平。学院涌现出了全国最美思政课教师王学利、全国职业院校共产党员育人楷模吾买尔·艾买尔、自治区反恐勇士努热买买提·艾买提、全国大学生道德实践优秀代表阿尔巴提·吾吉阿布都拉等一批先进典型。学院“三全育人”工作案例入选教育部优秀典型案例。

（二）产教融合育人才，把"托起农牧民孩子的美好明天"作为价值追求

1."产科教融合、育创赛融通"全面推进创新人才培养模式改革

充分发挥职教集团、产业学院、科研创新平台产科教资源优势，创新实践"行业+大学+科研+人才培养+培训与服务推广"产科教融合人才培养新模式，打造众多"微"创新人才培养基地。持续完善"343"学分制框架体系，构建更加弹性灵活、学分互认制度体系，强化行业企业实践学习成果认证，吸引企业参与人才培养，全面推动中国特色学徒制、分段研修制、OBE人才培养模式改革、1+X证书试点。创新"课程—实践—项目孵化"双创教育实践体系，构建专兼结合的双创教学—双创实践—企业家孵化"三级"导师队伍。

2. 专业教学与岗位任务"四合一"实战化教学改革

以学生为中心，以教育数字化建设为抓手，遵循科技兴农人才生产经验积累职业成长规律和生产规律，探索实践由专项新技术、岗位综合能力、顶岗工作、农村社会实践和创新项目等实践环节构成的专业实践教学学分体系，规范和强化专业实践教学与岗位工作任务的合一。建立课程开发合作调研工作制度。组织行校企研1 000余名专家深入企业一线岗位开展新技术岗位调研、论证，修订了541个项目化教学课程标准，85%的专业课程教学标准与岗位新技术应用同步合一。校企合作开发出版工学结合项目化、学徒岗位活页式教材27套，共建178门农业实用技术校企共享在线课程，探索实践专业立体化教学资源建设与员工数字化技术手册开发合一。依托产业学院每年选聘16名产业导师，特聘460余名企业技术专家，组建技术专家领衔的教学团队，互补和相互提升生产实践与教学能力，实现专业教师与新技术专家的合一。

3. 创建"学用"合一实战化新型课堂

基于智慧教学平台、数字化教学资源，全面推动学习成果产出导向、行动导向课堂革命，建设"有魂、有用、有料、有效"的课堂，实现教学内容由教材向岗位新技术应用任务转变、教学场所由课堂向田间地头和数字实训场景转变、教学过程由教师讲向学生利用数字化教学资源"手口脑"并用解决问题转变、学业评价向学习产出成果和多元评价转变。

4. 既帮"找饭碗"又帮"造饭碗"

学院实施"2.5+0.5"创新创业实践人才培养模式，系统构建"创新创业教育—创新创业实践—创业项目孵化"实践课程体系，构建政企合作层面、学院层面、分院层面和学生社团层面"四级"实践训练平台，将创新创业教育贯穿于人才培养全过程。建成国家级"众创空间"（图5）、全国高校实践育人创新创业基地（图6），设立"大学生创新创业资金"，用创业项目激发学生活力，实现了创新创业的多种

可能。学院搭建广泛的就业平台、背靠行业企业群，建立稳定的实习就业“双基地”，创建东西合作办学体制，构建以重点行业、重点地区为基础，辐射周边、面向沿海经济发达地区和国外的毕业生就业市场格局，实现了就业率和就业质量的双向提升。学院立足农业，牢固树立爱农强农意识，积极引导学生走基层成才之路。学院以创新引领创业、以创业带动就业，走特色就业之路，引导大学生实现“找饭碗”和“造饭碗”的双丰收。

图5

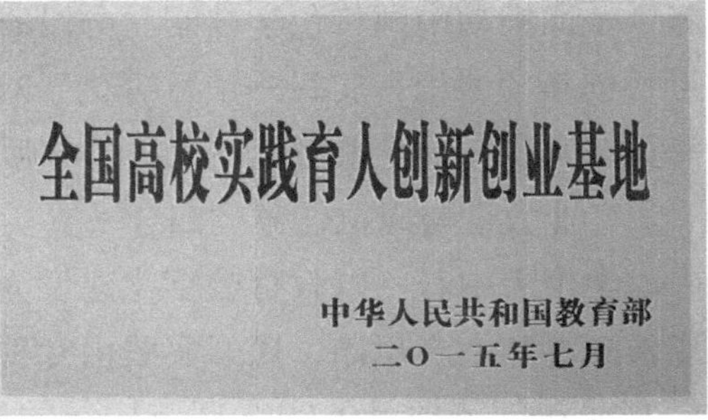

图6

5. 培养输送了大批高素质本土科技兴农实用人才

举办高职以来，学院培养高素质本土科技兴农实用人才6万余名，扎根边疆就业比例95.6%。学生新技术水平和创新能力大幅提升，在全国和省级技能大赛获奖470项、创业大赛获奖173项，涌现出麦麦提·玉苏普创业带动“色买提杏”助农增收等大批创新带动乡村产业典型案例。每年70%毕业生在基层就业，成为巩固脱贫攻坚成果、推进乡村振兴的“新农人”，更多农牧民孩子有了出彩人生。

（三）兴疆固边担使命，把“办好职业教育促进新疆社会稳定和长治久安”作为战略担当

1. 创新探索职业教育“产科教”融合发展新模式

学院对接现代高效农业产业链、瞄准产业关键核心技术，围绕种业振兴、粮食安全、数字化智慧农业、重型农机、农产品加工、农村电商、特色农业等重点方向，与行业标杆骨干企业共建16个技术技能创新服务平台，创新“实用技术研究+成果转化推广+实训教学+创新人才培养+技术技能培训”五位一体运行机制，紧盯“田间地头”的目标管理机制，每个平台年均承接企业横向课题2项以上，支撑县乡产业振兴项目2项以上，年均带动全疆示范户增加经济效益600余万元。学院汇聚周边国家农业园区、高新园区企业资源，融入“丝绸之路亚欧院校（职教）联盟”和牵头的“三级”职教集团等资源，组建“亚欧现代农业发展中心”“乡村振兴产业促进中心”，打造现代农业科技成果转化、服务高地。近年来，学院取得实用技术专利127项，研发

推广新技术20项，培育推广新品种6个，直接经济效益12亿多元，获得自治区科技进步奖二等奖3项、三等奖1项，农业部农牧渔业丰收奖2项。

2. 重构了从“务农人”到“兴农人”精准培训新模式

学院瞄准新型职业农民培训实际需求，校地共同开发培训标准和培训手册，规范培训活动和明确培训产出指标。构建覆盖天山南北、涵盖农林牧的“五级三层”网络化服务体系，创新“送教下乡、智力进村、技能到户”培训模式，在农牧民家门口、田间地头、温室暖圈解决种养殖技术难题，如图7所示。校企31个专业服务团队深入产业核心区培训新型职业农民22万多人次，设施园艺团队常驻吐鲁番推广自主知识产权农椒3号等蔬菜新品种，示范户户均增收3 000多元。长期跟踪服务帮扶3 850名乡村产业带头人做大做强，培养了“羊肚菌大王”马万宝、“大蒜王”罗正东等一批产业带头人。

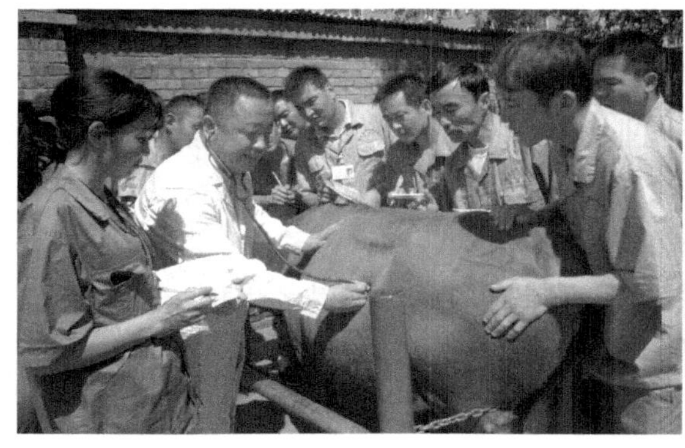

图7

3. 打造了一支甘于奉献的高水平“双师型”教师队伍

学院“引、培、兼”多措并举，完善高层次人才引进、柔性共享政策；实施专业带头人、骨干教师培养、企业实践锻炼等四项工程，依托16个校企技术技能创新服务平台、33个校企工作室、15个校企研究中心，加快高水平团队培养；建立依托产业学院、校企二级学院、合作企业行业技术专家的兼职教师推荐制度、考核动态管理制度，兼职教师队伍建设质量大幅提升；通过“德、评、带”修身立德，塑造见贤思齐、崇德向善的师德师风氛围；创新教师职业能力标准和评价体系，引导激励教师自主创业发展；将帮带年轻教师发展列入副高以上职称评审的必要条件，营造“稳人才、促成长”的浓厚氛围。

学院打造了全国高校黄大年式教师团队（图8）等4个国家级教学团队、12个省级教学团队，培养“万人计划”等国家教学名师4人、自治区突出贡献专家1人、天山领军人才1人，以及自治区教学名师、天山英才、现代农牧业科研骨干等39人。学院荣获职业教育国家级教学成果奖6项，入选全国高职院校教师教学发展指数优秀院校。

图8

4. 实施托管帮扶，拉动南疆职业教育发展

学院主动践行高校社会责任，为破解南疆职业教育发展水平不高的办学困境，义务托管南疆洛浦县、莎车县、疏附县4所职业学校，帮助破解难题，由输血变造血。通过托管学校、派驻职教专家支援、与内地高校共同搭建内引外联的平台，加强校校合作，改善南疆职业学校管理和师资队伍结构，强化专业和课程建设，推动产教融合、校企合作。9年多的实践，被托管学校招生就业两旺，焕发勃勃生机，成为南疆地区职业教育的新标杆，满足了当地孩子就地、就近接受高质量职业教育的愿望。

5. 发挥区位优势，服务亚欧职教

学院主动服务“一带一路”建设，牵头组建丝绸之路亚欧院校（职教）联盟并加入新疆中华职业教育社，联盟国际合作平台更加广阔，与沿线国家广泛开展国际教育合作，服务企业结伴走出去。在巴基斯坦费萨拉巴德农业大学建立“中巴现代农业培训基地”；与哈萨克斯坦斋桑技术学院合作制定了园艺技术、农业机械、农产品加工等专业的联合人才培养方案；组织专家教授针对俄罗斯蔬菜生产技术短缺、人才紧缺的问题，开展了面向俄罗斯圣彼得堡国立农业大学种子生产与经营、植物保护专业交流生的线上培养；为结伴“走出去”企业开展实用技术培训，既缓解了企业在国外技术人才短缺现状，又为当地富余劳动力创造了就业机会。学院国际化之路越来越宽阔，国际职教领域的影响力、话语权不断提升。

三、办学成效

学院自创设以来，“三农”办学特色鲜明，紧跟现代农业产业体系发展需要，校企合作培养行业产业紧缺技能人才，长期坚持把论文写在大地上，大量专家教授常年服务指导在田间地头，农业产业化技术支撑、农牧民技术培训和技术推广服务能力强、贡献度高，在新疆农业农村现代化、农业强区建设中发挥了不可替代的作用，做出了各族百姓真心铭记的贡献。学院获评“黄炎培职业教育奖”优秀学校奖、全国百所乡村振兴人才培养优质校建设单位。

学院在长期的办学过程中积淀形成了“艰苦奋斗、开拓创新、自强不息、追求卓越”的农职精神，赓续“润德砺能 和以至善”的校训，秉持“知行合一 耕读人生”的校风、“进德修业 爱洒绿洲”的教风、“敦品强技 和美竞进”的学风，全面贯彻党的教育方针，深入推进职业教育办学和人才培养模式等各项改革，培养了一批又一批具有良好农业生产技能的社会主义事业建设者和接班人。学院被评为全国毕业生就业典型经验高校（图9）。

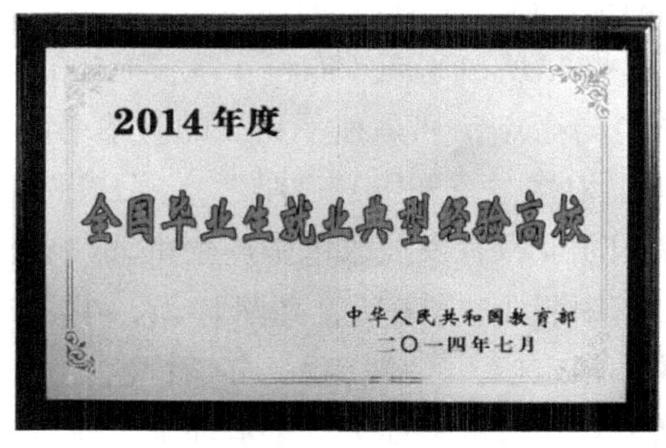

图9

农职人始终不忘“三农”初心、牢记育人使命，往而复来、革故鼎新、无私奉献，克服了各种困难，为学校建设和发展同心协力，共同铸就了学校的春华秋实。

学院经过65年的栉风沐雨，特别是近30年的高速发展，走出了一条“发展职教、成就师生、强农兴农、造福农民”的办学之路，谱写了一曲在西部边远地区、在农业艰苦行业创办国家示范性高职院校的华彩乐章。

执笔人：邓双义　唐　婷

后 记

新中国成立之初，百废待兴，国家推进社会主义工业化进程，职业教育是服务国家战略的重要力量。进入新时代，职业教育逐步成为拓宽人才成长通道和解决经济驱动力的重要力量，前途广阔，大有可为！

全国本科层次职业学校33所，高职（专科）院校1 500余所，中职学校近万所，每所学校都有各自的特色与亮点，都是独一无二的。本书以《中国职业技术教育》杂志创刊30周年为契机，根据“首”“最”“唯”“专”遴选标准，从上万所职业院校中遴选出30年来在我国职业教育发展改革中产生重大影响、起到表率和推动引领作用的30所职业院校，其中职业本科6所，高职19所，中职5所。

本书围绕30所学校办学定位、发展历程、办学特色、办学成效和社会影响，全周期全要素讲述了30所职业学校顺势而为、乘势而上、锐意进取的办学故事，提供了颇多具有实践意义的经验方法，为职业教育的办学决策、教育实践、理论研究提供了重要参考。

这些学校敢为人先、示范引领，深耕专业、内涵发展，放眼国际视野、唱响时代强音，服务区域经济、助力改革实践。如深圳职业技术大学以“冲锋舟”的姿态，与特区发展同向而行，打造职业教育高质量发展的“六大高地”；黄河水利职业技术学院潜心育人，守望大河，坚守水利初心，奏响新时代职教“最强音”；浙江金华职业技术学院根植“婺学”文化，“以学立身，以技立业”，创造了“小地方大作为”的发展奇迹；北京电子科技职业学院扎根京华大地，服务新时代首都发展；南京工业职业技术大学紧跟国家职教改革步伐，助力“强富美高”新江苏现代化建设；浙江机电职业技术学院依托行业办学，应制造业而生、依制造业而立、靠制造业而强、伴制造业而远，服务浙江制造；泉州职业技术大学打造“产业伙伴型大学”，培养“一宽三强”高层次技术技能型人才，贡献泉州经济发展。

限于篇幅，本书只呈现了其中30所学校的发展历程与办学特色，虽然具有一定代表性，但不足以展现30年来职业教育发展全貌。在中国职业教育高质量发展的快车道上，广大职业院校与中国经济同向同行，与中国产业同生同长，“30年30校”只是一个开端，中国职业教育将涌现出更多先进典型，共同创造新的辉煌！

本书由教育部职业教育发展中心主任彭斌柏策划指导，副主任曾天山统筹组织，产教合作处处长唐以志具体推进，深圳职业技术大学党委宣传部文首文、董状团队和成都市教育科学研究院高瑜、文力、汪天皎、杨北冬团队参与了文章遴选、文案撰写和审核校对工作，教育部职业教育发展中心郭君、刘耀华、陈嘉靖、陈骅炜等人参与前期整体策划、联络学校和整理统稿等工作。

本书得到了各界专家的大力支持，李志宏和江小明教授通读全书并提出宝贵的修改意见，高等教育出版社编辑给予鼎力支持，在此向以上所有参与人员致以诚挚的谢意。

书中不免有疏漏和不妥之处，敬请读者提出宝贵意见！

编写组

2023年9月

读者意见反馈

为收集对教材的意见建议，进一步完善教材编写并做好服务工作，读者可将对本教材的意见建议通过如下渠道反馈至我社。

咨询电话 400-810-0598

反馈邮箱 zz_dzyj@pub.hep.cn

通信地址 北京市朝阳区惠新东街 4 号富盛大厦 1 座　高等教育出版社总编辑办公室

邮政编码 100029